大地译丛

主编 渠敬东 赵丙祥

仁斋・徂徕・宣长

〔日〕吉川幸次郎 著

高伟 译

商务印书馆
The Commercial Press

JINSAI, SORAI, NORINAGA
by Kojiro Yoshikawa
© 1975 by Zenshi Kinenkai
Origianlly Published in 1975 by Iwanami Shoten, Publishers, Tokyo.
This Simplified Chinese Edition Published 2024
by The Commercial Press, Beijing
by arrangement with Iwanami Shoten, Publishers, Tokyo
根据岩波书店 1975 年版译出

"大地译丛"出版说明

译事之重要，在打破我执，在怀远烛幽，自不必说。所谓"系科之争"不仅没有成为过去，反而越来越成为当今学界面临的重大问题。各种知识的专门化固然是应有之义，而拆除学科藩篱也早已成为有识之士的共见。为了更好地前瞻，时时需要后顾。"大地译丛"旨在译介一个多世纪以来的重要学术成果，主要包括以下几个方面：

首先，译丛的部分选目围绕着"社会"主题。对于"社会"的发现，是整个现代社会及其学术体系建设的重要源头。自20世纪80年代以来，这方面的译介取得了巨大进展，并且成为重建社会学等学科的起点之一。但毋庸讳言，相关译介除了存在质量良莠不齐的缺陷，更重要的是在代表性成果的系统性方面远远不够。因此，我们在社会学等社会科学相关门类的基础上，希望能够选取一些重要领域中的代表性著作。

其次，第二类选目围绕着"民族"，以及相应的"文化"等主题。这些主题也构成了现代学术体系的重要基础，由此建立了人类学、民族学、民俗学等学科，极大地改变了传统的知识格局。随着世界时代的开始，这不仅体现在发现了异域"民族"，也体现在对自身内部的"异文化"的审视。向外和向下的眼光是同时发生的。当然，这不等于说它们纯粹是一个现代的"发明"，每个文明都有自古至今的传统。此外，对于现代意义上的"国家"，"民族"也是一块重要的基石，至少在很大程度上构成了西方方案的重要源头。

再次，"文明"是本译丛选目的重要内容。文明是超越社会的，也是超越民族的；或者也可以说，无论哪个社会或民族，都必然是不止一种文明的载体。更何况，每一种文明的成立也必然是以与其他文明的交流和包容为前提的。文明互鉴早已是学人的共识，其重要性毋庸多说。鉴于目前学界对于文明研究成果的译介已经全面开花，尤其是在西方古典文明方面可谓成就斐然，故本译丛主要选择一些古典文明研究与社会科学相互交融的代表性成果，这是我们的界石。

最后，在本译丛中，中国研究也是一个必不可少的组成部分。海外中国学自从摆脱了业余性质后，同样具有综合研究的色彩。如法国沙畹等人的中国文明研究，足以与学界对古希腊罗马、印度、埃及、凯尔特等各大文明的研究并立且无所逊色，也激发、推动了几代中国学人的学术雄心与成就。更不用说日本学界数百年来持之以恒的中国研究，有许多专题性和综合性的研究值得进一步推进。每一个现代学科当然各有自身的悠久传统与内在理路。只有对其他文明有了充分而深入的综合理解，才能真正建立起对于我们自身文明的自信与尊敬，而不是一厢情愿地推重哪一种类型。

有一位睿智的拉丁诗人曾说："书自有命。"（*Habent sua fata libelli.*）随着时代、思潮甚至个人的喜恶的变换，大多数书籍都遭到了无情的沙汰。这是大势所趋，我们希望借此译丛推出一些已有共识的成果。然而，学术并不总是一往无前的，它总会在某些关键时刻转身回望。尽管有一些书籍（及其创作者）暂时为人忽略，但这终归不是其宿命——在历史筛落的糠秕中，它们像麦穗一样静待后人拣拾。自古迄今，这种例子可谓不胜枚举。我们也希望能够借助众力，重新检视某些多少已被遗忘，却仍有重要价值的著作。在反思、推进今日之学术思想方面，或亦不无裨益。

一个世纪之前，鲁迅先生曾从古典神话中寻出一位女神，称之为"仁厚黑暗的地母"。在几乎所有伟大文明中，地母总会向人类敞开温暖的胸怀。在挣脱了原始的时代后，即使她已经多少失落了原本的神话学角色，中国的士人们仍然以一种宇宙论方式，记起了这个容载万物的形象，并在她的身上寄托了知识分子的理想："地势坤，君子以厚德载物。"本译丛也取名于这个伟大的乳母形象。地不爱宝，愿与同道者共同促成这一志业。

渠敬东　赵丙祥

译者序

著名汉学家吉川幸次郎（1904—1980）关于日本思想和文学的探讨，与其卷帙浩繁的中国古典研究论著相比，并不那么显眼。但作为以清代考据学来奠定自身学问基础的学者，吉川幸次郎对日本思想与文学的解析始终带有中国学的视野，注重从文化互动关系来把握中日两国的思想与文学传统。他坦言自己之所以对伊藤仁斋、荻生徂徕、本居宣长这三家感兴趣，是因为他们的学问方法与中国学问的传统方法有关。故而，吉川幸次郎对日本江户时代出现的这些"古学"思潮所做的考察，充满了其特有的学风。

本书的"古学"需加以引号，因为日文的"古学"一词在当代学术语境中通常多指日本儒学之古学派，即古义学与古文辞学。但日本国学也曾自称自己的学问传统为"古学"，就探索古代学问这一志向而言他们与儒学之古学派相同，只不过其重心放在对日本古典的考究上。而且，日本国学从儒学的古学派那里获得了思想与方法上的启发与滋养。如吉川幸次郎所言，古义学、古文辞学、国学在"学术史上构成了一个谱系"。因此，以"古学"来统称仁斋、徂徕、宣长三家之学是颇为恰当的。

在此之前，对古义学派（仁斋、东涯父子）、古文辞学派（荻生徂徕）、国学派（本居宣长）的经典研究已由日本政治思想史研究家丸山真男（1914—1996）做出。其写于1940—1944年的若干论文后结集成为《日本政治思想史研究》这一名著。然而，与丸山真男以西方为参照系，试图从日本古学中寻找本土性的近代政治要素这一努力不同，吉川幸次郎的《仁斋·徂徕·宣长》一书是从东亚学术传统，或者说，是在与中国学术传统的比照中来思考日本江户时代的古学的。与此相对，二者对于东亚或者说中国学术传统所抱持的情感也表现出明显差异。丸山真男以冷彻的目光来剖析东亚和中国思想中的"病理"，吉川幸次郎则更多以共情的笔触去发现贯穿于中日之间的传统价值。丸山的研究为快速勾勒整体性的思想轮廓，例如对宋明理学，并无意过多关涉具体理学家的内心世界。吉川则试图走入人物的心灵深处，在重现个体生命轨迹时重视资料提及的遗闻轶事。我们将看到，吉川在论述某一主题时，总是很慷慨地向读者介绍史料中出现的同类素材。丸山、吉川二人同样都在考察江户时代的"古学"，但二者的著作所带来的阅读体验很不一样。如果我们把这两本书进行比照，会很容易发现其间的差异。就本书而言，吉川幸次郎充分展现了深厚的考证学素养和作为文学研究家的细腻笔法。例如他对荻生徂徕实证主义局限性的讨论，揭示了荻生徂徕如何利用古典中的"伪篇"来佐证自我观点的过程。《徂徕学案》一文对荻生徂徕的刻画也是有血有肉，绝非哲学思辨式的纯粹概念推演。

《仁斋·徂徕·宣长》一书如题所示，由论述日本江户时代三个古学流派的若干文章组成。早期的文章发表于1940年代，后期的文章则发表于1970年代。由于各篇是独立成文，因此存在着部分内容相似的情况。比如《仁斋、东涯学案》中的东涯部分与紧随其后的《伊藤东涯》一文,《本居宣长的思想》与《本居宣长——世界性的日本人》一文在一些叙述上相同。这是吉川幸次郎阅读与研究轨迹的反映。本书附录的一篇英文文章《伊藤仁斋》（"Itō Jinsai"），是仁斋学案主要内容的英译。该文之所以推出了英译版，当是包含了吉川幸次郎向欧美世界介绍伊藤仁斋思想的意图。与《仁斋、东涯学案》中的伊藤仁斋部分相比，英译版省略了一些较细碎的事实陈述。但主体内容基本无异，感兴趣的读者可以将中文译文与原书中的英文、日文原文进行比较阅读，相信可以从中体会到英文在翻译日本文化事物时的处理手法。

在当前的日本思想史研究界，本书所讨论的人物已经得到了大量的探讨。部分学者近年来提出不能因循这种"传统"模式去考察这些思想家，有必要将伊藤仁斋和荻生徂徕的学问从"古学派"这一范式中解放出来。自然，研究就是在不断树立新范式的过程中推进的。然而，将这些古学思想家组合在一起进行思考也好，将其分开进行个案分析也好，都是研究者基于自身学问关切在研究对象上做的一种价值投射。丸山真男、吉川幸次郎对日本"古学"的讨论，从年代来说属于20世纪中叶形成的著述。他们似乎也不否认时代赋予的"局限性"，因为这种在后来者看来构成问题的"局限性"，与作者所置身的时代脉络以及当时自身的价值判断联动着。苛求前人具备超越历史阶段的绝对视角既不可能，也无必要。其在具体历史语境中所形成的思想叙述本身也构成思想史。这或许就是品味具有历史局限性的研究论文的意义所在。

《仁斋・徂徕・宣长》一书尽管已经出版了半个世纪，但各篇文章还是具有相当的经典性。尤其是收录于《日本思想大系》丛书中的《仁斋、东涯学案》与《徂徕学案》二篇。吉川幸次郎以极具东亚传统学术特色的"学案体"对伊藤仁斋、荻生徂徕等人进行了考论，为我们提供了较为详细的人物生平与思想风貌，是窥探江户时代古学的便捷入门书。在研究视角与观点不断更新的今天，人们难免因先行研究过多而产生困惑，回顾经典性的论述或许是寻找起点的较好途径。愿《仁斋·徂徕·宣长》一书能够成为认识日本"古学"思想或反观中国清代考据学的一种素材，或成为邂逅吉川幸次郎学问的某种机缘。

本书在翻译与出版过程中承蒙商务印书馆在编校上的专业协助，在此表示感谢。

凡 例

一、文献简称及版本

（一）本书中提到的《日本思想大系》丛书，简称为《大系》，由岩波书店于1970—1982年刊行，全书共67卷。它编排了从日本古代至幕末时期具有代表性的思想著述。编委为家永三郎、石母田正、井上光贞、相良亨、中村幸彦、尾藤正英、丸山真男、吉川幸次郎等8人。书中提及《大系》及页码时，指的是该丛书相关分册的对应页码。例如，伊藤仁斋、伊藤东涯部分中的"《大系》，第21页"指《日本思想大系》第33册《伊藤仁斋、伊藤东涯》（清水茂校注），第21页；又如，荻生徂徕部分中提到的"《大系》，第520页"指《日本思想大系》第36册《荻生徂徕》（西田太一郎、丸山真男、辻达也校注，吉川幸次郎解说），第520页。

（二）本书中提到的《全集》有《荻生徂徕全集》（美篶书房，1973—1987年）、《荻生徂徕全集》（河出书房新社，1973—1978年）、《本居宣长全集》（筑摩书房，1968—1993年）、《森鸥外全集》（岩波书店，1939年）、《吉川幸次郎全集》（筑摩书房，1968—1976年）。其中经常将《荻生徂徕全集》《本居宣长全集》简称为"《全集》",将《吉川幸次郎全集》简称为"笔者《全集》""我的《全集》""《全集》"等。因此类书名简称通常出现在相关部分并与上下文衔接,可据文脉推知具体书名、版本。

(三)本书中提到的"文库本"指的是前文所引书目的版本(例如,《童子问》的文库本应为岩波文库版[清水茂校注]),虽然作者所用版本的出版年尚待考证,但所指书名可据文脉推知。

二、注释形式

(一)正文中的夹注,系作者吉川幸次郎原文所注,以括号标注以显清晰。例如,(美篶书房版《荻生徂徕全集》第2卷,第437页)、(岩波版《日本思想大系》36《荻生徂徕》,第188页)等,唯作者时或简称相关出版机构(如将美篶书房简称为美篶等),为留原貌,翻译时未做更改。

(二)如无特别标注,书中所有脚注均为译者所加,参考资料为《汉语大词典》、《大辞海》、《中国大百科全书》、《佛学大词典》(丁福保编)、《日本人名大辞典》(讲谈社)、《国语大辞典》、《日本大百科全书》(小学馆)等纸质或电子文献。

目录

序文　/ 1

仁斋、东涯学案　/ 18

伊藤东涯　/ 86

徂徕学案　/ 97

作为民族主义者的徂徕　/ 246

作为日本式思想家的徂徕　/ 297

本居宣长的思想　/ 347

本居宣长
　　——世界性的日本人　/ 370

附录一　西园寺公望致伊藤辐斋书简以及
　　　　伊藤兰嵎之事　/ 376

附录二　伊藤仁斋　/ 383

序　文

一

　　我原本的研究领域是中国文学，对日本思想史的全貌不甚了解。这本书之所以汇编了我写的几篇关于伊藤仁斋、伊藤东涯父子，荻生徂徕，本居宣长这三家学说与思想的论文，首先是因为这三家与几位中国先贤以及我的老师一道，为我的学问和思考方法提供了根基与自信。

　　仁斋父子与徂徕是中国思想的祖述者，宣长则是反抗者。但是，村冈典嗣、丸山真男等人认为宣长学是对徂徕学的进一步发展，这几乎成为学界的定论。荻生徂徕则自言其学问发源于伊藤仁斋，虽然包含对后者的部分批判。由此观之，三家在江户时代的思想史乃至学术史上构成了一个谱系。从对我个人学问的滋养而言也是如此。此外，我虽大体上是中国思想的祖述者，但最让我受益的其实是本居宣长。

　　如后文所述，关于伊藤东涯的一篇以及关于本居宣长的一篇，是三十多年前即1940年代初执笔的，其他文章都是最近五六年所写的。三十多年来，我在阅读作为本行的中国典籍之余，时而穿插阅读这三家的著述。虽是断断续续地接触这些内容，但其间我在两方面对此三家思想抱有特别的关心。这两个关注点在这些论文中也常常构成了我思考的核心。

二

第一个关注点是这三位日本思想家如何修正了过去作为中国传统人性论核心的全善学说。

毋庸置疑，儒家思想至20世纪为止一直占据着中国思想的宝座。儒家思想的出发点是把人类视为善意的动物，即性善说。荀子的性恶说由于是早期特立独行的存在，故对以后影响甚微。性善说的思想趋向有两个，其内容虽隐含于早期儒学中，但直到作为儒学思想集大成的11、12世纪宋代新儒学即朱子学那里才最为明确。

第一个趋向抱有这种信仰：作为人类是普遍善意动物的明证，纯善无恶者曾存在于人类历史早期。此即"圣人"的概念，具体来说包括尧、舜以及其他远古帝王；接着是夏、殷、周这三个王朝即"三代"或"三王"的开创者们——禹、汤、文王、武王、周公；最后是孔子。另外，全善不仅作为"圣人"的个人人格是可能的，而且由"圣人"指导的全善社会在尧舜之世以及"三王""三代"之时，曾真实地存在过。

第二个趋向认为，由于人类普遍"性善"，因此无论作为个人还是集体，都有可能达到全善的生活。也就是说，作为个人有可能成为"圣人"，作为集体有可能实现"圣人"之世，实现这种可能性正是人类的使命。《孟子·告子下》中有"人皆可以为尧舜"一句。这是说，虽然善的程度不同，但它是人类的普遍必然，恶则不是人类的必然，而是人类的偶然，它好比附着在镜子上的尘埃。只要去除尘埃就可恢复本来之明镜，这是宋代朱子学的见解，也是江户初期藤原惺窝①、林罗山②所祖述的观点。因此，这种思想主张的是存在作为绝对善者的"圣人"，而否认不可救赎的绝对恶人之存在。

对于上述性善说，本居宣长认为它与人类现实不符，于是直接否定了这一观点。本居宣长一针见血地指出，凶恶与吉善一样，必定存在于人类之中。善是人类的一种必然，恶也是人类的必然，有幸福也有不幸，这才是人类的现实。（本书③，第287—288页）然儒家"欲使世间全为善事"，则是强人所难，有夸大学说功效之嫌。（本书，第305页）宣长所说的吉善与凶恶并存是神意使然，这一观点的前半部分对我来说并不重要。但其立足于人类现实做出的鲜明批判，我认为在日本思想史上，或者在包含中国思想史的东亚思想史上，留下了特殊的印记。

然而，在宣长之前的荻生徂徕，已经在儒学学说的范围内，大体上提出了这一观点。徂徕说，尧舜时代也好，"三王"时代也好，皆非俗儒所说乃纯洁无瑕之时代。既然同样是人类生活，那么它和现今江户一样存在各种恶行。（本书，第136—137页）即便是"三

---

① 藤原惺窝，1561—1619，江户时代初期儒者。初为相国寺僧侣，后转入朱子学。被誉为近世儒学之开祖，门人有林罗山等。著有《惺窝文集》等。
② 林罗山，1583—1657，江户时代初期幕府儒官。师从藤原惺窝学习朱子学，为德川家康及其后继者共四代将军的侍讲。著有《本朝神社考》《春鉴抄》等。
③ 此类"本书"所指页码为原书页码，即本书边码。下同，兹不一一标注。——编者

王"之一的周王朝，在其创业过程中也并非没有"旧恶"。（本书，第139页）但是，古代典籍《六经》之所以缺乏关于人之恶行的记载，是因为当时不喜欢记录恶事。（本书，第147页）

上溯至伊藤仁斋，我还没有发现相同的指摘。但仁斋以其他形式反对性善说。如前所述，以往的儒家传统并不承认存在不可救赎者，但仁斋认为这种精神的不健全者和肉体不健全者，虽千万人中出现一例，但同样是存在的。而且仁斋窃喜这一见解是以往学者未曾注意的"先儒未了之公案"，认为此一创见乃"千载一大快事"。

据我个人的研究，与仁斋类似的认为存在绝对的恶人与愚者的观点，在早期的中国也曾出现过，虽然仁斋可能并未意识到。从六朝时期到唐初，关于《论语》中"唯上智与下愚不移"一句，产生了这样的解释："上智"是绝对的好人，是绝对的智者，即"圣人"；"下愚"则是绝对的恶人，是绝对的愚者。唐代孔颖达的《尚书正义》常以这一哲学立论，我国圣德太子的《十七条宪法》中"我必非圣，彼必非愚，共是凡夫耳"一句也应根据这一哲学来理解（可参看笔者筑摩版《全集》第十卷的跋文）。但就中国思想史的一般情况而言这是罕见的例外，而且作为中国中世注释家的惯例，其解释多少属于观念上的游戏。它并非仁斋那种从对人类现实的观察出发所提出的观点。仁斋先于徂徕、宣长之前道破了恶的必然性，虽然他还附加了一些限制条件。但此一"先儒未了之公案"，似乎并未得到以往仁斋研究者们的注意。

此外，仁斋强调孔子也并非没有谬误。（本书，第53—54页）徂徕在《论语征》中频频指出"圣人亦人也"，这既是对孔子与凡人间连续性的现实审视，又从另一个侧面纠正了僵化的全善学说。当然，像宣长一样把孔子及其他中国的"圣人"称为伪善者的观点，在仁斋和徂徕那里都不存在。

我之所以关注上述这些问题，与现在的情况不无关系。日本人一般并不信仰基督教式的神灵，那我们靠什么信念活着呢？我认为是对彼此善意的信任。这是对江户时代儒家"性善"说的无意识继承，于我们的生活而言可谓利大于弊。但与此同时，我们也继承了对于全善的信仰。学生对于老师，民众对于政治家，往往要求他们能力超凡、道德无缺。虽然我对基督教几乎一无所知，但似乎其教义在告诉我们：人由于不是神，故不论想还是不想，也不论是否意识到，人总会犯错。显然，对于人我们缺乏这方面的思考。

也正是这些意义，促使我关注这三家思想的谱系。

三

我将三家纳入同一谱系进行考察的另一理由，还在于他们的学问方法论以及作为其基础的语言观吸引了我。也就是说，他们没有把语言表达仅仅看作传达人想传达之事实的手段，而是把表达方法本身看作人类的事实，并且是最贴近表达者心理的重要事实。他们不满足于仅知道说什么，而是重视如何说。于是，把说什么和如何说作为资料来研究人类，成了他们的学问方法。

这种态度和方法直到本居宣长那里才被演绎得淋漓尽致。正如本书准备稍稍详述的，他把"心"（人的心理活动）、"言"（语言表达方式）、"事"（语言以外的诸行动）这三者视为三位一体。特别是关于古代人的生活，宣长认为由于"事"已经处于直接认识的范围之外，故与之不同的"言"才是最能了解古代之"心"的资料。（本书，第307—312页，另参第300—301页）因而，对于"言"，他最重视的是"语言形态"，即如何说的问题。（本书，第302页）

宣长的态度和方法，早在徂徕那里已经以大体相同但更加激进、极端的形式提了出来。徂徕在其前半生，排斥日本人读中国典籍时业已习惯的训读法，即通过日文翻译来阅读原典的方法，主张一种按照汉语原音、原语序来读的"崎阳之学"。（本书，第81—83页）他认为，训读法是"只得其意，而不得其言"，即只能触及中国典籍所传达事实的轮廓；不通过"崎阳之学"去直接感受中国之"言"，则无法到达中国之"心"。在徂徕看来，日语、汉语作为各自的"心"之反映，它们存在着差异。徂徕在其后半生从明代文学家那里获得的启示，以及我们未能在本书中述及的徂徕之动机，可以说是这种认识的延伸。就汉语本身而言，古代的书面语"古文辞"与以宋代为中心形式的后世书面语，在根本上是异质的。为了获知"古义"，即古代的"心"和"事"，就应与反映后代"心"与"事"的后世文章决裂，独尊作为古代之"言"的"古言"（古文辞）。而且为了掌握"古文辞"，即中国古代之"言"，要将自己的语言生活与之吻合，将"古文辞"的文体作为自己实际写作汉文的文体。徂徕以这种激进的主张作为其学问方法论的终点。（本书，第122—124页等）构成徂徕学问方法论终点的这种激进主张，后来成为本居宣长学问方法的一个渊源。宣长以更温和的形式，主张仿照古代和歌来进行创作。他说："盖将万事作为他人之

事来思量时，与作为自己之事来思量，有浅深之差别。"（本书，第297、311页）

宣长认为，"言"作为"心"之显现，其最合适的磨炼形式，就是文学性的语言，特别是诗的语言。若不事先磨炼好，亦无法掌握哲学之"言"。他说："后世欲知古人之所想所行，欲知其世界之样态，皆在古言古歌中。"并非难道："观世间做学问之人，其主学道之辈，大多只拘泥于汉流之议论说理，以吟诵和歌等为无用之事而弃之，不欲阅读歌集等类。"（本书，第301、313页）《徂徕先生答问书》中有如下之语，与以上宣长的话很契合："若不知晓文字，则圣人之道难知矣。"而"欲理解文字，则不可不知古人作书时之心绪。故若不作诗文，则难解之事多矣。学经书之人因不甚熟悉文字之故，故胡乱解说道理"。（美篶版徂徕《全集》第1卷，第460—461页）徂徕的《论语征》在驳斥前人之说时，往往会指出这是对方"不懂诗"而产生的误解，是由于对《论语》之"言"具有的诗的要素不甚关心而产生的"谬误"。例如，对于《论语·宪问》篇的"作者七人矣"，一般人只关注作为强调助词的"矣"字，徂徕则认为这是强调创制"道"的"圣人"限定于从尧到周公这七人。这个例子表明徂徕同宣长一样，是对"语言形态"十分敏感的学者。（本书，第266页）从根本上来说，徂徕的"古文辞"说认为，中国古代的文章是文学性的语言，即普遍具有"文辞"性。徂徕以《六经》为核心，就是将儒家古典全部作为文学来阅读。

但是，这是不是说徂徕和宣长完全一样？我认为并非如此。徂徕"古文辞学"的终极目的，是将"古文辞"文体作为自我之物来体认，让自己与中国古人的对话熟练到像与18世纪江户的邻人聊天那么简单，以此来感受"古文辞"中"言"所传达的人类事实。由此可以发现，"古文辞"之"言"所传达的人类事实与现代语言所传达的现代人类事实，在本质上没有差别。（本书，第138页）《学则》第4条中关于后世之书，指出要重视历史书，特别是作为事实记录的"志"的部分。（岩波版《日本思想大系》36《荻生徂徕》，第193页）《徂徕先生答问书》上写道："学问乃穷极历史。"（美篶书房版徂徕《全集》第1卷，第433页）这些主张都朝着同一个目标前进："吾览唐土之文无数，然其所记无不是吾世间样态。"（本书，第102页）这首和歌正表明了徂徕学问的终极目的。其终极的关切倾向于"言"所传达的"事"，而不是像宣长那样重视"言"本身。正如我在《作为日本式思想家的徂徕》第8节中所说的那样，这和他作为审美者在感性上的局限有关。（本书，第274页）宣长还把"求道"作为任务，但"不自行其道"。（本书，第303页）与此相对，徂徕则是政治学学者。

若从徂徕再向前追溯到仁斋那里，会发现关于这一点的表露，仁斋不像之后两家那样明显。但是在他的方法中，对"语言形态"的敏感已经在起着显著作用。仁斋所谓的"古义学"，原本就是从研究中国古语用例开始的，正如他对"端"字的考证所展示的那样。（本书，第19页以下）徂徕在《论语征》中之所以屡次提到"仁斋先生不识古言"，只不过因为他对和自己一样用"古言"来探索"古义"的前辈心存一些不满。此外，仁斋之所以将《论语》作为"最上至极宇宙第一书"，是由于该书在"语言形态"上也不允许增减一字。（本书，第50页）仁斋认为《大学》"非孔氏之遗书",是因为其"语言形态"很烦琐。(本书,第45页)他反感朱子等宋儒之学的理由之一,在于宋儒的用语充满阴郁感。(本书,第12页)他并不像徂徕及宣长一样,那么尊重文学的语言。但也不像同时代的山崎暗斋①那样排斥文学的语言。仁斋和其子东涯的汉文,在江户时代的汉文中或许是韵律最优美的。

宣长强调自己的学问之祖是契冲②及真渊③,否认与仁斋、徂徕间的关联。但这带有狡辩的意味。(本书,第15页)我之所以对三家谱系的这些地方感兴趣,是因为其与以下两方面有关。

其一,它与中国学问的传统方法有关。到20世纪初为止的中国学问,相较于抽象性的议论,倒不如说对古书进行注释是主流。因为其试图依据古书中的各种"语言形态",去思考人心。最核心的是那些面向儒家古典的著述,比如汉代郑玄诸注,唐代孔颖达《五经正义》等汉唐训诂之学,以及清儒的"汉学",都是其代表。即便在训诂之学的批判者、更重视抽象的朱子学派中,朱子自己也著述了《诗经集传》《楚辞集注》。此外,朱子对于《尚书》中的"都""俞""吁"这些感叹词并不轻视。(本书,第313页)但在中国,可能是由于这种方法太过普遍,我印象中没有读到中国人自己

---

① 山崎暗斋,1619—1682,江户前期儒学者、神道家,别号"垂加"。曾做过禅僧,后因学习朱子学而还俗。门徒据说有六千人。其后跟从吉川惟足学习神道,提倡神儒一致说,建立了垂加神道。著有《垂加文集》《神代卷风叶集》等。

② 契冲,1640—1701,江户前期国学者、歌人。继下河边长流之业,完成了《万叶代匠记》,奠定了日本国学发展的基础。还著有《古今余材抄》《势语臆断》《和字正滥钞》等。

③ 贺茂真渊,1697—1769,江户中期国学者、歌人。就学于荷田春满,为国学四大人之一。曾出仕于田安宗武,广泛研究日本古典,提倡复古主义。门人有本居宣长等。著有《万叶考》《祝词考》《冠辞考》《歌意考》《国意考》等。

对其意义的论述。宣长在《初山踏》中提出的主张，不仅是对自我学问方法的一种雄辩，还碰巧起到了宣传中国学问方法的作用。这也是我被宣长学问吸引的开始。（本书，第309页）虽然宣长本人可能会否认，但我认为，其《古事记传》在体裁和方法上与唐人的《五经正义》及清代"汉学"家的著述极为相似。仁斋的《论语古义》《孟子古义》以及徂徕的《论语征》更是如此。

其二，此三家的方法与当前的状况存在关联。自从历史学只重视语言所传递的事实以来，古书注释的工作，即许多国文学家和外国文学家所从事的工作，往往会被认为是辅助性的学问。但宣长等人的学说与成就揭示了它作为独立的人类学问的存在理由。（本书，第313页）但是，正如深知宣长学问方法的已故学者村冈典嗣在其论文《关于国文学的注释性研究》中所警示的那样，目前学者在这方面的工作是否能够完成这一任务让人怀疑。（岩波版《续日本思想史研究》）。作为继承这三家方法的研究者，我自己的感触连载于杂志《筑摩》，这些文章不久将会整理成单行本《读书之学》。

四

我之所以撰写这些论文，并不仅仅是出于对以上二者的关切，还有更进一步的动机。

围绕我们这里所讨论的三家人物，最近出现了一些研究著述。其中关于宣长的研究我们暂且不谈，有关仁斋和徂徕的研究，研究者们所阐发的观点未必充分。

仁斋学说和思想的核心，在于认为只有运动才是存在。（本书，第37页）自井上哲次郎的《日本古学派之哲学》以来，研究者们都注意到了这一点，但未必给予了重视。此外，认为存在绝对无法救赎的愚者这一主张，正如前面所讲的那样，被仁斋自称是"先儒未了之公案"，但一直以来被大部分研究者忽视。

我们刚刚在此序文中提到，徂徕的"古文辞学"并非仅仅是通过研究"古言"来获得"古义"。其目的是通过异时间、异空间来确认人类的事实。（本书，第138页以下）这是徂徕学的核心，但并未被充分理解。另外，正如《辩名》所引《周礼·地官司徒·大司徒》中的"以乡三物教万民"，以及《周礼·地官司徒·乡大夫》中的"以乡射之礼五物询众庶"所示，徂徕所说的"物"，应是可成标准的事实，即 criterion 的意思。（岩波版《日本思想大系》36《荻生徂徕》，第179—181页）然而往往被误解为指一般事物。

还有对传记的误读。今中宽司的《徂徕学的基础性研究》（昭和41年［1966］吉川弘文馆）是基于作者多年研究而推出的力作。在该书的第342页中记述到，徂徕在迎接两位身为大名的支持者本多忠统①和黑田直邦②造访自己宅邸时写了一首七律。这是模仿杜甫在其草堂迎接节度使严武③来访时的作品，表达对贵人来访的感

---

① 本多忠统，1691—1757，江户时代中期大名、儒者。历任寺社奉行、若年寄，后成为伊势（今三重县）神户藩主本多家初代。又称伊予守忠统。荻生徂徕的高徒，以文人之名著称，著有《猗兰子》等。

② 黑田直邦，1667—1735，江户时代中期大名。元禄16年（1703）成为常陆（今茨城县）下馆藩主。享保17年（1732）成为上野沼田藩主黑田家初代。担任奏者番兼寺社奉行，西丸老中。爱好学问，与荻生徂徕相交游。

③ 严武，726—765，唐代华州华阴人，字季鹰。玄宗时累官至谏议大夫。肃宗时历任成都尹、剑南节度使。当时杜甫流落至成都，受到他的关照，二人交谊很深。

谢。但今中氏给出的解释却恰恰相反。"使君驹从塞江皋"（"使君驪従塞江皋"）一句，训读成日语的话应该是"使君ノ驪従ハ江皋ニ塞ツとなり"，表达的是对两大名的敬意。但今中氏将其训读为"君ヲ使テ塞江ノ皋ニ驪従セシメ"，意思变成了让伊予守忠统像随从一样到塞江拿酒来。又如"酌水贮樽人比淡"（"酌水貯樽人比淡"）这一句，它本是基于《论语》中的"君子之交淡如水"而来，应该训读为"水を酌ミテ樽に貯えて人は淡キに比ス"，但今中氏将其训读为"水を酌イデ尊人ノ比淡に貯ウ"，意思变为让不会喝酒的伊予守喝水。毫无疑问这是误读。我发现这种误读也影响了其他研究者的论文。

河出书房版《荻生徂徕全集》第1卷（昭和48年［1973］）将汉文随笔《萱园十笔》翻译成训读体，但开卷第1页的第2条就以"豈弟君子、楽しきかな只君子"这种训读开头，这让人对整个译本的可信度有些怀疑。原汉文的"岂弟君子""乐只君子"都是《诗经》中的句子。"岂弟"二字也写作"恺悌"，训读为"乐易也"。对此，《诗经》的各注释皆一致，一般读作"豈弟（がいてい）たる君子"。因此，并不能认为徂徕采用了"岂弟"（あにただ）这种特别的读法。此外，"楽しきかな只君子"这一训读听起来也很奇怪。

之所以产生上述这种不足乃至错误，究其原因，很大程度上是由于研究者对仁斋和徂徕所依据的中国典籍不甚了解。我因为专业的缘故，读了一定的中国典籍。故而修正诸家的错漏是我的一种义务。这也就是我写作这些论文，特别是《仁斋、东涯学案》和《徂徕学案》的动机之一。不过，对于宣长，情况则刚好相反。在作为宣长资料的书籍中，我除通读了《古事记》以外，对《万叶集》和

《源氏物语》都很不熟悉。然而，对于宣长和他最初十分熟悉但后来转向反对的中国思想之间的关系，我或许可以提出一些新见解。

因为我的写作包含了这样的动机，故而三家的原典是我最重要的资料，对于其他研究者的成果则原则上不予细读。我自认为是本人新发现的东西，应该有一些已经被前人指出了。比如关于本居宣长在京都游学期间的杂记帖中所记录的徂徕的神道说，我先前以为这是自己通过新资料所获的新发现。（本书，第250页）但最近才知道，早在村冈典嗣的《徂徕学与宣长学的关系》一书中就指出了这一点。（岩波版《日本思想史研究第三》）然而即使是村冈的论文，也没有提到《旧事本纪解》和《论语征》。

与此同时，关于仁斋和徂徕的两篇学案，是我在阅读了两家著作后，围绕他们的学说、思想、传记，仅就个人认为无疑义的东西所写的。这对以后的研究者当有所帮助吧。

五

在序言的最后，我说一下本人接触此三家著述的经过，以及撰写这些论文的缘由。

37年前，即我虚岁35岁之时，一次极其偶然的机会我读到了宣长的《初山踏》。当时受到了巨大的冲击，对这样一位早就运用了与自己相同学问方法的前辈，我甚至产生了嫉妒。3年后的昭和16年（1941）秋天，即太平洋战争爆发前夕，好友河盛好藏主编的杂志《新风土》以"世界性的日本人"为题征稿，为此我撰写了《本居宣长》一文。该文也被收录到了本书中。（本书，第309页）

当时我也已经有一些仁斋、东涯父子及徂徕的书。我所就读的京都大学,在学风上认为江户时代以来的日本汉学歪曲了中国的原有之物,对其很是避讳,而主张直接从中国人所著的典籍来研究中国。但我的老师狩野直喜①例外提到的日本汉学者是仁斋和徂徕二人。不过,此二人并没有立刻引起我的兴趣。我之所以从那时起慢慢地读起他们的书来,还是因为被宣长学说诱导的缘故。通过宣长我觉察到,在同一时期的日本也存在着与我此前醉心的清儒实证主义相似的东西,我预想其源流当始于仁斋、徂徕二人。虽然令我感触最深的是仁斋的《童子问》,但还是对东涯更感兴趣。在太平洋战争爆发的第二年,奈良的天理图书馆为纪念购入伊藤家全部藏书举行了演讲会,我和武内义雄②等人受邀去做了演讲。我的演讲内容也被收录进了本书中。(本书,第64页以下)另外,我在小尾郊一的帮助下校订了东涯的《制度通》,以上下两册的形式收入岩波文库。至于徂徕,他的汉文甚难读,他是两百年前主张按照汉语的原音、原语序来读中国典籍的前辈。我在为小野胜年译《历代名画记》③所写的书评中引用了徂徕的《训译示蒙》。(笔者《全集》第17卷,第500—507页)

但对于当时正在编写《尚书正义》日译本的我来说,给予自己

---

① 狩野直喜,1868—1947,汉学者。曾在北京留学,明治39年(1906)成为京都大学教授。与王国维等学者有交往,研究中国的戏剧、小说、敦煌文书。著有《中国学文薮》。

② 武内义雄,1886—1966,大正、昭和时期汉学家,师从狩野直喜。历任东北大学教授、宫内省御用挂等职。他在中国古代思想史的研究上导入了文献批判方法,著有《老子的研究》《诸子概说》《论语之研究》等。

③ 唐代张彦远著,中国画史著作,十卷。

最多启示者还是宣长。首先，通过阅读他的《古事记传》和《古事记》正文的训，以及《古事记传》所引《日本书纪》中附带的旁训，笔者发现：如"应奋起之秋"（奮起すべきの秋）这种在用言和体言之间加上"之"（の）的说法，以及"保证学问之自由"（学問の自由は之を保証する）这种作为反身宾语的"之"（これ）的使用等，都是根据汉文的训读而产生的，并不是纯粹的日语。于是我在翻译中回避了这一用法。当时我所写的短文《是》（「是（シ）」）就显示了这一点。（笔者《全集》第17卷，第104—105页）另外，汉语中的"虚字"是一个可增可减的自由辅助词，如同日语中的"てにをは"一样，对句子的构成不是必须的。《古事记传》第3卷《训法之事》（筑摩版宣长《全集》第9卷，第37页）以及《排芦小船》（同书第2卷，第50页）中所说的这一点，是我此前未曾注意到的两国语言间的差异，给予了我极大的启示。我在昭和14年（1939）所写的论文《世说新语的文章》（《全集》第7卷，第454—472页），以及昭和19年（1944）所写的杂文《国语的优点》（《全集》第18卷，第386—397页）等，都受到了这种影响。

以上都是昭和20年（1945）战争结束以前，我还在东方文化研究所时的事情。战后转到京都大学文学系后，虽然我在情感上始终以三家为学问方法之祖，但暂时与他们的著述相疏远。后来，从昭和29年（1954）开始，我为朝日新闻社《中国古典选》编写了《论语》的注解，因此之故我逐条阅读了仁斋的《论语古义》和徂徕的《论语征》。由于当时对徂徕学说的全貌还不甚了解，我对《论语征》的演绎多存在错误。这些都在最近由筑摩书房续刊的《全集》第21卷中得到了修正。

接着在昭和34年（1959），我为新潮社的讲座书《日本文化研究》写了《日本文明中的容受与能动》一文（后改名为《容受的历史——日本汉学小史》，收录在《全集》第17卷中）。我在执笔过程中，以《童子问》为中心重读了仁斋的著述，并阅读了更多徂徕的书。但我仅仅停留于思考在江户时代日本接纳中国文明的过程中此二家的位置，对于徂徕的理解还是不免肤浅。

我真正开始研究仁斋和徂徕是自1969年（昭和44年）以后的这五六年，我成为岩波版《日本思想大系》的编辑委员之一，且负责为仁斋及徂徕部分撰写解说。我这时已经不在大学任教，从讲授中国文学的任务中解放了出来，这也使我能够潜心研读两家的书籍。现在占据本书大部分篇幅的《仁斋、东涯学案》和《徂徕学案》就是这段时期写作的结果。另外，作为徂徕的余论，我还写了《作为民族主义者的徂徕》《作为日本式思想家的徂徕》二文，发表在杂志《世界》上。另外，在这之前，我写了《本居宣长的思想》一文（1969），作为筑摩书房版《日本的思想》宣长卷的解说。该文主要是基于我以往读书的记忆来写的。

附录中我对西园寺①书信的解说，是对《仁斋学案》一文的补充。该文是这次新写的。最后一篇英文论文《伊藤仁斋》（Itō Jinsai），是《仁斋学案》主要内容的英译版，发表在财团法人东方学会《亚洲学刊》杂志（Acta Asiatica, Vol.25, 1973），由该学会事务局的菊池雄二翻译，哥伦比亚大学教授华兹生（Burton Watson）和我对文稿进行了一些修改。

---

① 西园寺公望，1849—1940，政治家，曾任日本首相。

六

在此序文即将搁笔之际，新的感悟不禁涌上心头。正如我在《作为日本式思想家的徂徕》第6节中提到的，在同一时期的中国，由于传统的壁垒过于坚固，因此很难产生像徂徕那样极端的排朱思想。（本书，第270页）这种情况并非仅限于徂徕。即便是"唯运动才是存在"这一仁斋的主张，在同时期的中国恐怕也很难产生。至于宣长的观点，则更是如此。将来，如果把东亚的思想史一并考虑的话，三家学说的重要性将会更加彰显。

在本书刊行之际，我要向付出诸多辛劳的岩波书店的竹田行之致以谢意。

1975即昭和50年5月

仁斋、东涯学案

一、仁斋的传记

伊藤仁斋（宽永4年［1627］—宝永2年［1705］），是17世纪日本的儒者。由于是儒者，其学说和思想是以演绎中国古代儒家思想，特别是孔子的思想的形式来展开的。

仁斋并不认为自己是在演绎中国这一他国的思想。对其而言，不言而喻，孔子的思想对全人类都是普遍有效的。仁斋演绎思想的方法很独特，异于其他儒者。特别是自12世纪宋代朱熹（1130—1200）以来，宋儒对孔子思想的阐述，即所谓的朱子学或宋学，成为中国的权威。而在日本，比仁斋年长44岁的林罗山（天正11年［1583］—明历3年［1657］），在德川家康的授意下将其定为官学。在仁斋的思想历程中，他在三十多岁之前也一直是朱子学的狂热信奉者。但此后，他猛烈批判朱子学，指出它吸纳了佛教与老庄之说，歪曲了孔子和孔子思想之最佳演绎者孟子此二人的原意。仁斋认为通过自己的阐述，数千年来被埋没的孔孟原意得到了恢复。

仁斋演绎孔子原意的著述，有《论语古义》十卷，该书依据

《论语》原文展开了解释。对于自己认为是孔子思想之最佳演绎者的孟子，仁斋著有《孟子古义》七卷，这是依据《孟子》原文进行解释的作品。以"古义"为书名，是指按照原义进行阐述。此外，仁斋还有《语孟字义》二卷。该书摘录了《论语》《孟子》以及其他儒家经典中的20多个重要术语。仁斋以宋儒之说为歪曲而排斥，并提出了自己的见解。但正如仁斋本人在《字义》序言中所说，依据《论语》《孟子》原文所形成的两部《古义》才是他的主要作品，而《字义》一书乃是附录。（岩波版《日本思想大系》33，第14页）另外，仁斋还著有《中庸发挥》两卷，《大学定本》一卷，后者指出了《大学》内容中的不合理处。而自从朱子将《大学》列为《四书》之一以后，一般儒者就对《大学》推崇备至。《大学定本》的要旨与《语孟字义》附录中的"《大学》非孔子之遗书辨"相同。（《大系》，第98—106页）仁斋的《童子问》三卷，是以师徒问答的形式阐述了其学说的大要。（该书现收录于岩波版《日本古典文学大系》97《近世思想家文集》中，并附有清水茂的校注，另外还有同为清水茂校注的《岩波文库》本）仁斋的上述著述都是用汉文写成的，关于其出色的汉文造诣我们将在后面叙述。（本书，第8—9页）除了《语孟字义》在当时的江户曾有未经仁斋许可的私刻版以外，其他著作在其生前都没有刊行，系死后由长子伊藤东涯整理出版。东涯在父亲去世后，将其短篇汉文集录为《古学先生文集》六卷，将汉诗集录为《古学先生诗集》两卷。其中《日本思想大系》收录了前者约三分之一的内容。非通过仁斋后人所刊行的《古学先生和歌集》，是在江户时代唯一有刊本的仁斋和文著作。

仁斋所有的学识皆未经师授，全由自修获得。他是一位不需要老师的天才。其最初热衷于朱子学，也不是因为有老师指导。他在某个时期沉迷于研究佛教，修炼白骨观法一事似乎也是如此。（参看《大系》附注，第506页）仁斋之所以能够摆脱佛教和宋学，到达"古义"，源于他卓越的创造力和从传统中获得解放的志向。前人对儒家古典的注释，除仁斋早期沉迷而后摆脱的宋儒之注外，还有更早的经由汉唐至宋初的注释。仁斋称其为"古注疏"，并给予一定的尊重，但同样也不受其束缚。以师生问答形式展开的著述《童子问》，其卷下第48章中有"问先生学问之家法"一节，即讨论学问的谱系。仁斋答曰："吾无家法。就《论语》《孟子》理会，唯此乃吾家法。"就是说记载了孔孟言论的书籍原文，才是我的老师。（文库本，第246页）在记录其与弟子们讨论过程的《同志会笔记》中，有一条写道："孔孟之学，厄于注家久矣。汉晋之间，多以老庄解之。"这是说从公元前后到3世纪左右的注释。"宋元以来，又以禅学混之。"这是11、12世纪宋儒的注释。"学者学之久矣，讲之既熟，日化月迁，其卒全为禅学之见解，于孔孟之旨则茫茫不知其为何物。"过去的注解全在误导人。仁斋幽默地说，若世间有某个未开化地带，那里只有《论语》和《孟子》的原文，那么学问当会取得更大进步。（《大系》，第239—240页）这种自由的态度，在当时那个学者、诗人和美术家都非常重视师承（伝授）的时代，是独一无二的。

仁斋的身份是京都的町人。35岁左右时，他摆脱了佛教和宋学，建立了自己的学说"古义学"。他将自己位于流经京都市西部堀川东岸出水路南的住宅命名为"古义堂"，在此募徒讲学。其讲课的方法在当时可能也是独一无二的。仁斋并非单方面地讲课，而是让学生提出自己的意见，共同讨论。收于《古学先生文集》中的《私拟策问》和与"同志会"相关的文章，都说明了这一点。另外，后文第14页引用的《童子问》卷下的第45章，也是这方面的体现。

仁斋的门徒据说有三千人。听讲者中有武士，如小野寺十内①和大石主税②，也有京都和大阪的町人。其长子东涯的《盍簪录》卷2记载，唯有飞弹、佐渡、壹岐三国之人不在门人名单中。此外，京都朝廷的公卿也偶尔邀请他讲学。作为京都朝廷之特权而保留的选定年号，公卿们也曾为此询问过仁斋。1684年为甲子之岁，作为干支之首必须改元（革令之年），从这一年开始的"贞享"年号就是由仁斋建议的。"贞"意为端方正直，"享"意为昌盛。

熊本藩的细川氏曾邀请他担当藩地教师，但仁斋以母亲年迈为由拒绝了，而以市民之身终其一生。尽管如此，某公卿认为仁斋的人格仪容堪比大纳言③。

仁斋的学说对朱子学提出了大胆的挑战。朱子学不仅是当时幕府的官学，而且自藤原惺窝、林罗山以来，在日本已极具影响力。因此，下一世纪幕府政治家松平定信将其定为"异学"之一

---

① 小野寺十内，1643—1703，赤穗义士之一。曾师从伊藤仁斋学习经书，善咏和歌。
② 大石主税，1688—1703，赤穗义士中年纪最小者，在进攻吉良宅邸时担任攻入后门的队长。
③ 大纳言，官职名，在律令制下为太政官的次官。

加以禁止，也就不足为奇了。另外，仁斋将仁爱视为人类的最高价值，这自然导致了对武的否定。他说："问治道之要。曰：文胜武则国祚修，武胜文则国脉蹙。"（《童子问》卷中第31章，见文库本，第125页）又说："盖国家将治，必文右武左。其将乱，必贵武贱文。"（《古学先生文集》1《送山口胜隆序》，收入《大系》，第171页）仁斋还认为，轻率之死并非对君主的最高忠诚："问忠。曰：称古今忠臣者，其品非一。有感激而杀身者。知有其君，不知有其身者亦有也。不避艰险，以济其君者有之。至诚爱君，以善劝之，以道辅之者有之。奚感激杀身者多而以道事君者寡焉？盖感激杀身者，乃出于一旦之义，故似难实易。以道事君者，躬有其德，非始终不失其道者，故不能。故似易而实难。"（《童子问》卷中第39章，见文库本，第132页）这些都是不合武家之世的主张。

仁斋的劲敌乃是同在京都的，于堀川西岸建立私塾的山崎暗斋。暗斋比仁斋年长9岁，他对朱子学的演绎比中国原本的朱子学还要严格。仁斋所谓"吾无家法"以及与学生共同讨论的方式，在暗斋看来乃违背师道之举，当对其进行过非难。

其子东涯撰写的仁斋传记《先府君古学先生行状》显示，仁斋平生生活很贫穷，"家本寒薄"，"难以伏腊"，年中、年末节日亦有难度之时。然而，"先生泰然处之"，并有如下含蓄之语："非不求仕也，而不为求仕之计也。非不避祸也，而不为避祸之谋也。"

仁斋身边，似乎并非全然不存在可避之"祸"。然而，他"不为求仕之计"，"不为避祸之谋"，在堀川学塾里悠然讲授着他的学说，直到79岁去世时为止，时值东山天皇[①]、德川纲吉[②]在位的宝永2年（1705）3月12日未时（下午2点）。1705年乃是近松门左卫门[③]写下《曾根崎鸳鸯殉情》的第三年，牛顿写下《光学》与初代团十郎[④]、向井去来[⑤]逝世的第二年。当时，仁斋学问的继承者东涯时年36岁，次子梅宇23岁，三子介亭21岁，四子竹里14岁，五子兰嵎11岁，皆才华横溢之人。在元禄6年（1693）仁斋67岁那年的正月初二之诗中，他这样吟唱道：

家本十余口，　　家は本と十余口
既无寸土田。　　既に尺寸の田無し
幸逢太平日，　　幸いに太平の日に逢う
自免米盐蠲。　　自のずから米塩の蠲を免る
道以唐虞准，　　道は唐虞を以って準し
学从邹鲁传。　　学びは鄒魯従い伝う
眼前儿女侍，　　眼前　児女侍る
万事醉陶然。　　万事　酔うて陶然

---

① 东山天皇，1675—1709，第113代天皇，1687—1709年在位，曾复兴立太子礼、大尝祭。
② 德川纲吉，1646—1709，江户幕府第五代将军。曾任用堀田正俊为大老，对幕府财政进行重整，此举措被后世称赞为"天和之治"。但正俊死后制度逐渐废弛。进入元禄以后，幕府实权为侧用人柳泽吉保所掌握，幕政腐败严重。作为解决财政困窘的对策，纲吉听取了勘定奉行荻原重秀的建议，试图通过发行劣质货币等手段来实现，但反而使财政恶化。纲吉在贞享4年（1687）颁布的"生类怜悯令"，给庶民生活造成了极大不便，因此恶名很盛。
③ 近松门左卫门，1653—1725，江户时代前中期净瑠璃、歌舞伎作者。著有《国姓爷合战》《情死天网岛》《女杀油地狱》等。
④ 市川团十郎（初代），1660—1704，江户时代前期歌舞伎演员。
⑤ 向井去来，1651—1704，江户时代中期俳人，蕉门十哲之一。

仁斋一生的足迹，基本未离开过京都。但他在64岁时访问了大阪，第一次见到了大海。在《古学先生和歌集》中，有这样一首诗："因长寿，故见到了浪速湾之春。思之，人有其寿方可。"（ながらへば、なにはの浦の、春もみつ、おもへば人は、命なりけり）《古学先生文集》卷1中的《游摄州记》就是当时的游记。(《大系》，第183页）他感叹天王寺非常雄伟，而供奉着仁爱之君仁德天皇[①]的神社却荒废了。还有一次离开京都，是仁斋晚年时去拜访近江的水口藩藩主鸟居忠救[②]。

人们常常指出，作为其学说的实践，仁斋极其宽容、温和、真诚、高尚，这是他消除各种批评，作为时代巨擘享有盛誉的首要原因。同时不可忽视的是，支撑起仁斋之学说和其声望者，乃是他的博识和语言能力。这种博识和语言能力不同于此前启蒙时期的知识人，是极其卓越和具有划时代意义的。

仁斋是一个兴趣广泛、富有洞察力的人。《古学先生文集》卷1中收有《送浮屠道香师序》，这是东涯所记录的其父"行状"的名篇。其中有朝鲜人安慎徽对仁斋的称赞："日本未闻有如此文采者。"连东山天皇也求一览仁斋之文。此外仁斋还记录道："余少时，甚好学，忘寝食，废百事，唯耽于学，不为名而进，不为利而务。"仁斋苦心于学习，将经验所及之事物皆作为学问的素材。"凡饮食谈笑"，"出入应接"，"野游郊行"，"望山瞰水"，"及聆里巷

[①] 仁德天皇，据《古事记》《日本书纪》所载，为第16代天皇，于5世纪前半期在位，传说他曾免除民间3年的租税。有观点认为他是倭五王中的"赞"或"珍"。

[②] 即鸟居忠英，1665—1716，江户时代前中期大名。

歌谣",(当是隆达节①、投节②之类),乃至"市上剧场观戏"(当是观看四条河原的戏剧),"触机随事,皆是吾进学之地"。(《大系》,第175页)

正是这种性格造就了其渊博的学识。仁斋似乎想把当时传到日本的所有中国书籍全部读完,其阅读范围甚至涵盖短篇小说集《醒世恒言》。就对于中国历史和各类事物的博闻与正确知识而言,在其子东涯以及既是仁斋祖述者又是批判者的荻生徂徕赢得相同声望之前,仁斋一直是日本首屈一指的存在。东涯的随笔《秉烛谭》中,记载了宽文年间时值中年的仁斋的一则轶事。以博学著称的禅僧昙首座,在东涯舅舅绪方元真的宴会上,向仁斋询问了一直让他疑惑的三个词语:"胜国""国是""堂兄弟"。仁斋毫不费力地回答了这三个词语:"胜国"是指被征服的前朝国家;"国是"是指国家的基本政策;"堂兄弟"是父亲兄弟的孩子。这让对方大吃一惊。东涯指出,当时一般的学问水平就是如此。从最初的朱子学信奉者,到后来成为朱子学的批判者,仁斋的朱子学造诣,即使在其舍弃朱子学后,也远远超过了其他学者。读过《童子问》的人,都会对仁斋自如地引用各类中国典籍尤其是史书感到惊讶。例如,在《孟子古义》"梁惠王篇下"的第15章中,仁斋举出东汉的窦融③

---

① 江户时代初期的歌谣,在文禄、庆长时期(1592—1615)由高三隆达创始,在"扇拍子"和"一节切"的伴奏下进行。为近世小歌之祖。
② 江户时期的流行歌,兴起于明历、万治年间(1655—1661)京都岛原的花柳巷。
③ 窦融,前16—62,东汉初扶风平陵(今陕西咸阳西北)人,累世为河西官吏。新莽末,为波水将军。后归附光武帝,任凉州牧,率军从灭隗嚣,封安丰侯,任大司空。吉川此处以窦融为君主,似有误。

和宋之钱镠①是后世践行"民为贵,社稷次之,君为轻"道德的君主,他们为了民众的福祉而不惜放弃自己的君主权。对当时的普通儒生来说,举出这些例子是很困难的。即使是那些对仁斋学说有异议的人,也一定会为他渊博的学识所折服。

在阅读汉语的能力方面,直到后面东涯和徂徕成名为止,仁斋也是当时的第一人。在仁斋之前,林罗山因为身幕府儒臣之故,需要阅读所有的进口书籍。他能够解读中国的文言文体,即"汉文"文体的文献,但对于口语文献似乎存在困难。比如就汉语口语中最基础的复数第一人称"我们",林罗山曾在笔谈中询问朝鲜人:"此是我等之意否?"(《罗山林先生文集》60《韩客笔语》)仁斋则不一样。他不仅准确读出了文言文体的"汉文",而且从十多岁开始就已经阅读了朱子及其门人的口语对话录《朱子语类》,能自如准确地进行引用。这种解读汉语俗语的能力,本非仁斋学问的中心,他一定是通过直观和类推的自学方法来掌握的。这显示了仁斋在语言学习上乃不需要老师的天才。

仁斋不仅是阅读汉语的天才,也是写作汉语的天才。在他之前,江户儒学启蒙期的儒者也用汉文进行著述。我们知道,在汉语文言的文体中,其审美法则,特别是通过调节一句字数而产生的节奏感,对于意义的表达也起着重要作用。但先前的儒者们对此不甚敏感,这使他们写的汉文带有"和臭"味。林罗山的汉文汉诗就是一个例子。仁斋则不同,他作为江户时代的儒者,首次写出了韵

---

① 钱镠,852—932,五代时吴越国的建立者,杭州临安人。唐末从石镜镇将董昌镇压黄巢起义军,任镇海节度使。后梁开平元年(907年)封吴越王。吉川此处以钱镠为宋人,且称其为君主,有误。

律正确的汉文。或者说是整个江户时代最优秀的作品。仁斋不太可能知晓"唐音"，但他的文章用汉语来发音也很优美。果然他是不需要老师的天才。另外，日本一般儒者的汉文往往只急于追求论理，而缺乏从容，这也是导致"和臭"的另一个原因。但仁斋的汉文却能自如地使用比喻，甚至还能像前文第3页提到的那样夹杂幽默。在这一点上，仁斋的汉文也更接近中国人写的文章。这也是他的自信，仁斋甚至尝试修改中国人的文章。在《古学先生文集》卷三中，仁斋之所以对元代方回①的《三体诗》序文进行删减，一方面是因为反感原文对作为诗人的朱熹进行的褒扬，另一方面也是因为原文文体"冗杂不简洁"。仁斋的批评者徂徕在其《萱园随笔》中，指出了仁斋汉文中的一些语法错误。（见《徂徕学案》，第171页）徂徕的指摘有些是正确的，有些则不然。虽然徂徕的汉文也很优秀，但如果把此二家的汉文给中国人来评价，则仁斋自当得到更多的赞赏。此外，反对仁斋学说的中井积善（享保15年［1730］—文化1年［1804］)②，在其《非征》卷1中也毫不吝啬地承认，仁斋汉文的水平是此前日本儒者未能企及的。

不可忽视的是，仁斋语言上的这种天才能力，即他对于语言的敏感，也是其学说形成的重要因素。他的"古义学"，旨在恢复孔孟思

---

① 方回，1227—1307，宋末元初文学家。字万里，号虚谷，歙县（今属安徽）人。学问议论，一尊朱熹。论诗专主江西派，宗旨悉见所编唐宋律诗选集《瀛奎律髓》中，倡为"一祖三宗"之说，即以杜甫为一祖，黄庭坚、陈师道、陈与义为三宗。有《虚谷集》，已佚。今存《桐江集》《桐江续集》。

② 中井竹山，1730—1804，江户中期儒者，大阪人。名积善。曾师从五井兰洲学习朱子学，其父去世后接掌怀德堂，带来了怀德堂的全盛时期。著有《草茅危言》、《非论语征》（简称《非征》）等。

想的"古义"(原意)。仁斋研究的出发点之一是探讨《论语》《孟子》等儒家经典中使用过的古汉语词汇之含义。《语孟字义》乃是这种作业的综合表现。我们现在以构成仁斋整个学说出发点的《孟子·公孙丑》篇上《四端》章中"端"字的解释,作为重要例子来说明。

《孟子》这一章中有一个著名的比喻:"今人乍见孺子将入于井,皆有怵惕恻隐之心。非所以内交于孺子之父母也,非所以要誉于乡党朋友也",而是自然怀有这种感情。这才是"仁之端也"。同时,孟子说:"羞恶之心"是"义之端也","辞让之心"是"礼之端也","是非之心"是"智之端也"。

然而宋儒特别是朱子认为,"仁""义""礼""智"乃善之原理,存在于人性深处。因为作为世界原理的"理"被赋予了人,故而作为宋儒所说的"性",理有可能悄悄地潜藏于人的内心深处。它作为情感向外的显现,就是"恻隐之心",是内在原理之"端"的表现。故而,朱子在《孟子集注》中对《孟子》中"恻隐之心,仁之端也"这一正文,注解道:"端者,绪也。"即朱子使用了意为端绪的"绪"字代替"端"字,认为该文整体的意思是:"因其情之发,而性之本然可得而见,犹有物在中而绪见于外也。"

但仁斋根本不承认宋儒所谓的"理"是世界的原理,也不承认"理"之分有是作为人"性"而存在于人之深处的。(见下一节第16条)仁斋认为,以"仁"为首的人类诸道德或生活法则,显现在人类现实的生活中。(见下一节第17条)因此,《孟子》中所说的"恻隐之心,仁之端也",指的是看到小孩将要掉入井中时,人的心反射性地感到惊慌,这是"仁"之道德的基本,而不是"绪"。就是说,"仁之端也"的"端",如果要换成其他字的话，也应该是换成"本也"。仁斋在《孟子古义》中的这一条写道："端，本也。言恻隐羞恶辞让是非之心，乃仁义礼智之本。若能扩充之，则成仁义礼智之德。故谓之端也。"并反驳宋儒道："先儒，以仁义礼智为性。故解端为绪，以仁义礼智之端绪见于外者，误矣。"如果像宋儒所说的那样，它是内在之物的外在显现，那么难道要一直等待这种显现的偶然机会吗？这也与《孟子》原文相矛盾。仁斋并进一步反驳道，孟子所谓"人之有是四端也，犹其有四体也"是说每个人都有两手和两脚。

以上是仁斋在《孟子古义》中根据原文进行的解释，而在《语孟字义》中，仁斋以"端"字的使用为例，探讨了自我之说的正当性与朱子之说的不当性。首先，他指出朱子以前的注释与自己的说法相同："四端之端，古注疏曰，端本也。谓仁义礼智之端本，谓起于此也。"这里所说的"古注疏"，指的是北宋孙奭[①]所著的《孟子正义》，这是10世纪的著作，比朱子早了两个世纪。接着仁斋对《字书》进行了探讨。"按之，《字书》训之为'始'或'绪'，盖皆一意。"仁斋之时，《康熙字典》尚未问世[②]，更谈不到传入日本。所谓的《字书》应该指的是明代梅膺祚的《字汇》[③]。天理图书

---

① 孙奭，962—1033，北宋经学家。字宗古。博州博平（今山东茌平）人。任国子监直讲、兵部侍郎、龙图阁学士，以太子少傅致仕。修《真宗实录》。奉敕校定赵岐《孟子注》，用以补充陆德明《经典释文》的不足。今本《孟子音义》即孙奭所撰。另撰有《五经节解》《孟子正义疏》等。

② 《康熙字典》，中国清代官修字书。由张玉书等奉命编纂，始于康熙四十九年（1710），成书于五十五年（1716）。原名《字典》，因编纂、刊行于康熙年间，故名。在明代《字汇》《正字通》基础上增广、订正而成，共收字47 035个。

③ 《字汇》刊行于明万历乙卯年（1615），梅膺祚撰并自作序，为《正字通》、《康熙字典》的编纂蓝本，是《康熙字典》问世前，中国最为完备的大字典。

馆现存添加了仁斋批注的版本。其中写道:"端"字被替换为"始也""绪也",但即使被如此替换,还是离不开"本"之意。然而,考亭(朱熹)的注解,并没有明白这一点。("而考亭用端绪之义,犹物在其中而绪见于外也。")朱子将"端"只理解为"绪"之意,认为好比箱子中绳子的一头露在外面一样。但是,汉字的训,即作为意义之说明可被替换的词语,虽然有很多种,但只要它们是同一字的训,作为一般规律,它们在基本意义上就始终是相关联的。("然训字之例,虽有数义,俱归于一义。")这一原则也适用于我们面前的"端"字,即便训为"绪也"即丝口或一端,也与"本也"这一含义有关。其基本意蕴是指从茧中抽出的丝,拉伸并织成长条布匹。("'绪'之字亦当与本始之字同义。蚕茧有丝口,缫治不止时,则成绘成帛,至端两丈匹之长。即有抽出拉伸之意。")然而,朱子并没有考察这种关系。"若如考亭之说,则与本始之义相反,非字训之例也。"仁斋最后总结说:"孟子之意,以为人有四端也,犹其身有四体。人人具足,不假外求。苟知扩充之时,则犹火燃泉涌,竟成仁义礼智之德。故以四端之心为仁义礼智之端本。此乃孟子之本旨,汉儒所相传授也。"

关于《字义》的论证并未结束。接着,仁斋从其他古籍中找寻"端"字的用例来证明己说的正确性。首先,"《中庸》曰,君子之道,造端乎夫妇。"虽然仁斋并非完全相信《中庸》这本书,但正如下一节第21条所述,它仍然是古书。此二句之意是:君子之道,以夫妇为本。此外,"《左传》曰,履端于始"指《春秋左传·文公元年》以正月为历之根本。除了这些古典中的例子,仁斋还举出了一些常用语中的例子:"及衅端、祸端、开端、发端等语,古人皆依本始之义而用之"表示不好之事开始的"衅端""祸端",泛指事物开始的"开端""发端",皆是"初始"基本之意。"于是愈知不可不从古注。"(《大系》,第54页)

以上仁斋的考证在某些地方存在牵强之处。而且,他所使用的资料也不完备。如后文所述,与仁斋方向相同但比他晚了约百年的中国清代的"汉学"派,在从事文献研究时他们想必首先会引用汉代字典《说文解字》。但仁斋似乎未能见到《说文解字》的原书。令人遗憾的是,仁斋所依据的字典仅限于明人的《字汇》,而作为讨论开端的孙奭所著《孟子正义》,现在多被认为并不可靠。但是,这足以让我们看到仁斋在解释古典时重视"字义"的态度。仁斋之所以怀疑宋儒之说,是因为宋儒视为宇宙原理的"理"一语,很少出现在《论语》《孟子》等古典中,即便偶有所见者也并非宋儒所说之意。(《大系》,第32页)在更细微之处,仁斋亦对宋儒展开了批判。比如他认为《大学定本》中宋代朱子对"切磋琢磨"的注解与最古辞书《尔雅》之训相悖。又如《童子问》卷下第46章所示,仁斋抨击宋儒频频借用佛老之语。仁斋不仅厌恶这种学说的不纯,也反感这些用语所具有的阴郁感:"《近思录》《四书集注》等,用禅庄之语者,悉不暇举。今摘出其尤甚者以告之。曰'静',曰'忘',曰'公',曰'无欲',曰'无情',曰'无极',曰'无将迎',曰'冲漠无朕',曰'明镜止水',曰'廓然大公',曰'尸居龙见'。皆老庄书中要语。曰'唤醒',曰'常惺惺法',曰'虚灵不昧',曰'体用一源',曰'显微无间'。此等之语皆出于禅书。及静坐功夫、调息箴,亦专用老庄之法。《语》《孟》二书,本无此语,亦无此理。"(文库本,第242—243页)徂徕在

13 其《论语征》中抨击仁斋的《论语古义》时常说"仁斋先生不识古言",但在这一点上,徂徕的批判既有恰当亦有偏颇之处。

如上所见,仁斋讲学充满自信。他甚至把自己对宋儒之说的排斥与孟子以杨朱、墨翟之学为邪说而排斥之相比较。在《童子问》卷中的第65章中,仁斋痛斥宋儒因执着于"理"而招致残忍刻薄之弊害。接着指出:"孟子曰:'杨墨之道不息,孔子之道不著。'予呶呶然如其所以不已者,实恐孔子之道不著也。非好辩也。诸君子谅。"(文库本,第157页)

在《童子问》卷下第42章中还可见到仁斋更加激越之语。他以鹰来比喻学者,其杂学者乃弱小之鹰,"伊洛之学"(宋学)的研究者乃比较敏捷的鹰,而超越他们试图接近孔孟原意者,乃鹰中最为"神俊"的种类,称"海东青"。然而,这种鹰并不产于日本,而只产于"建酋"即建州地区。"问:'今时之学者,何志于圣学者少,而好杂学者多耶?'曰:'豪杰者少,而庸才者多。古今皆然。予闻养鹰者之说。鹰之捷者必击鹤之最大者,其不捷者,必见鹤之小者而击之。鹰之最神俊者,号海东青。产建酋,海内不可得。好韩欧古文者既少矣,志伊洛之学者益少。况志于孔孟之正学者,千万人中仅一人。其好韩欧古文者,乃击鹤之稍小者之类,志伊洛之学者,乃鹰之捷者。志于孔孟之正学者,乃建酋之海东青。其好杂学辞章记诵之类者,亦小隼击麻雀鹁鶌之类,不足贵焉。子其可不知所自励乎?'"(文库本,第237—238页)虽然这是仁斋为激励后辈所讲的话,但他一定自勉为"海东青"。

14 但在《童子问》卷下第45章中,有这样一段话:"先生常欲使孔孟之旨复明于天下。建言著书。犯千辛万苦而敢为。而今信之者有矣，不信者有矣，或有甚讥摘之者矣。奈何不能使其尽信？"所谓讥摘者（吹毛求疵之人）应该指的是山崎暗斋学派。仁斋回答说：我的学说之所以还不能让人马上信服，首先是因为我不够诚恳。另外，虽然我的学说立志于演绎孔孟，但包括我在内的所有人，都很难做到完美的演绎。"苟有阐明孔孟之直指，明以告我者，是吾之所大欲闻也。"孔子在《论语·述而》中不是也说"丘也幸，苟有过，人必知之"吗？仁斋解释《论语》的一个精彩之处，是他依据《论语》的这一"古义"，认为即便是圣人亦有过失，由此反对宋儒的圣人无谬说。（参看下一节第26条，第53—54页）仁斋继续说道：我对你们门人的态度也是一样的。如你们所知，我关于《论语》《孟子》的著书都是和你们讨论的结果。"予虽门人小子之说，苟有可取者，皆从之。解论语孟子，皆然。乃与门人商榷，众议定，而后命之于书。若有不合于理者，却之。是子之所识也。"

然而，在文章的末尾，仁斋的语调慢慢变得激越。他说自己不会接受对他带有个人感情色彩的攻击："若夫以私心攻之，持私说难之，是吾之所不欲闻也。"最后他指出："后世有道之人出，必于吾言若合符节。是吾之所自恃也。子其谅焉。"（文库本，第241—242页）

正如上引段落末尾所示，仁斋在等待后世的知己。仁斋在日本的第一个知己是比他小39岁的徂徕，其后则是仁斋去世25年后出生的本居宣长。据《徂徕集》卷27记载，徂徕从江户给晚年的仁斋写了一封信，表达了他阅读完《语孟字义》与《大学定本》后的钦佩之情，同时提出了一些问题。在信中，徂徕赞叹道："茫茫海内，豪杰几何！一无当于心，而独向于先生。"这封包含热情之语的书信,却直到仁斋去世也没有得到回音。这促使敏感的徂徕增加了对仁斋的批判。(见《徂徕学案》,第114—115页)但徂徕对"仁斋先生"的尊敬,仍然是显而易见的。至于宣长则在《玉胜间》卷8中,强调自己的学问与仁斋、徂徕无关。其曰:"有人说古学乃受儒古文辞家之言所启发而生,此谬误也。吾古学契冲首开其端,虽彼儒之古学创始者伊藤氏等与契冲大体同时,然契冲稍早,伊藤氏更晚。"宣长试图根据时间先后来争夺古学的创始之功,但这反倒表明了他对学问方法相似的介意。

仁斋、徂徕、宣长这一系谱,至少在两个重要方面存在关联。首先,他们都反对宋儒,或者说反对宋儒试图通过空洞理论来处理复杂现实问题这种哲学上的无知与昏聩。其次,他们都是从语言出发来解释古典的。特别是后一点,作为近世日本的学问方法,因其特异性受到人们关注。但是,仁斋虽不像之后的徂徕那样把"辞"与"物"紧密联系在一起,也不像宣长那样主张"言""事""心"三位一体,其学说还是以《论语》《孟子》的"字义"为出发点的。

此外,当我们把日本和中国放在一起来观照儒家思想的发展史时,仁斋的存在就具有了更大意义。与仁斋学说或思想"若合符节"的学派,不久就出现在了中国。仁斋领先他们约百年。

从中国的纪年来看,仁斋生于明末的天启七年,卒于清康熙四十四年。上文提到仁斋自比"海东青"。当时,出产"海东青"的"建酋"其首领爱新觉罗氏刚刚成为中国的统治者。其时中国尚未兴起批判宋儒的思潮。直到18世纪下半叶,进入乾隆时期以后,才出现了与仁斋一样从批判宋儒出发,通过研究古语来探寻古典原意的学者。这些人的学问被称为"汉学",成为以后中国学界的主流。戴震(1723—1777)作为该学派的代表与创始者,其出生时仁斋已逝世18年。戴震的学说在许多方面与仁斋"若合符节"。戴震的主要著述《孟子字义疏证》,不仅在书名上与一百年前仁斋写的《语孟字义》相近,而且他在目次中列出的"理""天道""性""才""道""仁义礼智""诚""权"这些条目,显示出他与仁斋相同的问题意识。二家在思想上也惊人地相似,比如在讨论主"理"的宋儒之说所产生的种种弊端这一条上,二人连表述的文字都有很多不谋而合之处。(见下一节第6条,第27—28页。以及笔者曾写过的文章《学问的形式》,笔者《全集》第17卷,第208—209页;或筑摩丛书《关于古典》,第217—219页)仁斋在文献批判上的成就在于明确指出了通行本《尚书》中有一半的内容是后世的赝品。这与比仁斋小9岁的阎若璩(1636—1704)所著《尚书古文疏证》遥相呼应。(见下一节第23条,第49—50页)

在我们即将结束仁斋传记之时,需要思考一个问题。为什么仁斋拒绝了细川氏等人的邀请,而以处士、町人的身份终其一生呢?

这种选择与其自身学说可谓矛盾。仁斋常说,学问最终应归于"经济"(经世济民)。他还经常指出,孟子所谓的"王道"才是儒者之本业。例如《童子问》卷中第13章说:"问:'圣门之学。以王道为本。其意如何。'曰:'子能识圣人之学与佛老之学所由而分如何,则自知之矣。圣人从天下上见道。佛老就一身上求道。就一身上求道。故不顾三天下之从否。专要清净无欲,以成就一己之安,卒至于弃人伦废礼乐。此所以为异端也。'"(文库本,第101页)仁斋着眼于佛教的独善主义进行批判,这与之后徂徕的手法相同。此外,在《童子问》卷中的第 11 章中,仁斋还批评宋儒忘记了"君子修己以安百姓"这一孔子的教诲:"其独善其身。岂圣人之本心也哉。后世儒者虽说王道。其实专以心法为务。故不能不流入于异端。"(文库本,第 99 页)持有这些见解的仁斋对于隐士拒绝参与政治的态度进行了否定。《论语·微子》中有子路与隐者问答一章,《孟子·滕文公下》中有"周霄问曰:古之君子仕乎?孟子曰:仕"。这些篇章中"古义"都响应着仁斋的论说。关于《孟子》此章,仁斋说:"论仕进之道,此章尽之矣。后世不论由其道否,概以隐为高,以显为浊,以处为崇,以出为卑,大非圣贤之意。"

但实际上,仁斋过着隐士的生活。他在堀川的住宅里种了一棵江户樱。仁斋以这棵树示于中国的黄檗宗僧侣,对方称其乃"海棠",仁斋"故自号棠隐居士,或樱隐"。《仁斋先生和歌集》附上此前言,并收有如下和歌:

> 非是厌恶此世间,樱树本吾隐居所。

所谓"非是厌恶此世间",就是前文所引东涯《先府君古学先生行状》中所说的"非不求仕也"。但终究没有"为求仕而谋",虽然仁斋的五个儿子,除了继承其学说的长子东涯一生未仕,次子梅宇在福山藩做官,三子介亭在高槻藩做官,四子竹里在久留米藩做官,五子兰嵎在纪州藩做官。

如果仁斋是担心当时的藩儒被当作单纯的技术人员来对待,那么其脑海中肯定会浮现下面这些《孟子》中的教诲。比如上引"滕文公"篇下中的"古之人未尝不欲仕也，又恶不由其道"，还有"万章"篇下中对当时诸侯"优待"学者方式进行的谴责："欲见圣人而不以其道，犹欲其入而闭之门也"。

但是，除了这些消极理由，仁斋似乎对自己作为在野的市民的身份感到相当自豪。在《孟子古义》"滕文公"下中，他暗自提出了下列见解："此为仁义者有益于国家明矣。君子在草莽，非只是继往圣开来学，以维持世道足矣，以检束人心足矣。清议由是不坠，邪说由是不肆。虽赫赫无验，然冥冥有功。何得谓无事而食哉？"

在《古学先生和歌集》的跋文中，仁斋曰："元禄癸未年二月中旬，洛下老布衣维桢题。"癸未指的是元禄16年（1703），当时仁斋77岁，离他去世还有两年。"维桢"是其正式的名字，读音是"いてい"或"これえだ"。但仁斋在町内的名字是"源佐"或"鹤屋七右卫门"。作为伟大的学者，仁斋因身为一介老布衣即老市民而显得更加伟大。

仁斋的谥号（感念逝者之德所追赠之名）为"古学先生"，此当是长子东涯与门人商议后所定。仁斋曾在和歌前言中写道："参拜嵯峨二尊院时，见到藤原定家之墓。"其和歌曰："不朽之名久不衰，小仓山有古冢迹。"（朽ぬ名をなを忍べとや小倉山世に古塚の跡は有けり）仁斋就安葬于这里提到的嵯峨二尊院。[①]其墓碑与墓地结构是中国式的，旁边则是其长子东涯等仁斋后代的坟墓。此

---

① 二尊院，位于京都市右京区嵯峨二尊院门前长神町的天台宗寺院。承和8年（841）在嵯峨天皇的勅愿下，由慈觉大师圆仁创建，山号为小仓山。

外，在京都市上京区堀川东岸的"古义堂"，仁斋的后人至今仍然在那里居住着。"古义学"得到东涯等仁斋的子孙们代代的讲授，一直持续到明治初期。曾是"古义堂"学生的西园寺公望于明治26年（1893）从东京给当时的家主伊藤辂斋写了一封信。信中提到，他在清儒崔述①的《考信录》中读到了《老子》伪书说，听闻仁斋之子兰嵎也有同样的观点，想拜读下遗稿。（参看本书附录）

二、仁斋的思想与学说

1. "仁"（仁爱）乃世间最高价值

仁斋的学说体系并非始于说"仁"。《语孟字义》没有把"仁"放在第一条，但仁斋在情感上一直倾向于"仁"。因此，我们这里就从解说其"仁"开始。这里所谓的仁爱就是《论语》中所说的"仁"。什么是"仁"？在《童子问》卷上第43章中，仁斋讨论了其"成德"即完整的形态："慈爱之心。浑沦通彻。从内及外。无所不至。无所不达。而无一毫残忍刻薄之心。正谓之仁。"也就是说，柔和的慈爱之心，借由一种用"浑沦"这一音尾相同的拟态词所表示的圆熟状态，和用"通彻"这一辅音相同的拟态词所表示的彻底状态，由内向外无限扩大、渗透。这就是"仁"。"仁"的反义词是"残忍刻薄"。即使有一丝一毫的"残忍刻薄"。也成就

---

① 崔述，1740—1816，清代学者。直隶大名（今属河北）人。考辨先秦古事，一切取证于经。对战国以下书，以为均不可尽信，乃以治经而专攻古史。对近代史学界怀疑古书、古事的风气，颇有影响。著有《考信录》《三代考信录》等。

不了完整的"仁爱"。关于这种仁爱是人类最高价值的表述，在同一章中还有："故德莫大于爱人，莫不善于忮物。"（文库本，第70页）另外，《童子问》卷上第45章指出"仁"就是爱本身，它是一切善的根本："问：'仁毕竟止于爱欤？'曰：'毕竟止于爱，故学以至仁，便为实德也。种种善行，皆其推也。'"所有的善都是"仁"的延伸。"仁之德，其余波薄哉。"（文库本，第72页）仁斋认为孔子是人类有史以来的伟人，故而孔子把"仁"（爱）的价值放在第一位。（见下文第25条，第51—53页）"孔门以仁为学问宗旨，盖为此也。"（文库本，第70页）孟子之所以是孔子思想的最准确演绎者，也是出于同样原因。仁斋在《孟子·离娄下》的"古义"中说："孟子之论王道，横说竖说，千变万化，出之愈无穷。"虽然孟子论说王道有种种的主张，"然而要其所归，亦出于一个仁字。"即在孟子那里，其所有的观点，皆不出于这个"仁"字。

2. "仁"与其他诸道德之关系，尤其是与"义"的互补关系

仁斋屡屡提到作为仁爱道德的"仁"与"义"是互补关系。据《语孟字义》的记载，所谓的"义"是指"为其所当为，不为其所不当为"。因此，"仁"与"义"的互补关系就像水与火的关系一样，二者缺一不可。"仁"只有在"义"的支撑下才能成为"仁"，而"义"只有在"仁"的支撑下才能成为"义"。"仁"即仁爱趋向于无限延伸，"义"则由理性来调节。在"仁"和"义"之外，仁斋还加上了"礼"和"智"二者。"礼"代表秩序的道德："尊卑上下，等威分明，不可逾越。""智"代表理智的道德："天下之理，

晓然洞彻，无所疑惑。"仁斋之所以将"仁""义""礼""智"四者并举，是因为构成其学说出发点的《孟子》之"四端"说——"公孙丑"篇与"告子"篇皆将此四者相并举。宋儒把一切都归结为"仁"，称"仁一事，实兼义、礼、智三者"。在仁斋看来，这是一种谬误。（以上见《大系》，第38页以下）仁斋在价值上并不仅偏重于"仁"，而是主张"仁"与"义"互补。这种倾向在其著述中经常可以见到。我们可举其《论语古义》中一例来说。《论语·述而》中记录孔子狩猎生活的一条曰"子钓而不纲，弋不射宿"，是说孔子虽用有一个鱼钩的钓竿钓鱼，但不将渔网放入溪流并放上诱饵来大量捕鱼，孔子也不会射杀在鸟巢中睡觉的鸟。关于这一章的"古义"，仁斋也有这样的论述：为了获得祭祀祖先的供品而进行的狩猎，是"为其所当为"的"义"，然而不以残忍的方法乃是"仁"，孔子在这里也表现出"仁"和"义"的互补。（"非仁则万物不育，非义则万事不行。"）像古代暴君那样为了狩猎而纵火焚烧森林、竭泽而渔，显然不是"仁"。另一方面，佛教主张的全面禁止杀生，是对"义"的抛弃。由于没有"义"的支持，所以也不能成为"仁"。完全禁止杀生之所以不能成为普遍的生活准则，是因为它与粗暴的狩猎同样没有实现"仁""义"互补："若夫焚林竭泽、暴殄天物者，固不得为仁。而断屠戒杀，不行宗庙血食者，则亦不知义之不可废，岂非复得仁焉？其均不可行于天下矣。"

3. 仁爱价值的优先

仁斋虽然强调"仁"与其他道德价值间的互补性，但最终还是将"仁"置于其他道德之上。例如，元禄9年（1696），在东山宿阿弥举行的70岁生日宴会上，仁斋的纪念演讲讲解了《论语·学而》第一章。首先，他说："人伦之外无道，仁义之外无教。"接着指出："无所不爱谓之仁，有所不为谓之义。"仁斋虽然首先将"仁义"二者并举，但却说："而仁为德之最大矣。故孔门虽以仁义并言，然专以仁为学问宗旨。"他认为"仁"优先于"义"，并认为"孟子亦然"。(《大系》，第220页）又如，在《童子问》卷上第42章中也是如此。他首先只提到了"仁"："仁者，人道之大本，众善之总要。"接着他将"仁义"并举，并引用了《孟子》的原文："人道之有仁义，犹天道之有阴阳也。故曰：'仁，人之安宅也；义，人之正路也。'"然后得出结论说："两者不相离。而以仁为要。"（文库本，第69页）在《童子问》卷上第34章中仁斋也把"仁"优先于"义""礼""忠信"："圣门学问第一字是仁。义以为配，礼以为辅，忠信以为之地。"（文库本，第59页）事实上，他之所以把"仁斋"作为自己的别号，是因为他把"仁"（仁爱之德）视为首要价值。

4. "性"（天生所禀）、"道"（真理）、"教"（圣人之教）间的关系

上述对"仁"的倾斜乃是仁斋思想和学说的基本感情。然而，构成其学说之坐标者，却另有其他三个概念。一是"性"，即天生所禀；二是"道"，即真理的活动；三是"教"，即圣人之教。三者本见于据称乃孔子之孙子思所著的短文《中庸》当中。《中庸》并不是仁斋最为看重的文献。虽然仁斋相信其中的大部分内容，但正如下文第21条所述，他排斥其中的某些部分，认

为它们是混入其他文献后形成的错页。（本书，第45—46页）然而，仁斋学说中所运用的坐标性概念，是《中庸》开篇所提到的"性""道""教"这三字："天命之谓性，率性之谓道，修道之谓教"。仁斋经常以此三字作为其学说的坐标性概念，通过解释此三者间的关系来阐述学说。我们这里的解说也依此来进行。虽然宋儒也以《中庸》这三句话作为学说的根据，但仁斋将宋儒的解释视为错误加以排斥，并提出了新的主张。"性"学说与宋儒最大的差异在于：（1）宋儒以"性"作为内在于人心的善之原型，"性"静止不动。而仁斋则认为"性"是人类活动的原型，是与生俱来的。（2）宋儒认为"性"与"道"的关系是连续的，而仁斋则拒绝把两者无条件地联系起来。故而，仁斋与宋儒在对《中庸》这三句话的读法上并不相同。然而，仁斋并不将对《中庸》的解读作为其学说的第一根据。那么仁斋学说的根据在哪里？归根到底，就是被他称为"最上至极宇宙第一书"的《论语》，以及《孟子》。从《论语》和《孟子》出发的仁斋学说，只是利用了《中庸》这三句话中包含的"性""道""教"三字作为学说的坐标。然而，我们现在要从他对《中庸》这三句话的理解展开梳理。

5. 关于"性"（天生所禀）之相同

《中庸》开篇第一句是"天命之谓性"。在仁斋所在的时期，宋代朱子的《中庸章句》是当时中国和日本的主流注释，它将这五个字解读为："天"（自然），将其原理"理"作为人类的原理赋予人类，此即所谓"性"。依据以朱子为中心的宋儒之解，"性"由于是自然原理的"理"之赋予，故而静止于人心深处。因其是静止的，故而纯粹。且因其是静止的，故而以万人皆同的方式存在。于是，"性"只具有善的要素，不包含恶的要素。仁斋的《语孟字义》中"性"这一节引出了朱子《孟子集注》中的主张："性者，人所禀于天以生之理也，浑然至善，未尝有恶。"这是宋儒的观点。仁斋认为宋儒这一说法乃是虚妄的。正如下文第14、15条所述，在仁斋的世界观看来，只有运动是存在的，静止则不存在。故宋儒以静止作为性的属性乃错误的，因为他们把静止视为存在。仁斋认为，"性"也是以运动为属性的概念，是人类生命中固有的，即与生俱来的。因此，《中庸》开篇第一句"天命之谓性"，是指每个人的与生俱来之物都是由"天"所赋予。而所谓"天"之赋予，是指统一向善的心理活动，作为现实的与生俱来之物被赋予人类。

仁斋所著的《中庸》注释书《中庸发挥》中说："性乃生之质"，即生命之本然，"人其所生，无所加损者也"，这是一种未被干预的生命状态，即与生俱来之物。然而，这并不是"性"的全部属性。仁斋认为"性"最重要的属性，是人天生的对于刺激的心理反应本能地趋向于善。换言之，如上文第9—12页所述，《孟子》中所谓的"四端之心"，即看到将要掉入井里的孩子感到惊慌的"恻隐之心"，以及"羞恶之心""辞让之心""是非之心"，这些都是对日常刺激做出的条件反射式的本能反应，构成仁、义、礼、智这四种真理之"端"（基础）。这种作为真理基础的心理活动，万人乃天生相同。仁斋认为，这就是《中庸》中"天命之谓性"一句的意思。在《中庸发挥》中，仁斋对整句话的意思解释如下："言人有斯形焉"，即人既然有肉体，"则恻隐羞恶辞让是非之心"并非人为强制，而是天生具备，"生来具足，不假外求，乃天之所赋予于我。故曰天命之谓性"。仁斋和宋儒一样，也认为所有人都有一种向善的倾向，这种倾向源于"性"。另外，虽然仁斋所说的"天"之概念，我还不太清楚，但他与宋儒一样都把人的"性"与"天"联系起来。但是，宋儒将"性"与形而上学的自然法则"理"相联系，认为是静止之物，而仁斋则把"性"与现实中的人的生命活动相联系。

仁斋在上述的论述中，用"天生所禀"（うまれつき）一词来解释"性"，这并不是随意的。其子东涯在随笔《秉烛谭》卷2中写道："一学者探寻心性之说，议论纷然。素穷宋儒之说，又闻得先人之旨，然遂不得一决之说。予是为问曰：'心字在日本当如何读？'其人答曰：'读作こころ。'又问曰：'性字在日本当如何读？'答曰：'读作うまれつき。'予告曰：'孔孟所谓心性者正是此。'言毕，其人已了悟，曰已得心性口诀。"对《中庸》的"天命之谓性"一句，林罗山训读为"天之命，此谓性"。（天ノ命之レヲ性ト謂ウ）而仁斋在《语孟字义》中强烈主张，这句话中的"命"字不是"实字"（体言），而是"虚字"（用言）。（《大系》，第21页）仁斋将此句训读改为"天所命，谓之性"（天ノ命ズル之レヲ性ト謂ウ），可能也与上述逻辑有关。将"天命"训读为名词"天之命"，有一种固定之感；而训读为"天所命"，则天之所赋予，已然是运动的了。这是重要的问题，因其重要，我们需要慎重地提出这一条的最后一个问题：仁斋在解读《中庸》的"天命之谓性"这句话时，到底是侧重于"天"还是侧重于"性"呢？普遍的读法是将重点放于"天"。人由天所生，故而"天"是人类的原型和权威。但仁斋不是将重点放置于"性"来读吗？换句话说，所谓"天命之谓性"，是预想了"性"为何者这个问题，作为著者的回答乃是"天所命"。（天ノ命ズル）比起"天"，"性"当是重点所在。仁斋的态度在这里还不是很明显，但对于接下来的"率性之谓道"和"修道之谓教"这两句，仁斋似乎都看作是对何为"道"或"教"的回答。然而，正如上文所述，我对仁斋的"天"概念还不清楚。

6. 关于"性"（天生所禀）的多样性

然而，上述《中庸发挥》中的观点并非仁斋对"性"（天生所禀）的全部见解。《中庸》一书毕竟不是仁斋给予至高敬意的书，而且《中庸发挥》中的论说也仅仅止于对《中庸》原文的解释，所以并没有展现仁斋的思想全貌。展现其全貌者，乃《语孟字义》中"性"这一节。在这一节中，仁斋既主张人之"性"（天生所禀）是一致的，也讨论了其多样性。这一节的开头与《中庸发挥》几乎相同。首先提出："性生也"，即生命之意，"性"被日语同音字"生"代替。接着说："人其所生，而无加损也。"这与《中庸发挥》的观点完全相同。"董子曰：性者生之质也。"这个定义也出现在《中庸发挥》中，表示它是以汉代儒者思想为基础。但接着仁斋引入宋代的周敦颐关于人性的五种分类：刚善、刚恶、柔善、柔恶、不刚不柔，指出，人性的多样性就像同为水果，梅子之性为酸，而柿子之性是甜，同为药物，但有些药物是温性的，而有些药物是凉性的。仁斋的结论是，尽管人性存在多样性，但在指向善这一点上是统一的："盖以人之生质虽有万不同，然其善善恶恶，则无古今、无圣愚，一也。"作为强调，仁斋指出盗贼也不例外："虽若盗贼之至不仁。然誉之则悦，毁之则怒。"并引用《孟子》中的名言："人性之善也,犹水之就下也。人无有不善,水无有不下。"

《字义》中这一节的整体论调表明,仁斋在强调人性具有相同的向善属性之时,也主张对人性的多样性应抱持关心。(《大系》,第48—50页)这一观点在《孟子古义》中也很明显。关于《告子》篇上第六章,仁斋在其《古义》中说:"盖人之为性,刚柔昏明",坚硬、柔软、愚蠢、聪明,"有万不同"。这种多样性,即便是圣人之力或自然之力,皆不能控制("非唯尧舜不能一之,虽天地亦不能一之。")而且,在《孟子》之外其他的经典中也有类似观点。如《易经》曰:"乾道变化,各正性命。"《中庸》曰:"天之生物,必因其材而笃焉。"仁斋得出结论说:"观其曰'各正'曰'因材',则性之不能无殊可知矣。"可见,在仁斋看来,"性"(天生所禀)就是既一致又多样,既多样又一致。因此,孟子曰"性善",孔子在《论语》中说"性相近",都是经过此种斟酌后的主张。(《语孟字义》,收入《大系》,第50页)

在这里,仁斋也与宋儒产生了重大分歧。宋儒认为"性"是人心深处的原理,它是万人皆同的,故而人人相同,皆可同一为善。然而,仁斋认为,完全相同的人并不存在。人人皆有其个性,有其主体,也有各自的限制。正如下文第14条所述,仁斋认为存在即运动,唯独运动乃是存在。上述观点是这种世界观的反映。如果存在即是运动,那么存在在时空上要保持同一是不可能的。然而,宋儒认为"性"是同一的静止,并试图限制存在之运动的多样性。其结果是导致了形式主义、严格主义和教条主义。在仁斋看来,正是因为这个原因,宋儒的历史观才变得"残忍刻薄",与"仁"相疏远。例如,《童子问》卷中第65章指出,在阅读基于宋儒学说所写的史书《通鉴纂要》①时，仁斋发现其人物评论"善善恶恶，不一毫假借"，结果导致了一种"残忍刻薄"的态度，让人好似在读申子、韩非子等法家之书。这与孔子在《论语》中所说的"君子成人之美，不成人之恶"，从而"善善也长，恶恶也短"的做法正好相反。②而且，即便在古典的刑法中也是把仁慈放在首位，并倾向于宽恕罪犯。宋儒之做法也与此相悖。（文库本，第156—157页）

前文第16页也曾提到，晚仁斋一个世纪的戴震在中国构成了当时学问的中心，其所著《孟子字义疏证》中，出现了与《童子问》这一节相似的见解。戴震之说的要点为："而及其责以理也，不难举旷世之高节，著于义而罪之"；"人死于法，犹有怜之者；死于理，其谁怜之！呜呼、杂乎老、释之言以为言，其祸甚于申、韩如是也"。戴震认为宋儒掺杂了"老释"（老、庄、佛）说，结果成了申子、韩非子之祸。这一观点在表述上也和仁斋之说完全一致。此外，如前所述，仁斋在"古义堂"进行的教育活动也是尊重弟子的个性的。（本书，第3页）仁斋在其《论语古义》中时常表明，此亦是孔子的教育方法。例如，针对《雍也》篇中的孔子的话（"中人以上，可以语上也；中人以下，不可以语上也"），仁斋评论道："故君子之教也，有劝而无抑，有导而无强。"强迫和压制（抑压）不是真正的教育。

---

① 《历代通鉴纂要》，明李东阳等撰。九十二卷。书成于武宗正德二年（1507）。起自三皇，终于元末，仿《通鉴纲目》体例，周威烈王之前的部分参用《通鉴前编》《皇王大纪》等书，宋以后则以《续资治通鉴纲目》贯穿，备载古今数千年之事。每朝代之后，皆有论断，有的为东阳之作，有的则引用前人之说。

② "君子之善善也长，恶恶也短；恶恶止其身，善善及子孙。"见《公羊传·昭公二十年》。

7. 无向善可能性的精神不健全者之存在

与人性多样且人人具有个性这一观点相关联，仁斋还有一个独特的观点，至少作为儒者而言是独特的观点。此即存在没有"恻隐"等"四端之心"的人，他们对外在刺激没有心理反应。这种精神上的不健全者如同肢体不健全者一样存在。《孟子·公孙丑》中说，当人看到将要掉入井里的孩子时，"皆有怵惕恻隐之心"。这与人皆具有"四体"（两手两脚）是一样的，接着指出："由是观之，无恻隐之心，非人也；无羞恶之心，非人也；无辞让之心，非人也；无是非之心，非人也。"对于这里孟子所说的"非人也"，宋儒以及一般观点认为孟子之意是说绝对不存在没有良知的人。然而，仁斋之《古义》做出了不同的解读。其认为，孟子预想到了世间存在不具备"四端之心"的人，所以才说"非人也"。他说："然生而无耳目口鼻者，世或有之。人之或有无四端之心者，亦如此。故曰，无恻隐羞恶辞让是非之心者，非人也。"仁斋继续指出："其以孟子为言天下之性。皆善而一无恶者。亦不深考焉耳。"这也是对宋儒的驳斥。仁斋认为，《论语·阳货》中的"唯上知与下愚不移"一句的"下愚"，相当于孟子所说的"非人也"。这种认为世间存在全然不可救药之人的思想，在宋儒那里是很难发现的。朱子在《中庸章句》的序言中曰："虽下愚不能无道心。"这不仅是宋儒的观念，传统的中国思想也持同一观点。（参看笔者《全集》第10卷《唐代篇3》所收《尚书正义》译本的作者跋）仁斋也意识到了自己的这一见解是超越传统的创见。在《童子问》卷下第1章中，他也指出上述精神不健全者存在的可能是"亿万人中一二"，并在最后补充道，"此是先儒未了之公案","岂不千载之一大快乎？"仁斋颇为自负地说这是以往儒者未曾注意之事，窃喜自己的这一发现。（文库本，第176页）但在《论语古义》"阳货"篇的"上智与下愚不移"那里，仁斋未作此说。

8. 关于"道"（真理）

"道"是仁斋学说三个坐标性概念中的第二个。它出现在仁斋用以阐释其学说的文献《中庸》开篇三句的第二句中："天命之谓性，率性之谓道，修道之谓教。"首先，从他将《中庸》中"率性之谓道"训读为"性に率うれを道と谓う"来看，仁斋似乎将其解读为对于何为"道"这个设问，著者作出了回答、给出了"道"的定义。为了方便说明，让我们用"真理"一词代替"道"这个字。那么何谓"道"（真理）？仁斋认为，道（真理）是顺应"性"（天生所禀）尤其是人共通的向善取向，而不与之相悖的存在。具体来说，即"仁""义""礼""智"。这句话的重点是，只有当"道"（真理）与"性"（天生所禀）没有矛盾，它才能成为"道"（真理）。这是"率性之谓道"一句的重点。以上是仁斋关于《中庸》中这句话的解读。若不从这句话来看，则仁斋思想的重点是说真理不可脱离人而存在。这也是《中庸》这句话让人如此解读的原因。真理不能脱离人而存在——作为这一论断的根据，仁斋所看重的有《中庸》开篇第二句："道也者，不可须臾而离也；可离，非道也。"以及另一章中孔子所说的："道不远人，人之为道而远人，不可以为道。"后面这句更清楚地说明了这一点。以仁斋自己的口号来说，则是"人外无道"这句话。（本书，第40页）在仁斋看来，"道"（真理）存在于与人的密切联系之中，这种关系作为

"道"与"性"(天生所禀)间的关系,二者没有矛盾,也不应有矛盾——这就是"率性之谓道"。《中庸发挥》中说,只要有人存在,就有父子、君臣、夫妻、兄弟、朋友。就是说,所谓人就是具有人与人之间关系的一种存在。每种人际关系都有各自的"道"(真理):父子有"亲",君臣有"义",夫妇有"别",兄弟有"序",朋友有"信"。这些都与人天生所禀的向善之"性"不矛盾,"非有所矫揉造作",即它不是与人天生所禀的"性"相脱离的强迫或扭曲。仁斋在《中庸发挥》中补充说,《中庸》之所以说"率性"才是"道",是因为它排斥佛老所谓的"道":老庄以"无"为道,佛教以"空"为道,二者都将脱离人性之物作为了真理。

9. 关于"道"(真理)的普遍有效性

不过,上述《中庸发挥》中的说法,还只是对《中庸》"率性之谓道"一文的解释,并非仁斋对于"道"的全部见解。为了更全面地了解关于"道"的思想全貌,我们先来看看他在《语孟字义》中关于"道"这一节的论述。首先,仁斋指出:"道犹路也,人之所以往来通行也。"这一观点和仁斋的世界观——唯运动才是存在的,真理也必须通过运动才能成为真理,以及仁斋一直主张的"人外无道"思想是相关联的。而这一节内容极力强调的是"道"的普遍有效性。道(真理)对所有人都应是普遍有效的,就像通往全国各地的道路一样。"唯王公大人得行,而匹夫匹妇不得行,则非道。贤知者得行,而愚不肖者不得行,则非道。"有人能行走而有人不能行走的道路,这不是真正的"道"(真理)。正因如此,孟子说:"道若大路然。"它在空间上是普遍有效的,"四方八隅,遐陬之陋,蛮貊之蠢。莫不自有君臣父子夫妇昆弟朋友之伦，亦莫不有亲义别叙信之道"。其中，"蛮貊"云云者是仁斋对西方之存在的一种模糊认识。"道"在时间上也是普遍有效——"万世之上若此，万世之下亦若此。""道"不仅适用于人类，对于动植物也是如此。"凡父子之相亲，夫妇之相爱，侪辈之相随。非惟人有之，物亦有之。"到此是对于动物来说的。"非惟有情之物有之"，"道"不仅仅存在于动物之间，植物之间亦是如此。"虽竹木无智之物，亦有雌雄牝牡子母之别。"故而，"道"对人类来说其普适性自不必待言。"况于四端之心。良知良能固有于己者乎。"（《大系》，第26—30页）

10."道"（真理）和"性"（天生所禀）并非无条件相关联

然而，上述内容仍然不是仁斋对"道"的全部见解。接下来才是其重要精髓。此即"道"（真理）虽然具有普遍有效性，但并不是无条件地与"性"（天生所禀）相连续的。正如上文第6条所述，作为"性"之倾向性的"四端"，虽然是"端"（基本），但并非"道"（真理）本身。从更大的方面来说，"性"是个体的个性，并非普遍有效的——这一仁斋的认识在发挥作用。诚然正如《中庸》所说，"率性之谓道"，两者为相似的关系。又曰："人之为道而远人，不可以为道。"然而，"性"对善的倾向性并非无条件地通向"道"（真理）。两者之间虽然没有鸿沟，但具有一定差别。仁斋的这一思想在《童子问》中表达得最为清楚，其卷上第十四章中说："盖性者，以有于己而言。"也就是个性。与之相对，"道者，以达于天下而言。"对于整个世界，"道"都是普遍有效的。由此，仁斋提出了更大胆的主张:"(道者)不待有人与无人,本来自有之物。满于天地,彻于人伦。无时不然,无处不在。"(文库本,第33—34页)即便人不存在,"道"也是存在的。这一观点似乎和他平生主张"人外无道"相矛盾。然而,仁斋之所以提出如此的观点,也是为了在这一问题上与宋儒分道扬镳。

"性"在宋儒那里是人内心深处的善之原型,其自然的延伸就构成"道"。朱子在注解《中庸》"率性之谓道"一句时说:"人物各循其性之自然,则其日用事物之间,莫不各有当行之路,是则所谓道也。"故而,"道"和"性"可以无条件地联系在一起。仁斋在《童子问》与《中庸发挥》中抨击朱子之说乃谬误。此外,仁斋还在《孟子古义》中的《公孙丑》《告子》各篇中屡次指出朱子之说浸润着老庄佛教思想,将会误人。值得注意的是,仁斋主张即便没有人,"道"亦存在。那么"道"是如何形成的?关于此,仁斋的回答很难被找到,或者说仁斋对此有意保持沉默。《语孟字义》"天道"一节末尾曰:"存而不论为妙。"(《大系》,第18页)

11. 关于"教"(圣人之教)

仁斋提出"性"(天生所禀)中的向善倾向与"道"(真理)之间存在着距离。接着他提出了第三个坐标性的概念——"教",此即圣人的教诲。通过学习圣人的教诲,"性"(天生所禀)才能接近"道"(真理)。作为第三个关键概念的"教",也源自《中庸》。让我们再回顾一下仁斋开篇的这三句话:"天命之谓性,率性之谓道,修道之谓教。""教"出现在最后一句中。仁斋的《中庸发挥》对"修道之谓教"这样进行解释:"道"(真理)与作为人天生所禀的"性"虽然形态相似,然这种"道"乃是"圣人"(最高的贤者)整理后作为"人极"(人类的标准),所谓"教"正是称呼此物的词语,故有"修道之谓教"。值得注意的是,对仁斋来说重要的是有关"教"的这一句出现在了说"性"与"道"二句的后面。仁斋认为,这种句法结构意在表明,只有通过圣人之"教"才能克服"性"(天生所禀)和"道"(真理)之间的距离。在《中庸发挥》中,仁斋解释了这种关系:"夫道者,至矣尽矣,蔑以加焉。"真理的确是至高无上的存在。但真理的存在本身并不能使人类进步。"然不能使人为圣、为贤,不能成其才德。"使人类的"性"(天生所禀)获得成长,实现"道"(真理),达到圣人贤人的境界,即克服"性"与"道"之间的距离,这并不是"道"本身的任务,而是圣人之"教"的任务。"其为圣为贤,能成其才德者,教之功也"。《童子问》卷上第13章中也表达了相同观点,仁斋在那里引用了《论语·卫灵公》的"非道弘人"作为旁证。(文库本,第32页)

需要注意的是,正如我们刚开始时所讲的,仁斋以"教"作为第三个坐标性概念,是利用了《中庸》来表述其学说。当仁斋不用《中庸》来表述其学说时,他主张的则是通过学问来克服"性"与"道"之间的距离。若用仁斋的术语来说,即是"学"。不是圣人之"教"本身克服了"性"与"道"二者的距离,而是学习"教"才使之可能。也就是说,人只有通过学习"圣人"(至高之贤人)所设定的"人极"(人类标准)之"教",才能从天生所禀的向善之"性"出发走向"道"(真理)。故而,所谓学习就是成长。这是仁斋学说乃至思想的重中之重,同时也是仁斋思想的出发点。

12. 通过学习克服"性"(天生所禀)与"道"(真理)间的距离

为什么"性"与"道"之间的距离要通过学问来克服？仁斋将其原因归之于"性"（天生所禀）所具有的局限性。《语孟字义》"学"这一条指出："盖人之性有限，而天下之德无穷。欲以有限之性，而尽无穷之德，苟不由学问，则虽以天下之聪明，不能。"这里，仁斋以"人之性有限"一语明确指出了"性"的局限性。这是因为仁斋认为"性"虽然在向善倾向上是一致的，但更重视它属于个人之物这一事实。正如前文第10条中所引《童子问》之语"性者以专有于己而言"以及"有人则有性，无人则无性"，两句都可以理解为"性"属于个人。（本书，第32页）与此相对，"天下之德无穷"。关于"德"字，《语孟字义》认为与"道"字"相近"。（《大系》，第36页）故而，将"天下之德"换成"天下之道"来讲，也不会有太大区别。亦即是说，世间真理的存在是无限的。所以，从有限的"性"出发，追求无限的"德"即"道"（真理），这就是学问。"道"或"德"是无限的，故而"学"也是无限的——仁斋似乎一直抱有这种思考。无论在《论语古义》还是在《孟子古义》中，仁斋总是在"学"字出现的条目中论说这一点。比如对于《论语·述而》篇中的孔子之语"我非生而知之者，好古，敏以求之者也"，仁斋在《古义》中论述了孔子如此热爱学习的理由："道无穷，故学亦无穷。苟欲尽无穷之道，则不由学问之功，不可得也。此所以虽夫子之圣，尚汲汲乎此也。"其中的"夫子"是指孔子。我认为这种学习即追求无限的思想，在其他儒者中并不多见。（亦可参看下文第26条，第54页）

13. 学问乃"性"（天生所禀）朝"道"（真理）方向的成长

那么，学问的方法应该怎样？仁斋认为，使天生的向善性——"性"朝着"道"（真理）成长，就是学问的方法。这一主张是仁斋整个思想和学说的出发点和重点，其依据还是《孟子·公孙丑》篇。孟子把"四端之心"（四种基本的心），即构成仁、义、礼、智四大真理之根基的"恻隐"等四种心，说成像"四体"（两手两脚）那样是人人普遍具有的。接着指出，"凡有四端于我者"，除前文第7条提到的那些精神不健全者之外，"知皆扩而充之矣"。如果自觉使之成长充实，则"若火之始然，泉之始达"，即会像刚燃烧起来的火和刚开始涌出的泉水那般迅速增长。"苟能充之"，如果能够使之充实和发展，那么就"足以保四海"，能够成为安定天下的帝王。相反地，如果"苟不充之"，不能发展它们的话，那么人将"不足以事父母"，甚至无法赡养最亲密的父母。以上是《孟子》的原文。仁斋在《古义》中，将刚刚我们以条件句来读的"知皆扩而充之矣"（皆な広めて之れを充たすを知れば）一句，注释为："不知扩充，则无如之何。苟知扩充之。"故而，这是一种基于自觉的努力。但只要你意识到这种努力的必要，则会不断地成长，以仁斋《古义》的描述说："则犹火然泉达，而不可遏也。"仁斋的口吻似乎承认了成长是可以自发进行的。《语孟字义》中"学"这一条，论述了这种关系："四端之在于我，犹涓涓之泉，星星之火，萌蘖之生。苟扩充之，而成仁义礼智之德，则犹涓涓之水，可以放海；星星之火，可以燎原。萌蘖之生，可以参云。"（《大系》，第75页）根据这个比喻，成长确实是自主的。虽然它需要自觉努力的鞭策，但它是依靠人的能量来自主成长的。"道"（真理）是无限的，故而学习也是无限的，那么成长也是无限的。

作为这种学问方法，在主张"扩充"这一问题上，仁斋也是与宋儒相区别的，或者说存在着最大的不同。宋儒和仁斋一样，也重视"恻隐之心"等"四端之心"。然而，在学问方法上，他们与仁斋观点相反。在宋儒看来，"性"是"理"之分与，在人心深处作为善的原型，以静态纯粹的方式存在。这就是"性"。而"四端之心"只是作为"性"表现于外的"端"。因此，宋儒的学问方法是尽可能使内心平静，抑制欲望和情感，保持"主静""持敬""明镜止水""虚灵不昧"的心境，回归内心深处安静而纯粹的"性"。也就是说，宋儒追求回归内在的静止。与之相反，仁斋以"四端"为四种根本，追求其向外的成长与运动。其运动可以是自律性的。这种以运动为学问方法的"扩充"说，与仁斋思想根底的世界观相关联。即认为唯有运动才是存在，静止并非存在。这种世界观，与其说是催生了"扩充"（成长）说，不如说是"扩充"说的延展诞生了这种世界观。现在，我们应该分析一下断断续续提到的仁斋的这一世界观。值得提及的是，《语孟字义》中出现的比喻，"星星之火，可以燎原"，虽然不知其典出何处，但近来也是毛泽东的名言。

14.存在即运动

仁斋认为，存在一定是运动的，只有运动的才是存在的。他在《语孟字义》卷首"天道"这一节中，阐述了这种世界观。首先，他写道："盖天地之间，一元气而已。"世界是一个巨大的能量运动。作为证明，可以用六块木板拼成一个密封的盒子。然后，本应空无一物的盒子就自然地充满了"气"这种能量。一旦充满了"气"，盒子的内部就会生长白色霉菌，这反过来又会滋生蛀木虫。宇宙就是这样巨大的盒子。只要身处其间，物体就会运动，就会具有生命，就会成长。（《大系》，第15—16页）在《童子问》卷中第69章中，仁斋对"天地一大活物"进行了如下论证：人只要活着，就不会停止运动，"其生也昼动而夜静，然虽熟睡之中，不能无梦。及鼻息之呼吸，无昼夜之别。手足头面，不觉自动摇。"即使没有有意识的运动，也存在无意识的运动。此外，"验之天地"，更是如此。"日月星辰，东升西没。昼夜旋转，无一息停机。日月相推，而明生焉。寒暑相推，而岁成焉。天地日月。皆莫不乘斯气而行。"万物宛如"走马灯"上的兵卒、车辆、马，"随火气而往来驱逐，旋而不已也"。水不分昼夜地流淌，草木即使在严冬也会开花。故而，存在就是运动、成长和生命。"四端"的扩充也是人类的运动。（文库本，第162—163页）其中，仁斋讲的"手足头面，不觉自动摇"这句话，可能包含着他对一些宋儒受禅学影响而提倡静坐的反对。在他看来严格意义上的静坐是不可能实现的。这种存在即运动、运动才是存在的世界观，主宰了仁斋的整个学说和思想。如本文开头所述，仁斋把仁爱视为人类至高价值的态度也反映了这种世界观。因为只有以成长为属性，才成其为仁爱。

15. 静止不是存在

对仁斋来说，只有运动才是存在，静止不是存在。生是存在的，而死是生的停止，所以它不是存在。在《语孟字义》"天道"这一条中，他对存在的含义做了如下阐述。首先，仁斋引用了《易经》中"天地之大德曰生"这句话，并解释道："言生生不已，即天地之道也。故天地之道，有生而无死，有聚而无散。死即生之终，散即聚之尽。天地之道一于生故也。"作为统一原理而存在的唯有生。"谓生者必死，聚者必散，则可。谓有生必有死，有聚必有散，则不可。"（《大系》，第16—17页）生和聚乃运动，故而是存在的。死和散是运动的停止，已经无法存在，故而不能说"有"。此外，仁斋认为，善是"四端之心"的"扩充"（成长），因此是存在的；但恶是成长的停止，所以不是存在的。《童子问》第69章的开头曰："凡天地间，皆一理耳。有动而无静，有善而无恶。盖静者动之止，恶者善之变。"（文库本，第162页）

16. 关于宋儒之"理"的虚妄

对于认为静止不可能存在的仁斋来说，宋儒言"理"，将其作为存在的原则，从根本上说就是谬误的。宋儒认为，在世界开始运动之前"理"就已经存在，而且它现在仍然是存在的原则。然而，这种思想并未出现在《论语》等古典中。此外，如果分析"理"这个字的字形，就会发现右边的"里"表示音，左边的"玉"表示意义。这个字的本义是指"玉石的纹理"，即矿物的纹路。也就是说，它是一个指代物体内部关系的"死字"，是静态的字。这与仁斋用以表示真理的"道"字很不同。"道"字本义是指人来往的空间，乃是一个"活字"。故而，孔子编撰的各类古典中，虽然使用了指代自然运动方向的"天道"，以及指代人类运动方向的"人道"，但没有使用"理"这个字表示前二者的意义。这是因为，虽然"理"字"可以形容事物条理"，能够表达非生命体的静态结构,却"不足以形容天地生生化化之妙也"。此外,与孔子有关的文献之所以只使用与运动相关的"道"字,而没有使用与静止相关的"理"字,是因为孔子清楚认识到宇宙的本质在于运动,"盖孔子以天地为活物"。与此相反,老子"以虚无为道,视天地若死物然"即以静止为原理,是谬误的思想。然而,宋儒却被老子引入歧途。宋儒所使用的"理"或"天理"之语,最初也是老子或庄子使用的词语和概念。宋儒以"天理"一词见于汉人所编《礼记》中记载音乐的《乐记》而将之作为论证的依据。但《礼记》是杂乱无章之书,难以全部相信,不能作为依据。此外,《乐记》中的该条渗透了老子的思想,而非孔子的思想。以上见于《语孟字义》"理"这一条。(《大系》,第30—31页)仁斋认为,既然作为宋儒学说根基的"理"是虚妄的,那么宋儒对"性"的解释,即"性"是人对"理"之分与,"性"作为善之原型隐藏在人类内心深处这一说法自然是不可靠的。而既然静止本来不存在,那么主张"性"静止地存在于人心深处,是无意义之论。要求复归于"性"的宋儒之学,就是一种谬误,是对人的误导。仁斋最初醉心于宋儒之学,以"敬斋"为斋号。这是因为"敬"字在追求回归内在之"性"的宋儒那里是一个极为重要的概念。然而,在其35岁左右的时候,他又改名为"仁斋",这表明他已经脱离了宋儒此说。

17. 学问的对象是人

对仁斋来说,所谓学问是"性"(天生所禀)向"道"(真理)的成长。换句话说,就是"性"努力去认识"道"。那么,认识的对象是什么?此即人本身。除去人以外,没有其他可以作为学问素材之物。正如《中庸》所说，"道"（真理）原本就是"率性"之物，作为摹写与人的天生所禀形态相似之物而存在。虽然二者之间有距离，但它们在形式上是相似的。正如我们已经看到的，《中庸》中说"远于人之物"并非"道"（真理）。（本书，第30页）"道"（真理）如果不能脱离人而存在，那么它就必须始终显现在人的活动中。故而，只有观察人本身，才能认识"道"（真理）。反之，"道"（真理）总是显现在人的活动中，这就意味着人必然与"道"（真理）存在关联。人不能脱离"道"（真理）而存在。仁斋认为，做学问者应该牢记上述这些关系。其曰："人外无道，道外无人"，这构成了仁斋的口号。在《童子问》卷上第9章中，如下解释这一口号："问：何谓人外无道？曰：人者何，君臣也，父子也，夫妇也，昆弟也，朋友也。夫道者一而已。在君臣谓之义，父子谓之亲，夫妇谓之别，昆弟谓之叙，朋友谓之信。"这些"皆由人而显，无人则无以见道。故曰：人外无道。"接着记述道："何谓道外无人？曰：道者何，仁也，义也，礼也，智也。人囿于其中，而不得须臾离焉。离焉则非人也。故曰：人外无道。"所谓"不得须臾离焉"等表述，也是《中庸》中的句子。"囿"表示在其范围中之意。（文库本，第27—28页）

18. 人类的真实存在于日常当中

在仁斋看来，认识"道"（真理）的素材是人本身，用他的话来说就是人类的运动本身。仁斋对此还有进一步的思考：在人类的活动当中，与日常生活有关的活动是最重要的。此即仁斋重视的所谓"卑近"的活动。越是"卑近"的活动，其重要性就越大；相反，越是"高远"者，就越是虚妄和危险。盖人类的日常活动，由于其非常明显和频繁，是最可靠的，而那些非日常的活动则正好相反。这种认识倾向，可以说存在于仁斋思维的深处。《童子问》卷上第24章记载，"问：先生之谈道固善矣，然得非甚过卑乎？"即被问是不是太日常了。仁斋答曰："卑则自实，高则必虚。故学问无厌卑近。忽卑近者，非识道者也。"（文库本，第46页）宋儒们忽视卑近而求高远。这就是他们陷入以静止为存在原理这一谬误的原因。同样，老庄说"无"，佛教说"空"，也是因排斥卑近所导致的虚妄。在《童子问》卷上第8章中，仁斋说："故知道者，必求之于近。其以道为高、为远、为不可企及者，皆非道之本然。"这些非卑近之说看起来或许刺激有趣，但恰恰是这种刺激之处才是危险的。"或有人以至贵、至高、光明闪烁、可惊可乐之理说与汝者。若非野狐山鬼魅汝，必是邪说之魁也。"（文库本，第26—27页）"卑近"用另一个词来说就是"俗"。"人外无道，道外无人"这一口号在《童子问》卷中第61章中被替换为"俗外无道，道外无俗"。（文库本，第151页）对于《论语·子罕》篇中孔子之语"吾从众"，仁斋在《古义》中说："夫事苟无害于义，则俗即是道"，以此论述了"俗"的价值。即"俗"就是真理。他接着说："外俗更无所谓道者。故曰：君子之道，造端于夫妇。"这里引用了《中庸》中的句子。"众心之所归，俗之所成也。"如果忽视"俗"来求"道"，"实异端之流，而非圣人之道也。"所谓的"俗"，就是我们所说的常识。这一批判标准也被仁斋施用于文学。他对唐代白居易之诗甚为称赞，就因为白居易之诗通俗。（《大系》，第216—217页，《题白氏文集后》）

19. 关于情感和欲望

仁斋认为人类的活动才是学问的素材。作为人类活动的重要部分，情感和欲望受到了仁斋的重视。仁斋所使用的术语是"情"和"欲"，用情感、欲望来分别替换它们虽然值得斟酌，但在结论上不会有太大区别。仁斋重视"情"和"欲"，认为它们是人类不可避免的活动。从《语孟字义》中关于"情"这一条的叙述来看，仁斋是以"情"和"欲"作为相关之物："情者性之欲也，以有所动而言。"与生俱来的"性"因"欲"所产生的运动，就是"情"。如果说一切存在都是运动的，那么运动也必然是"性"的一个属性。而在"性"的运动中，以"欲"为动机者乃是"情"。

那么"欲"是怎样产生的呢？紧接着，仁斋引用了作为《礼记》四十九篇中一篇的《乐记》篇之说："感于物而动，性之欲也。"由于外界的刺激，"性"产生了"欲"。"欲"是对外界刺激的反应。这种由"欲"驱动的"性"之运动，就是"情"。朱子在《孟子集注》中说"情者，性之动也"。但在仁斋看来，这种解释是不充分的。朱子认为"性"是静止的，而"情"是它的运动。但是，这种单纯的运动并不是"情"。仁斋认为，"情"不可避免地与"欲"有关。例如，眼睛看颜色，耳朵听声音，嘴巴尝味道，四肢自由活动，这是人的天性。另一方面，眼睛渴望看到美丽的颜色，耳朵渴望听到优美的音乐，嘴巴渴望品尝美味的食物，四肢也渴望更自由的活动，这就是"情"。父母与孩子之间的亲情，是天生的"性"。但父母不可避免地希望子女过得更好，子女也不可避免地希望父母长寿，这就是"情"。"情"的一个重要属性，乃它是无意识的运动。"凡无所思虑而动,谓之情。"这种运动上升为意识时,它就不再是"情",而是"心"。(《大系》,第56—58页)

以上我对《语孟字义》中这部分内容的理解可能存在一些偏差,但至少可以肯定的是,仁斋认为"情"和"欲"是人所不可避免的。在描述父母与孩子之间的亲情时,仁斋加了一个"必"字以表明这是不可避免的:"父必欲其子之善,子必欲其父之寿考。"同样,眼睛、耳朵、嘴巴和四肢对美好事物和美好状态的"欲",也是不可避免的。在《童子问》卷中第十章中,仁斋介绍了这种"情"和"欲"的积极意义。他首先引用了《孟子》中的"君子以仁存心,以礼存心"这句话,接着说:"苟有礼义以裁之,则情即是道,欲即是义,何恶之有?"如果一个人试图断爱灭欲,"则是矫枉过直。蔼然至情一齐绝灭,将亡形骸塞耳目而后止。此非人人之所能为,而非通天下之道。故圣人不为也。"(文库本,第98页)

20.关于宋儒对情感欲望之否定的不合理性,以及宋儒所据《大学》篇的不可靠性

仁斋强调情感和欲望是人不可避免的活动,其动机是为了驳斥宋儒对此两者的轻视与否定。而且,仁斋的驳斥还伴随着他对宋儒所依据文献的批判。其中,最尖锐的批判对象是被朱子作为《四书》之一的《大学》。《大学》原本是《礼记》的四十九篇之一,受到宋儒的尊崇,朱子把它与《论语》《孟子》《中庸》合称为《四书》。宋儒之所以如此推崇《大学》,是因为它包含了构成宋儒学说中又一重要部分的"格物致知"说。同时也是因为它包含了"正心"说。宋儒认为"修身"的基础"在于正心"。《大学》中所谓

的"正心说",是指把心灵置于无所偏移的平衡状态,不萌生"忿懥""恐惧""好乐""忧患"等情感,并且"正心"方是修身之本。对于将"性"看作人心深处善之原型的宋儒来说,这能够成为其学说的依据和事实。然而,仁斋对此抱有怀疑,认为不符合人类的现实。仁斋在为《大学》所写的注释书《大学定本》中写道:"凡人有此形时,则有此心。"即如果人的肉身存在,则其有心灵。"有心时,则不能无忿懥、恐惧、好乐、忧患。"只要有肉体和心灵,人就不可避免会有忿懥等情感。然而,《大学》要求人们摒弃这些情感。在仁斋看来,这不仅是在强求不可能之事,而且是一种无视人类必然情感的虚妄理论。故而,这与作为"教"之基准的《论语》相背离。仁斋斥责道:"正心之说,非圣门之学也",并指出《论语》中虽有"道""德"之语,但未见"正心"二字。

仁斋在《论语古义》中还有一些更尖锐的论述。例如,《论语·先进》篇记载了孔子在听闻爱徒颜回之死后的恸哭,"子哭之恸"。对此,仁斋在《古义》中写道:"宜哀而哀,宜乐而乐,皆人情之所不能已。而虽圣人,无以异于人。故人情者,圣人之所不废也。"如果按照《大学》所说,那么孔子已经失去了"正心"的状态。此外,在《雍也》篇中,孔子称赞颜回,说他"不迁怒"。宋儒以《大学》为依据,提出"圣人之心,本无怒。"但仁斋认为这是伪说。因为不仅是颜回,连"圣人"孔子也会有愤怒之情。且正因为爱人深切,故而其憎恶他人亦格外深切。作为结论,仁斋认为不仅否认情感的"正心"章是有问题的,整个《大学》都是可疑的。他列举了十条证据,写下了《大学非孔氏之遗书辩》一文。(《大系》,第98—106页)早于朱子的北宋程颢提出"大学乃孔氏遗书也",将其作为"初学入德之门"的说法。仁斋之说是对此的否定。仁斋还指出了朱子对《大学》篇注解的诸多问题。首先,对于开头"在明明德"中的"明德",宋儒认为"明德"即是"性"处于"虚灵不昧"的静止状态。仁斋认为这是武断之说,指出在调查了其他古典中"明德"一词的用例后他发现,该词都是指君主个人之德,而非朱子所说的人类共通之德。对一部被当时儒者推崇为《四书》之首的文献进行这种批判,仁斋之言可谓相当具有勇气。而且这对他自己来说也是一场革命。根据其子东涯撰写的仁斋传记《先府君古学先生行状》之记载,幼年的仁斋在寺子屋①首先学习的是《大学》。当仁斋看到"治国平天下"这一章时,感动道:"今世亦有知如许事者邪。"这是仁斋第一次接触儒家思想。然而,在《大学非孔氏之遗书辩》一文中,仁斋即使对于曾让自己感动的"治国平天下"章,亦认为其文章结构过于烦琐,如"登九层之台",以此作为说明《大学》非"孔氏之遗书"的十个证据之一。

21.同为宋儒依据之一的《中庸》存在错页

宋儒轻视情感或欲望的另一个文献上的依据是朱子从《礼记》中选出的作为《四书》之一的《中庸》篇。其中有如下一段话:"喜怒哀乐之未发,谓之中;发而皆中节,谓之和。中也者,天下之大本也;和也者,天下之达道也。致中和,天地位焉,万物育焉。"46

---

① 室町中期至明治初期,武士、僧侣、神官、医生等专业人士以庶民子弟为对象所开设的私塾。教授阅读、写作、算盘等方面的基础知识。

对于这47个字，宋儒特别重视的是前两句，"喜怒哀乐之未发""谓之中"。在朱子的《中庸章句》中，喜怒哀乐这种情感是"未发"的状态，即人心深处的"性"处于纯粹的静止状态。这是完美的善的原型，被称为"中"（完美的平均）。宋儒把这种情感未发生活动的静止状态称为"未发"，把情感发动之后的状态称为"已发"，将两者进行了对比，并指出前者才是《中庸》所说的"天下之大本"。故而，"主静""持敬""主一无适""求放心"是他们学问的格言。他们还倡导静坐。这一切都是因为宋儒把回归"未发"即"中"的状态作为了学问的方法。这与仁斋主张的"扩充"（向外成长）的方法是截然相反的。对于《中庸》，仁斋还是相信该书大部分内容的，尤其是构成仁斋"人外无道"说之依据的"道不远人"和"道须臾不可离"二者。（本书，第30、40页）然而，对于上引的47字一段，仁斋并不接受。他指出，"未发"和"已发"此二语及概念在《论语》《孟子》等各类古典中并未出现。且这47字与《中庸》中其他部分也相矛盾。仁斋提出了十个证据来说明这段话原本并非《中庸》篇的正文，而是《古乐经》（《六经》之一，与音乐有关的古典）的"脱简"（缺页）错误地"掺入"（混入）到了《中庸》中。论说详见于仁斋的《中庸发挥》。（《大系》附注，第558页）这是仁斋重视情感价值而发的评论。这种对情感的尊重，亦与开头我们提到的仁斋对仁爱的重视相关联。其观点是否合理我们暂且不论，但不得不说，在仁斋的时代这是相当有勇气的主张。

22. 关于"中"

47　　对于"喜怒哀乐之未发，谓之中"这句话，仁斋认为这是混入《中庸》的另一文献中的片段。他不仅把第一句中的"未发"视为虚妄的概念，还对第二句中的"中"提出了质疑。他认为，"中"字在这段外来的模糊段落中由于与"未发"一语相关联，导致了"中"概念的混乱。"中"这个概念本身自古就有。最早见于《论语·尧曰》篇中"允执其中"这句话，这是尧让位给舜时的话。但这里所说的"中"，并不是指心的静止状态，而是指对待事物的态度无过度和不及。然而所谓的无过度和不及，是指根据眼前事物的不同状态采取与之匹配的适度方法，而不是静止。正因为如此，孟子在《尽心》篇中，批评子莫以"执中"为生活准则时说："执中无权，犹执一也。"也就是说，即使一个人是"执中"主义者，如果他只固执于观念上的"中"，而没有以"权"来衡量什么是适度，那么这就与固执于一物的静止无异。仁斋认为，这种对一物的固执，有害于运动着的存在，必须予以排斥。正是在这个意义上，孟子继续说："所恶执一者，为其贼道也，举一而废百也。"在仁斋看来，宋儒一并主张静止的"中"、静止的"理"和静止的"性"，正是孟子所说的那样"举一废百"。若言"中"，就需要孟子所说的"权"，即判断标准。（关于"权"，可参看《孟子古义》中这一章，以及《语孟字义》中"权"这一条，《大系》，第77页以下）于是，在《童子问》卷下第8章中，仁斋作了以下类比。他说，假设这里有一根一丈长的棍子，你严格地以为五尺处就是"中"，与五尺处即使相差一分也不是"中"。然而，"中"并没有那么死板。四五尺到六七尺范围内，都是"中"。握棍子时，在这个范围内握住它都是很方便的。但是如果你一定要在正中间握住它，就不是适度了，而是一种"过"。（文库本，第194页）仁斋注意到，在孔子的言语中,"中"字并不单独出现,而必定以"中庸"的形式出现。他认为,这是为了明确"中庸"乃"平常可行之道",孔子没有继承以往圣人单言"中"字的传统,而是曰"中庸"。(见《论语古义·雍也》篇中"子曰:中庸之为德也,其至矣乎")

23. 关于其他不可靠文献,特别是《尚书》之伪篇

仁斋认为,宋儒经常将"理"称为"天理",并将其与"人欲"对立起来,这是宋儒对欲望缺乏同情的谬论。例如,朱子在《中庸章句》序中说:"天理之公,卒无以胜夫人欲之私矣",将之视为道德的危机。宋儒主张"天理人欲"说的文献依据有两个。首先是《乐记》,它是《礼记》四十九篇中的一篇,其中曰:"感于物而动,性之欲也。……不能反躬,天理灭矣。……人化物也者,灭天理而穷人欲者也。"其次是《尚书·大禹谟》篇中所说的"人心惟危,道心惟微。"朱子在《中庸章句》序中引用了这句话,认为"人心"即"人欲",而"道心"即"天理"。[1]仁斋对这些说法和其文献本身都持怀疑态度。对于前者《乐记》,正如《童子问》卷下第6章中所论述的那样,仁斋认为《礼记》中包含了战国以后的

---

[1] 事实上,朱熹对于"人心"与"人欲"是有所区别的。在《朱子语类》中,朱熹指出:"人心是知觉口之于味、目之于色、耳之于声底,未是不好,只是危。若便说做人欲,则属恶了,何用说危?"又如"饥欲食、渴欲饮者,人心也。得饮食之正者,道心也。"(《朱子语类》卷七八,收入《朱子全书》第16册,上海:上海古籍出版社,2002年,第2668、2666页)人心受制于感觉器官对外在刺激的自然反应,会有各种欲望的萌发。但这些欲望既包括维系人生存的基本欲求,如正当的饮食之欲,亦包含流溢失节、与"天理"相违的欲望,即"人欲"。"人欲"只是"人心"所萌发的欲望之一端,二者并不相等。而《中庸章句》序中也没有直接把"人心"等同于"人欲"。伊藤仁斋对朱熹存在误读,吉川幸次郎亦未能注意到这一点。

杂言乱语，是一部二流作品，因此并不无条件地相信《礼记》的全部内容。（文库本，第190—191页）

正如前文第20条所述，仁斋以《大学》篇"非孔氏之遗书"并对其进行全面否定的原因之一是，在朱子以前《大学》原为《礼记》四十九篇中的一篇。现在对于《乐记》篇的一文，仁斋在《语孟字义》中"理"这一条中，援引宋代陆九渊之说，指出它是老子的思想与语言，而非孔孟的思想。（《大系》，第31页）但正如前文第19条所见，在《语孟字义》中"情"这一条，仁斋引用了《乐记》中"感于物而动，性之欲也"一语来证明己说。这说明仁斋的态度并不彻底。（本书，第42页）另外，对于后者《尚书·大禹谟》篇，他指出该篇是从很早开始就受到怀疑的"古文"诸篇中的其中一篇。非独包含"人心""道心"之语的《大禹谟》篇是这样，被称为"古文"的二十多篇均是六朝时代的伪作。（见《语孟字义》"书"条，《大系》，第90页；亦可见于其《中庸发挥》）

仁斋认为目前通行本《尚书》五十八篇中约半数乃"伪篇"。这未必是他的创见。早在宋代朱子那里"伪篇"说即已初现端倪，元代吴澄[①]与明代梅鷟[②]有同样的见解。仁斋继承了这一传统，作

[①] 吴澄，1249—1333，宋元之际学者，抚州崇仁（今属江西）人。为学主张折衷朱陆两派，而终近于朱。认为"理在气中，原不相离"，而"理"是"气"的主宰。提倡"存心""明理"，重"遵德性"。著作有《老子注》和诸经《纂言》等。《书纂言》从吴棫与朱熹之说，疑《古文尚书》及《孔传》为伪书。

[②] 梅鷟，1483—1553，明代学者。旌德（今属安徽）人。官南京国子监助教、盐课司提举。曾根据宋代吴棫、朱熹，元代吴澄对《尚书》的阐释撰《尚书考异》和《尚书谱》，对孔壁古文和东晋梅赜所献《古文尚书》表示怀疑。

出了决定性的判断。刚好在同一时期的中国,比仁斋小9岁的阎若璩写下了《尚书古文疏证》,证明了这些篇目为伪作,现今这已成为学界的共识。(见笔者《全集》第8卷,第16—17页)仁斋和阎若璩隔着大海几乎在同一时间各自从事同一项工作,其结论都与当今学界的定论相吻合。然而,他们二人的方法存在差异。阎若璩的研究主要是目录学的方法,而仁斋则是从思想史家的角度考辨这个问题。仁斋在《大学非孔氏之遗书辩》的序言和跋文中说,虽然自己在德行、学问和文才方面都不及朱子的万分之一,但在辨别孔孟之言与非孔孟之言方面,有着特殊的嗅觉。(《大系》,第98—99、106页)仁斋这种作为思想史家的敏锐感觉,在辨别《尚书》"伪篇"方面取得了巨大成功。这应该可以给书志学者和文献学者带来启示,同时他对《大学》的质疑以及关于《中庸》存在错页的观点等也当值得我们重新探讨。

当时中国的大学者黄宗羲在给阎若璩之书所撰的序文中,与仁斋一样,认为《大禹谟》篇中的"人心""道心"之语证明了《古文尚书》诸篇为伪。这也是中日两位思想家论点上的意外巧合。另外,作为对《尚书》"伪篇"做出定论的阎若璩,他的名字今天普遍为学者所熟知。而仁斋之名,在中国自不待言,于日本的专家中亦鲜有人提及。

24.《论语》是学问的最高标准

综上所述,对于仁斋来说,学问就是朝着符合人本性的道(真理),通过研究人自身来使人成长。然而,研究必须要有一个标准。那么,标准是什么?此即圣贤们整理"道"(真理)所产生的言语。《中庸》中所谓"修道之谓教"的"教"是也。具体来说就是儒家的诸经典。其中最重要的标准是什么？当然是《论语》。因为它是记录孔子言行的书。它是"最上至极宇宙第一书"，即世界最伟大的书。这是为什么？因为它是伟大的"卑近"之书。内容皆不离开日常，平凡无奇。因其最为平凡无奇，故而是最伟大的书。仁斋在《论语古义》卷头的"纲领"中称赞《论语》之文完美无缺："其言至正至当，彻上彻下，增一字则有余，减一字则不足。""道至此尽，学至此极。"他把《论语》比作米饭。《童子问》卷上第3章中曰："八珍之美膳，醍醐之至味。"因为美味刺激，不能常吃。一直吃的话，会损害身体。而《论语》乃五谷，是"天下之至味"。（文库本，第19页）它比《五经》①更胜一筹。孔子整理先王之"教"，形成了《易经》《尚书》《诗经》《礼记》《春秋》这《五经》，再加上《乐经》则成《六经》。仁斋在《童子问》卷上第4章中指出，它们都不及作为孔子自身之"教"的《论语》，因"其语平淡，意味深长"。（文库本，第20页）另外，关于《论语》与《五经》或《六经》的关系，仁斋在《语孟字义》"总论四经"条中指出，由孔子所整理的《六经》当然应该被阅读，但它们则好比是画。《论语》和对其的最佳演绎《孟子》则是画法。首先要阅读《论语》《孟子》，掌握画法，然后才能看懂画本身。（《大系》，第98页）

然而，《论语》的巨大价值是否得到了充分的认识？仁斋在《童子问》卷上第3章中指出，"所患在人之不知"。汉代儒学

---

① 五经，指《诗》《书》《易》《礼》《春秋》。

以《五经》贵于《论语》，乃因时代之早造成的认识不足。宋儒将《论语》视为四书之首，包含了他们以《论语》高于《五经》的意图。但他们用错误的哲学来解释《论语》，并没有真正认识到其真正价值。《论语》之所以是伟大的"卑近"之书，是因为孔子超越了此前所有的"圣人"。就像孔子思想的最佳演绎者孟子所说的那样，"自生民以来，未有盛于孔子也。"孔子是人类有史以来的伟人。正是这种关系并没有被以往的学者充分认识到。仁斋认为，这种对孔子地位认识的不足，是由于对孔子以前历史的认识不足造成的。于是他展开了如下论述。

25. 认识孔子的历史地位，才能知晓他是人类有史以来的伟人

《孟子·公孙丑》篇曰："自生民以来，未有盛于孔子也。"仁斋认为，只有孔子才配得上这样的赞美，只有孟子才能这样评价。然而，以往的学者并没有明白孔子身为此等伟人的真意，以及孟子为何会如此评价孔子。在孔子之前，确实还有尧、舜、禹、汤、周文王和周武王等圣人。但是，这些孔子以前的圣人在使用"教"来彻底说服异端方面并没有做出足够的努力。只有在孔子把先王之"教"整理好之后，"教"才臻于完善，所有的异端失去了存在的理由。正是因为这一点，孟子说，孔子是"自生民以来"（人类有史以来）最伟大的人。这一认识，自孟子以后久被埋没。为再次明确这一认识，仁斋写了题为"论尧舜既没邪说暴行又作"的文章，亦即《语孟字义》的附录。（《大系》，第106—112页）

《孟子·滕文公》下篇说孔子之前的时代"世衰道微，邪说暴

行又作"，为应对这一情况，孔子编纂了《春秋》。仁斋这篇文章，首先注意到了"邪说暴行又作"中的"又"字。既言"又作"，就表明"邪说暴行"在孔子之前的时代并非第一次出现，而是在此前的历史上曾反复产生。其证据是"三坟五典"的存在。"五典"是尧舜等五帝时代的书籍。"典"字意为"常"，故而五典是记载"常道"之书。此业已是正确之"教"。"三坟"据说则是时期更早的三皇时代的书。"坟"字意为"大"，故"三坟"是记载"大道"的书。但"大道"是一种宏大的"虚无恬淡无为自化之说"，而非像尧舜之书这样的"常道"。也就是说，此业已是一种"邪说暴行"。以往人们普遍认为诸子百家的异端邪说，是在战国时期以后才出现的。但事实并非如此。它们在尧、舜、禹、汤、文、武等早期"圣人"的时代就已经存在了，但孔子以前的圣人却未能瓦解这些异端势力。仁斋认为，只是到了孔子之时，这些异端才完全失势。仁斋这一观点完全是一种创见。正如他本人在《中庸发挥》中颇为自豪地宣称："秦汉以来儒者所未讲也。"即便仁斋的观点并非全然妥当，但他纠正了两个在宋儒那里，乃至在以往中国和日本已成为常识的空想性观点。

仁斋首先指出了圣人同质论的谬误。圣人同质论认为，尧、舜、禹、汤、文、武以及孔子之所以是"圣人"，是因为他们都是完美无缺的正确人格，他们在完美性上无优劣之分，是同一的人格。正如仁斋在《童子问》卷下第49章中所指摘的那样，明代王阳明的《传习录》认为"圣人"都是同质的纯金，只是存在量的区别，尧、舜有万镒重，孔子有九千镒重。仁斋认为，这种主张意在缓和同质论具有的不安感。仁斋完全否认"圣人"同质说，他又引出《孟子》之语："夫子，贤于尧舜远矣。"正如前文第14条所述，对于仁斋来说，存在就是运动，所以他的哲学中无法承认全然相同的个性存在。仁斋批判的第二个观点是古代无谬说。这种观点认为，尧舜之世的整个时代作为道德社会是无谬的；更古老的三皇时代，因其淳朴，也是无谬的。包括宋儒在内的中国儒者，以及追随他们的日本儒者，普遍持有这种认识或情感。仁斋以其史家的眼光对此进行了纠正。他认为，既然存在就是运动，就不可能存在始终无谬的时代。朱子在写给某人的信中说道："三代以前尽出天理，三代以后总是人欲。"对此，仁斋在《童子问》卷中第21章中批判说此非"仁人之言"，认为宋儒的这种历史观，使其严格主义更加苛刻。（文库本，第112—113页）这展现出仁斋作为史家的眼光。

26. 孔子并非无谬

仁斋认为，孔子之所以是伟人，就在于他是一个人。正是因为他始终是一个人，所以才伟大。正如上文第20条所述，仁斋指出，孔子和其他人一样，也有喜怒。他说："皆人情之所不能已。而虽圣人，无以异于人。"（本书，第44页）这种见解的进一步显现，是仁斋认为孔子亦会有过失。《论语·述而》篇中孔子说："丘也幸，苟有过，人必知之。"孔子曾与陈国一位大臣会面，这位大臣认为孔子的某些话说错了。会后，他将此事告诉了孔子的弟子巫马期，巫马期进而告诉了孔子。于是，孔子说了上述这句话。关于孔子此语，包括宋儒在内，以往的学者从"圣人"无谬的立场出发，认为孔子其实并没有说错话，孔子之所以承认说错话，这是为了不伤害别人。对此，仁斋认为，若孔子在没有犯错的情况下承认犯错，那么孔子就是在说谎。当时孔子确实失言了,有了"过错"。但是,孔子很感激自己的错误立即被别人指出来,说"丘也幸","苟有过,人必知之",并立即改正。如果用《论语》中其他话来讲就是:"君子之过也,如日月之食焉。"仁斋认为这正是孔子的伟大之处,"圣人亦只是人"。大自然也会犯错,如日食、月食、五星逆行、四时失序、干旱、洪水等。更何况是人类,圣人也不例外。"若如木石器物,固定不变",则其等便是"死物",不可能成为"圣人"。(见笔者《全集》第17卷,第136页以下;或筑摩丛书《关于古典》,第141页以下)这是仁斋对在中日盛行的圣人无谬的学说或这种感情的一个重大纠正。上一条中提到的圣人同质说,与孔子无谬说密不可分,仁斋对它们一并进行了纠正。此外,正如上文第12条所述,仁斋每次提到"学"字时都强调"学"之无限性,这也与仁斋对孔子人格的融通性主张有关。(本书,第34—35页)孔子并不完美,他也是一个运动的存在。仁斋把《论语》看作"最上至极之书"来阅读,并不是把孔子当作完美的典型,使众人归一于此。而是要和孔子一起追寻"道",开启无限的真理求索之路。

27.次于《论语》的学问基准是《孟子》

仁斋一直主张《孟子》是与《论语》并列的,仅次于《论语》的学问基准。其重要原因如前文第26条所述,仁斋认为正是孟子认识到了孔子乃人类有史以来的伟人("贤于尧舜"),故而以孟子为《论语》的最佳诠释者。《孟子古义》卷首的"纲领"中指出,《论语》中的孔子之语"平正明白","似浅实深,似易实难",故而只有通过《孟子》中的谆谆解说才能被理解。另外,《论语古义》卷首的"纲领"中指出，在《论语》的时代，仁、义、礼、智等"道"（真理）为众人所知晓，所以孔子没有说"道"本身，而是以"教"的形式来展现。然而，孟子的时代，正处于真理的危机中，所以《孟子》讲了仁、义、礼、智之"道"。因此，《论语》和《孟子》必然是相互补充的关系。

由于仁斋重视《孟子》，因此其许多学说都是以《孟子》为出发点，如"扩充"（成长）说。安井小太郎①在《四书注释全书》所收的《孟子古义》的解说中认为："虽然仁斋称《孟子》是对《论语》的注脚，但实际上是他以《孟子》来解释《论语》，而不是基于《论语》来解《孟子》。"这是值得关注的见解。此外，对于《论语》二十篇，仁斋注意到，从《学而》第一到《乡党》第十这前十篇，与从《先进》第十一到《尧曰》第二十这后十篇，前后两部分体裁稍有不同。例如，后半部分有几篇长文，而前半部分无；后半部分的《六言》《六蔽》等章列举现象，前半部分则无类似章节。仁斋认为这是"议论方式"存在差异，并指出前半部分为正集，后半部分为续集。《论语古义》卷首"叙由"一文的这些观点，如今已被学术界普遍接受。关于《孟子》的七篇，仁斋认为，前半的《梁惠王》《公孙丑》《滕文公》三篇是以孟子的行动为中心，而后半部分的《离娄》《万章》《告子》《尽心》四篇则是议论，可以分为"上孟"和"下孟"。另外，从内容和写法来看，《梁惠王》和《滕文公》为一组，《离娄》和《尽心》为一组，《公孙丑》《万章》和《告子》为一组。仁斋在《孟子古义》卷首《叙由》一文中

---

① 安井小太郎，1858—1938，明治至昭和前期的汉学者，著有《日本儒学史》。

的这些看法似乎一直被现代学者忽视。

28. 鼓励博学

正如我们在仁斋传记这一章中提到的，仁斋在当时是一位卓越的博学者。(第7页)这是仁斋在亲身实践自己的主张——借由《论语》和《孟子》奠定基础后，应博览群书。在仁斋看来，掌握了《论语》和《孟子》之后，首先应该阅读《五经》。《童子问》卷下第4章指出，《五经》几乎是自然产生的，是描绘了"天地万物人情世变"的壮丽全景。其他的书都是在论理，即便是《论语》《孟子》也是如此。《五经》则不同于此，这是它的价值。这和上文第24条所引《语孟字义》中的比喻（《论语》和《孟子》乃画法，而《六经》乃画）相对应。(本书，第50页)在《五经》中，从仁斋的喜好来看，他似乎最喜欢《诗经》。因为其本是"民巷歌谣"，最贴近"人情"。在《语孟字义》的"诗"这一节，仁斋对"六义"的新说值得我们关注。(《大系》，第87—88页)接下来仁斋重视的是《尚书》。《易经》由于原本是占卜之书，故而仁斋并不怎么重视。《语孟字义》"易"这一条指出，作为《易》的附录的《十翼》并非孔子所作。仁斋这一观点与现代学者相一致。(《大系》，第93—94页)在所谓的"三礼"中，正如上文第20、23条中提到的，仁斋以《礼记》为汉代所编，故对其并不重视。对作为《礼》之"经"的《仪礼》和《周礼》，仁斋也基本不提及。他的儿子东涯在《古今学变》中就《周礼》指出："谓周公所作，固不可信。"(《大系》，第380页)其《制度通》中也有类似的说法："传言周公之书，其事不实。"(参笔者《全集》第17卷，第555

页）想必相同的见解在仁斋那里已经出现。

在朱子学推崇的《四书》中，正如上文第20条所述，仁斋认为《大学》从根本上说非"孔氏之遗书"；而《中庸》，正如上文第21条所述，存在错页。对于仁斋而言，《四书》一说已经不复存在，只有《论语》和《孟子》二书。在《童子问》卷下的好些章节中，仁斋指出，在牢固掌握了此二书并按照此二书的"画法"阅读完《五经》之"画"后，要尽可能扩大阅读范围。仁斋说明了各类书籍的阅读方法。首先必须要阅读的是史书。此卷第35章以下即是对此的讨论，仁斋认为不读史之人是学问上的乡巴佬。第39章以下是文学论。仁斋主张诗歌可作可不作，在诗歌方面古人以杜甫为第一。文章，即像收录在《古学先生文集》中的汉文随想或议论，因其能"以之明道"，故而文章是一定要写的。因此，仁斋在《童子问》卷下第2章中说："天下无全是书，又无全非书。"因此，他指出"稗官小说"，即通俗小说，"或有至言"。

仁斋认为，《五经》提供了一种"全景"。在第5章中，仁斋强调在掌握了阅读《五经》的方法后，就应广泛将其方法应用于各类书籍中。他嘲笑道学先生的狭隘学说："野史裨说，皆有至理。词曲杂剧，亦通妙道。学者唯知说道理之有道理，而不知不说道理亦有道理。鄙哉！"然而，最重要的是始终牢记《论语》和《孟子》这一基准。第33章中说，要"一而之万"的博学，而不要"万而又万"的多学。仁斋提出精辟的比喻说：博学如同有根之树，多学好比无生命的假花。仁斋由于重视博学，故而他在《童子问》卷上第20章中对王阳明的不重读书和禅家的不立文字进行了批判。在《童子问》卷中第62章，仁斋否定了禅家的"顿悟说"和宋儒的

"一旦豁然论"。

仁斋虽然鼓励博览群书，但其中并不包含佛书，他对佛教一直持批判态度。在《论尧舜既没邪说暴行又作》的结尾处，仁斋说："夫道德盛，则议论卑。道德衰，则议论高。""卑近"的语言才是真实的，而"高远"的语言则是虚妄的。这是仁斋一贯的主张。"故议论之高，衰世之极也。而其最高者，至禅而极。故离乎人伦，远于日用，无益乎天下国家之治焉者，亦莫禅为甚。"这里所说的"禅"，泛指佛教。然而，仁斋认为以口舌之争去对抗佛教是愚蠢的，应该"使吾道德盛焉"，从而去折服佛教徒。(《大系》，第111—112页) 在《童子问》卷下第35章，仁斋指出律历（天文学）和医药应该交由专家来掌握。他对医学的态度，大概与年轻时拒绝了亲戚让他当医生的建议有关。

29. 关于鬼神和占卜

在《论语》中，孔子对于"鬼神"的态度总是不热心。因为孔子认为像鬼神这样的"不可知"物，并非人类的急务。至于孟子，则根本不谈论"鬼神"。仁斋认为，在《礼记》等二流经典中出现的孔子关于"鬼神"的言论，都是后世的附会。而占卜对真理是有害的。人的"出处进退"，只因依据真理来决定。故而《论语》和《孟子》皆不言占卜。从历史事实来看，占卜并不准确。"鬼神"和占卜见于孔子以前的书中，是因为孔子之前的"圣人"与民同在，很包容民众尊崇的习俗，"民崇鬼神，则崇之。民信卜筮，则信之。"但这当然会产生弊端。对于这些弊端，孔子显示出正确的态度。在这一点上，孔子也构成人类有史以来的伟人，"贤于尧舜"。

（见《语孟字义》该条，收入《大系》，第83—86页）

30. 人不应该成为远离政治的隐士

仁斋与此有关的学说，以及仁斋自身的实践与此不符之事，我们已在其传记这一章中进行了讲述。（本书，第16—18页）

我不是日本思想史的专家。我虽然是仁斋的爱好者，但称不上是研究他的专家。我对仁斋所批判的宋学，认识也很粗浅。我对仁斋思想的全部理解，基本上就是上面我所写的内容。就《语孟字义》所列条目而言，我连一半的内容也没有解说完。就连我自己最感兴趣的"天命"条，也还来不及思考。仁斋思想在当今的意义，我想应交给其他学者来阐述。他的学说在许多方面都值得当今学者关注。例如上文第25条提到的，仁斋打破了传统的观点，即认为中国上古是一个无谬的稳定时代。正如仁斋所自豪的那样，以往的中国和日本都缺乏这种认识。这可以作为今天自由研究的起点之一来进行回顾。（本书，第53页）正如我在传记这一章中所指出的，清代学者戴震与仁斋的学说最为吻合。（本书，第16页）对于大多数日本人来说，仁斋是一位被遗忘的思想家。而戴震作为清代"汉学"的创始人，是中国现代思想史家所必然回顾的存在。其《孟子字义疏证》，由安田二郎（已故）进行了翻译，已由朝日新闻社再版。如果中日两国的学者能够对仁斋和戴震进行关联与对比研究，那将是一大幸事。仁斋的汉文，应该能够直接被中国人读懂。徂徕的《论语征》时而为清朝学者所引用或使用，但据我所知，仁斋的作品还从未被介绍到中国。

三、关于东涯

伊藤东涯（1670—1736）是仁斋的长子。他是其父思想、学术和著作的忠实而准确的继承者，以"绍述先生"为其谥号。作为儒者，东涯的主要著述《周易经翼通解》温雅而明晰。对于"《卦辞》乃文王之作，《爻辞》乃周公之作，《十翼》乃孔子之作"这一观点，东涯认为是后世的附会。此外，他认为：《十翼》既包含了孔子以前的学说又包含了孔子之后的学说，但它仅以《易》为依据来解释圣人之道、万物的生长收藏、人的起居动息、天地间的一切，结果导致了偏颇之论；这和《孝经》只主孝，"礼"之学者专讲"礼"一样。东涯的这些观点体现了其学术风格的公正和思维的睿智。作为历史学家和语言学家，他还留下了许多优秀作品，至今仍具参考价值。比如关于中国法律史的《制度通》，关于汉语语法的《操觚字诀》，汉语词典《名物六帖》等。东涯学识宽广，且和其父仁斋一样是真诚的学者。他与同时代长他4岁的江户学者徂徕，并称为东西二大家。正如徂徕的博学涉及满语，东涯的博学则涉及朝鲜语。平田笃胤①在《古史征开题记》中称赞东涯说："汉学者流中，未有比伊藤长胤（即东涯）更可敬者。此人所著《本朝官制沿革图考》《制度通》等书，方便易用，值得一看。吾党小子若欲为汉学，应先通读此长胤所著之书。然后再读其他书籍，则进展

---

① 平田笃胤，1776—1843，江户时代后期国学者。号大壑、气吹舍。自称在本居宣长生前成为其门人，主张尊王复古的古道学，形成了作为幕末国学主流的平田神道。他认为存在作为神代文字的日文。著有《古史征》《灵能真柱》《古道大意》等。

将速矣。"(岩波文库本，第330页)此外，我对东涯的思考，集中体现在本书第64页以后的《伊藤东涯》一文，以及岩波文库两册本的《制度通》之解题（笔者《全集》第17卷），此后则一直没有什么新进展。

现在，东涯的《古今学变》即将收入《日本思想大系》。在最近的阅读过程中，我注意到了以下几点。首先该书认为，孔子之前的儒家思想并不成熟，后世儒者尤其是宋儒歪曲了孔子之意。这一观点承袭了其父仁斋的见解，《古今学变》是东涯从历史角度对此进行一一举证所形成的叙述。笃实的东涯极力遵守父亲的学说，在阐述自己的见解时，如《大系》，第325页及第375页中所示，他会以"述臆说"来进行标识，由此该书的新重点又可自然显现。

汉儒将仁义礼智信与木火土金水这"五行"相联，称之为"五常"；而宋儒则将其定义为"性"的本质。《古今学变》的主题之一，就是指出汉儒与宋儒之说皆非古说（这一点在仁斋那里并不那么明显）。另外，东涯对宋儒主张的复归内在之"性"的驳斥，可见于其专门讨论该问题的《复性辨》一文中。在《古今学变》中东涯指出，宋儒依据的《论语·颜渊》篇的孔子之语"克己复礼"，不应训读为"复于礼（礼に復る）"。"复"是反复实践之意，要训读为"反复实践礼（礼を復す）"。这一观点在其父仁斋的《论语古义》中已经出现，但东涯对此进行了强调，由此构成了贯穿全书的主题。此外，东涯指出"残忍刻薄"是"仁"是相反概念，但"贪冒无厌"（贪欲）不是"仁"的相反概念。从这一点来看，宋儒将"无欲清净"视为"仁"就很奇怪。东涯这一解释可谓是对仁斋"欲望肯定说"的机智"介绍"。(《大系》，第438页)

东涯的八卷本《训幼字义》是其父《语孟字义》的和文版，虽然其和文与汉文都很畅达优美，但以下两则我认为在其父仁斋的思想中并不那么显著。兹录于下。

其一，人类的历史从宏观来看，必然归于善的胜利。其卷1"天道"条，引用了《史记·伍子胥列传》中申包胥之语，作出了如下论述。

> 天道报应就一人身上看时，似有差误。然从千万人上看，则无差误。从一时来看，似有差误。从千万世来看，则无差误。天道乃大事，不可琐细拘于一人或一时看。就好比大杠秤①，如果只是正分厘之差，则大杠秤不如厘等具②。但如果称千斤百斤之重，则其无差。老子曰："天网恢恢，疏而不漏。"虽然《老子》是异端之书，然此话确有道理。天道虽苍苍，但并无差错。然世人因以一人、一事来看天道，认为其有差。世间有行恶而不遭祸，甚至有得福者。但这只是偶然之事，并非一概如此。从一时来看虽似好事，但贯通古今从后世来看，则非好事。众人往往心急且思虑浅薄，故而对此多疑。楚之申包胥③曰："人多胜天，天定亦能胜人"④，此又是至理名言。

---

① 需要两人扛起来称东西的秤，日本近世用来称一贯目（=3.75千克）以上的秤。
② 用以称厘、毫等极少量物品的精密秤，常用来称金银。秤杆用黑檀、紫檀、象牙等制作。
③ 申包胥，春秋时楚国大夫。楚昭王十年（公元前506年），吴国用伍子胥计攻破楚国，他到秦国求救，在秦庭痛哭七日七夜，终于使秦国发兵救楚。
④ 《史记·伍子胥列传》："（申包胥）使人谓子胥曰：'子之报仇，其以甚乎！吾闻之，人众者胜天，天定亦能胜人。'"

东涯比其父仁斋有着更多的史家气质，因此给出了这种宏观的补充性解说。

其二，卷2"道"这一条指出，"道"并非仅仅适用于中国，它还适用于日本和其他区域。这当与东涯之时两种意识上的变化有关，而这些变化在其父仁斋的时代还未出现。一是徂徕和之后的宣长以不同目的、不同方式强调的日本和中国间的差别感，正逐渐进入人们的意识中。另一个是人们对西方的存在的意识加大。

> 有人认为，圣人之道乃上古之事、异国之风，不合于今天日本之俗。有人认为，儒佛老之教，入口虽异，然至极之处则合于一致。有人认为，圣人之道虽好，然后世风俗衰退，无法行之。此些人对于道皆各持己见，因不知古今水土之异变通之事，故而迷惑不解。道非圣人以心思智慧创设之物，而是天地自然之道。凡是有人群居之地，必有夫妇、父子、兄弟、朋友，其中必有正是非、求相养之人，故而自有君主之道，遵此道者乃臣民。他们相互交往，相互怜爱。因必须要有次序，故而仁义礼智之道生。此非仅限于汉土九州内之事，四方诸国，文字语言不通者，无不自然具备此道。当今西夷南蛮远海之人，亦年年前往我国。其等不知晓汉土文字，原本未闻尧舜周孔之名。然其奉各自国家酋长头目之命令，与同州之人相互和睦，交易往来，可见其有君臣朋友之道。父子之亲，夫妇之好，兄弟之和，亦可由此推知。即便未曾到往吾国，与汉土亦未通交，然道之实不变。故天地间所有头圆足方者，不论何世，不论何国，于此伦理并无区别。圣人之道者，乃立于此所

设之节文条目，故而即是天地间之道。以之为圣人所为之中国风俗，乃甚愚也。

在上文中，东涯认为"道"是"天地自然之道"，而不是"圣人"之作为，这与徂徕的学说的核心直接冲突。徂徕极力主张"先王之道，先王所造也。非天地自然之道也"。（《徂徕学案》，第78—79、183—184页）东涯之父仁斋是否也有相同见解，我还未进行查证。

辛亥处暑在箱根起稿，秋分时节于京都搁笔。
（1971年即昭和46年，10月，
岩波版《日本思想大系》33
《伊藤仁斋·伊藤东涯》之解说）

伊藤东涯

受天理图书馆的邀请，关于这次京都堀川伊藤家的历代书籍进入馆藏一事，我来作题为"东涯先生的学问"的演讲。但事实上，我对东涯先生的学问了解并不深。正如我稍后要说的，他的许多著作即便对我们现今的学术研究仍有很大价值，其中有几本我日夜都在使用。从我所使用的书籍来看，我认为他是一位非常伟大的学者。我没有读完他所有的书，特别是东涯先生本人认为最重要的、讲述其思想的作品，我也不甚了解。刚才富永馆长说，关于东涯先生在日本思想史上的作用值得一讲。我无法充分说明这一点。希望大家能谅解。

众所周知，伊藤东涯是堀川学派创始人伊藤仁斋的长子。他生于宽文10年（1670），死于元文1年（1736）。由于时间有限，我这里省去其传记的详细内容。

东涯先生学问的第一个特点是涉猎领域广泛。从今天展览的作品中可以看到，其著作种类繁多。首先，东涯先生学问的核心或者说他的主业，自然是儒家的古典学问，也就是关于经学的著作，亦即其父仁斋先生所倡导的古义学。关于这一点，武内先生稍后会详细进行讲述。简而言之，古义学从宋代朱子的解释出发，并试图超越它并阐明孔孟原义。对其父仁斋先生倡导的古义学，东涯先生进行了祖述并获得大成。东涯先生谥号为"绍述先生"。这大概是指他继承了其父的学问，故而有此谥号。正如他的谥号，东涯先生是其父经学的忠实继承者。从展览作品可以看出，以解释《周易》的《周易经翼通解》为代表，东涯在这方面有很多著作。还有一些著作是将他的父亲用汉文撰写的著作改译而成的和文版本。正如展出的《训幼字义》这本书，可以说是其父用汉文撰写的《语孟字义》的和文版。像这样，在解释儒家经典《诗经》中的字句和思想方面，他是其父学问的优秀介绍者。但不单单如此，东涯的学问也向不同的方向延伸。首先是在制度的学问即制度史上。在这方面的著作中，最具代表性的是《制度通》。这本书极其简明和恰当地叙述了从远古时期到近时清代中国历代制度的变迁。另外，它还附带说明了中国制度对我国制度的影响。这本书可谓东亚制度史通史。除此之外，他还有几本有关制度的书，这次先不讲。

接下来我们要说的是东涯在语言上的学问。说是语言，其实就是汉语，用当时的话来说就是汉文的语言理论。关于这方面的著作，首先是《助辞考》和《用字格》，它们都是语法方面的书籍。然后是《操觚字诀》，它解释了中文常用汉字的意义。例如，有很多字都可以训读为"のぼる"，如"登""上""升"等等。虽然都读作"のぼる"，但其语感却各不相同。"登"是指像爬坡一样逐渐上升，"上"是指上升到某一事物之上，"升"是指势不可挡地迅速上升……他就像这样一一进行分析和说明。还有《名物六帖》也是这方面的著作。它从近世中国的书籍中，撷取了对当时的日本人来说难以理解的词汇，加以解释。其中，东涯最擅长的制度研究上的著述，特别是近世制度的著述，广泛利用了当今只能在外语学校读到的《水浒传》和《龙图公案》等来——展开解释。除了在汉语上有诸多成就外，东涯似乎也会朝鲜语，也有一些这方面的著述。不过我不确定他到底会多少朝鲜语。

除了上述成部头的作品外，东涯还有一些随笔。其中最有趣的是《秉烛谭》，其内容涉及很多方面。东涯先生很博学，虽然这可以从他留下的多领域著述看出，但也似乎可以从其随笔中窥得一斑。

在东涯先生的学问中，我们首先会注意到其博学这一特征。但要说他最伟大之处在于博学，那也未必。我认为，作为一个学者，东涯先生最伟大之处在于他是一位治学严谨的学者。最能体现其学问准确性的著述要属《制度通》。正如我刚才所说，这本书堪称东亚制度史通史，其叙述非常准确。它毫无遗漏地点明了历代制度变迁中的重点，而且几乎没有错误。我刚才在火车上也请教了这方面的专家内藤乾吉①先生。我说自《制度通》问世以来，似乎还没有比它更好的中国制度史著述。内藤先生回答说：这是事实，没有一部可以与之媲美的同类研究。因此，即使在今天，从事中国学问的人一般都会把这本书放在案头作为日常参考之用。从事中国学问的人，如果谁还没有这本书，最好尽早备好。

另外，《操觚字诀》一书的内容我们刚刚讲过了，其叙述的准确性也是无与伦比的。语感的细微差别是很难把握的，但东涯却能非常敏锐地捕捉这些差别，并简明无误地给出说明。在《名物六帖》的解释中也很难发现错误。这听起来似乎很奇怪，或许因我学识浅薄，即便东涯先生的书有错误，我也未能发现。但无论如何，

---

① 即内藤伯健，内藤湖南之子。

在我目前所使用过的这些著述来看，没有发现任何错误。这说明东涯先生是一个思维极其敏锐的人。对于应记述之事，他能够判断什么重要，从而省略细枝末节，只指出重要内容。东涯先生这种判断能力十分厉害。同时，对于超越直接认识的古昔之物，他具有重新将其解析的推理能力。就是说，东涯先生是一个极其理性，具有科学思维的人。在这一点上，《名物六帖》让人钦佩。正如我先前提到的，这是一部近世汉语词典，其中收录了大量近世俗语。当时日本的儒者并没有机会与中国人进行会话交谈，所以东涯的解释完全是通过推理获得的。如今我们这些能够直接接触到中国人的后学晚辈，有机会去准确理解这些词汇，然而从我们这些后学晚辈来看，东涯先生对词语的解释也几乎没有错误。他能够给我们提供如此准确的解释，一定倾注了很大心血。这些努力的结果皆非常准确。这表明东涯先生的推理能力是多么的强大。

东涯先生的著作之所以如此准确，除了我刚才所说的他拥有出色的头脑以外，更重要的原因是先生的人格。《先哲丛谈》①中记载的许多轶事表明东涯先生是一个认真、谦逊、良心意识很强的人。其中一些轶事相当有趣。从中也可以看出，其人很注重良心。这同样反映在他的学术上，虽然这是我的想象，但东涯先生从不写没有证据的东西。即使有一些证据，如果结论不能让自己信服，他也不会下笔。《秉烛谭》是东涯先生的随笔。无论是过去还是现在，随笔都是比正式的著述要写得轻松、无拘无束一些。但即使是随笔，

---

① 《先哲丛谈》，八卷，江户时代后期儒学者原善（号年斋）所著，1816年成书。按照年代顺序，用汉文记述了江户时代儒学者、文人等七十二人的传记与逸文。

东涯先生所写的内容也是准确无误的。他的个性渗透在著作的各个方面，这表明东涯先生不仅是一个罕见的具有科学头脑的人，而且是一个具有强烈科学精神的人。在这方面，他的父亲仁斋先生本来就是一个极富科学精神的人。仁斋先生创立古义学的动机，是为了纠正宋儒学说中的错误，探究孔孟原义。这正是憎恶掩盖真相和追求事物真相的科学精神。这种精神也在东涯先生的学问中涌动着。还有我们一开始提到的东涯先生之博学，这似乎也是一种传承。其父仁斋先生就是一个博览群书之人。仁斋先生的《童子问》一书中指出，儒者的责任在于明辨道理，而欲明辨道理，作为儒家古典的经书最为重要，在经书中《论语》和《孟子》又是最重要的。但仅靠这些是不够的，还必须读史，稗史杂剧之类也是有用的。仁斋先生的这种学风很好地传承给了东涯先生。如果将二人放在一起比较，则仁斋先生更像是哲学家，而东涯先生更像一位史家。因此，在有关儒学的著述方面，虽然东涯先生是专业的，但他的著作其实不如仁斋的著作那么精彩。这与父子二人各自的性格有关。但我认为还有一个原因。就是如果东涯先生在儒学方面过于发展自己的思考，可能会超出其父学说的范围。东涯先生担心这一点，于是使自己的思想更加内敛一些。也许正是这种意识，使东涯先生的才能向狭义的儒学以外的方面，即历史学和语言学的方面发展了。

　　我们稍稍有些偏离主题了，言归正传，东涯先生的学风非常准确。这里值得注意的是，德川时代的儒者都非常勤奋，他们各自留下了优秀的著述。但像东涯先生的著述那样，在今天仍能放在我们案头并立刻派上用场的书，我认为并不多。其他人的著作虽然也很优秀，但它们在今天的意义大多是历史意义。它们各自作为某一理论的先驱是伟大的，但关于相关理论还是阅读后人的著述更为准确。或许由于它们大力强调当时的伦理，有许多书虽然可能符合当时的伦理，但在今天只具有历史价值。东涯先生的著作与之不同，其具有跨时代的准确性。

在这里我还想说明的另一点是，东涯先生除了是一位具有强烈理性和良知的出色学者外，他还是一位出色的文章家。也就是说，他不仅具备非常准确的理解他人语言的能力，即阅读能力，还具备高超的用语言表达自己思想的能力，即表达能力。最能体现这一点的，就是东涯先生的汉文。我认为东涯先生的汉文写得非常好。人们常说，如果让中国人来读德川时代儒者所写的汉文，他们会感到文章韵律很差。但我认为，即使是中国人读东涯先生的文章，也不会觉得有节奏上的异样感。如果不是非常有才华的人，是写不出这种程度的文章的。其父仁斋先生就是如此，而东涯先生随后也成为卓越的文章家。

东涯先生的汉文与赖山阳[①]《日本外史》的汉文不同。后者文辞激越，令人鼓舞和振奋。东涯先生的文章则非常地流畅平缓，且欲言之事会无所保留地说出。因此，读它不像读《日本外史》那样有趣。但如果说到底是写山阳外史那种语调强烈的文章难，还是写东涯先生那种语调平和且相当成文章的作品难呢？那肯定是后者更难。东涯先生能把如此难写的文章写得那么巧妙，这也说明了先生的伟大。在这方面，作为同时代的汉学大家，与东涯东西对峙的荻

---

① 赖山阳，1781—1832，江户时代后期儒者。著有《日本外史》，对幕末尊攘派产生了积极影响。另著《日本乐府》等。

生徂徕也是一位名文章家，但我觉得东涯先生的汉文还是比徂徕的汉文更加地道。虽然徂徕的汉文才气焕发，但时不时会有一些奇怪的表述。东涯先生的文章则很少这样。另外，东涯先生的表现力不仅体现在汉文写作能力上，从其他方面也可以看出，如《名物六帖》的训读。正如我刚才所说，这是一部近世汉语词典，每一个单词都标注了训读。这些训读皆是一语道破式的，翻译地非常贴切，能让人直观感受到原来汉语的意思。因为我多少在做这方面的工作，虽然有些自己的经验，但还是感觉相当困难，认为对今天的学者来说很难达到《名物六帖》这种水平。如此来看，东涯先生作为文章家乃至翻译家也是极其卓越的。如果说作为学者理应具备这样的才能，那么东涯先生就是完全具备才能的学者。

事实上，关于东涯先生是伟大学者这一点早就得到了认可。有人称先生是德川时代最伟大的儒者。此人就是平田笃胤。笃胤在《古史征开题记》中这样写道："汉学者流中，未有比伊藤长胤更可敬者。吾党小子若欲为汉学，应先通读此长胤所著之书。然后再读其他书籍，则进展将速矣。"就是说，在汉学家中没有人比伊藤长胤即东涯先生更值得尊敬了，学习汉学先阅读东涯先生的书籍，这是最快的捷径。笃胤的这句话可能现在已经不适用了。如今，关于中国的学问在许多方面都取得了进展，所以没有必要在任何领域都先读东涯先生的书。但是，如《制度通》《操觚字诀》等著述，即使在今天，也是有志于中国学问的人应该尽早读一读的书。也就是说，笃胤的断言，只要稍加修正就依然适用于当前。从这一点来看，东涯先生的成就可谓是不朽的。

但东涯先生的不朽，不单单在于其著述至今仍能马上派上用场，还在于其学问方法中有着值得后世学者借鉴的优秀之处。

在先生的学问方法中，我认为给后世学者的第一点启示是，他对近世之事的重视。毋庸置疑，其学问的最终目的在于阐明孔子、孟子这两位中国古代圣人的教诲。但是另一方面，东涯先生非常关注近世的中国，或者说是当时的"现代"中国。我认为，这是一种非常优秀的古典研究方法。事实上，所谓的古典学问，首先应该站在过去与现在不同、过去与现在是非连续的这一观念上。仁斋、东涯父子的古义学正是基于这一立场。就是说，人的思想会随着时间的推移而发生变化，所以宋儒所说的孔孟思想乃是后人的思考，不一定是孔孟的思想。因此宋儒对孔孟的诠释不可取，必须加以抛弃，应恢复往昔本来的思想。这是伊藤家古义学的根本立场，这种立场认为古今不连续且相异。

但是，如果只是站在这样的立场上，是不可能形成完整的古典学的。如果一味地站在过去与现在不同的立场上，我们往往会忽视近世之事、现今之事。试图一蹴而就地跳到古代的结果，往往会将自己独断产生的东西误认为是古代的事实。在我看来，解决这个问题的必要方法是采取过去和现在是相连续的这一思路。也就是说，过去和现在是不一样的。但是其中也有相同的地方。往昔之事超出了我们的直接认识，为了再次认识它们，首先要把想要认识的事情放到更容易认识的当代中，从而去推断这种认识是否正确。东涯先生在研究中国古代圣人思想的同时，对当时的中国给予了高度关注，大概就是出于这样的用意吧。这和荻生徂徕是一样的，徂徕的这种主张是明确表露于外的。虽然东涯先生没有明确主张，但我仍然认为他与荻生徂徕的想法是相同的。即便从制度研究来看，东涯先生努力研究宋以后的制度，也是通过弄清宋以后的制度，去追溯古代的制度，即被他和其他先生视为理想的周代制度。这不就是从身边容易认识的近世制度逐渐追溯到难以认识的古代制度吗？正如《名物六帖》所示，东涯先生关注中国近世的词汇，也是出于同样的思考，即从容易认识的现今语言出发，追溯到过去的语言。不论他是否有过这样的想法，但我认为，东涯先生的学问之所以非常准确，很少有错误的判断，正是由于他事实上采取了这种方法。

故而我十分感兴趣的是本居宣长的学问方法。宣长的学问也是一种古义学。其排斥后世学者对《记》《纪》①的解释，试图回到《记》《纪》当时的意义。如大家所知，另一方面，宣长重视现在的语言，把现在的语言作为解释古语的资料。我认为本居的学问方法和东涯先生的学问方法非常相似。我对国学不熟悉，所以不知道堀川的学问与铃屋②的学问是否有直接的关联，但我认为存在间接的联系。即使不存在有意识的联系，我认为直到本居才完成的日本古典学的方法，可以说在东涯先生那里已经大体完成了。

以上我们讲了东涯先生的学问方法作为古典学方法的优点。但我认为，其学问方法不仅对钻研古典有启示作用，作为一般的文化科学方法也具有优点。一般说来，追求高远道理者往往容易忘记关注卑近的事物，易忽视日常事物所具有的意义，但堀川学塾的学问并非如此。这在乃父仁斋先生那里就已经是这样。仁斋先生排斥宋儒学问的原因之一，是宋儒只谈高远之事而忘记卑近之物。因此宋

---

① 即《古事记》与《日本书纪》。
② 铃屋为本居宣长的书斋名，其名源自斋前曾挂有铃铛。

儒之论远于人情，与人的普通感情相脱离。这甚至导致了各种残忍之事的发生。这是仁斋先生倡导古义学的动机之一。他常说，人外无道，道外无人。优秀的道一定是用平易的语言来讲述的。如果不是用平易的语言来讲的，则一定不是优秀的道。如果是用令人震惊的语言来论说的，那就一定是偏离正道之物。也就是说，卑近之物才是普遍的，非卑近之物则非普遍。这种态度在东涯先生的学问中也很强烈。例如，在宋代以后儒学中构成讨论中心的概念是"性"和"心"。朱子、王阳明对此都絮絮叨叨、论说不休。但是东涯先生的解释非常简单。在《秉烛谭》中，他的弟子们曾经就心性问题进行过多次讨论。当时东涯先生问道，"心"字在日本怎么读？弟子回答道："心（こころ）。"他又问，"性"字在日本怎么读？弟子回答道："生而有之（むまれつき）。"东涯先生说："孔孟所谓心性者正是此。"在话说完的瞬间该弟子就领悟了。相同的事情也见于《辩疑录》一书中。由此事可知，东涯先生是多么重视卑近的事物。也就是说，他认为"こころ"和"むまれつき"这些日常用语，最能体现"心"和"性"的本质。这种态度在东涯先生的著作中随处可见。另外，东涯先生对近世事物的热心也当是出于对卑近事物的重视。

我认为，先生之所以博学多识，并非只是兴趣本位使然，而是考虑到要对广泛而卑近的事物加以思索，不使自己的结论出错。如果进一步思考的话会发现，这种态度其实未必始于堀川派的学问，而是中国儒家的思想原本就如此。在中国儒家的思想中，我认为最可取的就是这一点，而东涯先生很好地把握并实践了儒家的这一优点。他不仅在日常生活中实践了这一点，而且在学问上也是如此。

我认为这给后来的学者以很大的启示。在我看来，这不仅对从事古典学问的人，对一般有志于文化科学的人，也会有很大启示。尤其是当今这个时代，众人不再像东涯先生那样以谦虚谨慎的态度讲话了。他们脱离了卑近的事物，试图一步跳到高远的道理，其结果是很容易产生武断。或者，即使他们对卑近的事物加以省察，也只是单单局限于几件事物上，就立即从中得出结论。对于这种风气，我认为东涯先生的著述是重要的可供反思的资料。

这样想来，先生学问的意义，并不仅仅表现在其著作能为我们从事中国学问的人提供参考。在这种狭隘意义之上，它还能够成为今后日本人的学问或思想发展的重要指南。

正如我在开头所说的那样，其实我并没怎么读过东涯先生的书。但其学问的大致情况就是上述内容。我打算以后更细细地读东涯先生的书，从中得到更多的启示。我在这里讨论品性笃实的东涯先生，却说出了这些不甚笃实的话。请允许我就此结束今天的演讲。

（1942年，即昭和17年，10月18日于天理图书馆的演讲，
原题为《东涯先生的学问》）

徂徕学案

一、学说概要

荻生徂徕（宽文6年［1666］—享保13年［1728］），是幕府最鼎盛时期的江户儒者。其价值的基准存在于中国古代的儒家典籍中，然而其演绎方法却是完全独特的，与他之前的日本或中国的任何学者都不同。首先我们来归纳其学说要旨。

一切存在都以运动为属性。因为以运动为属性，所以无论在时间上还是空间上，都不可能有相同的存在。它们是无限分裂的个体。每个个体都以自己的方式运动，但无论怎么运动，它们都不可能成为相同的存在。这是因为人和自然都是"活物"。正如每个人的长相各不一样，人以各自的方式使不同的个性获得运动与成长，始终保持着自己的个性。大米始终是大米，大豆始终是大豆。人无法认识到这一无限分裂的全部情况。奇迹或神秘的出现尽管很罕见，但凸显了人类认知的有限性。

为什么存在包含着人类无法知晓的部分而运动？因为这是"天"的旨意。"天"以人无法尽知的方式产生了存在的运动。对于"天"的这种灵妙和不可思议，人类必须予以尊敬。对"天"的尊敬，是人思考和实践的基础。"天"的旨意被称为"天命"。

那么，人的认识应该是怎样的呢？当不把存在作为一个个体而是作为一个集合体来理解时，就可以大致把握它作为集合体所具有的方向。徂徕把存在作为一个集合体所具有的方向，称为"大"。"大"中的"小"，可以无限分裂。对于"小"的认识，即使再怎么积累，也产生不了对"大"的认识。从"大"来进行认识才是必要的。

认识的对象应该是"大"的，意味着对待存在的方式也应该是以"大"为对象的"大"的方法。这就是政治。如此以"大"为对象的政治方法，就是出现于中国古代的"先王之道"以及记录其内容的《六经》。何谓"先王之道"？它是由中国古代七位天才统治者，即尧，舜，夏王朝创始者禹，殷王朝创始者汤，周王朝创始者文王、武王、周公，这七位"先王"人为设定的政治方式。"道"是称呼它的术语。由于它是人为设定的，所以可以称其为政治之"术"，即技术。这种为人类设定方式的行为，只有处于帝王地位的人才能被允许，也才有可能实现。"先王"们处于这种地位。因此他们是"圣人"。"圣人"一词指的是人类行为方式的设定者，而这七人是政治方式即"道"的设定者。

七位"先王"作为"圣人"所设定的"道"只是一种政治的方法，而不是道德的方法。"德"字是诸道德的总称，如"仁"乃善意，"智"乃智慧，"孝"乃对父母的善意，"悌"乃对兄弟的善意，"中庸"即节制等。但归根结底，最重要的还是"道"，"德"的重要性次于"道"的重要性。换言之，政治先于道德。这是因为，即使追求个人即"小"的善或幸福，其积累也不能达到"大"即集体的善或幸福。谋求大的集体的善或幸福，将其中"小"的运动作为"活物"以各自的方式使其成长。使大米按照大米的方式，大豆按照大豆的方式成长（"大者大生，小者小生"）。这种方式或技术，就是"道"。这种"道"的接受者，"先王"所设想的乃是后世的统治者，或者是辅佐统治者的人。合而言之，即是"君子"。"道"的接受者不是作为被统治者的"小人"。"小人"非"道"的参与者。只不过，"德"中的"孝""悌""中庸"等，可成为他们生活的方法。

作为"君子"施展政治的方法所展示的"先王之道"，其优越性在于它展现的内容都是标准性的事实，而非议论。政治生活、社会生活和家庭生活中的仪式，以及其他各种行为的行为方式，这些事实就是"礼"。音乐演奏的事实，就是"乐"。而用韵文歌唱人类的事实就是"诗"，用散文记录人类的事实则是"书"。"礼"通过演示，"乐"通过演奏，"诗"通过歌颂，"书"通过阅读，使统治者的人格自然地得到陶冶。为实现上述形式的善政，"先王"人为设定了这四种技术。由此来看，礼乐诗书亦称为"四术"。在"四术"中，"礼"和"乐"是事实本身，用徂徕的话说就是"事"；"诗"和"书"是贴近事实的修辞，即"辞"。徂徕认为，它们合起来就是"物"，而"物"乃指称标准性事实之语。重要的是，这些"物"即标准性事实，都是"先王"为了后世的统治者，即为了"君子"而人为设计与设定的，并不是自然发生的。它们虽然依据人类的现实，但并非先天内在于人类自身。

为什么"先王之道"只提出标准的事实"物"，而不掺杂议论呢？这是因为议论总是不健全的。作为对"天"的尊敬之延伸，人所需要的是信赖感。所谓信赖，就是对方与自己的契合。当这种信赖感丧失时，就会产生辩论。这是对不信任自己的人进行的说服和争论。因此，它必然会产生不健全的倾向。它将偏离构成议论基础的事实之原貌，破坏事实。而七位"先王"则回避了这一点，只提示原貌的事实。让接受者按照各自的个性将这些标准事实内化为自我之物，据此展开各自的思考，依据各自的个性获得成长。这就是《大学》中说的"格物致知"。"物"即"先王"提出的标准事实，"格"就是使之成为自我之物。若如此行之，则"知"（智慧），就会"致"（生长）。"格物致知"不是对任意选择的事物进行任意地思考。

上述这种"先王之道"，当今的我们如何获得？此即通过记载了"先王之道"的言辞《六经》，即六部经典中获得。所谓《六经》，是指就"先王"作为"圣人"所制的"四术"，由最后的"圣人"孔子，把一开始就以书籍形式存在的"书"、最初乃口头歌谣的"诗"、原本作为实际演出技术的"礼"和"乐"转化为书籍，再加上《易》和《春秋》（此二者同样记载了"先王之道"的言语并经由孔子认定），由此构成《六经》。孔子虽然没有获得为人类立法的"王"之地位，但却拥有为人类立法的能力，故而他能够编定《六经》。因此，他与七位"先王"一并被称为"圣人"。

要通过《六经》获得"先王之道"，必须重视"先王之道"乃存在于《六经》之言辞中这一点。因为《六经》的言辞，乃是诞生于只尊重事实而排斥议论的"先王之道"的，其言辞文体故而也是用贴近事实的修辞法来写成的。这是古人拥有的优秀修辞之法。徂徕将其称之为"古文辞"。《六经》都是这种"古文辞"文体。以此为媒介，《六经》的"古文辞"并非仅仅传达作为"先王之道"内容的事实。《六经》之"古文辞"语言，其本身就是"先王之道"的表现。故而，掌握《六经》的"古文辞"式语言，就是掌握"先王之道"。

那么，如何获得《六经》的"古文辞"呢？这里也必须依靠信赖的方法，即对象与自我的合一。不是单纯地阅读"古文辞"，而是自己也要书写"古文辞"。徂徕认为中国后世的文体，由于爱好议论这一恶习导致其背离事实。徂徕不仅拒绝模仿这一文体，甚至努力避免阅读这些文体。于是，徂徕无论用语还是构思都像《六经》那样紧贴事实，以此来撰写自己的文章。如此，可将《六经》中的"古文辞"化为己物。"先王之道"亦成为己物。

在到达以上目标的过程中，不应太过相信后世的注释。因为这是"古文辞"修辞法被遗忘后的产物。而且，注释是对原文这一原形添加的议论，是原形之变形。山崎暗斋之后兴盛的所谓"讲释"更是如此。应该思考《六经》的原文本身。

此外，更根本的问题是，《六经》中的"古文辞"是汉语，而不是日语。只要不以汉语这一原本形式来读，就无法把握《六经》，无法与之一致。以往的训读法，是在汉字上附加上读音顺序符号和送假名，翻译成日语来读。这是对汉语这一存在的变形与破坏，必须加以摒弃。一切都必须按照汉语的原音、原声调、原语序来读。

比如《论语·学而》篇中"过则勿惮改"这句话，标上读音顺序符号"過則勿レ憚レ改"，训读成"過テバ则チ改ムルニ憚ルコト勿カレ"，就是对汉语原句的破坏；读成"コウ　ツエ　ホダン　カイ"才是其原形。又如《易·坤卦·文言传》中有"积善之家，必有余庆；积不善之家，必有余殃"这句话，对此不应该标上读音顺序符号"積レ善之家，必有=余慶=；積=不善=之家，必有=余殃="并训读为"善ヲ積ムノ家ハ、必ズ余慶有り、不善ヲ積ムノ家の、必ズ余殃有り"，而应该直接读为"ツエ　ゼン　ツウ　キヤア、ピ　ユウ　イユイ　キン、ツエプ　ゼン　ツウ　キヤア、ピ　ユウ　イユイ　ヤン"。要做到这样，徂徕指出，第一步要先学习现在的汉语，熟悉汉语的节奏。另外，徂徕所学的汉语发音是中国南方的口音，上面表示发音的假名出自享保1年（1716）冈岛冠山[①]的《唐话纂要》。作为长崎海关"通事"即翻译官的冠山，既是徂徕的学生，也是徂徕的汉语老师之一。如果把我们今天使用的普通话（北京音）用拉丁化的罗马字母来表示上述中国古典中的两句话，则《论语》中的句子是"guò zé wù dàn gǎi"；《易》中的句子是"jī shàn zhī jiā, bì yǒu yú qìng, jī bù shàn zhī jiā, bì yǒu yú yāng"。

　　《六经》之所以是汉语，是因为设定"先王之道"的"圣人"只出现在古代中国，日本和西方都没有诞生"圣人"，这也是值得

[①] 冈岛冠山，1674—1728，江户时代中期儒者。曾作为唐译士（汉语口译）出仕于萩藩，辞官后回到长崎，成为唐通事会所的下级通事。但他在元禄14年（1701）以生活窘迫为由辞去了通事一职。其后游历于京都、江户、大阪，在正德1年（1711）朝鲜通信使来日之际，因其语言能力得到赏识，成为林凤冈的弟子，并在同一时期成为了荻生徂徕主导的"译社"（研究会）的讲师，教授汉语并对徂徕的学问有重要影响。其所著《唐话纂要》等书乃当时的教科书。晚年移居京都，激发了那里的白话小说热。他试图翻译《水浒传》，但未待刊行便去世。

尊敬的"天"之旨意。加之由于汉语是出现"圣人"之国的语言，故而它是一种比日语更优越的语言。汉语不仅有"古文辞"，而且由于它是单音相连，没有"テニヲハ"等助词，所以总体上有着远超日语的紧凑之美。

以上所述，并不是说只有《六经》所提示的事实才是价值，而是说它是价值的基准。后人的各种事实是在《六经》的基准性事实之上，有意识地或无意识地分裂和发展的。暂且不论荷兰等未开化之地，后世中国的各种事实，以及现今日本的各种事实皆如此。对这些事实的广泛了解，换句话说，对历史的知识才是必要的。后世或当代的所有事实，由于乃《六经》事实之分裂，因此都可以按照《六经》的基准来理解。反过来说，通过了解后世和当代的事实，可以更好地理解《六经》的事实。这是因为人类的事实，包括各种恶在内，在任何时代都存在。《六经》中之所以很少有关于恶的内容，是因为当时的风俗乃尽量不写恶。然而，继《六经》之后，同样是"古文辞"文体的《左氏春秋》和《史记》中已经充满了恶。总而言之，古与今是连续的。正因为如此，《六经》及其记载的"先王之道"，在当代日本也是值得信赖的存在。反过来说，正因为如此，学习汉语最好从现在的汉语开始。诚然，语言随着历史的变迁而变化，"古文辞"是古代的一种特殊修辞手法。然而，"古文辞"中记载的事实，与当代日语记载的当代日本的事实，应该没有太大的差异。通过当代日语，自然容易把握和传递当代日本的事实。对于"古文辞"也要像运用当代日语一样内化为自我之物，以此来获得"古文辞"所记载的事实。进而体认"古文辞"的事实与现在日本的事实一样并非特别之物，由此来确认人类事实所具有的意义。这就是所谓"古文辞"的学习。这不是对现在的拒斥，而是在"先王"之中国与当代日本之间建立纽带。连接纽带所需要的是对"先王之道"的体会和对后世及当代的历史知识。虽然徂徕之时已经有人把他的学问称为"复古之学"，但徂徕自己很少这样称呼自己的学问。

但即便在后世，重要的也是事实，而不是议论。议论因预想了论敌，故其必然伴随着谬误。这一恶习是随着"先王之道"的淡化和消失产生的。其雏形早在孔子之孙子思所著的《中庸》以及相传是曾子所著的《大学》中就可以找到。他们为了捍卫孔子乃"先王之道"的合法继承人这一地位，抵御其他学派的攻击，故其论说产生了不合理之处，错误地把个人道德置于政治效果之上。到了孟子更是如此，他提出了性善论，以说服其他学派。人性的"大"方向被认定为是向善的。孟子及后世儒者以此作为人类整体的必然，便是一个因议论所导致的谬误。

盖"先王"及其祖述者孔子的"道"，在当时政治制度乃"封建"的情况下是有效的，即各个地方的大小诸侯统治着该地区的人民，作为统治者的"君子"与被统治者（"小人"）之间存在情感纽带。自秦始皇以后，由中央派遣的地方官员只有三年任期的郡县制度一直是中国的政治体制，这使得"先王之道"逐渐被忘却与丧失，使谬误日益增多。

最为谬误的，是11世纪北宋和12世纪南宋儒者的儒学理论，即以朱熹为代表的朱子学或宋学。其认为，世界由一"理"贯通，人也被赋予了"理"，故而能够知晓一切。这曲解了"格物致知"的原意，把曲解而来的解释作为思考的依据。在朱子等人看来，所有人都具有通过"理"之赋予而成为至善"圣人"的可能性。宋学无视人类个性的不可变性，认为豆可以变成米，米也可以变成豆。因此，他们将个人道德优先于政治的效果。宋学的这些论说不仅不切实际，而且是以《大学》《中庸》《孟子》为基础，而它们正是因议论而引发谬误的开端。宋儒将这三部书与《论语》一起称为《四书》，对它们比对《六经》更重视。徂徕认为只有《论语》与《六经》一道，乃最佳的"古文辞"，可以称之为第七部古典。其他都是次要的书籍，是扩充解释，加深了谬误。并且，宋学试图用"理"来统御一切，其结果是使政治、教育和日常生活皆崇奉严格主义，倾向于否定感情、欲望和对利益的追求。由于丧失了"先王之道"的宽容，这导致其后的中国不再明朗，越发糟糕。不仅在中国。自从被徂徕称为王朝创始人的"神祖"德川家康重用林罗山以来，朱子学在日本也被当作为权威并形成情性，破坏了难得的百年太平之世。这必须得到纠正。日本德川王朝的政治体制与"先王"时代一样，是"封建"的，比徂徕之时的中国更具有通往"道"的可能性。

在徂徕之前，京都的伊藤仁斋率先对宋学进行了大胆的批评。虽然徂徕继承了仁斋很多观点，并认为仁斋是"近来的豪杰之士"，但仁斋强调《论语》的价值高于《六经》，重视孟子，重视个人道德。而这些都被徂徕认为是宋儒谬误的残留。在仁斋去世的前一年，他给仁斋写的信一直没有回音，这让他很不高兴，此构成了其批判仁斋的一个原因。

创作汉诗汉文，是当时儒者们普遍的风习或任务。在这方面，徂徕也是一位大家，有众多弟子，是那个时代第一位的宗师。在徂

85 徕及其学派看来，《六经》作为包括《诗》和《书》在内的文学的延伸，是得"先王之道"的作品，也是用比日语更高级的语言汉语写成的文学。而徂徕在汉诗汉文创作中最为回避的，乃是那些偏向于议论性语言的文学。具体来说就是宋代的诗文。以苏轼为代表的宋诗，以欧阳修、苏轼、曾巩等人为代表的宋代散文，都成为五山①以来日本汉学家的权威和持久的模仿对象。但由于其以议论为主，故被徂徕视之为文学的堕落而排斥。徂徕对宋代文学的厌恶与对宋代儒学的反感是互为表里的。

他选择了新的典型——汉代散文，也就是"古文辞"。并非只是《六经》和《论语》，从周代至西汉，即公元前的散文都是"古文辞"。其中徂徕特别重视的是司马迁的《史记》。《孟子》作为文章也属于"古文辞"，老子、庄子、孙子、吴子、荀子、韩非子都是如此。在诗歌方面，遵循《六经》中《诗》的传统，作为符合情感事实的韵律，3世纪达到顶峰的汉魏诗歌，以及8世纪前期杜甫、李白等人的盛唐诗歌，被徂徕作为独一无二的典型。于是，无论是作诗还是作文，徂徕都完全模仿这些特别的典型，在用语和内容上，都使自己与之相吻合。只有模仿才能恢复典型的价值，这是徂徕主张信赖的另一种实践。

这种关于文学的主张并不是他自己的。他直接采用了李攀龙

---

① "五山"指五座临济宗的大寺院，为幕府所定寺格之最上位者。五山寺院的数目和序列在不同时期存在变动，1386年基本最终确定。五山中的第一至第五，在镰仓为建长寺、圆觉寺、寿福寺、净智寺、净妙寺；在京都为天龙寺、相国寺、建仁寺、东福寺、万寿寺。在镰仓五山、京都五山这10寺之上，设南禅寺为尊。以上11寺总称为"五山"。

（字于鳞，1514—1570）和王世贞（号弇州，1526—1590）此二家之学说。徂徕在40岁左右时，一次偶然机会，他接触到了此二家之书，阅读后非常钦佩，将其作为自己的文学见解。徂徕把这次偶遇视为"天之宠灵"，即天意的特殊恩惠。

于是，在文学家李、王二人那里仅仅停留于文学创作的理论，被徂徕从中构思并拓展出了他的儒学学说。徂徕自己说，将与标准事实密切相关的《六经》文辞与自己相融合，就能获得《六经》即"先王之道"，这是把李、王的文学主张转化为儒学学说。而这种构想和扩充也是"天之宠灵"的结果。

因此，徂徕颇为自豪地认为，作为"天"之旨意出现在中国古代的"先王之道"早已在中国失传，而他这个"东夷人"却重新获得了"先王之道"，这也是"天"的旨意。他暗自把自己比作富士山，认为这是中国没有的名山。于是，他不像其他儒者那样看重"德"的价值，而是遵循"道"（《诗》《书》《礼》《乐》）的内容，以"风雅文采"作为生活态度。其中的《乐》，未能作为书籍很好流传下来，但徂徕以日本的雅乐属于中国古音系统而对之予以尊重，与其弟子们一起从事日本雅乐的演奏。这也是获取"先王之道"的方式。如此，"先王之道"作为服务统治者的政治上的方法技术，包含诗文的实际创作和雅乐的演奏，其被获取了。若当前的政治家无暇致力于此，那么学者的任务就是代替他们来获取"先王之道"并向政治家献言。晚年徂徕献给幕府将军吉宗的《政谈》《太平策》，就是从这个立场所做的献言。

不过，以上我们概括的徂徕之学说，并不是他一开始就持有的。而是徂徕在其生涯的最后时期，即从50岁开始到63岁他去世时为止（即享保年间），在安藤东野①、山县周南②、服部南郭③、平野金华④、太宰春台⑤等俊秀的围绕下，在"古文辞"体的诗文、雅乐之音、汉语会话、酒、烟充斥着其号为"萱园"的居所时所提出来的。而其汉文著述《学则》《辨道》《辨名》《论语征》，以及日文著述《徂徕先生答问书》，都是对这些学说的叙述。

徂徕的传记可以分为三个时期。

第一个时期是从幼年到40岁左右，时值元禄到宝永年间。他从私塾教师成为柳泽吉保⑥的家臣，同时也是第五代幕府将军德川纲吉的侍讲（纲吉的法号"常宪院"，若按徂徕所冠以的中国式尊称，则为"宪庙"）。徂徕也和当时的大多数儒者一样，儒学上尊崇朱子学，文学上崇尚宋代文学，并没有脱离这种时代风潮。这一

---

① 安藤东野，1683—1719，江户时代中期儒者，为荻生徂徕早期的弟子，曾与山县周南一起致力于扩大萱园学派影响力。后出仕于柳泽吉保。擅于诗文，著有《东野遗稿》。

② 山县周南，1687—1752，江户中期儒者。师于荻生徂徕，成为藩主毛利吉元的侍讲。在正德2年（1712），因与朝鲜通信使的书信问答名声大振。受藩主信任，尽力于藩校明伦馆的创设。学问上主要是对师说的祖述。著有《为学初问》《作文初问》《周南先生文集》等。

③ 服部南郭，1683—1759，又名"芙蕖馆"，江户时代中期儒者、汉诗人，但在江户是以和歌诗人的身份侍于柳泽吉保，因擅于诗文，与经世论者太宰春台被誉为徂徕门下之双璧。曾校订出版《唐诗选》，使唐诗在日本得以流行。著有《大东世语》《南郭先生文集》等。

④ 平野金华，1688—1732，江户时代中期儒者。最初效力于三河（今爱知县）刘谷藩，后仕于水户德川家的支藩守山藩。其性情放荡不羁，爱好饮酒，富有义气，与服部南郭关系甚好。虽然在文辞上有名，但其志向本在于经学。著有《金华稿删》。

⑤ 太宰春台，1680—1747，江户时代前中期儒者。精于经学，在继承荻生徂徕之说的同时，也常有对徂徕批判之语。著有《圣学问答》《产语》《辩道书》《紫芝园稿》等。

⑥ 柳泽吉保，1658—1714，江户幕府五代将军德川纲吉的宠臣，老中，甲府藩主。

时期徂徕主要作为语言学家展开活动。

第二个时期是从40岁左右到50岁，时值宝永到正德年间。徂徕44岁时逢纲吉去世、吉保失势，虽然徂徕仍以柳泽家臣的身份接受着俸禄，但他作为居住于市井的儒者，与幕府将军家宣、家继的辅佐者新井白石①相对立。徂徕在文学主张上与宋代文学相决裂，提倡李攀龙、王世贞的"古文辞"，成为文坛上富有影响力的人物。但徂徕在儒学上依然固守朱子学。这一时期徂徕主要从事文学的实际创作。

第三个时期是从50岁到63岁徂徕逝世，时值享保年间。徂徕在儒学学说和文学论上都脱离了以往的传统，"古文辞"文学越发呈现盛况，同时也完成了上述我们所概述的学说。并且他还得到了将军吉宗的青睐。这一时期徂徕主要从事哲学。

下文我们将论述其变化历程。

二、第一个时期：从幼年到40岁，作为语言学者

这一时期的徂徕，尊崇程朱之学（南宋朱子的儒学与北宋二程学问的并称），以及与宋代儒学互为表里的宋代文学（特别是宋代的散文）。这之所以与徂徕晚年的态度截然相反，是因为这是江户初期以来拥有百年历史的权威和惯性。虽然当时孕育着脱离此种权

---

① 新井白石，1657—1725，江户时代中期儒者、政治家。在第六代将军德川家宣、第七代家继麾下主导幕政（正德之治）。他对朝鲜通信使的接待礼节、币制、与外国的贸易等进行了改革。著有《新井白石日记》《读史余论》等。

威和惯性的萌芽，但仍未实现对此状态的摆脱。

如众所周知，朱子学在江户时代成为权威始于林罗山。这种哲学认为，世界是由"理"这种原则贯穿的，赋予人类的"理"就是"性"。宋儒基于这一哲学重新解释经典的各种注解在当时是排他性的依据，即《四书》的朱子注，以及在《五经》方面，有程子与朱子对《周易》的注解、朱子门人蔡沈对《尚书》的注解、朱子自己对《诗经》的注解、元代陈澔对《礼记》的注解、宋代胡安国对《春秋》的注解。另外，由朱子编撰的《小学》《近思录》是辅助读本。

被视为儒者必修课的汉诗文创作也以宋代为主要权威。这与朱子的历史观互为表里。正如朱子在《大学章句集注》的序言中所言，正确的传统，即所谓的"道统"，存在于伏羲、神农、黄帝、尧、舜，以及"三王"或者说"三代"（即夏殷周三王朝）的时代。此一道统由公元前5世纪的孔子集大成，并持续到公元前4世纪的孟子。但在孟子之后的千百年间，由于佛教的传入和以六朝为中心的唯美文学的兴盛而被中断和掩盖，直到11世纪才被北宋的程氏兄弟重新获得。朱子学认为，宋代才是中国的文艺复兴时期。徂徕在其《译文筌蹄》的前言中提到，当时的凡庸儒者对朱子在该序言中所说的"宋德隆盛、治教休明"这句话深信不疑，甚至有人声称宋代是古代"先王"这一黄金时代的复兴。（美篶书房版《荻生徂徕全集》第2卷，第10页）从这一历史观来看，以欧阳修、苏轼、曾巩等人为代表的宋代散文和以苏轼、黄庭坚为代表的宋诗，都是与儒学的文艺复兴互为一体的权威性文学作品。

然而，在诗歌方面，宋诗并不是唯一固定的权威，当时的儒者还兼读着先于宋代的唐诗。特别是宋代周弼所编撰的《三体诗》，是唐代后半期即所谓的"中唐"和"晚唐"时期的诗歌选集，自五山时代以来一直被广泛使用。在散文方面他们也阅读着明代茅坤的《唐宋八大家文钞》，这"八家"指的是欧阳修等宋代六家以及其先驱——唐代的韩愈和柳宗元。另外，自五山时代以来，普及最广泛的是宋代书商编撰的通俗读物《古文真宝》，其《前集》为诗，《后集》为文，均以宋代诗歌散文为主，但也提供了少量的唐代及唐代以前作品的知识。但在文学方面，价值的中心始终位于宋代。总之，自罗山以来的传统是以宋代为中心来理解和敬仰中国文明。

徂徕最初也和其他儒学者一样，处于这种传统的惯性中。他在后来写给薮震庵①的信中提到："不佞亦始习程朱之学，修欧苏之辞。"即学习程子、朱子的儒学以及欧阳修、苏轼的诗文。"不佞"是徂徕爱用的"古文辞"风格的第一人称代词。"亦以为先王孔子之道在斯矣。"（见《徂徕集》卷23，收入岩波版《日本思想大系》36《荻生徂徕》，第505页）这种状态一直持续到他接触到李、王的"古文辞"为止。然而，在传统的风潮中徂徕是一位佼佼者。特别是在语言才能方面，尤是如此。

徂徕出生于1666年，以他称为"王室""共主"的京都朝廷之纪年来看乃灵元天皇宽文6年，为德川第四代将军德川家纲在位中期（家纲法号为"严有院"，按徂徕所给的中国式尊称则是"严庙"），时值中国清圣祖康熙五年。徂徕在这一年的阴历2月16日

---

① 即薮慎庵，1689—1744，别号震庵、山阳散人。江户时代中期儒者，肥后熊本藩士。受朝鲜李退溪的影响尊奉朱子学，肥后实学的指导者之一。与古文辞学泰斗荻生徂徕有亲交，但最后未依从徂徕之学说。著有《慎庵遗稿》。

生于江户二番町，是荻生方庵的次子。当时41岁的荻生方庵是将军家纲之弟德川纲吉的侍医（纲吉当时还是馆林侯）。徂徕作为亲藩家臣之子，出生在幕府附近的地区，这使得其一生中既接近幕府的中枢，又有所反抗。记载了徂徕及其门人轶事的《萱园杂话》（东京大学藏写本，著者不详），叙述了巨人诞生时的祥瑞。徂徕母亲在梦见正月的门松①后生下了他，故而给他取名为双松。其号徂徕，与双松这个本名有关。在中国的风俗中本名和字或号是相互关联的。歌颂鲁僖公伟绩的《诗经・鲁颂・閟宫》篇的第12节在歌颂宫殿建筑用材时，使用了"徂徕之松"一词。②他署名"徂徕"，或许就是因为它是《诗经》某些文本中的用语。总之，"徂徕"是山东省的山名。另外，他取"茂卿"（意为繁茂之男子）一名，也与《诗经・小雅・斯干》篇中的"如松茂矣"③以及《天保》篇中"如松柏之茂"④这两句话有关。徂徕仿照中国姓氏自称"物茂卿"，是因为系谱上显示他家乃物部氏⑤后裔，而为了看似乃中国之姓而省去了一字。厌恶佛教的徂徕，为自己的祖先乃反佛教的物部氏而自豪。《徂徕集》卷18中的《拟家大连檄》一文，是代其远祖物部守屋的名义对苏我马子与皇子丰聪（即圣德太子）进行征

---

① 门松，新年时在门前装饰的松树或松枝。
② "徂徕之松，新甫之柏。是断是度，是寻是尺。松桷有舄，路寝孔硕，新庙奕奕。奚斯所作，孔曼且硕，万民是若。"
③ "秩秩斯干，幽幽南山。如竹苞矣，如松茂矣。"
④ "如月之恒，如日之升。如南山之寿，不骞不崩。如松柏之茂，无不尔或承。"
⑤ 物部氏，日本古代的中央豪族，与大伴氏共同执掌大和政权的军事。从担任"伴造"一职起家，"连"姓。5世纪左右起被称为"大连"。在大伴氏失势后威势显赫，但围绕大王之位的继承与是否接受佛教的问题与苏我氏产生对立，587年为苏我氏所灭。

讨的檄文。徂徕的俗称为"总右卫门"或"宗右卫门"。此外，在日后被徂徕视为中国堕落时代而厌恶的宋代，学者中亦有以"徂徕先生"为号者，即石介。

徂徕是一个不需要老师的敏锐少年。他在最初刊行的著作《译文筌蹄》的"题言"中回忆道："吾十一二岁时即能自己读书，未受句读。"所谓"读书"是指阅读汉文书籍，而"未受句读"是指没有借助汉文训读顺序符号。此外，据说在他七八岁的时候，其父方庵就让他记录家庭日记。年幼的徂徕记录着所举行的活动，父亲是否去藩邸工作，是否有客人，客人说了什么，天气，家庭成员动向，以及每晚就寝前父亲的口授。按照当时的习惯，笔录当也是用汉文书写的。徂徕回忆说，正因为先前进行了这种汉文的实际写作，自己才能够自由阅读汉文。他后来主张"古文辞"的掌握在于"古文辞"的实际写作，这可谓是最初的萌芽。（见美笃书房版《全集》第2卷，第10—11页）这种体验不单单是对于语言而言的，存在只有变成自己的经验才能掌握它，徂徕的这一态度最初也孕育于此。

其父方庵同时也是一位儒者，这在当时的医生中是很常见的，他应是最早教徂徕素读①汉文的老师。在写给门人山县周南之父山县良斋的书信《与县云洞》中，徂徕回忆道，父亲教他学习《诗经》中的《伐檀》这首诗乃在40年前。据推测，这封信写于宝永末年，信中所说的40年前徂徕还未满10岁。（《徂徕集》卷27）

---

① 汉文学习的一种方法。日本的汉文学习法有按照文字顺序进行声读的"直读"和按照日语读的"训读"。"素读"是训读的一种方法，比起文章的意义和内容，这种方式更重视熟练掌握训读语调以背诵文章。

延宝7年（1679），在他14岁的时候，他的父亲方庵因引起藩主纲吉的不满，被流放到上总国长柄郡二宫庄本能村。徂徕也跟随父亲到此处生活，直到元禄3年（1690）他25岁时，因父亲被赦免他才回到江户。该地区位于房总半岛的山脊线以东，靠近大海，现为千叶县茂原市西部，但在当时是一个荒草丛生的农村。在《徂徕集》卷11《送冈仲锡徙常序》中，他回忆道："余幼从先大夫，逊于南总之野，距都二百里而近。"根据徂徕另一本著述《度量衡考》的记载，中国的一里相当于"现在的四丁十步"，因此离江户并不是很远，"然诸侯所不国"，是幕府直辖领地，"君子是以弗居"，当地也没有武士，他"乃与田农、樵牧、海之蜑民相处"。最可悲的是没有书籍："性好读书，然无书可借，无朋友亲戚之欢，十有二年矣。"（《大系》，第494页）收信人冈仲锡指的是冈井孝先[①]。把两个字的姓氏按照中国的习惯缩为一字，不仅徂徕自己这么做，其学派之人皆有此习惯。

20岁前后是人生的形成期。徂徕这一时期是在一个与繁华江户相隔绝的地方度过的，这对他的一生产生了若干影响。

首先，正如徂徕经常引以为豪的那样，他接触到了其他学者所不了解的现实。在上文所引用的送冈井氏赴任的汉文中，他继续说道：现在的江户是世界第一大都市。中国古代各王朝的首都都是贫弱的，即便是长安、洛阳、南京、北京，其官吏俸禄也很低。而在江户，大则百万石，小则一万石的大名、小名们，带着

[①] 即冈井嵰州，1702—1765，江户时代中期儒者。师从荻生徂徕，后进入水户彰考馆。著有诗集《嵰州遗稿》。

众多家臣和从地方征收的租税来到这个首都。而且在物资运输方面，中国实行的是不方便的陆运，我们则是海运，这是中国所不及的。正因为如此，江户成为万恶之巢，在不断扩张的市区中，弥漫着游惰和逸乐之风。如果我也一直待在那里，我将也只不过是一个普通的江户子弟，成为井底之蛙。但由于我是流放者的家属，拥有其他学者所没有的经历，这使我能够轻松地阅读任何书籍，从而窃得海内虚名。我一直觉得，作为"宪庙"纲吉公身边的儒者，我蒙受了很多来自纲吉公的恩惠，但比这些更大的恩惠乃是他曾让我住在"南总"的乡下。（《大系》，第494页）在他晚年向将军吉宗提交的《政谈》中，也能看到"从幼年就来到乡下"等类似感慨。（同上书，第290页）徂徕自述道，知识只能通过亲身体验才能获得，以及要获得对对象的理解须将自己的体验与该对象相融合，这两种后来成熟的思想之触发点，都存在于"南总"之体验中。

作为特殊知识格外保留下来的，乃徂徕当时日复一日所目睹的周边农民之悲惨生活。徂徕成为名人后，在写给土佐守朽木玄纲①的信中说，吾本性是"狂奴"（淘气鬼）、"跅弛之士"（放荡不羁者）。（《徂徕集》卷25《与朽土州》）。这个调皮少年的足迹遍及两总和安房的山野，详细了解了农民和渔夫的生活。

《徂徕集》中的一些汉诗文涉及对此的回忆。第15卷中的《峡中纪行》记录了宝永3年（1706）九月，作为柳泽吉保的家臣，41岁

---

① 朽木玄纲，1709—1770，江户时代中期大名。丹波福知山藩（今京都府）藩主朽木家第五代。为了重整藩财政，通过实施紧缩预算的措施，使财政保持稳健。

的徂徕奉命与同事田中省吾①一起到甲斐②进行为期十几天的访问。当时的徂徕已经是俸禄400石的高级官僚，而这次出行是一次公事访问。他们一行两乘轿子，带着两把长矛、三个步兵和十几个随从，阵势威严地列队前进，沿途接受众人跪拜。在接近一个山村时，他看到农民的席子上晒着作为食物的橡子，就要了几粒，放入袖子里。同行的田中嘲弄徂徕是不是变成了猴子，徂徕毅然地说："以前，我是一个为人所见弃的人，十多年来，日夜奔走在山谷之间，与牧童农夫为友。盘子里的是豆叶和海草，如果发生饥荒，则是草根和树皮，把它们和半手掌的豆子与麦子混在一起吃。贡米只能用眼睛看看。我要把这些橡子带回江户，作为特产送给那些不谙世事的少爷们。"从这篇原文用晦涩难懂的"古文辞"写就的游记中还可以看出，当时徂徕的足迹不仅涉及"上总、下总"，还涉及"安房"地区。③

另外，在第12卷《记义奴市兵卫一事》中记载了这样一起事件。在上总市原县姐崎村有一位叫市兵卫的佃户，在其主人（庄屋次郎兵卫）因被牵连到误杀村民事件中而被流放到伊豆大岛后，他担负起了照顾主人一家的责任。他一直来回奔波于江户官厅，请求归还主人的被没收的房屋和田地。甚至最后在官厅里坐下不动，终于在宝永2年3月如愿以偿。徂徕的文章特别记述到，在这11年间，市兵卫因为担心如果自己有孩子出生，将导致主人家的食物不

---

① 即田中桐江，1668—1742，江户时代前中期汉诗人。侍于柳泽吉保，后离开柳泽家，兴办诗社吴江社。著有《樵渔余适》。

② 旧国名。今日本山梨县，又称甲州。

③ 上总国、下总国、安房国，在今千叶县。

足，而没有和妻子共枕过。徂徕说，说到农民的生活，白天耕作，晚上搓草绳，吃的是豆子，穿的是破衣烂衫，坐的是草席，唯一的乐趣就是夫妇之乐（"而其可以畅舒精神，而取半晷之快者，唯在伉俪一床之上耳"）。徂徕赞扬道，市兵卫为了忠于主人连此种乐趣也都牺牲了。根据日比谷图书馆井上文库藏写本和广岛大学藏抄写本《徂徕集拾遗》，本文被置于徂徕撰写的针对赤穗四十七士[①]的复仇未能使主家复兴的愚蠢行为的《论四十七士一事》之后。作为对比，徂徕撰写了使主家得到复兴的市兵卫之事。但在出版《徂徕集》时，删去了四十七士论，只留下了市兵卫论。（参看岩波版《日本思想大系·近世武家思想》，第400—401页）

又如在《徂徕集》卷5中有题为"田家即兴诗二首"的七言绝句，其中一首云：

田家女子厌蚕桑，	田家の女子は蚕桑を厭い
多学东都新样妆。	多く学ぶ東都の新様の粧い
恰是年年官债重，	恰かも是れ年年官債重し
卖身好与游冶郎。	身を売りて好し与えん遊冶郎

[①] 赤穗四十七士，元禄14年3月，京都朝廷为感谢幕府此前的新年祝贺，准备派出敕使慰问幕府。围绕接待天皇敕使的典礼，负责教授典礼的吉良义央（1641—1703）与负责接待朝廷敕使的赤穗城主浅野长矩（1667—1701）间发生了矛盾。对吉良义央不满的浅野长矩于14日在江户城白木书院走廊下砍伤了义央。长矩被幕府处以即日切腹并没收领地。义央则被断为无罪，但他于26日辞职。大石义雄等47名旧赤穗藩浪士认为处置不公平，为了给藩主浅野长矩报仇，于元禄15年（1702）12月14日半夜，袭击了吉良义央的宅邸，吉良义央被斩杀。事后，关于如何处置这些浪士的争论很多，但在次年二月，幕府下令让这些人切腹。这些浪士的墓地位于东京都港区高轮的泉岳寺。虽然吉良义央与浅野长矩最初发生冲突的具体原因，以及袭击经过等存在诸多不明之处，但这一袭击仍被许多人称赞为武士的壮举。

作为欠年贡的代价，农家女被卖到江户，她们穿上漂亮的衣服，成为"游冶郎"取乐的对象。徂徕洞察到了这些事实的背景。虽然他希望这些汉诗文直接用"唐音"来读，但现在为了方便读者我训读了这些汉诗文，其他地方也是如此。

这种关于农民生活的具体知识，为徂徕晚年提出"先王之道"乃政治救济而非道德救济这一重视政治的学说打下了基础。在山路爱山的《荻生徂徕》（明治26年［1893］民友社）中曾提到，"南总的顽童"徂徕"时而看由飞弹的工匠建造的松谷村释迦堂，观察它四五个世纪里依然经得起风吹雨打的秘密，时而拜访横川村的四郎左卫门男，听他讲述年轻时做强盗的惊人冒险故事"。（美篤版山路氏《史论集》，第21页；徂徕的观点见于《政谈》2，收入《大系》，第310—311页。关于那座寺庙，在《徂徕集拾遗》中有《上总国武射郡山边庄南乡松谷村满德山胜觉寺释迦堂及重修四天王像缘起》一文，但山路之说不知源自何处。）

但对徂徕学问产生最直接的贡献者，是其这一时期在读书方法上所受的启发。在"无书可借"的农村，徂徕获得了一种不为注释之无用议论所困扰，只熟读正文，依靠己力去领会有限书籍的方法。它不仅仅是一种阅读策略，而且日后发展成为徂徕的一种方法论，即只相信事实本身，轻视围绕事实的议论。另外，徂徕也初次体验到教育乃是通过个人努力所获得的成长。

在《译文筌蹄》的前言中，他回忆说，只有一本书对其帮助很大，即父亲书柜中一本名为《大学谚解》的书，此乃祖父荻生玄甫的藏书："予获此研读之，用力甚久，遂能不依靠讲说而遍通群书。"（美篤版《全集》第2卷，第3页）《大学谚解》自然无疑是

《四书》之一《大学》的一部朱子学注释书。自岩桥遵成的《徂徕研究》（昭和9年［1934］东京关书院版）以来，它就被认为是林罗山所写的国字解，但我对此持有怀疑。如果是这样的话，它显然不能够让徂徕这位敏锐青年感到惊喜，并成为提高其阅读能力的开端。窃以为，用中国的口语来注释儒书，此一形式往往被称为"谚解"。该书亦是其中之一。徂徕以该书作为研究中国口语的起点。在这里，他不仅第一次接触到了口语的词汇和语法，也让他洞察到了中国口语和书面语间关系。虽然大部分汉籍的用语都是文言，但掌握口语的韵律可以更好地阅读汉籍。徂徕后来的这一研究方法也肇始于此。

在后来写给前辈宇都宫遯庵[①]（1633—1709）的信中，徂徕写道：过去在海边读书时，很感谢遯庵对中国的经、史、子、集四部中的诸种汉籍所做的"标注"。（见《徂徕集》卷27《与都三近》）遯庵是一名出版商式的翻译家，其"标注"涉及多领域，这些标注对汉文原文添加训点，并经常逐字翻译为日文。遯庵是逐字进行解释的，没有添加不必要的议论，这一点可能正是徂徕喜欢的。徂徕44岁时，门人山县周南回周防，因遯庵故乡亦在周防，便委托山县周南将这封书信带去。然而遯庵已在那年春天去世，其子就把这封信供奉在其墓前。（见《周南先生文集》第10卷）

然而以上两段回忆，可能徂徕不过是为了强调当时环境的不自

[①] 宇都宫遯庵，字"三近"，江户前期儒者。周防（山口县）人。师从于京都的松永尺五。在京都开设私塾，著有《鳌头评注古文真宝》等，并著书对许多经书进行了标注，推动了儒学的振兴。因其书《日本古今人物史》中部分内容触及幕府所忌讳的天主教相关内容，被判禁锢数年。

由而写的插话。他在这个虽不自由，但在不受任何干扰这一点上却又是自由的环境中，读完了大部分重要汉籍，也读了类似《水浒传》这种俚语小说以及一些日文书籍和佛书。如果不是这样，徂徕回到江户后，就不可能在他立即开设的讲义中显示出下面将要谈到的丰富学识。

他并不是单纯地阅读，同时还进行思考。后来，徂徕在其仍尊崇朱子学时期所写的《萱园随笔》卷1中提到，当十七八岁的自己读到宋儒把万物运动解释为"动之端乃天地之心"时，"不觉半夜起来，手舞足蹈。"（河出版《荻生徂徕全集》第1卷，第145页）十七八岁是他与牧童、农夫为伴，在上总生活的时期。而且他在当时就已经知道了伊藤仁斋的存在。在日后写给仁斋的信中，他写道："始不佞少年时在南总，即已闻洛下诸先生无有及于先生者也，心诚向往焉。"然而他一直没有收到仁斋的回信，这是导致他不喜仁斋的原因。（见《徂徕集》卷27《与伊仁斋》，收入《大系》，第525页）另外，据《徂徕集拾遗》中的《胜觉寺释迦堂及重修四天王像缘起》之记载，该寺住持法印觉眼对其父方庵的处境很是惋惜，于是热心关照了徂徕。不难设想，徂徕从觉眼那里借阅并熟读了佛经。

作为一个汉诗人，徂徕最晚在流放末期已经具备了足够的能力。虽然他当时的作品，或者我所说的第一阶段（40岁以前）的作品，都没有收录在《徂徕集》中，但无名氏所编《萱园杂话》将徂徕在上总时的作品视为贵重资料，对之进行了收录。其中有徂徕亲自转抄的《唐诗训解》（唐诗的一种选本，在当时已有了和刻本），徂徕在添加了自己评语和注解的书前面写了短文和诗。他对唐代各个时期的诗歌都给予了评价，包括他后来抵制的中晚唐时期的诗歌，徂徕认为：初唐乃"雅艳典丽"，盛唐乃"高华明亮"，中唐乃"潇洒清畅"，晚唐乃"奇刻工致"。徂徕之后在《学则》第 2 则中所谓的"世载言以迁"（《大系》，第 190 页），即因语言、文学与时代的推移而变化的思考，此时已可看出些微的端倪。然徂徕的汉文本身，毕竟还显得稚嫩，带有"和臭"。但附在其后的一首七言律诗，已是相当不错。

修竹茅斋过雨凉，	修き竹の 茅 斎 雨を過ごして涼し（せたか）（かやぶきのへや）
垂帷棐几对秋光。	帷を垂れし棐の机は秋光に対す（とばり）（かや）
芙蓉出水照初日，	芙蓉は水を出でて初日に照らされ（はちす）
兰菊著霜摇晓芳。	蘭菊は霜を着けて暁芳を揺るがす
隔涧清猿伴明月，	澗を隔てての清猿は明月に伴ない
映门红叶带斜阳。	門に映ずる紅葉は斜陽を帯ぶ
西风惆怅故人远，	西風に惆悵えば 故 の人遠く（あきかぜ）（ものおも）（むかし）
一掷秃毫一断肠。	一たび禿げし毫を擲ち一たび腸を断つ（ふで）（なげう）

在诗的末尾，题有元禄庚午（即元禄 3 年）孟秋之日荻生徂徕书。诗中写的是田园风景，这表明在他 25 岁那一年的农历七月，他还在上总。与徂徕不久后遵从李攀龙、王世贞之说，追求豪宕诗风的取向不同，这首诗更接近于徂徕后期排斥的中晚唐诗风。此外，《唐诗训解》一书乃假托李于鳞（即李攀龙）、袁石公（即袁宏道）编选，由明代书商出版。但徂徕当时并没有意识到这一点，他说："此书乃攀龙、石公二氏殚尽其心也。"这表明，徂

徕早就知晓了李攀龙（字于鳞）这一存在，而对其进行尊崇则是后话。或者说，他在流放期间就已经知道以王世贞、李攀龙为中心的"七子"集团及其诗风。这是因为元禄2年（1689），一本名为《七才子诗解》的书由前述宇都宫遯庵的门人标注、训点后出版刊行了。顺带说一下，徂徕后来在写给平野金华的信中论说了《唐诗训解》非李攀龙之书而是伪托之作。（《徂徕集》卷22《与平子和》）

由前引诗歌可知，因父亲被赦免，徂徕于元禄3年秋天回到江户，当时他25岁。这一年是芭蕉"奥州小路"之旅的第二年，也是重视儒学的幕府将军纲吉在位的第11年，还是大学头林凤冈[①]将祭祀孔子的圣堂从其宅邸迁至汤岛昌平坂之年。回到江户后，徂徕在芝的增上寺附近开设私塾，向学生讲课。当时贫困潦倒的他受到了邻居豆腐店的接济，之后他厚厚地报答了店主。此事在《萱园杂话》中可以看到，在现在的评书"徂徕豆腐"[②]中也有讲述。

这位初出茅庐的青年开设的讲义受到了众人的欢迎。这不仅是因为他在上总流放期间所积累的学识已经远远超过了其他市井儒者，还因为他讲课的方式具备其他私塾所没有的独特和新鲜之处。

[①] 林凤冈，1644—1732，江户中期朱子学派儒者，名信笃，林鹅峰次子、林罗山之孙。元禄3年将位于忍冈的林家学问所迁到汤岛。这一时期，凤冈奉将军纲吉之命蓄发，任大学头。儒者弃僧形而与一般武士同列，乃始于此。以后，至家宣、吉宗之世，凤冈一直致力于儒教的振兴，将汤岛变为文教之府。著有《凤冈学士集》等。

[②] 评书名，讲述徂徕向最初接济了自己的豆腐店老板七兵卫报恩的故事。

当时许多私塾都是采用"讲释"的形式教授儒书。徂徕的成名作《译文筌蹄》的《题言》中详细叙述了这种方式的愚劣。比如对于《论语》中"过则勿惮改"这一句，私塾教师按照训读法严肃地训读为"アヤマテバスナワチアラタムルニハバカルナカレ"（過てば即ち改むるには憚る無かれ），并不对"过"和"改"按汉语原词的意思解释，而是按照日语的训读来解释"字义"后，再施以冗长的伦理说教。为了防止学生打瞌睡，保证生源和学费收入，塾师们不得不在讲课中夹杂一些玩笑和寓言。根据徂徕后来就学制改革向幕府将军吉宗进言的意见书《学寮了简》的记载，甚至昌平坂林家的讲释也是如此："为了抓住听众的耳朵，有时掺入诙谐的笑话，有时使用口技，有时编造像《太平记》这样的故事，如此就会有大量的听众。"徂徕说，学生们也是亦步亦趋，他们甚至在笔记上记录老师在讲解某处时清嗓子，在讲解某处时敲了桌子。

这位在偏僻的上总农村经历了许多苦难的年轻人，后来在《政谈》中指出："当我十三年后回到都城时，看到都城风气已经与先前大为迥异。"（《大系》，第290页）一切都令人吃惊，但其中最令他吃惊的是"讲释"的盛行。徂徕说，当他询问别人时，别人回答说此事始于山崎暗斋，于是他把"讲释"盛行的现象归咎于暗斋。（《萱园随笔》卷2，收入河出版徂徕《全集》第1卷，第159页）当徂徕对伊藤仁斋产生反感后，他将仁斋也归入始作俑者之一。无论如何，徂徕认为这样的"讲释"是对古典原文的歪曲和亵渎，他宣言自己的增上寺塾的讲课将采取一种新的形式。

什么是读书？徂徕认为，就是阅读书籍本身。要以书籍"本来的面目"去阅读它，而不是像世间的"讲释"那样，进行无用的附会。我们所阅读的中国古典，其最基本的形态就是以汉语写成的。因此，首先无论如何都要用汉语来读。"过则勿惮改"这句话不是"アヤマテバスナワチ……"，而是"コウ ッエ ホ ダン カイ"。① 按照这种方式读才是万事的第一步。当时这通常被认为是长崎通事的工作，故而徂徕称之为"崎阳之学"。但"崎阳之学"尚未普及。作为退一步的方法，至少要废除"アヤマテバスナワチ アラタムルニハバカルナカレ"这种装腔作势的训读。作为替代，可以转换为平易的日本口语——"シクジッタラヤリナオシニエンリョスルナ"（搞砸了就再重新开始）② 或"シクジリハエンリョナクヤリナオセ"（失败了就再来一次）③。徂徕将这种俗语化的演绎称为"译"，而把传统的训读"和训"称为"训"，以此来区分二者。因此，对于那些不知道"崎阳之学"，即不懂唐音的人，至少应该抛弃"训"的形式，而采用"译"的方法。

为什么要换成平易的"译"呢？因为中国古典中所说的事，虽然是用中文表达的，但也是人类的事。它不可能是那么艰深和特别的。我们以轻松的心情用日语所表达出来的事情，中国人也以相同的轻松感觉进行表达，只不过他们是用汉语说出来的。我的"译"

---

① "コウ ッエ ホ ダン カイ"。模仿汉语发音的句子，类似于"guo ze wu dan gai"，但并非今天的汉语普通话发音。
② "しくじったら、やり直しに、遠慮するな"，对"过则勿惮改"的口语或俗语化的演绎。
③ "しくじりは、遠慮なく、やり直せ"，也是口语化的解释。

就是把汉语在传达某一内容时的轻松感，原原本本重现于日语表达中。现在开展"讲释"的夫子们，把"过则勿惮改"读成"アヤマテバスナワチアラタムルニ"，通过用晦涩的"训"来读，给人一种《论语》所说之事特别高深的错觉，再加上一些迂回的"讲释"，使《论语》显得格外高深。然而，"应先好好思量，儒道究竟为何物？其乃人之道也。然日本之人非人耶？"既然日本人和中国人一样都是人，那么即便是《论语》中的内容，也不会远离我们的生活。"君子"是什么，"小人"是什么，"讲释"的老师说得很啰嗦。君子、小人为何物？在我看来，"君子为士，小人令人厌恶也"。如果像这样换个角度来看，则《论语》中"君子""小人"并没什么高深含义。又比如人们容易敬而远之的《礼记》，也并没有写什么艰深的内容。在被人们视为徂徕当时讲课记录的《训译示蒙》中，关于《礼记》的第一篇《曲礼》，他写道："试观《礼记·曲礼》，悉合于武家诸礼。"关于中国的诗，也存在很多诸如"句之巧拙"和"兴之幽玄"等烦琐的讲释，结果使得"但凡言诗，总会给人艰深之感"。但"应该知晓诗即是日本和歌"。这种将中国的哲学和文学看作与身边的日本之物一样容易接近的方法，就是"译"，或用徂徕的话说乃"译文之学"。为了实现这一点，首先应摒弃以往的"アヤマテバスナワチ"式的"训"。("今之学者欲学译文之学，悉须破除自古日本所习之和训与读音顺序符号")之所以要破除读音顺序符号，是因为它破坏了汉语的原语序；之所以要破除"和训"，是由于它会无端产生一种带有严肃与晦涩气氛的日语。至少现在是这种情况。因为平安时代的公卿们是从当时的日语中挑选出特别优雅的词汇，来构成"アヤマテバスナワチ"式的

"训":"此外，古之前辈在施加和训以前，是直接加上当时的词语。然而如今时代变迁，日本的词语有很多异于古代。"随着时代的变迁，变得陌生的语言不只是汉文典籍的训读语。构成《伊势物语》《源氏物语》和其他和歌学书籍内容的叙事，也和近来的中国小说《金瓶梅》一样，为"闺阁脂粉猥亵之语"，只是关于性和爱的普通内容而已，但由于日语的变迁，它们给人一种《五经》中之最难者《尚书》般的晦涩感。之所以会让人产生这种感觉，也由同一原因导致的。

然而，如果中国古典中所记述的内容都是寻常之事，那么我们为什么要费心去阅读它们？仅仅了解日本不就够了吗？徂徕设想了这样的质问："然若知晓侍道，则可不入儒道经学乎？若精通和歌，则亦可知晓诗学乎？"他又自己回答道："非如此也。儒道固然乃侍道，然中华有圣人出。日本不出圣人，故其侍道偏于武。"虽说如此，中国的"圣人"，"并非佛家所说之佛那般奇妙，而是充分知晓人之道的人"。不，徂徕意识到这样说会与"讲释"夫子的口吻接近，于是改换说法指出："人之道，本就难以知晓。因其为人之道理。若不学于深知人之道的圣人，则如同无规尺而去建造房屋。故而须学习儒学。"要学习儒学，就必须读书。这些书籍是"唐人所写"，是汉语。徂徕总结说，既然这些书籍是汉语写成的，那么最理想的阅读方式就是运用中国音直接读这种"崎阳之学"，退而求其次的方法则是用他新提出的"译文之学"，即借助日本的口语。

以上的论述是糅合了徂徕当时讲义的笔录《训译示蒙》的绪论部分和《译文筌蹄》的《题言》部分。（美篶版徂徕《全集》第2

卷，第6、437—439页）《题言》指出，《译文筌蹄》为元禄3年至4年（1689—1690），即时年二十五六岁的徂徕匆匆归京后的讲义，由塾生吉田有邻①和僧天教所记录。该书于20年后的正德1年（1711）公开刊行，《题言》亦写于同时。现在我们从其中选取了徂徕这一时期的思想。另外，在徂徕门人服部南郭的《物夫子著述书目记》中，并没有收录《训译示蒙》。（见《南郭先生文集四编》卷6）其原因是，由于当时的徂徕尚未脱离朱子学，故在语言方面他推崇以朱子的文章为范例，认为其"无奇崛之处，无不合理之处，无字义不当之处，故为字义文理之典范"；在诗歌方面，他推荐后来被他排斥的宋人唐诗选本《三体诗》，认为其"（诗歌）平易，文理字义易解，不觉间有唐之风骨"，而这些观点与徂徕晚年的定论相抵触。（同书，第445—446页）不过，这些观点无疑是徂徕的。根据无名氏的《萱园杂话》之记载，徂徕的手泽本合并了《筌蹄》《示蒙》这两本书，并且《示蒙》在前。

虽然在徂徕后来的思想中对朱子之文章以及对中晚唐诗歌选本《三体诗》的尊崇之情消失了，但徂徕此时的大量观点与他后来的学说已经显示出以下的高度一致性。

（1）人类的事实虽有时空之隔，但只要是人类，其事实就有相似性。"吾阅览无数唐土之文，然其所记之事无不是吾世间样态。"不管《萱园杂话》中这首和歌是否为徂徕所作，这种思想的确贯穿了其一生，直至晚年的"古文辞学"。但是，在《训译示蒙》中，

---

① 即吉田孤山，生卒年不详，江户时代前中期儒者。曾仕于肥前大村藩（长崎县），于正德4年（1714）编写了《徂徕先生文戒》。著有《孤山诗稿》。

主要论述的还是日本和中国之间空间差异的可超越性。而关于超越古今时间上的差异，徂徕只提到了《伊势物语》《源氏物语》与当今日本的关系，还未论及中国的古典。在《译文筌蹄》的《题言》中他指出，像荷兰诸国这种生来气禀异常，语言如鸟鸣兽叫者暂且不论，然就中国与日本而言，二者在人情世态、人的情感和社会状态上差别并不那么大。徂徕强调二者在空间上的差异本来就很少，此外他还认为，不仅空间上如此，在古今这一时间维度上也是如此。（美篶版《全集》第2卷，第6页）不过，这是20年后《译文筌蹄》附加《题言》后刊行时的思想，徂徕在最初的讲学中还没有产生这种观念。

（2）所谓阅读古典，就是在最可靠的书籍中去确认人类的此种共通之处。

（3）中国因是"圣人"之国，故其所诞生的古典是优秀的。在他晚年的《学则》中声称的"东海不出圣人，西海不出圣人"这一只有中国出"圣人"的主张（《大系》，第188页），早在上引的徂徕最初的讲义《示蒙》中就可以看到。此外，《示蒙》还指出，在语言形式上，中国也比日本更细致。"日本的词"是假名，与"天竺的梵字、胡国的胡文、鞑子的蕃字、安南的黎字、南蛮的蛮字、朝鲜的音文"一样，"只有音而没有意"。因此，几个音节组合成一个意思，即词乃多音节。而"唐土之词是汉字"，"字有音有意"。"例如，在日本人们用四个字说'明'（あきらか），而在唐土只用一个字，就是'明'；在日本人们用三个字说'清'（きよし），在唐土只用'清'一个字。"由于是单音节，故而汉语"清"和"明"的含义又能根据轻重、清浊、平上去入的声调来进一步区分。这因为中国之语乃文雅而细密的,而包括日本在内的夷之语则是质朴而粗疏。从这一点来看亦可知,唐土是文物之国,是中华之邦。徂徕指出,"又唐土出圣人者,皆因其为细密之国之故也。"(美篶版《全集》第2卷,第438页)徂徕对中国的热爱也贯穿了其一生,然《示蒙》中所见的此一早年之论,最富有浪漫色彩。此外,徂徕在《示蒙》中只指出了中文的优越性在于它是一种单音节语言,尚未论及中文没有与日语类似的"テニヲハ"这一事实。到了《筌蹄》的《题言》中,即包含了徂徕在该书刊行时的思考的时候,这一观念才出现。(同上书,第5页)当时徂徕的思想之所以没有触及这一点,可能是由于他以朱子和其他宋代文章作为汉语的典型,认为其中多有类似于日语"テニヲハ"的"助字"(虚词)。

(4)正如后来徂徕在《论语征》中所强调的,"圣人"并不是特别的人,"圣人亦是人也"。

(5)虽然我们在上面的介绍中没有指出,但在《示蒙》的序言中徂徕提出,如果"经学"者只读"儒家"的古典,不读后世之书,则"经学"本身也不会成熟。这一主张后来发展成为《学则》中的第4条之见解(《大系》,第192—193页)及其他相关思想,但其萌芽早已见诸于此。"经学为本,然若不研究史学,则有体无用。"这是主张要研究历史。"若不研究子学,则无理之运用也。"这是主张要研究诸子之学。"若不研究诗文之学,则文字之义无从解也。"为什么说研究诗和文章对于文字的"义",即意义的获取是必要的呢?这是因为"若不得词,则其义不可得"。这里的"词"在他后来的书写方式中就是"辞"。即"古文辞"之"辞"。

"词",即"辞",是修饰后的言语之意,徂徕以此作为言语的完整形态。他认为只有在诗文,即文学性的语言中才能理解它,通过把握这种完整形态,言语之"意"才变得清晰。这一思想的早期萌芽存在于此。反过来说,如果不研究作为万事基准的"经学",则文学研究亦不会成功:"诗文之学若无经学,则缺少细密。"徂徕还广泛阐述博学之要:"杂书亦不可不读"。用练字来比喻的话,就是"若不知草书,则楷书之谛不可见"。将草书比喻为杂书,将楷书比喻为经学,这是另一个贯穿徂徕一生的主张,它很早就在这里出现了。(美篶版《全集》第2卷,第447页)

以上我们介绍的内容是《训译示蒙》《译文筌蹄》二书的序言部分,它们可以说是徂徕当时的思考。徂徕提出的新的"译文之学"是一种阅读中国典籍的方法,而《训译示蒙》《译文筌蹄》就是供那些实践"译文之学"的人所使用的汉和辞典。其中用大量的例子说明了哪些汉字应该"翻译"成哪些日本的口语。

六卷本《译文筌蹄》针对动词和形容词,按照意思相近的程度,将两千多个汉字分为几个字一组。在以往的"训"中,它们大略属于相同的日语。但徂徕通过他的新"译"即借助浅显易懂的日语,显示出它们在汉语原义中是有差别的。以与"过则勿惮改"有关的字为例,在这一组旧"训"都是"アヤマル"的11个字,即"误、谬、错、差、讹、诖、蟸、愆、过、失、眚"中,徂徕对"过"的解释是:"不训之为'アヤマチ',无恶之心曰'过',有过之心曰'恶'。"也就是说,非故意的、不需要负责任的失败就是"过"。另外,在"忌、讳、惮、厌、斁、嫌、简、斥"这8个字的一组中,徂徕对"惮"解释为:"不训为'ハバカル',而是和语中所谓的有所顾虑（遠慮する）。俗语中说的'無遠慮なる'，则是'無忌憚'。"这里出现了中国的口语，即"唐话"，以及它们的发音，即"唐音"。然而，这是南方发音。现在的中文标准发音是"wú jì dàn"。（上述内容都出自《译文筌蹄》第6卷，见美篶版徂徕全集第2卷，第301页和第275页）

另外，在旧"训"中都是"カウ"（こう）或"アラタム"（あらたむ）的13个字中，即"变、化、渝、换、易、贸、博、更、代、替、兑、改、悛"，徂徕对"改"指出："当读作'なおす'，但'なおす'之训字有二。'歪みをなおす'（纠正歪曲）就是'正す'（正），'しなおす'（重做、再做）则是'改'，连用为'更改、变改、改换、改易、替改、渝改、悛改'等，雅俗共用。"所谓雅俗共用，徂徕是提请人们注意，即便在口语中，如果是这些意思的话，也当用 gǎi。（第3卷，同前列书第142页）上面所举的三个例子是比较简单的，其他大部分都是从《四书》、《五经》、史书、杂书和唐宋诗词等共数百部汉文典籍中旁征博引，获取而来的作为例证的词句，并且其中经常提到"唐话"和"唐音"。此外，在这六卷书中，很难找到一个令人觉得可疑的观点。可见徂徕在南总的13年流亡生活，确实经历了一段刻苦学习的时期。不过，徂徕本人也说过，从在芝的私塾讲义的笔录到20年后出版问世，他对《译文筌蹄》进行了各种修改。（见《徂徕集》卷28《复安澹泊》，收入《大系》，第538页）

该书中还有一些条目值得注意。例如，在第3卷中关于"奇"字之项，他提到："近年来伊藤有一本名为《用字格》的书。"这是他对仁斋学抱有反感之后，对伊藤东涯相关书籍的批判，而东涯的《用字格》大约是元禄16年的著作。(美篶版《全集》第2卷，第144页)另外，在同一卷中"经"字条，他指出，读作"ツネ"的这个字作为助词与"尝"同义，"故而茂卿翻译二十一史时，将'经'训点为'かつて'"。可知这是大约十年后，徂徕给柳泽吉保出版的《晋书》及其他书籍标注了训点。(同上书，第148页)不过此书全部内容不可能都是后来添写的。即使现在看到的版本中有一半是最初的讲义，也已经让人惊叹了。

《译文筌蹄》关注的是动词和形容词类汉字，而其姊妹篇《训译示蒙》则对"则、勿"等"助字"(助词)展示了"译法"，即对表现说话者关于某种情况之心理所添加的字进行了翻译。例如"庶几"二字，旧"训"为"コヒネガワクハ"或"チカシ"，徂徕认为应采用口语中的"ナニトゾ、ドフゾ"以及"ヲッヽケ、ヤガテ"等。作为例证，徂徕将《诗经·小雅·车舝》篇中的"虽无旨酒，式饮庶几"这句话翻译为"ムマイ サケガ ナヒイウトモ、コレデノミ ナントゾ ナラウ"（虽说没有好酒，但咱们也喝几盅吧）。① 他以此来取代林罗山式的旧"训"，因为后者训读为"旨酒無シト雖モ、式（モ）ッテ飲マンコトヲ庶幾（コイネガ）エリ"。② (《训译示蒙》卷4，收入美篶版徂徕《全集》第2卷，第500—501页)

《筌蹄》经常提到"唐话"和"唐音"，而《示蒙》虽部分提及了"唐话"，但很少提到"唐音"。例如，在第5卷末尾，徂徕

---

① "むまい酒がないと言うとも、これで飲みやなんとぞなろう"。
② 与荻生徂徕更具日常口语化的"翻译"相比，林罗山的训读显得更书面，如其运用了"もって"、"請い願う"等词。

对"却、了"等俗语助词一并进行了说明。(同上,第540页)又如在第5卷的"只"字项,徂徕指出:"俗语中的'只今'就是'即今'之意。"(同上,第525页)前面第103页我们曾引的汉语单音节说,在此书中只见于序言部分。

问题在于,徂徕何时何地获得了作为其今后重要论点的"唐话"和"唐音"知识?作为祖父遗物放在父亲书箱里的《大学谚解》,是否正如我在上文第95页猜想的那样乃中国口语之书,这一点我们暂且不论。由于禅宗的语录也是口语,如果它出现在法印觉眼的寺里,那么我们可以认为,徂徕已经在流放农村时期刻苦学习过了关于"唐话"语法和词汇的知识。但这种中国的口语,徂徕只是阅读过。其发音即"唐音"的学习,在上总期间是绝对不可能完成的,这必须等到徂徕回到江户后才有可能。因此,将徂徕学习"唐音"的时期放在其不久后进入柳泽藩邸之后,是最保险的。然而,在当时的江户城里并非完全没有方便学习"唐音""唐话"的地方。在幕府庇护下建立的几座黄檗宗寺庙中,都有中国僧人的身影。在徂徕出生之前于承应3年(1654)建成的位于江户深川的海福寺,还有位于芝白金地区的瑞圣寺、位于青山的海藏寺、位于本所①的弘福寺,以及位于目黑的罗汉寺。此外,不久之后成为徂徕赞助人的柳泽吉保,乃是黄檗宗信徒,他本人也熟悉"唐音"。(这些内容参看辻善之助的《柳泽吉保的一面》,大正14年[1925]《史林》第10卷3号4号,以及石崎又造的《近世日本的中国俗语文学史》,昭和15年[1940],弘文

---

① 本所,东京都墨田区西南区域地名,位于隅田川东岸,原为东京市的区名。

堂）我们有理由认为，好学的徂徕去到了某个寺院里学习了"唐音"的基本知识。以我们现在日本学生的经验来看，掌握必要汉字的汉语发音，大约需要一年时间。如果是徂徕的话，只花几个月就足矣。

"译文之学"不仅仅是一种将汉文进行和译的读书方法，它还旨在对汉文写作有所帮助，因为汉文写作是当时汉学书生的任务之一。《译文筌蹄》卷首的《译准一则》，以和文与汉文记载了关于福岛正则①之宠童的故事，作为和文汉译的实例。其汉文不像后来的"古文辞"体那般紧促，而是唐宋八大家式的，写得也未必好。（美篶版徂徕《全集》第2卷，第15—19页）

从上总归来的这位年轻人，做了一段时间的私塾教师。虽然他被视为想法古怪的年轻人，受到了不少冷眼，但他与以往的塾师截然不同：他的读书方法非常准确、细致，即使是新传入的中文书，他也能流畅阅读。如果徂徕已经掌握了唐音，那么可以想象，他作为语言学者的名声越来越大。因为他能用唐音来读，而这是其他私塾做不到的。

事实上还是初出茅庐的教师在这方面的能力，已经超过了江户所有的儒学者，包括当时的老先生。至少在阅读中国典籍的能力上是如此。正如徂徕在《译文筌蹄》的《题言》中所说，自江户初期以来的百年间，通过上文第95页提到的宇都宫遯庵等人的努力，已经有了相当数量的标注了训点的汉文典籍。虽然当时很多儒者可以读懂这些典籍，但对新传入的未加训点的中文书，很多人无从下

---

① 福岛正则，1561—1624，安土桃山、江户时代初期武将，外样大名。

手。相对于这些人，徂徕的能力可谓异乎寻常。在汉诗文的实际写作方面，徂徕的能力也很卓越。因为大多数儒者只阅读标记了训点的汉文典籍，即被翻译成日语的汉语。其结果是使得这些儒者满足于写作带有"和臭"的作品，若把这些作品给中国人看时，并不能被完全理解。另外，无所不能读，则意味着无所不能知。在语言能力、博学方面，能够与徂徕不分伯仲的，只有当时在京都的比他大39岁的伊藤仁斋，以及比他小4岁的仁斋的长子伊藤东涯。在江户，比他大9岁的新井白石即便在博学方面不逊于徂徕，在汉语能力上也应该略有不及。

可能是由于这种特殊的才能和名声，元禄9年（1696），31岁的徂徕被将军纲吉的宠臣、正逐步走向权力巅峰的柳泽吉保（1658—1714，当时名字尚为"保明"）招为顾问。吉保和他所侍奉的将军纲吉一样，都喜好汉学，他本人也讲授儒书，能作汉诗文，甚至会"唐音"。（参看前引辻善之助的《柳泽吉保的一面》）吉保希望在这方面有一个能干的秘书。那些没有训点就读不懂汉文的人是无法胜任这项工作的。后来，吉保的儿子吉里[①]请徂徕代笔写下悼念亡父的文章《祭永庆公文》。这篇文章被收录在《徂徕集拾遗》中。正如这篇文章中所提到的"携际会于鱼水，兴于微贱而登庸"[②]，就自身也是从卑贱发迹的吉保而言，破

[①] 柳泽吉里，1687—1745，江户时代中期大名。柳泽吉保长子。于宝永6年成为甲斐（今山梨县）府中藩主柳泽家第二代主人。致力于养蚕、葡萄的增产、兴建士术、甲州金的改铸等。享保9年（1724）转封为大和（今奈良县）郡山藩主。俸禄为15万1200石。负责禁里守护、南都（奈良）和京都的消防。著有《福寿堂年录》《润玉和歌集》等。

[②] 际会，聚会。鱼水，喻君臣相得。登庸，选拔任用。

格的人事安排算不了什么。此外，在幕府的书库中，法制、兵法等为了实际政治之用而引进的汉文典籍堆积如山，却无人能够阅读这些书。晚年，徂徕甚至在《徂徕集拾遗》中的《与香国禅师书》中骄傲地说道："除了我或我的弟子之外，没有人能够阅读明朝的刑法《明律》。"也正因如此，老中吉保才会想要招入徂徕吧。在徂徕亲笔所写的履历书，即传给后人的《由绪书》一文中，他自豪地写道自己因学识而出仕："元禄九［丙］子年八月廿二日，以学术授出羽守，领受十五人扶持米。"①（岩桥遵成《徂徕研究》，第124页）

此后，直到宝永6年（1709）他44岁时，随着将军纲吉去世、吉保倒台，徂徕才离开柳泽的藩邸。在此之前徂徕一直作为吉保的"文学之臣"，持续效力了约14年。他主要是作为一名语言学家服务，日常任务是担任吉保的汉诗文的代笔者或校正者。此外，他还编修了柳泽的家谱和《敕赐护法常应录》。后者是吉保与黄檗宗的中国僧侣间的对话记录②，灵元法皇③为此书赐予了序文。每次编纂工作后，徂徕的俸禄都会增加，最终达到400石的高禄。由书肆松会堂计划刊行的藩藏版中国"正史"系列"二十一史"中，徂徕与同僚志村桢干共同为其中的《晋书》《宋书》《南齐书》《梁书》《陈书》这五史的大部分内容标注了训点，进行了校注。这五部史书在

---

① 扶持米，又称"扶持"，为主君赐给家臣的俸禄米。在江户时代，以一人一日五合（约0.9升）为一年的标准配给量，称为"一人扶持"。

② 此处黄檗宗中国僧侣当指黄檗山万福寺第五代主持高泉性激（1633—1695），福建人。

③ 灵元法皇，即灵元天皇，1654—1732，第112代天皇，后水尾天皇第19皇子。

元禄14年（1701）至宝永3年（1706）期间得到了出版。这是日本对这部分中国"正史"的第一次翻译。因为"正史"中的这些部分作为孔孟以来"道统"中断后"黑暗时代"的语言，一般为朱子学者所敬而远之或回避。正如最近东京汲古书院的复制本所展示的那样，这些书训点正确，校注极其周密。当一些儒学者对无训点的唐书无从下手时，徂徕却能展示他的特殊技能，甚至指出六朝史书中的一些词语与后来的俗语有关，如东西、不耐烦等。（见《徂徕集》卷10《送野生之洛》）

另外，正如上文第92—93页关于橡子的故事中所提到的，宝永3年，41岁的徂徕奉命前往甲斐，实地考察吉保在其新封地甲府建造黄檗宗灵台寺的地点。该寺后来改名为永庆寺，吉保亲制碑文，作为其寿藏之地。徂徕还奉命调查位于甲斐西部韮崎市附近的武川山中的吉保祖先的城址。（这篇纪行文的初稿为《风流使者记》，修改后的版本是《峡中纪行》，并收录在《徂徕集》卷15中。关于这一点将在下文第116页加以说明）同行的田中省吾是柳泽藩邸的几位儒臣中与徂徕关系最要好的一位，当他后来因杀人将被治罪时，徂徕把他藏在家里，后来让他逃到仙台。

在柳泽的藩邸中"唐音"很受欢迎。宝永4年（1707），也就是他甲斐之旅的第二年，42岁的徂徕与应将军邀请来江户的宇治黄檗山新任住持、中国僧人悦峰道章（1655—1734）[①]，于9月17日在位于芝区的瑞圣寺甘露堂进行了口语的笔谈。（笔谈全文

[①] 悦峰道章，明末清初黄檗宗僧侣，生于浙江杭州府钱塘县。于贞享3年（1686）渡日，成为长崎兴福寺住职。宝永4年8月赴江户拜见幕府将军德川纲吉。

见于石崎又造的《近世日本的中国俗语文学史》，第56页以下）徂徕询问了悦峰故乡杭州西湖的风景，当地的诗会规则，中国是否有樱花，"荤酒入山门"的路标石，以及其他许多杂事。双方用笔进行"笔语"交谈，而不是口语对话。徂徕的"笔语"中有这样一段话："小的前年学唐话几话，却像鸟言一般，写是写，待开口的时节，实是讲不得。"其意是说：我在前些年学习了一些汉语，如同鸟叫一般，虽然会写，但想开口说时，却根本说不出来。据此可知，徂徕的汉语口语似乎并不怎么好。当时一同出席的人还有田中省吾和徂徕的表弟僧香洲，以及徂徕最初的门生安藤东野。第二天，徂徕给悦峰和尚写了一封信，感谢他让自己欣赏了汉语的优美发音。这封信就是《徂徕集》卷29中的《与悦峰和尚》。

徂徕和吉保之间的关系有点类似于森鸥外①与山县有朋②的关系。徂徕作为部下，因拥有无与伦比的新知识而受到吉保的重用。此外，吉保还有进一步的意图，就是要使这个极具英才的家臣成为将军纲吉的亲信。正如后来徂徕在《学寮了简》中所说，作为幕府儒者之首的林大学头一家，比时已经丧失了初代林罗山、二代林春斋那般的学养与造诣。

在柳泽家就职后的第二个月，9月18日这一天，徂徕首次觐见了将军纲吉。将军纲吉在吉保的府邸亲自讲授儒书、表演能乐

---

① 森鸥外，1862—1922，小说家、评论家、翻译家、军医。曾作为陆军军医留学德国。著有小说《舞姬》《青年》《阿部一族》《高濑舟》等。

② 山县有朋，1838—1922，明治、大正时期政治家、元老。曾在中日甲午战争、日俄战争中担任日本陆军的最高指挥官。

时，他也在场。根据《由绪书》的记载，徂徕被命令就宋代司马光批判孟子的书《疑孟》进行"得失之议论"，以及"与林大学头一道辩说难题"，并领受了一套时服①。纲吉面带微笑地观看平庸的林大学头和不凡的俊才围绕"难题"展开讨论，对此一情形，吉保想必也洋洋得意吧。此后直到纲吉去世为止的13年里，他每个月都会去城中三次，列席将军讲解儒书、表演能乐、舞蹈的宴席。纲吉对吉保藩邸的数十次访问，徂徕也都在场。以下是《德川实纪》中《常宪院殿御实纪》的若干记录。据"元禄12年2月9日"条记载，"（将军纲吉）在柳泽出羽守保明处，结束讲义后，照旧下令众人讨论。由家臣荻生惣右卫门发问：'大学明德是心耶性耶？'细井次郎太夫、志村三左卫门、三东久左卫门、池田才次郎等人各自发表意见。纲吉本人亦不时亲自辩说其旨。接下来，照例进行猿乐等事。"有时聚会中也混杂着"唐音"。据"元禄16年2月13日条"记载，"（将军纲吉）驾临松平美浓守吉保宅邸，按照惯例，讲说儒书，表演猿乐。家臣讲《诗经》，或用唐音谈《大学》，或以唐音问答。众人皆着时服"。根据前引辻善之助书的记载，用唐音进讲《大学》朱子序者，乃长崎通事之子鞍冈元昌。传闻他是中国人的私生子。徂徕担任翻译，最后用唐音进行数次的问答。另外，根据辻氏所使用的资料显示，在宝永2年2月5日将军来访时，徂徕和志村桢干等13人用唐音讨论了"中"字。

此外，徂徕还多次拜见纲吉的生母桂昌院。元禄9年，也就是他刚就职那一年的11月9日，他在桂昌院面前讲演了作为朱子学

---

① 时服，朝廷或将军在每年春秋或者夏冬二季时赏赐给臣下的衣服。

主要话题的"性","被赐纱织三卷"。以"性"为每个人不可改变的个性是徂徕后来的学说。这个时期他还是规规矩矩地遵从宋学之说,将"性"解说为全人类共通的对于善的志向。即使是这位出身于京都蔬菜商之家的贵妇人,也对这位传闻能如唐人一样读唐书、对中国之事了如指掌的年轻人抱有好奇心。当纲吉与其母一起访问吉保宅邸时,徂徕被命令与护持院大僧正隆光一起就"三密具欠之法问"①进行议论。徂徕为纲吉编写《护法常应录》的同时,也展示了他在佛学方面的造诣。(以上内容均出自《由绪书》,见岩桥遵成《徂徕研究》,第124—125页)

对比他年长20岁的纲吉,和比他年长8岁的直系主君柳泽吉保,徂徕都怀有知遇之感。对于"宪庙"(纲吉谥号),徂徕一生都怀有追慕之情。《由绪书》中特别记录了这样一件事情:有一次,徂徕在城中聆听纲吉讲释儒书,唯徂徕一人摇头。纲吉认出了他,便让他近前。徂徕仔细回答了纲吉,纲吉十分欢喜,还亲手赐给徂徕印盒。纲吉死后,新井白石作为家宣、家继的辅佐者,很快推翻了纲吉曾推行的政治举措。徂徕对于新井白石的憎恨可想而知。正是这种情感所起的反作用,使得徂徕对来自纪州并推翻了白石政治的吉宗持有好感,认为吉宗是"先代之风"的继承者。

不过,纲吉每次讲释儒书之后总是进行能乐、歌舞等表演,这是他的兴趣。《由绪书》记载,"每年两三次登城拜见(纲吉表演)能乐"。徂徕对谣曲评价很低,可能是在他"登城拜见"的乏味

---

① 三密,密教所说,依身、口、意而行的秘密修法。谓身密、语密(口密)、意密。

时间里积累起来的。他在后来写给数震庵的信中提到，雅正的音乐，就像中国"先王"的"乐"一样，由三者构成："和"（和音）、"应"（伴奏）、"节"（节奏）。"和"是"道"的表现，"应"是"情"的表现，"节"是"法"的表现。民间的筝和三弦，仍然具有"和"与"节"二者，然而室町时期的俗谣，即谣曲，既无"和"，也无"应"，只剩下鼓之"节"："武人之作，本不知晓道，亦不问人情，一味以法度驱迫之。"（《徂徕集》卷23）

纲吉甚至还让徂徕做一些无聊的工作，比如担任城中小姓①的"四书五经"的素读教师。徂徕说："夏日之长，每日两人相对素读。初始之时虽会责备（学生之）遗忘，然每日从傍晚六时至夜间四时，（学生）用膳之时、如厕之时经常离开坐席，最后吾甚是疲倦。"于是他就听凭桌子对面的学生随意阅读和翻书，自己则看着正文展开各种思考。徂徕感慨说，自己获得了排除所有注释、重读古典本身的机会，这也是"宪庙"纲吉公的恩情之一。（《徂徕学生答问书》中的《愚考忏悔物语》讲述了这一点。美筐版《全集》第1卷，第476页）这类似于先前仁斋所说的笑话：如果世界某个未开化的地方，那里只有《论语》和《孟子》的正文，不存在任何注释，在那里学习的话，就会获得孔孟之真意。（参看《仁斋、东涯学案》，第3页）以下这首题为"得请罢授经"的七言绝句，见于《徂徕集补》，应该是他从这项无聊的工作中解脱出来时所创作的。

---

① "小姓"，又称"小性"，日本武家的职位名，侍奉于主君身边，负责杂务，在外出或作战时以骑马或者徒步的形式侍奉的近臣。该职位始于室町幕府，江户幕府中有"表小姓""奥小姓"等数十名。

细席谈经宠赐频，	細しの席にて経を談ずれば寵賜頻りなるを
罢来闲署卧青春。	罷り来れば閑なる署にて青りの春に臥そべる
今时更异穆生日，	今の時は更にいにしえの穆生の日に異なれり
王醴虽甘劳杀人。	王の醴は甘しと雖も人を労らせ殺くす

樋口秩山于享和1年（1801）即徂徕去世73年后出版的《论语辩书》，据说是当时徂徕给"官省之女学士"讲课的记录。书中都是根据朱子注释标注的训点和口语化翻译，很难找到后来《论语征》中提出的新学说。

对于一个如此接近体制中心的学者来说，无法脱离宋学，也是不得已的事。纲吉对《周易》《诗经》和《四书》的讲释，无疑都是以程朱的注释为依据。身处伴读角色的人，不能越出这一界限。徂徕作为吉保的秘书，也同样如此。他在后来写给安积澹泊的信中指出："我很早就对宋儒之说抱有怀疑。但既然以儒者为生，我就不能违背它，只好想办法蒙混过去。这种烦闷时常让我夜不能寐。"（见《徂徕集》卷28，收入《大系》，第537页）

但在这一阶段，徂徕后来的态度并非没有出现任何征兆。在第一次觐见纲吉的宴席上，讨论材料是司马光的《疑孟》，这是一本批判朱子学所尊崇的孟子的书。作者司马光就是因为有这种倾向，而与二程关系不和。即便在座之人的结论都偏向于否认该书，但将这本书拿出来讨论，就说明不仅仅是徂徕，柳泽藩邸的氛围也并没有因朱子学而变得僵硬。在朱子学看来属于堕落时代之记录的《晋书》等五史，柳泽藩对其进行了校刊，也说明了这一点。

此外，徂徕自己所做的关于诸子的笔记，如《读荀子》《读韩非子》《读吕氏春秋》等，被无名氏的《萱园杂话》称为"宋学未除以前之作，乃奇论"。服部南郭的《物夫子著述书目记》中亦认为它们是"中年之作"。我没有研究过诸子之学，所以对徂徕的这些书只停留在简单翻阅的程度。但如果这些书是在这个时期写的，那它们关注到了那些被普通儒生所忽视的东西。

此外，最重要的是，宝永1年（1704），39岁的徂徕给当时声名显赫的反宋学领袖伊藤仁斋写了一封求教信。如上文第96页所述，首先徂徕在上总时期就已经听说仁斋是西京第一儒者。回到江户后，从西京来的朋友也赞扬仁斋的人格。于是徂徕读了仁斋的著作《大学定本》《语孟字义》后更加钦佩，感慨道："先生真踊时流万万。"后来过了一两年，徂徕在柳泽藩邸中任职，与仁斋弟子渡边子固①相识。徂徕观子固为人，觉其"忠信可爱"。特别是自元禄15年（1702）以后，徂徕与子固共事于同一部门（"同局共事"），越发感受到仁斋的教育效果。当徂徕和子固谈论《论语》《孟子》时，子固大吃一惊，说与吾师之说相似也。然而，徂徕指出：从子固那里听到的仁斋学说，有几点不太能让自己信服。但对于己说，"不佞岂敢自信"。于是想亲自请教，便拜托子固提出，子固爽快答应了。这就是自己写这封信的原因。信中说："呜

---

① 渡边子固，或为仁斋门下的渡边惣左卫门。日向延冈人，天和2年（1682）入仁斋门。

呼茫茫海内，豪杰几何！一无当于心，而独向于先生。"徂徕并请求仁斋原谅他的不妥之处，"惟先生恕其狂妄，而待以子固之友人，幸更甚。伏惟冰鉴，时下渐寒，千万自重。不宜，顿首"。（《徂徕集》卷27《与伊仁斋》，收入《大系》，第526页）结尾的"顿首"两个字，虽在后述仁斋传记的附录中还存在，但在《徂徕集》中则被删去。另外，最近大部分的徂徕年谱认为这封信是元禄16年写的。这比我推测的时间早一年。但信中记录说徂徕与渡边子固的"同局共事"乃是"自壬午以来"。壬午为元禄15年（1702）。如果是下一年元禄16年的话，信中出现这种说法显然不合适。再过一年则到了宝永1年（1704）。且从文末问候语来看，徂徕是在秋冬之交时寄出这封信的。

然而，徂徕一直没有等到回信。仁斋从宝永2年（1705）正月开始就一直在生病，并在3月去世，享年79岁，所以徂徕一直没有收到回信。这让徂徕很不快。更让徂徕气愤的是，在仁斋去世后的第三年，即宝永4年（1707）秋天，京都书肆林文会堂出版的仁斋传记资料《古学先生碣铭行状》在附录部分将徂徕的这封信与安东省庵、村上漫甫的信一起公开了。此事表明徂徕的名声在京都已经声名远扬。但徂徕觉得，未经允许就公布一封没有回复的信，实在很过分。他们的学说难道是骗人的吗？子固是被老奸巨猾的仁斋欺骗了。当他这样反思时，再去读《语孟字义》和其他仁斋的著作，就发现了很多问题。于是徂徕在写下这封信的10年后，于正德4年（1714）出版了一本批判仁斋的书《萱园随笔》。我们很快会在徂徕的下一阶段讨论这一点。（本书，第168页）以上的经过亦见于该书第2卷（河出版徂徕《全集》第1卷，第148页）尽管徂徕没这样明说，但他内心肯定在想：即使仁斋生病了，如果想要使用我的信的话，其子东涯也应该告知我一声。

这是徂徕心中永远的遗恨。《徂徕集》卷26有一封题为"复芳幼仙"的书信，写于正德1年（1711）。一位京都医生（生平不明）向徂徕提出了棘手的问题，徂徕这封信进行了细致答复。信中徂徕写道："忆不佞曾修书伊仁斋，而仁斋不报，予至于今薄其为人矣"，我不想如仁斋那样对待你的提问。（《大系》，第520页）另外在《徂徕集》卷27有一文题为"与县云洞"，乃写给山县周南之父山县良斋的信。其中徂徕提到，他不想像仁斋父子那样把学生聚在一起进行讲释，"如洛中某甲氏之贱儒者，仆所深耻也。"徂徕用影射仁斋的"某甲氏"来非难他。后文第171页我们将会指出，尽管徂徕在此言语激越，但他继续把仁斋看作"豪杰之士"而敬重之。然而，在这个时候，徂徕对反宋学的仁斋之反感，似乎起到了挽留徂徕于宋学即朱子学内部的作用。

如此，徂徕的儒学学说还未脱离宋学。与此相呼应，在文学典型上，徂徕仍与其他儒者一样，没有脱离宋代文学或宋式文学。所谓的"唐宋八家"将唐人包含其中作为宋代传统向前之延伸。徂徕内心可能会认为唐代的韩愈、柳宗元比宋人地位更高，但这种观念似乎并不强烈。因为徂徕这一时期的汉诗文作品，大致来说即40岁之前的汉诗文，由于与他晚年的学说相矛盾，故而都已从现行的《徂徕集》中删除了。这导致这一时期的详细情形不得而知。例外留存下来的是记录宝永3年徂徕41岁时甲斐之旅的长篇游记初稿。该游记由吉保命名为《风流使者记》，其抄本保存在关西大学等地，其文体仍是唐宋八家的风格。最引人注目的是，徂徕两次借旁人之口称自己的汉文是"当世韩柳",即唐代韩愈和柳宗元的转世。如果是后来的他,肯定会称自己是"当世李王"。另外,这本书记载:同行的田中省吾向甲府的重臣们声音嘹亮地朗读了吉保亲自撰写的汉文《稳稳山灵台寺碑》后,重臣们对徂徕说:众人称你是当世韩柳,请评说这篇碑文。于是,"茂卿乃抬头谓曰"——徂徕在分析和赞扬其主君文章的长长演说中,引用了朱熹弟子宋代真德秀①的《文章正宗》和元代陈绎曾②的《文筌》作为批评的基准。不过,演说中提出的文章有"叙事之文"和"议论之文"二者的观点,直到徂徕晚年仍一直被秉持着。他认为,其主君吉保的文章两者兼有,并不一定将"叙事"置于"议论"之上。但徂徕在演讲中提到了"夫文章,以六经为祖。六经史也"这句话。这与他后来主张的《六经》内容乃"事"与"物"这个观点,应该有细微的关联。(这篇游记后来被改写为"古文辞"文体,题目也被改为"峡中纪行",收录在《徂徕集》卷15中,但收录的文章删掉了"当世韩柳"一词。另外,分析吉保碑文的长篇论说也全部被省略。)

  徂徕在柳泽藩邸度过的14年时光,最终束缚了他"跅弛之士"③的精神,踌躇于飞跃,使上述第一个时期长达40年之久。

---

① 真德秀,1178—1235,南宋建宁浦城(今属福建)人,字景元,世称西山先生,宋庆元五年(1199)进士。学术上继承朱熹,与魏了翁齐名。曾谓"天下未尝有无理之器、无器之理""若舍器而求理,未有不蹈于空虚之见"。

② 陈绎曾,元代文论家、书法理论家。字伯敷,自号汶阳左客,又称小拙先生,生卒年不详。文章著述颇丰,包括《文筌》《古文矜式》《文说》等,皆旨在明晰规矩法度。其《文筌》自序主张文章乃"理之致精者也",应为"道德之说"。

③ 跅弛,放荡不循规矩。《汉书·武帝纪》:"夫泛驾之马,跅弛之士,亦在御之而已。"颜师古注:"跅者,跅落无检局也。弛者,放废不遵礼度也。"

甲斐之旅的游记，后来改订为《峡中纪行》。其中记载，宝永3年9月7日为徂徕十余年来首次离开江户的日子，他感怀说："回想十余年，跼蹐于樊笼中。"自己受限于鸟笼中，"足不出都城门，仰面所见无不是贵人。腰间傲骨，日渐痿软"。因此失去了往日的骨气。"但文人无专职，无定局，被当作闲散。稍少拘束，足自存已。"其中所谓的"闲散"，根据徂徕的《译文筌蹄》卷1，乃为"闲官散职"之意。"散职"二字上标注的假名是"イラヌヤク"。①（美篶版《全集》第2卷，第21页）初稿《风流使者记》中反而没有该条。说明在拘束甚多的藩邸是很难发表这种言论的。

后来，在他写给关系亲密的弟子山县周南的信中，徂徕表示，他对效力于纲吉并不觉得光荣，而是为了保全藩主吉保的面子。"不佞茂卿，与人间世甚不相合，次公所知也。"次公是周南的字。徂徕是说：正如你所知，我并不能很好融入这个世界。"即使宪庙（指将军纲吉）在世时，吾亦以多背逆之事，陆沉于藩邸者尔。"对于性格乖僻的自己来说，只是为了获得合适的栖身之所而侍奉柳泽侯。"然时时尤跟随于中贵人身后，接受召见和赏赐。不知者则以之为茂卿之荣矣。""中贵人"指的是江户城中的茶屋僧人（"茶坊主"）②。"此岂足以为茂卿之荣哉？亦藩侯自以为荣之所尔。"（见《徂徕集拾遗》，"与县次公书"）

但不久后，因"天之宠灵"，李攀龙、王世贞的诗文集出现在徂徕面前，征服了他的灵魂。于是漫长的40年终于结束了。

---

① "イラヌヤク"，即"要らぬ役"，指多余的角色、多余的职位。
② 茶坊主，又称"茶道坊主"、"茶职"等，为室町、江户幕府的官职，侍奉武家，负责茶事。因剃发作僧侣模样，故称"坊主"（僧人）。

三、第二个时期：40至50岁时，作为文学家

在得到藩主吉保厚待的同时，他最终以掌握语言的技术人员的身份开始了在柳泽藩邸的生活，同时他也担任幕府将军纲吉研习儒学的伙伴。徂徕既感觉荣幸也感觉很受束缚。与16世纪后半叶明代古典主义文学家李攀龙（字于鳞）、王世贞（号弇州）这两人著作的相遇，给身处这种状态下的徂徕带来巨大的冲击。通过阅读此二人的著作，徂徕认识到宋代文学被他们视为文学的堕落而应回避，诗歌散文皆应旨在符合更古老的文学。作为文学写作的实践者，这种冲击首先导致徂徕放弃了先前以宋代或宋式诗文为创作典型的思路。于是他追随李、王，主张：在散文方面，以秦汉时期的"古文辞"为唯一典型；在诗方面，其古体即自由诗样式，应以3世纪以前的汉魏诗歌为唯一典型，其近体即定型诗的律诗绝句，应以8世纪上半叶盛唐的诗歌为唯一典型。徂徕以完全模仿它们的方式，来主张一种新文学。另外，他还主持了一个由志同道合的学生组成的社团，这给他40至50岁的10年间增辉不少。但徂徕的儒学学说此时依然未脱离宋儒。然而，在下个时期即50岁以后，徂徕在儒学上也抛弃了宋儒，建立了新学说。这一时期徂徕对宋代文学的抛弃，乃奠定此一变化的前提。此后徂徕一切的出发点，都始于和李、王二人著作的邂逅。他把这次邂逅视作"天之宠灵"，即来自"天"的特别恩宠。（见《辨道》前言，《大系》，第11页。以及《答屈景山》，同书第529页）在此之前，类似的说法也出现在了仁斋的《论语古义》序言中："愚赖天之灵，于《语》《孟》二书

中得以发明千载不传之学。"

当今，无论中国还是日本的文学史家，都未必会对李攀龙、王世贞二人怀有敬意。大多数学者手头上也没有收藏此二人的著述。然而，在他们的时代，李、王二人是中国文学乃至整个中国文明的权威和引领者。他们高喊"文必秦汉，诗必汉魏盛唐""不读宋以后之书"，把自己的文学称为"古文辞"。这场运动并不是从这二人开始的，而是在16世纪上半叶，由以李梦阳、何景明为中心的"前七子"创立的。"前七子"是为了摆脱明代诗文仍以宋代为典型的时代惰性，而到了16世纪下半叶，李攀龙、王世贞二人结下兄弟般的情谊，他们作为"后七子"的中心，不仅得到了同僚官僚阶层的支持，还得到了广大市民阶层的呼应。其主张如疾风怒涛之势，风靡一世。但不久后，在16世纪末，袁宏道（袁中郎）发起了一场反对李、王的运动，批判他们过于强烈的古典主义，认为这是对文学自由的剥夺。在日本，袁氏的名字比李、王更早为人所知，这是因为他的诗深受深草元政上人（1623—1668）[①]的喜爱，同时他也是花道书《瓶史》[②]的作者。徂徕早在上总时代就已经知道了袁氏的名字。（参看前文第97页）继袁氏的反击之后，17世纪上半叶，在明末清初文坛具有广泛影响力的钱谦益[③]，宣称李、

---

① 元政，江户时代前期日莲宗僧侣，汉诗文家、歌人。与明人陈元赟有深交，著有《元元唱和集》《草山和歌集》《扶桑隐逸传》等。

② 明袁宏道撰。二卷。论述了花瓶、瓶花及其插法。上卷为瓶花之宜、之忌、之法；下卷分花目、品第、器具、择水、宜称、屏俗、花崇、洗沐、使令、好事、请赏、监戒等。

③ 钱谦益，1582—1664，明末清初诗人、学者。字受之，一字牧斋，又被学者称为虞山先生。他反对明朝复古派模仿古文辞的做法，提倡"情真""情至"，同时提倡学问，反对空疏。

王的"古文辞"不过是假古董。这是对"古文辞"的致命痛击。自此以后,人们对"古文辞"甚为冷淡,以至今日。关于上述内容的更详细情况,可参看我所写的《元明诗概说》第6章"古文辞时代"。我最近的书中,还经常提及他们。(见岩波版《中国诗人选集》第2集第2册,或笔者《全集》第15卷)徂徕与李、王二人著作的相遇发生在宝永年间,也就是清圣祖康熙之世的末期。此时这两家的诗文几乎已被遗忘。但对于徂徕来说并非如此。

徂徕与这两家之书相遇的经过,如以下这段插话所示,可谓"天之宠灵"。他晚年的弟子宇佐美灊水(1710—1776)[①],在明和1年(1764)出版了其师遗作《古文矩》。该书序言记载:当喜爱书籍的徂徕听说一位藏书家破产并要出售所有藏书时,他卖掉了所有家当,并借钱来弥补亏空,接手了所有藏书。其中意外地包含了李、王二家之书。无名氏的《萱园杂话》根据宇佐美所述内容,也记载了同样的事情,指出徂徕一口气买下这些书花费的金额是160金,当时徂徕大约39岁或40岁。如果他39岁,那就是宝永1年,也就是给伊藤仁斋写信的那一年;如果他40岁,那就是宝永2年。其第一任妻子三宅氏在这一年10月去世,留下了两岁的女儿增和一岁的儿子熊。徂徕按照朱子的《文公家礼》中的仪规安葬了妻子,因为他当时仍遵循宋代儒学。(《徂徕集拾遗》,"嫔三宅氏墓")

徂徕所得到的两家之书,都是诗文全集。应该是李氏的《沧溟集》16卷和王氏的《弇州山人四部稿》174卷。王氏是一位多产作

---

① 宇佐美灊水,江户时代中期儒者,荻生徂徕晚年弟子。著有《辨道考注》《论语征考》等书。

家，此书之外还有许多著述，而李氏则无其他著述。不过，如上文第97页作为上总时代徂徕的读物提及的《唐诗训解》之类，虽把作者、编者之名伪托为李氏这位大家，但本非李氏之书。

徂徕早就通过伪托李氏的《唐诗训解》及其他书，知道了李攀龙和王世贞之名。二人的文学倾向，特别是诗歌上的倾向，一定早已为好学的徂徕所知晓。因为有几种明诗选集很早就被引进到了日本或得到了复刻。徂徕如今得到了全集，可以接触到两人的文学全貌。然而，王世贞的诗文集《弇州山人四部续稿》207卷并不在此次购买的书籍之列。后来他的赞助人本多伊予守忠统获得了这本书，令他十分羡慕。(见《徂徕集》卷20《与猗兰侯》)汪道昆（字伯玉）是继李、王之后的"古文辞"大家。徂徕似乎同时获得了汪道昆的《太函集》，因为在其书信和其他资料中都提到了这本书。例如，徂徕赞扬"古文辞"的早期同好者安藤东野的两篇文章，说是"一弇，一函"(见《徂徕集》卷21《与滕东壁》)，指的是一篇像王世贞之文，一篇像汪道昆之文。

李氏的《沧溟集》和王氏卷数众多的《四部稿》，像中国诗文集的通常情况那样，都是作品的汇集，而不是议论性的著述。相对来说，王氏的《四部稿》中除了约三千首诗和两千篇散文外，还有作为附录的文学评论集《艺苑卮言》，而李氏的《沧溟集》包含约一千首诗和五百篇散文，则全部是实际的文学作品。在文学家的传记、为他人诗文集撰写的序言和书信中，可以找到李氏文学理论的片段。但大部分文章是行政官员和军人的传记、送他们赴任的文章、对学校祠堂等建设或修缮的叙述等等，而大部分诗是以这些事件为素材的应景诗（occasional poems）。

是什么让徂徕印象深刻的呢？是两人语言的紧凑。尤其体现在文章的文体上。这与徂徕先前读惯了的、被视为创作实践的模仿典范的宋代文章完全不同，即以欧阳修和苏轼为代表的文章，以及李、王二人致力抨击的那些<u>堕落文章</u>。徂徕大概有一种预感，自己长期以来一直寻找的东西就在这里。

但有一段时间，他既惊讶又困惑。因为与以往读惯了的宋代文章相比，这些文章不仅文体不同，而且充满了导致特殊的晦涩性。但不久他就找到了导致晦涩的主要原因。李、王二家的文章为了寻求与模仿对象高度的一致性，将作为典范的经典著作中的熟语（其中大部分是来自《史记》，其次是来自《左传》和《战国策》等）一字不差地用作自己描述事态的表达方式，把它们缀连起来，形成自己的文章。这种倾向在李攀龙这里尤为显著，关于这一点，最近前野直彬有相关研究。（见《李沧溟的文体》，昭和 27 年［1952］《东方学》第 4 辑）李氏文章的一个例子是《长兴徐公敬之传》（《沧溟集》卷 20），是李氏为朋友徐中行之父所写的传记，徐与李同属"古文辞"一派。该文开头如下："公名柬。始居约时，游邑诸生间，莫能厚遇。久之授弟子室里中，非其好也。"这句话是说，起初他被同乡年轻人漠视，后来很不情愿地做了私塾老师。其中，"始居约时"一说直接取自《史记·张耳陈馀列传》中的"张耳陈馀，始居约时"这句话，"游邑诸生间，莫能厚遇"取自《史记·主父偃传》中的"游齐诸生间，莫能厚遇也"这句话。这篇千字左右的传记，几乎句句都是如此。或者说李攀龙的全部文章都是这种形式。这就是为什么李、王二人的文章不久后被钱谦益判定为假古董，也是他们的文学至今仍不受欢迎的原因。但对徂徕来说，李、王的文章是一个冲击，成为他之后树立新学说的机缘。

李、王二人文章的难解，曾在一段时间内让徂徕颇感为难。但当他发现造成难解的主要原因存在于此后，又重读了李、王为写文章曾摘录过句子的原典（《史记》及其他原文）。当然，徂徕之前也读过这些典籍。但这次围绕它们与李、王文章的关系，徂徕又重读了一遍。在这一过程中，他又发现了一些东西，并根据这种发现提出了一些主张。

（1）通过实际写作"古文辞"来把握"古文辞"原典

当徂徕发现李、王之文难解的秘密以及文体的秘密所在后，他不仅能够阅读李、王的文章了，而且还获得以下发现：李、王摘抄原典的句子，作为自己描写事物时的表达。就是说，他们将自己的切身经验填充于原典本来的句子中。由此，原典句子的表达也很快获得了具体性，从而实现对其的把握。不是通过繁琐注释来阅读原典，而是直接地、在活灵活现的感觉中去把握它。后人对于《史记》亦有很多注释，比如《张耳陈馀传》的"始居约时"，注释会给出"在贫贱时也"这种多余的陈腐训诂。即便不依靠这种解说，阅读李攀龙之文就可以切身体会到，昔日张耳、陈馀这种豪杰在年轻时，也与徐中行之父这样的自己身边的人有过同样境遇。这里就出现了把握原典的新方法。以往的方法是把原典置于彼岸来阅读，即采取被动的方法。作为主动的方法，是像李、王二人曾做的那样，用原典的语言来抒写自己的体验。用"古文辞"来写作，就是在原典的"古文辞"中填充自己的体验。如此，原典的"古文辞"与自己的体验一样，作为自己的身旁之物被彻底把握。徂徕将此种思考作为自己学问的方法加以利用。此即是"古文辞之学"。这种利用，未必是李、王二人原本就有的想法。

李、王只是将转用《史记》和其他经典中的句子作为自己的文学方法，而徂徕从中想到了一种掌握原典意义的学问方法。他把上述过程在书信中告诉了京都的堀景山①，此人即日后本居宣长②的汉学老师。（见《徂徕集》卷 27《答屈景山》。这封信后来成为《学则》的附录之一，表明徂徕本人也很重视这封信。）这封信虽是徂徕在晚年所写的，而当时他的儒学学说已经鲜明地树立了反宋儒的旗帜，但信中描述了徂徕与李、王的"古文辞"的相遇后所受到的震撼，以及想出如上方法的过程。在此摘其部分内容如下。"不佞从幼守宋儒传注，崇奉有年，积习所锢，亦不自觉其非矣"，然而，"借天之宠灵"（由于上天的特别恩惠），"暨中年，得二公之业以读之"（"二公"指的是李、王二人），"其初亦苦于难入焉"，也就是说，即使对语言能力颇为自信的徂徕，对李、王之书也感觉有些难以驾驭。其原因是，"盖二公之文，资诸古辞"。李、王的文章以富于文学性的语言为基础，而这种语言只产生于古代，"故不熟古书者，不能以读之"。不久他领悟到："古书之辞，传注不能解者，二公发诸行文之际涣如也，不复须训诂。"对于"传注"（注释）中不得要领处，李、王通过将其文辞引入自己的文章，其意义突然清晰，使注释变得多余。"盖古文辞之学，岂徒读已邪？"仅仅阅读古文辞是不够的，"亦必求出诸其手指焉"。必须自己亲自下笔来获得它，"能出诸其手指，而古书犹吾之口自出焉"。作为

---

① 堀景山，1688—1757，江户中期的医师、儒者。本居宣长从宝历 2 年（1752）起，曾数年居于其宅，跟从他学习儒学。

② 本居宣长，1730—1801，江户时代中后期国学者，伊势国（三重县）松阪人。

其早期的观点，徂徕主张：要想理解汉语，就要深入其中，使汉语像日语一样贴近自己的生活。（这一理论见81页以下）如今，它正发挥着跨越古今距离的作用。只有这样，才能"夫然后直与古人相揖于一堂上"，与过去的人在同一个房间里互相问候，"不用绍介焉"，无须翻译和注释，"岂如乡者徘徊乎门墙之外，仰人鼻息以进退者邪？"现在的形势与受制于注释者而彷徨的时期不同，"岂不愉快哉？"（《大系》，第529页）他在同是《学则》附录之一的致安积澹泊①的书信中，也叙述了同样的过程。并表示在这段学习期间，自己谨遵李攀龙之言，没有看任何东汉以后的文章。（《徂徕集》卷28，同上，第537页）

（2）否定注释

按照"古文辞学"的方法，可以直接掌握秦汉原典的原貌。而注释不仅无用，而且是没有价值的，是对原典的破坏。徂徕这一认识始于在上总的自学时期（本书，第94页），担任江户城中小姓的素读老师的经历也使这一认识加深（本书，第112页），现在则更加确定了。前引写给堀景山的信，是徂徕在决定放弃宋儒注释后所写的。中国后世的注解与中国古代原典的关系，是用"冗而俚"即冗长庸俗的后世语言来翻译"简而文"即简明文雅的古语，这是对原典的破坏。日语"训读"与汉语的关系也是如此。虽然原文之"意"可以传递，但原文之"灿然文采者""不可得而译矣"。另外，在写给诗人入江若水②的书信中徂徕提到，"以和训读华书"，

---

① 安积澹泊，1656—1737，江户中期历史学家、水户藩士，朱舜水门人。曾从事《大日本史》的编纂。

② 入江若水，1671—1729，江户时代中期汉诗人，著有《西山樵唱》。

得"意"而不得"语"。(《徂徕集》卷26，收入《大系》，第530页)他把日语对汉语的改述视为破坏，现在把汉语对汉语的改述也视为破坏。总之，所有的改述都是破坏。因此，他不仅对宋儒的"新注"，对更早的"旧注"，即以2世纪郑玄为中心的汉魏人士的儒书注释，也仅抱持有限的尊重。

在这方面，徂徕的儒学与稍后兴起于清乾隆、嘉庆年间的"汉学"，在方法上有可能会被认为彼此相似，但它们实际上并不同。后者在观念上也是反宋儒的。然清朝的"汉学"，顾名思义，是以汉儒的注释作为古典解释的全面或主要依据，而徂徕并非如此。徂徕弟子中，有一人名为山井鼎（？—1728）。①他利用足利学校保留下来的古写本和古版本，对"古注"和唐代孔颖达对"古注"的重新解释"疏"的原文进行了细致的修订。他的作品《七经孟子考文》在徂徕死后，在将军吉宗的授意下出版并出口到中国。18世纪末，该书被收录进乾隆皇帝敕编的《四库全书》中，并被附上简介：虽不知（《七经孟子考文》）作者是谁，然其资料似乎可以信赖②。另外，学界泰斗阮元（1680—1747）翻刻了这本书，并声称自己的著作《十三经注疏校勘记》是以山井之书为重要资料写

---

① 山井鼎，即山井昆仑，1690—1728，江户时代中期儒者，曾跟从伊藤东涯、荻生徂徕学习儒学，出仕于伊予（今爱媛县）西条藩。在荻生徂徕建议下，与同门根本武夷一起对足利学校（位于今栃木县）的古籍进行比勘，著有《七经孟子考文》。其补遗版后来收录于清代的《四库全书》中。

② 《四库全书总目》卷三三《经部·五经总义类》曰："（臣）等谨按《七经孟子考文补遗》二百六卷，原本题西条掌书记，山井鼎撰，东都讲官物观校勘。详其序文，盖井鼎先为考文，而观补其遗也。皆不知何许人。……今考此书所列《尚书》，与中国之本无异。又明丰坊伪造诸经，皆称海外之本。今考此书与坊本亦无一同。是亦足释千古之疑也。"

成的。(见狩野直喜《山井鼎与七经孟子考文补遗》,美篶书房版《支那学文薮》。另见我所写的《日本人的智慧》,笔者《全集》第18卷)。

同样是在徂徕去世后,作为仅在日本流传的"古注"的资料,太宰春台(1680—1747)于享保17年(1732)出版了汉代孔安国所注《古文孝经孔氏传》,根本伯修①(1699—1764)于宽延3年(1750)出版了南梁皇侃②的《论语义疏》。这些书都是根据各自的古写本出版的,并出口到了中国,在中国学界大受欢迎并被翻刻。这容易让人以为其师徂徕也像清人一样热衷于"古注",但事实并非总是如此。当然,"古注"比"新注"更受徂徕尊重。他为山井的书所作的序言写于享保11年(1726),时年61岁,是他去世前的两年。序言认为:山井之书以汉代马融和郑玄的注释对孔门"七十子"的遗说进行了精心编订,"亦可谓知之次也已","故千载之后,欲求圣人之道者,终不能废汉儒而他援"。徂徕感叹说,宋代以后汉儒著述被束之于高阁,与此相反,"吾邦灵祇所卫,千载若新"。徂徕称赞山井的事业遥相承继了孔子"信而好古"、周游列国、编纂《六经》之志。(见《徂徕集》卷9,收入《大系》,第490页)然而,虽然对此的校勘是山井的核心工作,他对作为汉儒"古注"之再注释的唐代孔颖达之"疏"却态度冷淡。在《学则》第6则中,徂徕认为汉儒的"古注"不失"七十子"之传承,可视为"失与得更有之,并有而兼焉"。然而,"颖达作疏,乃执

---

① 即根本武夷,江户时代中期儒者。
② 皇侃,488—545,中国南朝梁时经学家。

一家之言"，只是汉儒一说的演绎。徂徕认为它与明代《四书大全》《五经大全》对宋儒的演绎，同属于"学之益陋"者。（《大系》，第195—196页）他在写给竹春庵①的信中指出："盖废和训而后华言可通焉，废传注而后古言可识焉。"这句话可以说就是徂徕对所有注释的结论。（见《徂徕集》卷27，《大系》，第526页）

（3）"古文辞"与后世中文间的断裂

然而，更重要的是接下来这个问题。为什么后世的注释不能正确解释秦汉"古书"？秦汉古书的文章是"古文辞"，即古代特有的修辞。由于是古代特有的，故而与后世中文并不相同。构成"古文辞"的是"古言"，它与中国后世的"今言"间存在不连续性。为什么会有此种断裂？因为秦汉之"古文辞""简而文"，而"今言"则"冗而俚"。而最主要的原因在于，是否大量插入虚词。比如（前述故事中的徐中行之父）最初贫穷时被人取笑之事，用后来宋代的"今言"来说，可能就会写成"其始居于贫约之时，莫能见厚遇也"这种冗长的话。而去掉这个长句中可以省略的虚词，浓缩为"始居约时，莫能厚遇"，便是"古文辞"之"古言"。这种不连续性与日语、汉语二者间的差异是一样的。在日语中，"テニヲハ"和动词的词尾变化是必须的。这使得"简而文"的李于鳞之原句"始居约时，莫能厚遇"，被冗长地训读为"始メ約ニ居リシ時ハ、能ク厚ク遇セラルル莫シ"。若是用日语训读中国后世的"今言"，将变得更加冗长（"其ノ始メ貧約ニ居リシ時ハ、能ク厚ク

---

① 竹田春庵，1661—1745，江户时代前中期儒者。筑前福冈藩士，师从贝原益轩，曾几次负责接待朝鲜通信使。著有《孝经释义便蒙》，编有《小学句读集疏》等。

遇セ見ルルモキ也")。也就是说，日语通常是这样"冗而俚"，而即便是"简而文"的中文，这种差异也存在于现在通用的"今言"和中国古代的"古言"（古文辞）之间。要之，二者虽同为中国的书面语，却不是相同的语言。

而且，即使在后世的汉语中，如果我们比较其书面语和口语，会发现：若书面语是"其始居于贫约之时，莫能见厚遇也"，用口语表达则可能会变成这么冗长的句子："起初他在穷约的生活的时候儿，他没能勾（够）受到很好的待遇。"这说明在语言中总是存在着"简而文"与"冗而俚"间的非连续性。由于没有认识到中国"古文辞"的"古言"与中国后世的"今言"之间的这种非连续性的关系，中国后世的注释，把《古文辞》中的"古言"当作"今言"来读，用"今言"来翻译"古言"，所以谬误百出。做学问，首先要很好认识到这一点。（以上内容见《译文筌蹄》的《题言》，收入美篶版徂徕《全集》第2卷，第13—14页。但其中所举的例句中，有我自己的补充。）

属于徂徕早期著述的《训译示蒙》，在服部南郭的《物夫子著述书目记》中被删去了。正如上文第101页所指出的那样，除了因为该书赞扬了朱子之文章外，还由于它是对宋式文体中大量插入的虚词之解说。从主张"古文辞"之后的徂徕来看，《训译示蒙》无疑是应当避讳的无用之书。

（4）"古文辞"的"古言"与"今言"的断裂源于时代之变迁

这种非连续性是由什么引起的呢？徂徕认为是由于时代变迁造成的。这种想法虽然未见于《译文筌蹄》的《题言》，但在徂徕下一时期的著作《学则》的第2则中有鲜明的表述："世载言以迁，言载道以迁"。(《大系》,第190页)时代变迁造成语言变化,从现代的我们的认知来看这虽属于普通常识,但在徂徕以前的日本乃至中国是怎样的呢?徂徕的思考即便不是完全原创的,也是划时代的。他在给薮震庵的信中写道:至少对于他本人来说,这是一次新觉醒。在这次觉醒以前,他误以为宋人的文章也是古代文章之延续,因此把宋人文章当作典范。由于沉浸在这种氛围中,满足于宋人的儒学之说,使他难以获得古典中的真理。徂徕指出:方今,圣人之"道"已无法直接知晓,只能通过书中之"辞"来把握它。然而,"辞之道亦与时污隆也"。"污隆"是盛衰之意,也就是《学则》中的"世载言以迁"。正如上文第89页中所引,徂徕忏悔道:"不佞亦始习程朱之学,而修欧苏之辞。"他学习宋代儒学和文学,"方其时,意亦所谓先王孔子之道在此矣"。造成这一错误认知的原因在于,"是无他,习乎宋文故也。"就是由于自己在学习宋代欧阳修与苏轼文学时,没有意识到其与古代(之文辞)是不一样的,才有这样的错误。"后有感于明人之言",他因为李、王二人的文章而觉醒,"而后知辞有古今焉"。徂徕指出,在意识到时代对语言造成的断裂后,自己才摆脱了宋代语言的文学氛围,踏上了正确之道。(《徂徕集》卷23,收入《大系》,第505页)

(5)"古文辞"优越性之理由一:叙事

为什么"古文辞"截然优越于其他语言?徂徕给出的理由是,首先它乃叙述事实的文章。关于文章分为"叙事之文"和"议论之文"的观点,如上文第116页所述,在徂徕脱离宋文之前的《风流使者记》一文中已经出现。秦汉的"古文辞"和模仿其文体的李、王二人的散文,之所以能够"简而文",是因为它们主叙事而非主议论。以叙事为文章之根本，徂徕的这一观点在《译文筌蹄》的《题言》中似乎还有几分犹豫（见美篶版徂徕《全集》第2卷，第14页）但在接下来出版的《萱园随笔》卷四中，他断言："如六经之文者，皆叙事也。"并补充说，《左氏春秋》《楚辞》《史记》《汉书》这些代表性的名文，皆不主议论。这种对作为叙述事实之文章的"古文辞"之尊重，不久就使徂徕走向了对事实本身的尊重。在他下一时期的儒学学说中，徂徕关于《六经》内容，认为：《礼》和《乐》是"事"，即事实本身；《诗》和《书》是"辞"，即与事实密切相关的修辞。（见《徂徕集》卷24《复水神童》，收入《大系》，第512页）他总括"事"和"辞"之语乃是"物"，《六经》"其物也"，即标准性的事实。《学则》第3则中的宣言（同上书，第192页）等他后来的儒学学说，都是立足于这一时期的文学学说之上的。

（6）对于议论的否定和信任之必要

徂徕对所叙述事实本身的尊重，源于对叙事性文章的尊重。与此相对，徂徕对议论性文章很是厌恶。这种厌恶，在徂徕贬斥作为议论表现之一的注释时，就已经有所显露。他在《译文筌蹄》的《题言》中认为：宋人的文章之所以加了很多虚词，而变得"冗而俚"，既非文学也非真实，是因为他们一味沉溺于议论，失去了作为文章正道的叙事能力。（美篶版徂徕《全集》第2卷，第14页）在后来写给竹春庵的信中，徂徕指出"韩柳八家之文"，即唐宋八大家的文章，"理胜而辞病，长议论而短叙事，何况风雅乎"。这一指摘也是同样的旨趣，即批判他们因长于议论，导致"风雅"也就是文学性匮乏。（《徂徕集》卷27）这种蔑视议论的观念，在徂徂徕随后的思想阶段以各种形式表现出来。如《学则》第3则："夫言之者，明一端者也。举一而废百，害也。"（《大系》，第192页）这里所谓的"言之者"指的是议论者。为什么议论只能"明一端"，属于片面的呢？除了人不可能了解复杂、分裂的所有现实这一徂徕的根本观点外，他还有一种特殊的看法。就是认为，议论总是会预设论敌，为了战胜论敌，必然会陷入片面和谬误。宋儒在这一点上尤其如此。正如他在写给薮震庵的信中所说："大抵宋儒之学，主言之，凡言之者，贵尽理。务明白其理，使人了然于其所言，庶足以服人而无敌，是其病根已。"（《徂徕集》卷23，收入《大系》，第507页）他在另一封信中指出，论敌说到底是不信任我们的人，而议论是我们对论敌说的话。因此，议论是无用的："夫言也者，固喻人者也。"说给别人听、让其听从之话，就是说服，此即宋儒等人的议论。

古代并非如此："然古之善言者，不必喻人，而人自喻焉。先王之道为尔。"其原因是："盖古之教者，施于信我者也，彼乃思而得之。"听众信任讲者，所以不是通过强制，而是通过听众的努力来领悟，这才是有益的议论。但后世的议论却是"务求人知"，强迫对方同意。这与法庭上原告和被告间的争论是一样的，"惟讼者之辞为尔"。于是，"求见知于不信我者知也"。（《徂徕集》卷27《与竹春庵》，收入《大系》，第527页）在这种思考的基础上，徂徕产生了这样的观点：《中庸》和《孟子》由于是对反孔子的怀疑者之劝说，因此它们已经包含了谬误。《论语征》中也处处强调了这一思想。对于《为政》篇中孔子之语"人而无信，不知其可也"，徂徕认为这句话的意思是："言而无信，则人不信我；

人不信我，则我言安能行哉。"非仅仅语言是如此，"事之行亦然，道之行亦然，教之道亦然。"政治和教育都是如此。孔子的弟子"七十子"，"深信孔子。故孔子之教，行于七十子，不俟多言"。相反，"孟子则欲使不信我之人由我言而信我。故徒详其言，以欲人人之能晓，是讼之道也"。这就是法庭辩论的方式，"徒聒之耳，是无他。不知无信之不可行故也"。①此外，《子张》篇中，子夏曰："君子信而后劳其民。未信，则以为厉己也。信而后谏，未信，则以为谤己也。"徂徕认为子夏之言更是如此。并指出孟子已经未能理解"信"，反而后世佛教更清楚这一点，他还引用了"佛法大海，唯信能入"这句话。（见《大智度论》卷1，或《净土论注》，"语之由来"）作为儒书的注解，这是很不寻常的引文，也是最具刺激性的。

（7）"古文辞"优越性的理由之二：修辞与事实的贴合

为什么"古文辞"是贴近事实的优秀语言呢？这是因为古代人特殊的修辞方法。徂徕在《译文筌蹄》的《题言》中指出，语言首先需要的是"达意"，即传达事实。正如《论语·卫灵公》篇孔子所言："辞达而已矣。"同时，孔子在《周易·乾·文言》中也曾说："修辞立其诚。"也就是说，"达意"和"修辞"是文章必备的两个条件。正因如此，孔子在《左传·襄公二十五年》中说道："言以足志"，言语使志向表达更充分；"文以足言"，被修饰的文章方使语言完足。孔子接着说，语言的第一个阶段是"不言谁知

---

① 荻生徂徕『論語徵』甲、「子曰人而無信章」、関儀一郎編『日本名家四書註釈全書：論語部5』、東京：東洋図書刊行会、1926年、第40頁。

其志",虽然"达意"是语言的基础,但"言之无文,行而不远",不加修饰的语言没有广泛的传播力。如此,"修辞"和"达意"是文章的必要条件。的确,即便在古代的"古文辞"中也存在两种类型:一种更倾向于"达意",另一种更倾向于"修辞"。但大体而言,这两种类型并没有完全分裂,这就是公元前西汉之前的"古文辞"文章。从公元1、2世纪的东汉到六朝唐初,文章偏重"修辞",唐代两大散文家韩愈和柳宗元用"达意"来纠正这一问题。然而到了宋代欧阳修以后,只有"达意"成为惯性,文章变得腐朽了。这一次,是李攀龙、王世贞用"修辞"重振了它的活力,"可谓大豪杰矣。"(以上内容见《译文筌蹄·题言》,收入美篶版徂徕《全集》第2卷,第14页)另外,他又补充了他在其他地方也经常引用的孔子在《左氏春秋》中所说的"言以足志"等语。虽然后来在《论语征》中,关于"辞达而已矣"徂徕又提出了别的见解,但现在这里先不赘述。因此,"达意"和"修辞"虽然在这里被同时论述,但由于"达意"在任何文章中都是当然的条件,因此徂徕认为,"修辞"才是"古文辞"所必需的条件。也就是说,所谓"古文辞",就是有古代文风的,或者说,使用古代辞句装饰起来的文章。他在接下来这封信中指出,单一个"辞"字就是古文辞的全部含义:"夫'辞'与'言'不同,足下以为一,倭人之陋也。"("辞"不仅仅是语言。你在把它们等同起来。这是一种误解,因为日本人习惯了冗长的"言",以至于他们无法领会修饰过的"文"。)"辞者","言之文者也"。正因为如此,古典中才有"曰尚辞,曰修辞,曰文以足言"的说法。除了上文引用的《论语》和《左氏春秋》中的孔子之语外,这里还引用了《易·系辞传》上篇中孔子所说的"以言者尚其辞"："言何以欲文？君子之言也。"（《徂徕集》卷22《与平子彬》，收入《大系》，第503页）据无名氏的《萱园杂话》记载，作为《学则》附录之一的这封信，原本是写给堀景山的。但应景山的要求，寄给了弟子三浦竹溪。

将"修辞"这一属性与之前提到的"叙述"属性并列在一起，结果"修辞"是为了"叙事"的"修辞"，是为了使事实与语言紧密贴合的"修辞"。而且，正因为有了"修辞"，才使"叙事"成为可能，文章才能贴近事实。他在写给堀景山的信中指出，宋人的文章总是在议论，正所谓"绌辞，故不能叙事"。（《大系》，第529页）另外，既然将与事实紧密贴合的"修辞"称为"古文辞"，那么作为其学说的结论，徂徕必然会主张在"辞"中求"道"。在"辞"中寻求"道"并不仅仅停留在用"辞"传达"道"的过程中。徂徕这样的自白并不少见。他在写给薮震庵的书信中指出，对于远离古代的我们来说，"其可得而知者，辞尔"，"故今之可以为准者，莫若辞焉。"都是这一方面的见解。（同上书，第505、506页）

然而，在写给水足博泉[①]的书信《复水神童》中，他写道，"诗书辞也，礼乐事也。义存乎辞，礼在乎事。故学问之要，卑求诸辞与事，而不高求诸性命之微，议论之精"，即认为不要追求哲学上的精微。特别是"义存于辞"之说，与"辞"即"道"的主

---

① 水足博泉，1707—1732，江户时代中期儒者，肥后熊本藩士。擅长诗文，有神童之称。享保17年（1732）其父为贼所杀，其自身亦负伤，遂因身体羸弱被除士籍，同年10月14日自杀，年仅26岁。著有《航海献酬录》等。

张旨相呼应。(同上书,第512页)在写给堀景山的书信中,徂徕曰:"夫六经辞也,而法具在焉。"这句话更是如此。(同上书,第528页)也就是说,正因为"古文辞"是与事实紧密贴合的"修辞",所以它本身就是事实,而正因为是事实,所以是"法"、是"义"、是"先王之道"。另外,徂徕认为"修辞"才是正道的文章论,衍生出了所有事物均以修饰为价值,而不以简单朴素为价值的观点。徂徕在《辩道》与《辩名》的"文"这一条中指出:"先王之道"以及记载了先王之道的《六经》,因为是被修饰过的存在,即存在"文",所以有至高无上的价值。(同上书,第26—27、172—173页)另外他在《徂徕先生答问书》下卷中指出,"圣人之教,专礼乐,乃风雅文采之物","宋儒以来弃技艺以道理为先,弃风雅文采,终成野鄙矣"。徂徕这里用"风雅文采"一词来表达被修饰过的事物之价值。其中的"技艺(わざ)",可能是徂徕在"礼乐"乃"术"这一观念下的做翻译。(美篤版徂徕《全集》第1卷,第469页)在《译文筌蹄》的《题言》中,他把唐代韩愈和柳宗元的文章专门列入"达意"的范畴。(同上书,第2卷,第14页)但在写给堀景山的信中,他指出,这是为了反对六朝时期的过度"修辞",韩、柳二人有时也"修辞"。徂徕补充说,韩愈的《进学解》等作品与柳宗元的《永州八记》等作品"何其绚烂乎乃尔"。(《徂徕集》卷27,收入《大系》,第529页)徂徕对韩、柳的评价有些不稳定。他在《辩道》的序言所说的"至唐韩愈出,文章大变",听起来似乎是以韩、柳为后来儒学在宋代衰落的先声。(同上书,第11页)但他后来作为汉以后文章选本而编撰的《四家隽》,乃是合唐代韩、柳与明代李、王这四家。总之,视韩愈的出现为中国文章史上的"一大鸿沟"即大转机的观点,多次出现于《译文筌蹄》的《题言》等文章中。(美篤版徂徕《全集》第2卷,第14页)

(8)"古文辞"优越性的理由之三:含蓄

对于"古文辞"优越之处,徂徕还举出了一个理由。此即古文辞的文体,它将可向种种方向延伸的意义之可能性,浑然一体地包含在其中。他在《译文筌蹄》的《题言》中指出,古文辞"含蓄多,有余味"。接下来按照他的用语,用"含蓄"一词来指代古文辞。他在《题言》中进一步指出,正因为这种文体,"熟读古文辞者,每有数十路径"。古文辞的意义向数十个方向放射。而且它是一种有序的放射,"了然于心目间,条理不紊"。故而,"及读至下方,数十义趣,渐次不用,至篇终,一路归宿"。光彩陆离放射出来的数十条路径,在篇末形成一个鲜明的焦点。这就是"古文辞"。后世的文章由于以分析议论为主,故而放射出来的只有一条线。只读这些文章的人,"只见一条路径耳"。(美篤版徂徕《全集》第2卷,第13页)

简而言之,因"修辞"之故,"古文辞"无所不包的、浓厚的文章包了所有可以从中引出的可能性。因此,在之后写给竹春庵的书信中,他用了绝妙的比喻,说这与后世文章的寡然无味截然不同。宋代的文章是水,水是无色的。程子和朱子的注释尤其如此,而欧阳修和苏轼的散文,虽然"其思甚奇,其气亦盛,变幻百出",但当他们"作议论之文"时,受风之水,只不过现出些浪峰。它仍然是无色之水。相反,"古文辞",如《易》之《十翼》《尔雅》《公羊传》《谷梁传》《礼记》等,不仅是"经"本身,就连"经"的解说,也"修其辞",具有色彩的,好比"瑶池琼泉",乃仙界玉池的玉水,它们无须假借波浪,无须凭借风力,自有其浓厚的色彩。(《徂徕集》卷27)另外,在上一节中所引用《与平子彬》这封信中,徂徕指出,韩愈以后的文章家不懂得修辞方法,因此"积字成句",即堆积单词来构成一句。而且于"古文辞"中成句很多,可以用这样整块的语词来表达事物,因此,李、王能够直接将其转用。徂徕认为,这是古文辞无所不包性之一端,但后世文章不是如此。另外,在收录于板仓胜明辑《甘雨亭丛书》[①]中的徂徕未完成作品《孟子识》中,徂徕指出,宋儒的注释中也产生了误解。比如《孟子》中的"折枝"二字,乃"按摩"的"古言",而朱子则解读为折树枝。[②]在《萱园七笔》中徂徕亦指出:《孟子》所说的"不以文害辞",就是不拘泥于每一个字,不误读每一句话。(河出版徂徕《全集》第1卷,第349页)

(9)古代事实一般具有的含蓄

在《译文筌蹄》的《题言》中,提出了这样一种思想:含蓄不仅是古代文章("古文辞")的属性,也是古代事实的一般属性。也就是说,古代的事实是人类事实的原型。而后世的各种事实,只是作为原型的古代事实中所蕴含之物的变化和分裂。换句话说,后

---

① 《甘雨亭丛书》为江户时代后期的丛书。5集、40卷,共56册,由安中藩主板仓胜明(1809—1857)编辑而成,出版于1845—1856年,收录了新井白石、室鸠巢、伊藤仁斋等近世诸名家未刊的考证、随笔等。

② 《孟子·梁惠王上》:"为长者折枝,语人曰:'我不能',是不为也,非不能也。"朱熹集注云:"为长者折枝,以长者之命,折草木之枝,言不难也。"与此不同,赵岐注云:"折枝,案摩。"此外,一说折枝为折腰,以"支"通"肢"故。见《文献通考·经籍考》引[宋]陆筠《翼孟音解》。

世的各种事实,即使是看似新颖的,只要研究古代的事实,就会发现它们作为未分裂之物包含在古代事实中。"况道艺、事物、语言,皆始于上古,逐渐润色,逐渐破坏。"即或有意识地增减,或无意识地"分合",如此"或盛或衰,沿革展转"即或沿着前者发展或改革,不断地展开,但都起始于上古。因此,做学问的方法首先是要牢牢掌握古代的事实,然后才能了解后世的事实,研究文章也必须从"古文辞"开始。即使它因为含蓄而难以阅读,也必须因其难读而从这里入手。徂徕的这些观点,在《译文筌蹄》的《题言》中作为学问论,被顺带提出。(见美篶版徂徕《全集》第2卷,第13页)在同一时期的下一著述《萱园随笔》卷2中,他形成了如下生动观点。

136

首先,他说:"予玄览古今间,皆是此物。"徂徕日后在论述中将事实称为"物",乃始见于此。其意是说,纵观古今历史,充斥其中的都是事实的汇集,"而除此物外,别无他物"。古往今来,没有事实以外之物。"故唐虞三代时有之者,今亦有之。"存在于夏、殷、周这三个王朝即儒者所主张的理想时代的事实,甚至更远的唐尧、虞舜时代的事实,超越了时代的差异,亦存在于现代。反过来说也是如此:"而今之有者,唐虞三代之时亦自有。"即使在以前的时代,也存在如同现在有的那些复杂事实。其中也同样包括无价值的事实,上古世界并不是像平庸儒者所预想的那样纯洁无垢。"今世种种恶俗恶态","以及人伦在四民之外者",不在士农工商框架内的人际关系,"道术非圣人之道者",与儒家圣人不一致的学说和方法,"技艺非六艺者",除古代的六种技艺——礼乐射御书数之外的技艺,"皆然"。它们都是古代所"含蓄"(蕴含)之事物的分裂。"故佛老诸子者，道之裂也。"佛教、道教、诸子百家，都是儒家之"道"的分裂。"诗文书画棋博蹴鞠等凡百曲技者，六艺之裂也。"即百艺符礼乐射御书数的变体。"有师儒①则有经生②。"既然在古典中存在称呼教师、学者的词，那么自然"有经生"，即文献学者；"有秀才"，即文学家；"博物者"，即自然科学家；"有乐于谈性命者"，即哲学家；"有以经济为事者"，即政治学家。这些都是理所当然的存在。"有巫祝"，既然古典中有宗教者这一事实，"则有僧尼"。若再进一步分裂，"有僧尼则有禅、有教、有律"，有三种佛教宗派；"又此方"，即日本，有"所谓修验者，一向宗，以及有行人③、愿人④、道心者⑤、题目叟⑥"。换个角度来看，"有百工商贾，则有游民"，游民大概是指江户曾经很多的游侠。"游民至化子乃其极"，即乞丐。"有君臣，则王人以名"，即只拥有名誉权的京都公卿；"武人以实"，即有实力的武家。"有夫妻"，即有基于性的人际关系，"则有娼妓"，即有以性为业的女性。"娼妓之类亦种种，至为尼而卖淫者乃极致"，即比丘尼。"而又有娈童"，即男

---

① 师儒，指儒者、经师。田北湖《论文章源流》："三代相属，师儒讲授，用能出言成章，苟非专门，谓为鄙野，而后文章之道，褒然学术。"
② 经生，泛指研治经学的书生。林纾《国朝文序》："乃经生之文朴，往往流入于枯淡；史家之文，则又矆突恣肆，无复规检：二者均不足以明道。"
③ 行人，苦行之人。
④ 愿人，江户时代，替人进行参拜与祈愿修行等事的乞丐僧。
⑤ 道心者，乞丐僧，又称"道心坊主"。
⑥ 题目叟，日本日莲宗特取法华经之题号"妙法莲华经"五字，冠以"南无"二字，而成"南无妙法莲华经"七字，称为题目、首题、玄题，乃其三大秘法。日莲宗并主张唱诵题目，由此则末法众生均可成佛。"题目叟"为唱诵此法华题目的信众与行者。

娼。"凡此种种，不可胜计。皆为四民五伦之裂。愈裂愈分，愈繁愈杂。"

以下是政治理论："若使圣人出于今之世，岂能一一去之乎？苟能整理之，使各得其所而不乱，则亦皆尧舜之民也。"（河出版徂徕《全集》第1卷，第152—153页）人类的生活超越空间，在日本和中国都是一样的。徂徕的这种思想在早期的《训译示蒙》中就可以看到。（前引书，第99—100页）徂徕现在将其适用于古今之间，强调包括无价值的事实在内也是如此。这是历来儒学中罕见的主张。仁斋以"非人"即精神不健全者的存在为必然（本书，《仁斋、东涯学案》，第28—29页），徂徕的观点比仁斋的此一见解还更加强烈。《萱园随笔》卷2中亦有如下之语："即便三代之人，岂皆聪明绝伦哉。其当有戆或更甚者也。"即也许有比现在的人更愚蠢的人。（河出版徂徕《全集》第1卷，第155页）

这一思想在《论语征》中进一步延伸，他认为即使在通常被认为是全善的商周革命之际，也存在着不可避免的恶。关于《公冶长》篇中，孔子赞扬革命之际的清高贤人伯夷和叔齐的"子曰：伯夷、叔齐不念旧恶，怨是用希"这句话，徂徕在《论语征》中指出：所谓的"旧恶"是指周王朝祖先们做的恶事。当周太王（即后来圣人文王之祖父）还是地方一诸侯之时，周之王业已经开始萌芽。此即《诗经·鲁颂·閟宫》中所说的"实始翦商"，是在说他们已经开始了抵抗作为主君一方的商王朝。但在周人祖先开始反抗商王朝之时，并无法保证其等没有实施非法的侵略行为。"岂无夺人国，侵人地之事也"。这样的"旧恶"即使在太王之孙文王作为正义君主成为"西伯"时，亦应很难消除。"岂必复已夺之国，返已侵之地耶？亦世移事去，此无可为之。"由于这已经是埋没在历史中的恶行，伯夷、叔齐并没有放在心上。这就是《论语》中所说的"不念旧恶"的意思，这种情况与孔子和孟子寄身于篡位者后代的齐国相同。相同的议论也见于《论语征》的《泰伯》篇首章。此外，徂徕认为"圣人亦人"，即孔子存在与普通人相通的一面，正因为这样，孔子才是圣人。这一观点早在上文第101页所引的《训译示蒙》中就已经提出，一直到晚年的《论语征》，徂徕都是沿着这条思路进行阐述。

（10）"古文辞学"的目的

不仅是"古文辞"，古代的事实也蕴涵着在后世分裂的所有事实。因此，他在《译文筌蹄》的《题言》中指出，首先要牢牢把握"古"这个根本。在他写给竹春庵的信中可以看到同样的思想："且古者本也，今者末也"，故"滞乎流者，何识其源？后世载籍如海"，后世的书籍数不胜数，"汩没其中"，如果被淹没在其中，"莫能为也"，就无能为力了，这不就是"孔子登泰山而小天下"吗？（《徂徕集》卷27，《大系》，第527页）

然而，从"古文辞"或古代的研究出发，仍然只是一种学术方法，而不是目的。《译文筌蹄》中《题言》的结语指出，通过研究"古文辞"，确认并挖掘出超越时空的相同的人类事实，这才是学问的归宿。他说："古人云，通古今，谓之儒。"这是汉代王充《论衡》中之语。"又云，通天地人，曰儒。"这是汉代扬雄《法言》中的原句。这些话都是说学者的任务乃超越古今时间、天地人空间上的差异，构建通道。徂徕认为这就是他要做到的："故合华与和为一，是吾译学"。如上文第99页以下所述，徂徕宣称，首先要在日本和中国之间架设通道，而现在"合古今而为一，是吾古文辞学"。这一点关系重大，尽管与以翻译方法论为主题的该书本身是不同范畴之事，但《译文筌蹄》的《题言》是以徂徕特别提及的这几句话结尾的。（美篶版徂徕《全集》第2卷，第15页）如果在古今之间架设通道的是"古文辞学"，意味着不拒绝后世与现代。"古文辞"是通道的另一端，而通道的这一端是后世与现代的生活。按照徂徕的说法，这是后世与现代的事实。也就是说，如果不具备关于"今"的知识，就无法架设通往"古"的通道。通过在上总的生活，徂徕知晓了别人所不知道的农村之独特事实，这有助于他提升阅读经典的能力。上文第92页提到的徂徕这一述怀，应当是他一直记在心里的一个实证吧。

因此在下一个时期形成的《学则》中，其第4则便是这种宣言："唯古有圣人，今无圣人，故学必古。"圣人只出现于古代，如果要论证的话，那就是因为那是含蓄的时代，所以出现了最为含蓄人之可能性的圣人。因此，学问必然要以孕育圣人的古代为目标。但同时，"然无古则无今，无今则无古，今讵可废乎？""故欲知今者，必通古。""欲通古者，必史"。"史"指的是后世的历史书。（《大系》，第192—193页）关于上文第108—109页提到的徂徕参与《晋书》等的校刊，都是基于这一认识所进行的，并且也当加深了这一认识。《学则》指出，在"史"中，《礼乐志》《职官志》《食货志》和其他"志"是最重要的，因为它们尤其是事实的记录。

（11）"古文辞学"的方法

那么，怎样才能架设这种通道呢？正如上文（1）中所述，就是使自己进入"古文辞"中。按照"古文辞"的文体写文章。最好是像李、王那样，尽可能使用"古文辞"书中的熟语来表达自己想要表达的事物。就像李、王受到袁宏道和钱谦益的批判一样，徂徕周围也有人非难说这是模仿和剽窃。在写给堀景山的信中，徂徕昂然说道：所有的学问原本不都是模仿吗？另外，日本人写汉语不就是模仿吗？像你们这样模仿宋人的文章，也是如此。也许一开始是模仿和剽窃。但"久而化之"，与对象融为一体，就会"习惯如天性"。"虽自外来"，对方的东西却"与我为一"。如果厌恶这样，那最好不要做学问，"故病模拟者，不知学之道者也"。（《徂徕集》卷27，收入《大系》，第531页）

另外，他在写给山县周南的书信中，就某人文章模仿李攀龙甚是逼真指出：就书法取譬，此"是固摹帖"，即描字帖，"然摹兰亭，岂易事哉？"要学好王羲之的《兰亭序》，必须倾注精神。（《徂徕集》卷21）又如，在写给住江沧浪的书信中，他引用了被李攀龙视为"古文辞"理论的《易·系辞传》之语："拟之而后言，议之而后动，拟议以成其变化。"他认为，模仿才是新变化的生成。（见吉川幸次郎《元明诗概说》，岩波版第199页；《徂徕集》卷24《与墨君徽》）最值得注意的是，他对《大学》篇中著名的"格物致知"的解读是与"古文辞学"的方法相关联而产生的。他在《大学》篇的解释书《大学解》中指出，所谓"物格而知至"，就是把自己投入到"物"，即古代"圣人"所赋予的标准事实之中。并把它"格"向我们，作为卓越睿智的"知"才能"至"，即产生并成长。在《题诗学三种合刻首》这篇文章中，可以看到他主张诗学也是如此，或者说只有在诗学的方法中，这种关系才得以明确。这是徂徕为石叔潭即石川大凡①出版的三部诗学评论的合订本所做的序言。这三本诗评书分别是宋代严羽的《沧浪诗话》、明代徐祯卿的《谈艺录》和王世懋的《艺圃撷馀》。他指出，研究诗歌就是将这些前人的定论作为标准事实，反复研习："习以熟之，久而化之。"如此一来，诗法就会"洞若观火"。这就是《大学》所说的"格物致知"，"是谓之物格而后知至"。徂徕指出："岂翅诗，凡修辞皆尔。岂翅修辞，先王之教皆尔。"这篇文章日期署为"享保乙巳十一年腊月望"。虽然这是徂徕晚年最后时期的作品，但它生动说明了徂徕的儒学说与文学说相关，也许前者是从文学说中衍生出来的。（《徂徕集》卷19）

（12）"古文辞学"的资料

那么，在连接古今的"古文辞学"之通道的另一端，构成其的文献是什么呢？先说结论的话，即是，公元前即西汉以前的所有文献。虽然李、王二人所说的"文则秦汉"已经是这个意思了，但徂徕在上文（4）所说的"世载言以迁"这一思想的基础上提出：由于到西汉为止乃"先王之道"确乎存在之"世"，或者说是其延长，因而西汉以前的文献都是与事实紧密相连之修辞。这是徂徕对"先王之道"的思考加深后所新增的解释。在写给竹春庵的书信中，他指出："盖先王之教，以礼乐成天下俗。礼乐焕乎，故文辞焕乎。"因为文明充满辉煌，故其文章亦然。这不仅仅是在尧舜和夏殷周的"先王"时期。公元前后的"先秦西京之际"，从周末到

---

① 石川大凡，？—1741，名之清，字叔潭。江户时代中期儒者，旗本武士。师从荻生徂徕，成为幕府儒官。著有《大凡山人集》，编有《唐诗础》等。

西汉，"诸子百家，其言虽人人殊，斐然者其遗乎。"在诸子的哲学中，虽然也有像孟子那样沉迷于议论者，但文章皆"古文辞"。在写给竹春庵的另一封信中，他还列举了具体的书名。（《徂徕集》卷27，收入《大系》，第527页）《六经》和《论语》自不待言，"以议论则孟荀晁贾"，即孟子、荀子、汉代晁错、贾谊，"以叙事，则左国史汉"（《左传》《国语》《史记》《汉书》），"以风雅，则屈宋扬马"（文学有屈原、宋玉，汉代扬雄、司马相如），"辅以老、庄、韩非、吕览、淮南、昭明之选"。对于南梁昭明太子所编的诗歌选集《文选》所收录的作品，徂徕当会排除东汉以后的诗歌，只取西汉以前的作品。对于每一个文献的评价及其成立过程，徂徕给出的说明往往也是很独特的。

（a）《六经》是最好的"古文辞"，这是不言而喻的。孔子虽然不像尧舜等七位"先王"具有"道"之制定者的地位，但通过编定《六经》，他将"先王之道"传之后世，由此得到了与作为制定者的"先王"一样的"圣人"称号。（见《辨名》"圣"条，《大系》，第64页）由于《六经》中也存在由"世"（时代）造成的层次，故徂徕在回答柳川内山生的书信中说道："夫六经者文也。故欲学孔子者，必自文章始"，然"文章之道，论世为先"。对于《六经》，也要注意各个时代造成的差别："故善为而后六经明，孔子之道可得矣。"只有辨别每一个时代，才能充分研究《六经》。（《徂徕集》卷25，收入《大系》，第516页）

（b）首先，"书"即《尚书》，从最早之"世"的语言《尧典》《舜典》开始，反映了夏殷周三朝创业的"先王"自身及其余晖之"世"，直到春秋时代的《秦誓》为止，乃关于政治的"大训大法"。作为散文之鼻祖,《尚书》是最经典的"古文辞"。孔子编撰的原始版本有100篇,但一半因秦始皇焚书而丢失,现存的只有58篇。不过,按照现在学界的定论,现存的文本中有一半被判定为三世纪魏晋时代的伪作,仁斋亦早已主张这一观点。(《仁斋、东涯学案》,第49页)然而,徂徕并没有追随仁斋,而是将我们现在认为是伪篇的部分,亦作为其学说的重要依据。在《辨道》等书中,他指出,"义"这一概念,与"礼"同属于大方法("道")的范畴,而不是作为个人道德的"德"之一。"礼"是"道"的原则,"义"是"道"的运用。但孟子以后,"义"与作为"德"之一的"仁"合称为"仁义",这是谬误。徂徕这一指摘的依据是《尚书·仲虺之诰》将"礼"和"义"并列,有"以义制事,以礼制心"之说。然而,该篇是3世纪所作的伪篇之一。另外,宋儒学说的另一个重要依据,即"人心惟危,道心惟微",这句话也是来自伪作《大禹谟》篇。但徂徕接受了它,并给出了与宋儒不同的解释。(见《辨道》,《大系》,第34页,以及《论语征》"尧曰")从现在的学说来看,这些都是不足之处。

徂徕认为,在《六经》中只有《尚书》从一开始就是书籍形态。而在孔子之前,通过口传流传下来的"诗",作为实际表演的"礼"和"乐",在孔子之前都不是书籍。因此,早期文献中曰"书"并进行引用者,都是指《尚书》。孟子的"尽信书,不如无书"这一众人亦熟知的话,和《周易·系辞传》中的"书不尽言",以及《论语·先进》篇中的"何必读书,然后为学",其中的"书"都是指《尚书》。徂徕此一观点虽然有趣,但有些牵强。徂徕自己对《尚书》的解释,有《徂徕集》卷17中的《稽古释义》。这是对《尧典》开头的解释。对于所谓《书序》，即作为《尚书》各篇历史背景之解说而添加的序言，有传说以为乃孔子之笔。徂徕并不信此。然而，对于《古文尚书孔氏传》这一注释（现今学界认为与伪篇同是3世纪之伪作），徂徕认为如同署名所示乃是汉代孔安国之著，称为"犹不失古意。"其未完成之作《尚书学》，收于板仓胜明的《甘雨亭丛书》中。

（c）"诗"，即《诗经》三百篇，乃韵文之祖，其表现最具有"辞"即文学性，是"婉柔近情"的情感表白，"讽咏易感"，产生感动。其内容涵盖了从贵族到平民的生活和感情，"贵贱男女，贤愚美恶，无所不有"。有时是无聊的情话，有时是痴痴的哀怨，极其"零碎猥杂"。《礼记·经解》中有"温柔敦厚，《诗》教也"一语，朱子为其所吸引，认为《诗经》收录的所有诗都是"温厚和平"。但这是一个误解。因为其中有情感激越的诗句，比如《鄘风·相鼠》中的"人而无礼，胡不遄死"，《小雅·苕之华》中如"知我如此，不如无生"。（见《论语征·子路》篇）简而言之，《诗》的价值在于它是一种私语，而《书》是一种公共语言，两者相辅相成。也正因为如此，《诗》的读者能够拥有自己无法体验到的经历，即"以君子可知小人，以丈夫可知妇人，以朝廷可知民间，以盛世可知衰俗"，从而实现提供信息这一文学的任务。《诗》并非宋儒所说的乃惩恶扬善之书。其"辞"之所以更为出色，是因为孔子在编撰成书时做了一些"删改润色"，而不是司马迁《史记·孔子世家》中所说的那样，把三千篇原文献删成了三百篇。否则"田畯红女之言"，即男女农民之言不会如此优美。

徂徕认为，作为对成诗背景的解说而附在每首之前的"诗序"，可能并非如传说那样出自子夏之笔。但它通过赋与背景，加强了诗歌的印象。类似于日本的《伊势物语》①与在原业平之和歌②的关系。（《萱园二笔》，收入河出版《全集》第1卷，第238页）虽然不必拘泥于此，但朱子无视这一点是不恰当的。《诗》的语言本来就是自由流动的，因此当它被其他书籍引用时，往往构成与原作所指涉者不同的表达，即所谓"断章取义"。在徂徕看来，这最后一点，与"风""雅""颂""赋""比""兴"即"六义"的定义一起，可以遵从仁斋之说。（见《仁斋、东涯学案》，第56页）徂徕在《萱园十笔》中还提出了一个特别的观点，即《小雅·雨无正》并非原作，原本只存留下了乐谱，是后人重新填词之作。（河出版《全集》第1卷，第401页）

（d）所谓"礼"，原本是指冠婚丧祭、外交礼仪、宫廷中和村落里的宴会以及射箭比赛等各种仪式，是依据天子、诸侯、大夫、士等阶级，采取不同的方式所进行的实践。孔子及其门派将各个仪式的做法记录成书，所成的"经"，就是《仪礼》。另外，将周王朝的政府组织记录成书，就形成了《周礼》，此亦为"礼"之"经"。对于以上两部"经"的49篇"记"，汉人将其辑录成《礼记》。其中，由子思所作、被宋儒作为《四书》之一的《中庸》篇，以及徂徕认为乃子游所作的《礼运》篇等，都是格外优秀的"辞"。而被

---

① 《伊势物语》为平安中期的歌物语，约在9世纪末至10世纪前半期形成。一卷，作者不详。别名《在五物语》《在五中将日记》。它以和歌为中心，由125段均以"古时有一男子"这种句式开头的故事构成。这些故事提供了理解和歌的背景。

② 在原业平，825—880，平安时代前中期歌人，六歌仙之一。平成天皇皇子阿保亲王第五子，母亲为桓武天皇皇女伊登内亲王。天长3年（826）赐姓"在原"。又被称为"在中将""在五将"。其被视为《伊势物语》的主人公。

宋代苏东坡视为名作的《檀弓》篇并不怎么样。(见《论语征·宪问》)同样被宋儒视为《四书》之一的《大学》篇，讲述的是对养老之"礼"的"义"(运用)。仁斋主张此篇"非孔氏遗书"，对此，徂徕认为观点过于偏颇。他认为，从引用了与卫国相关的《书》和《诗》来看，此篇应该是由卫国人所作。见《论语征·子路》。徂徕关于这些问题的著述有《中庸解》和《大学解》。

(e)"乐"本来是演奏音乐，但孔子以书面形式记录的《乐经》却没有流传下来。作为其笔记的《乐记》篇，现在是《礼记》49篇之一，是优秀的"辞"。徂徕将日本的雅乐作为中国古代音乐的遗存来练习(这一点将在下文第163页进行叙述)，上述"诗""书""礼""乐"，是《礼记·王制》篇中所谓的"四教"或"四术"。所谓"术"，亦指政治方法。正因如此，他屡次指出，这就是在《左氏春秋·僖公二十七年》中晋国赵衰所说的"《诗》《书》，义之府也。礼乐，德之则也"。

(f)卜筮之书《易》，与鲁国历史《春秋》一同被孔子选取，从而成为"经"。这就是为什么它们在其他书中没有像《诗》和《书》那样被引用。《易经》的"辞"之所以离奇古怪，是因为它是鬼神之"辞"。另外，《易经》附录的十篇解释《十翼》，是由孔子整理此前的传说所成。虽然其中的《序卦》《杂卦》篇并不一定是这样，但不应像仁斋、东涯那样对此持疑。(见《萱园九笔》《萱园十笔》，收入河出版《全集》第1卷，第392、401页。关于仁斋父子之说，见《仁斋、东涯学案》，第56、59页。)

(g)《春秋》和《易经》一起被孔子选取为"经"。但在现行文本中，被视为《春秋》的"经"部分过于简单。作为其详细注释，通常被称为"左氏传"的部分,展现了生动的历史叙事。其虽原名为《左氏春秋》,但实际上是《春秋》的"经",至少大部分内容都是这样。否则,《左氏春秋》即通常所说的《左氏传》的文章,就不会是如此光彩陆离的"古文辞"。现在通常被视为《春秋》之"经"的这一简单部分,只是孔子为了方便而写出来的年度事件的索引,类似于司马迁《史记》中的"年表"或司马光《资治通鉴》中的"目录"。徂徕这个观点最为独特。

(h)《论语》是应与上述《六经》并列的"古文辞"。以孔子口头之"言"为中心,前十篇为"琴张",后十篇为"原思",笔录为"辞"。如此可以说《六经》变为了"七经",如果把同类型的《孔子家语》等书作为比较的媒介,这一点就更加明显了。不言而喻,徂徕在晚年完成的著作《论语征》是他本人对《论语》的新解释。虽然《孔子家语》中含有3世纪魏国王肃所增补修订的内容,但徂徕认为其原本乃孔子门人所作,故而徂徕多次引用。在《甘雨亭丛书》中所收录的徂徕未完成之作《孝经识》中,其指出:虽然《孝经》也属于这一类,但它是战国时代的作品,未必重要。

(i)汉代最值得推荐的"古文辞"是司马迁的《史记》。《史记》中所描绘的人物,乃后世诸恶习尚未发生之"世"的人。所谓后世的诸恶习,是指东汉之"清议"即处士横议,六朝的"清谈"即辩论游戏,隋唐以后的科举,宋代以后的议论等。故而,《史记》中之人非后世所能及。此外,《六经》的人物论,只说优点而不说缺点,这是"圣人之道"使然。虽然在《六经》的时代也有恶人,但从后世的角度来看,他们似乎都是无法模仿的人物,让读者望而却步。而《史记》对人物的描写方式并非如此。"长短兼具,纤悉皆有。"无论是善还是恶，连细微之处都描写地很真实，让人感觉不到与现代有距离。（除了这些我们特别展示的内容外，徂徕之说还可见于《辩道》，《大系》，第30—32页；《徂徕集》卷22《与平子彬》、卷23《与薮震庵》、卷24《复水神童》）徂徕还指出，作为古代史书，《战国策》仅次于《史记》。

（j）在诸子方面，《学则》的第2则值得注意："方夫世之未载言以迁也，管晏老列亦类也，何恶其道不同也。"（《大系》，第191页）《管子》《晏子春秋》《老子》《列子》，皆文章正道未失之世的作品。故无论其主张如何，对"古文辞学"而言，皆乃通道另一端的入口。徂徕正是从这个角度研究诸子，而不是像清代的"汉学"家那样，单纯从诸子中寻找《六经》词汇用例的旁证。徂徕也并非没有做过与清代人类似之事，但其着眼点不在此。

（13）诗的典型

以上是"古文辞学"的核心，即让自己的汉文散文与"古文辞"之散文相吻合的举措，以及与之相伴的思考。而作为汉诗的实际创作者，徂徕与李、王二人一起，主张"诗则汉魏盛唐"。因为这一主张与"文则秦汉"密不可分，乃李、王所秉持的思想。不过下述徂徕所补充的理由，可能是他自己的发明。

徂徕认为，古代的事实中蕴含着所有可能性。作为这一思考的延续，就诗歌而言，问题存在于各种体裁的创立时期。首先，关于自由体五七言"古诗"，徂徕指出："夫古诗始于汉魏，故太康以降弗取也。"汉魏时期，即公元前后到3世纪前半叶是古诗创始时期，故西晋太康年间以后，即3世纪后半叶以后的诗就舍之不取。关于定型的五七言律诗和绝句，徂徕认为"近体始于唐，故大历以降弗取也"。由于创始时期为7世纪至8世纪前半叶,故在唐诗中,对于8世纪后半叶,年号大历[①]的中唐、晚唐诗歌则应舍之。此外,"赋始于西京"。长篇韵文"赋",其创始期为公元前1、2世纪的西汉,"故唯有子云、相如焉耳矣"。只应尊崇扬雄和司马相如。一切都是"务为其上焉者,而不为其次焉者"。这就是"学之方也",即普遍的学问方法。(《徂徕集》卷23《与薮震庵》)

另外,在前引《题诗学三种合刻首》中,徂徕认为:"古诗以汉魏为至,近体以开天为至。"其中"开天"一词指的是唐玄宗年号开元、天宝,即8世纪前半叶的盛唐时期。"是自风气所会,虽其人,不自知其然。"即这是历史造化的自然结果,即使询问汉魏诗人或盛唐诗人自己,恐怕也得不到答案。徂徕如此回答,可能是晚年他对"天命"即上天意志产生兴趣后所萌发的思考。"降焉而六朝,而中晚。"晋代以后的古诗,8世纪后半叶以降的中晚唐近体诗,"愈工愈失,亦不自知其然,世之与诗污隆也。"诗也是"世载言以迁"。

为什么在唐诗的四个时期,初唐、盛唐、中唐、晚唐中,只有盛唐的诗歌比较出色?徂徕在写给诗人入江若水的书信中指出:李白、杜甫等人的盛唐诗以"格"(气品)为主,故"高华雄浑,古雅悲壮";白乐天等人的中唐诗以"情"(感伤)为主,故"流畅圆美,宛切动人";杜牧、李商隐等人的晚唐诗以"意"(心裁)为主,故"新奇尖巧,刮目快心";只有以"格"(气品)为主的盛唐诗,才能触及作为诗歌使命的无限之物,"在可解不可解之间",中唐的"情"(感伤)和晚唐的"意"(心裁),都不是最上乘的境

---

① 大历,唐代年号,766—779年。

界。(《徂徕集》卷26《与江若水》)《徂徕集》卷27《答稻子善》中指出：盛唐诗之殊胜在于"格"（气品）与"调"（韵律），而所谓"格"，比如人之"风度"，故而，其以高为贵；所谓"调"（韵律），就像人之礼法一样，其贵分寸；"阆风蒸霞，峨嵋积雪"①乃是"格"，五声音阶之调和、五彩之辉映，乃是"调"；有"格"而无"调"，如绊倒的骏马，只有"调"者，则如驯熟的驽马。

另外，《徂徕集》卷25《答崎阳田边生》中，徂徕说明了诗歌与散文的区别：诗歌是"情语"，所以很短；散文是"意语"，所以很长。诗之最长者，也才仅仅可以与文之最短者相匹敌。两者功用不同。"意"为文之功用，无论其多么曲折，都能用道理来说尽。"情"为诗歌功用，"喜怒哀乐爱恶欲"七种只不过是一个笼统的分类，实际上"情"可以无限分裂，故无法用道理讲清。唯有"语之气格、风调、色泽、神理"，以各种形式构成诗歌语言之氛围者，才能成为"情"之表达。因此，作者和读者应重视"语"，而非"意"。

然而，宋人认为"情"等乃孩子气，以自作聪明的"意"来作诗，错把散文的功用当作诗歌的任务。苏东坡是这一流派的代表人物，而近来明代诗人中，批判李、王二人的袁中郎（袁宏道）和钱蒙叟（钱谦益）是这一流派的追随者。由于日本人用和训来读诗，虽然能理解"意"，却无法掌握"语"。故而，他们喜好宋儒在诗歌上的"邪道"。《徂徕集》卷十的《送香州师序》乃徂徕为其信佛的表弟所写，或许因此之故，徂徕在此文中更深地解释了诗歌

---

① 王世贞在《艺苑卮言》卷五中对李攀龙诗风曾有过这样的赞叹："李于鳞如峨眉积雪，阆风蒸霞，高华气色，罕见其比。"

乃对于无限的接触："诗之为物，散之为空，构斯成色。倏忽乎与色之与空相遇，象之与境相成。辟则化人之宫，幻出太虚中，净土极乐，箕山颍水，何所不有。"因此，除了宋之儒学与文章外，徂徕最讨厌的就是宋人的诗。他在写给安积澹泊的信中嘲讽道，"五山秃子"，即室町时代的五山文学，"崇尚苏黄，过于诗书"，比起《五经》，五山禅僧更重视苏东坡和黄山谷①。(《徂徕集》卷28，收入《大系》，第535页)

然而，徂徕不一定是自五山以来第一个尊崇唐诗胜过宋诗的人。正如他在写给入江若水的诗集序言中所说："于是有锦里夫子者出，而扶桑之诗皆唐矣。"即他之前已经出现了前辈木下顺庵（1621—1698，别号锦里）②。(《徂徕集》卷8《叙江若水之诗》)与他不合的新井白石，作为木下顺庵的弟子，也是唐诗派。(见吉川幸次郎《凤鸟不至》，昭和46年［1971］新潮社版《新井白石逸事》1—3。)白石的诗歌也以模仿盛唐为主，但并非排他性的。就徂徕而言，在诗歌方面，他也完全投入到汉魏、盛唐之中，并试图使自己成为汉魏、盛唐式的诗人。

（14）《诗经》的诗和汉魏盛唐诗

但是，徂徕必须和李、王一起接受众人的质疑。为什么他们在

---

① 指宋代文学家黄庭坚。
② 木下顺庵，江户前期儒者。别号锦里、蔷薇洞。师从松永尺五学习汉学。与安藤省庵、宇都宫遯庵一起被称为松永门之三庵。天和2年（1682）62岁时成为幕府儒官，去到江户，在那里建立了木门学派，声势甚至凌驾于林家之上。其弟子有新井白石、室鸠巢、榊原篁洲、雨森芳洲、祇园南海（即木门五先生），英才众多。顺庵尊崇程朱之学，但并不局限于此。他还爱好诗文、阳明学等。著有《锦里文集》十三卷、《班荆集》二卷。

诗歌上只停留于以汉魏、盛唐诗为宗，而不进一步上溯至《诗经》并以其作为典型呢？因为即便对于他们这些强烈的古典主义者来说，这也是不切实际的，是困难的。事实上，自《诗经》以来，这种四言体裁，即每行四字或四个音节的诗歌，其成功的创作者寥寥无几，只有曹魏的嵇康与东晋的陶渊明做到了。李、王和徂徕虽都有这类作品，但毕竟数量稀少，并未成功。徂徕的作品只有一首。（见《徂徕集》卷1）① 面对此类质疑的解答，徂徕是有准备的。他认为，诗歌是"情"之表达，而"情"未必受"世"之变化的影响。在诗歌方面，虽说（选择参照）后世的诗歌，但自己参照的是汉魏与盛唐之作，（其"情"）与《诗经》并无本质不同。故以它们为典型。这不是直通《诗经》，而是间接通向它。《徂徕先生答问书》下卷指出："听闻子欲作诗，此意甚是好。（如吾先前所言，）上代之诗与后世之诗同也。子若不作诗，则难知《诗经》矣。"（美篤版徂徕《全集》第1卷，第485页）另外，他在中卷还指出了做学问的方法："尤其欲在吾邦做学问者，因不论圣人还是唐人经书皆用唐人语言写成，故若不知晓文字，则圣人之道难知矣。"而"欲理解文字，则不可不知古人作书时之心绪。故若不作诗文，则难解之事多矣。"这就是"古文辞学"之要义。实际创作汉诗文，是阅读儒家古典时所必不可少的工作。如果缺乏这种努力，则会出现"学经书之人因不甚熟悉文字之故，故胡乱解说道理"。（同上书，第460—461页）徂徕在《论语征》中列举了几个不易理解的例子。

---

① 即《猗兰滕矦将戍洛阳城临发置酒分十二体》："矦将西征，驾言逡巡。……珍重加餐，及瓜之辰。"

例如，《里仁》篇中孔子所说的"朝闻道，夕死可矣"。这里的"道"当然指的是先王之道，而所谓"如果早上知晓了'道'，那么晚上死去也可以"是一种具有诗意的夸张。后世儒者由于不熟悉诗歌，只按照字面意思去理解这句话，遂有"夕死可矣，孔子自言其求道之心若是其甚也。后人不学诗，不知言语之道本若是，故疑其过甚"之事。① 另外，在《公冶长》篇中，有关于微生高的人物评论。有人来问微生高借醋时，刚好他家的醋已用完，于是微生高向邻居讨来了一些醋给那人，即"子曰：孰谓微生高直？或乞醯焉，乞诸其邻而与之"。一般对此的解释说，孔子认为微生高此举是一种过度的善意，不可谓直爽。但徂徕给出了不同的解释。他认为，这一章表现了孔子的幽默，微生高是和孔子住在同一街区的贵族。去讨醋的"某人"其实是孔子家的仆人，微生高很好心地从邻居家讨来醋给他。由于彼此是街坊邻居关系亲密，故孔子开玩笑说他不是一个真诚的人，以此表达谢意："盖反言以戏之耳，亲之至也。"② 即这一章展现出的孔子是作为平易近人的市民的形象。如果不是涉及到孔子本人，而是别人之间的事情，那么评论这种琐碎之事，乃"闾巷间匹夫匹妇之事"，即村头井边所议论的事，孔子不为也。孔

---

① 荻生徂徕『論語徵』乙、「子曰朝聞道章」、関儀一郎編『日本名家四書註釈全書：論語部 5』、東京：東洋図書刊行会、1926 年、第 79 頁。在此书中，对于后世儒者之解释，徂徕继续评点道："古注曰，将至死不闻世之有道，可谓误矣。朱注以道为事物当然之理，以闻为真知，以生顺死安为说。遂流于老佛，不可从矣。"此处朱熹之说乃是《论语集注》中的如下阐述："道者，事物当然之理。苟得闻之，则生顺死安，无复遗恨矣。朝夕，所以甚言其时之近。"

② 荻生徂徕：『論語徵』丙、「子曰朝聞道章」、関儀一郎編：『日本名家四書註釈全書：論語部 5』、東京：東洋図書刊行会、1926 年、第 104 頁。

子的幽默之所以久未被理解，是因为"后儒不学诗，不知言"。

（15）"古文辞"之含蓄与"物"之含蓄

以上我们所说的，是作为文学学说的"古文辞学"之主张和实践。如后文所述，这是他40岁到50岁这段时期不变的主张。现在，我不仅把它们作为文学学说来阐述，还经常提及在徂徕50岁以后的下一时期的儒学学说中具有延展关系和影响关系者。之所以特意提及，是想说明徂徕的文学学说和儒学学说是密不可分的。对"物"的尊重，在下一时期成为其儒学学说的重点。所谓"物"，根据《辨名》中"教之条件"一则所述，乃是"先王"作为政治和教育的标准给出的事实。（《大系》，第179页）其儒学学说的重点转向对这种"物"的尊重，也可以从这种关系来理解。徂徕以"古文辞"或简单说"辞"作为与事实密切相关的修辞而尊重之，这种态度可能延伸到了对事实本身的尊重。这种关系我已在上文（7）中进行了论述。

事实不止如此。更为重要的关系是，对"古文辞"之含蓄的尊重，与对"物"即事实的尊重紧密相连。如上文（8）所述，所谓"古文辞"之含蓄，是指包含了各种各样可发散出的意义之可能性的浑然存在。而这种含蓄性存在乃存在于最初时期的观点，是徂徕将散文的典型置于秦汉"古文辞"的部分原因，也是他将诗歌典型置于各种体裁之开端——汉魏与盛唐的原因。某种语言因其处于本初位置，故而含蓄。徂徕对含蓄性语言的尊敬，与他在儒学学说中对事实之尊重，在更深层次上是相关联的。因为事实也浑然包括了各种各样可发散出的意义，是在发散出的意义上所派生的诸存在，是位于其本初位置的原存在。《辨道》曰："故先王之教，礼乐不言，举行事以示之。"这当是徂徕以这种形式来看待事实的显著表现之一。（《大系》，第205页）"行事"①即事实，是一种浑然的、未分裂的状态。与此相对，"言"（议论）则是偏颇于某面的分裂。故而，构成徂徕此后儒学学说中最重要的部分，乃来源于其先前的文学学说。我并非哲学家，暂时只能说这些，期待以后哲学家们对此的深入讨论。

上述"古文辞"的主张和实践，意味着徂徕摆脱了此前人们出于时代惯性而视之为典型的宋式文学。不过，如上文所述，其契机是徂徕39或40岁时与李攀龙、王世贞二人诗歌和散文的邂逅。（本书，第119—120页）然而，在宝永3年徂徕41岁时所撰写的甲州游记《风流使者记》中，并未发现有李、王的影响。其文体和其中插入的诗句仍属于非"古文辞"的风格，并且他将自己比作"当世韩柳"。（本书，第116页）正如徂徕自己所说的那样，他在感受到李、王之书魅力的同时，一段时期里也为其晦涩难读而苦恼。

徂徕对"古文辞"的主张和实践，是在最初接触"古文辞"后的一段时间内开始的。伴随宝永6年纲吉的逝世和随后吉保的倒台，徂徕本人也突然变成了失意之人，他离开了过去14年居住的柳泽宅邸。之后一直到徂徕去世，虽然还一直保持柳泽家臣的身份和接受俸禄，但实为一名生活在江户市内的儒生。据我推测，他最早当是在44岁的夏天时迎来了一生的大转机。

---

① "行事"一词，在中国古典中有"所行之事实"之意。如《史记·太史公自序》："子曰：'我欲载之空言，不如见之于行事之深切著明也。'"［宋］苏洵《史论上》："夫《易》《礼》《乐》《诗》《书》，言圣人之道与法详矣，然弗验之行事。"徂徕所用"行事"一语，也与这一含义有关。

这一推测的重要依据是其汉诗文集《徂徕集》三十卷的编排次序。根据《大系》中西田太一郎的解题，《徂徕集》是在徂徕去世后的元文年间刊行的，但肯定是其生前自己编纂的。其中收录了681首诗和423篇散文，散文中有284封书信。徂徕原则上只收录了他主张"古文辞"后与之不相悖的作品，而不包括之前的诗文。然而，这些诗歌和散文一般都没有标明创作时间，这似乎也是对李、王诗文集的模仿，让人使用起来很不方便。但所有体裁的译文的创作时间大体上都是在柳泽藩邸末期之后。时间上最明朗的，是诗歌的七言绝句部分，它们大致是按年份顺序排列的。但在全三卷321首的开头部分，排在第三首的，是题为"正月十日作"的一首诗。该诗是为悼念纲吉在宝永6年这一天去世所作，诗中徂徕把纲吉比作汉武帝，把自己比作司马相如。

尝说汉家恩泽疏，	嘗つて説く漢の家の恩沢は疎かにして
金茎不到病相如。	金茎のくすりは病める相如に到らざりしと
从今中使茂陵路，	今従りの中使は茂陵の路に
封禅谁求死后书。	封禅誰か求めん死後の書

（《徂徕集》卷5）

这足以说明，《徂徕集》诗文创作的时间上限，也就是他"古文辞"文学的开端，可以追溯到纲吉去世后不久，也就是宝永末年。但此集中收录了更早时期的文章，即徂徕在宝永1年时年39

岁时写给仁斋的信。这是上述原则的一个例外，因为徂徕很看重这封信的内容。相反，关于甲斐的游记，此集未收初稿《风流使者记》，而是收录了之后的修订版《峡中纪行》。另外，在全三十卷之后，将"补遗"一卷作为附录，似乎乃补充了徂徕主张"古文辞"之前的作品中有保存理由者。例如，上文第112—113页所引用的七言绝句"得请罢授经"，就见于补遗卷。

徂徕舍弃改弦更张前的诗文不收，这与明代钱谦益的诗文集恰好是同样的做法。与徂徕相反，钱谦益（1582—1664）最初是李、王的狂热追随者，但后来变为李、王的反对者。其一百一十卷的诗文集《初学集》中，对于早期追随李、王时的作品一概不收录。徂徕可能是从钱氏那里获得的启发。他称自己为"跅弛之士"即放荡不羁者（这个词最初见于汉武帝的诏敕中，发音为"タク·シ"时亦标记为"跅弛"），这也是钱氏经常用的自称之语，是指自己博学且求知欲旺盛。可以说，徂徕在文学上的主张也有从立场相反的钱氏那里适当吸收的一些要素。此外，《徂徕集》是在徂徕去世后刊行的。然其十行、二十字的木版版型以及字体，都酷似于徂徕所膜拜的王世贞的《弇州山人四部稿》。

此外，关于徂徕的"古文辞学"始于藩邸时代末期还有一旁证。山县周南（1687—1752）是早在徂徕居藩邸时就开始追随的门人，仅次于安藤东野（1683—1719）。宝永2年，19岁的周南离开故乡周防前往江户，并在接下来的三年里跟随徂徕学习。根据服部南郭为周南所写的墓碑内容来看，徂徕在40到43岁这段时期刚刚开始"修古"之事业，追随者很少，周南的师兄只有东野一人。这也表明，是从那时起，徂徕开始提倡"修古"，即"古文辞学"。离开藩邸后的第二年,即宝永8年(改元后的正德1年),46岁的徂徕在同年2月出版的《译文筌蹄》的《题言》中,如上述(10)中我们所介绍的那样,牢固树立起了"古文辞"的旗帜,并以李攀龙、王世贞二人为权威。关于诗的典型,他写道:"但苦于唐诗少,当补之以明李于鳞、王元美等七才子之诗。此自为唐诗正脉。"关于文章的历史,徂徕指出:"故李王以修辞而奋之,专以古为则,可谓大豪杰矣。"(美篶版徂徕《全集》第2卷,第13—14页)

此后,在正德年间(即1711—1716年,这时徂徕已年近五十),"古文辞学"在他及其门人的推动下急剧发展,成为一股巨大的文学势力,甚至成为席卷当时整个社会的一股势力。

这与徂徕所处的环境不无关系。纲吉死后,其侄子家宣成为第六代将军,新井白石作为辅佐者,登上了纲吉在位时吉保之位。徂徕把这称为"鼎革"。这是一个含义颇为严重的词语,因为它在汉语语境中指代王朝交替。在之后的《政谈》第4卷中,他写道:"新井筑后守①所言之事,为当朝(家宣)所用,使诸事多违于前朝(纲吉)之时。"(《大系》,第395页)作为前朝遗臣,徂徕难以忍受纲吉-吉保体制的崩溃。当时,回到周防的门生山县周南写信给他,说在这次政权交替之际,先生"乘此机会,或可以致身青云之际邪"。对此,徂徕以激烈言辞回答说:"予方先朝之时,业已籍府公显赫之势",即仰仗藩主吉保公之威势,"身虽陪臣哉,尚且朝金城",即在城里做官;"躐玉城,厕鹓班",即和达官显贵

---

① 即新井白石。

相交；"昵龙威者"，即近侍幕府将军（事实上的皇帝）身旁，"十有余载"。另外，"宪庙"纲吉公又因徂徕先父方庵曾是其侍医之故，"时时召见（我），校艺御前"，让我和其他人用非武艺的儒学在其面前对决，"拜赐沐恩，有踰同列者"。如果当时我能克制自己天生的乖僻性格，"知媚于上"，对纲吉公言听计从，那么出人头地应该是轻而易举的事。但我之所以没有这么做，是因为我性格乖僻。现在更别说去新朝廷做官了。（见《徂徕集》卷21《与县次公》）另外，《徂徕集》卷25的《与朽土州》一文亦有类似见解。《与朽土州》的写作时间稍稍晚于《与县次公》，在这封信中，徂徕对土佐守朽木玄纲劝他出仕的建议进行了回应。徂徕指出，自己本是个"狂奴"，"跅弛之士"（放荡不羁者）。在柳泽公的藩邸里，已经忍耐了5个"不鸣不蜚"的3年，也就是15年。更何况现在是"鼎革"之世。请允许我"强颜复出，消摇市中"，即作为市井儒者厚颜活下去。

家宣短暂地统治了不到四年，随后其幼子家继（有名无实的第七代将军）之世亦不到三年。在这年号为正德的七年里，徂徕与体制之间一直处于紧张关系。他称处于新政权中心的白石为"辇上君子"[①]。虽然学识浅薄的笔者不知该词的由来，但似乎是一个具有讽刺性的词语。新井白石似乎也对旧体制的遗臣们保持着警惕。徂徕在抄本《徂徕集拾遗》中收录的写给山县周南的信中指出："宪庙已殂，时事大变，用事者"即当局者们，"乃以是侧目于吾党，故

---

① 辇上，代称朝廷。《晋书·桓玄传》："玄曰：'卿何不谏？'（曹靖之）对曰：'辇上诸君子皆以为尧舜之世，臣何敢言？'"

齮齕不佞"即欺压我,"备至焉"。此外,新井白石也是徂徕"古文辞学"的批判者。后文将提到,徂徕也对此进行了反击。(本书,第159页)然而,这种紧张关系反而使徂徕及其一门的"古文辞学"的力量更为强大。接下来,让我们一起来看他在这一时期的足迹。

起初,在宝永6年,吉保因纲吉去世而失势。在吉保行将搬到郊外的隐居之所时,徂徕也想跟随吉保到那里继续效力。吉保对徂徕说:"不,你应该住在城中,尽快扬名。"徂徕在写给安藤东野的书信中记载了这件事,当时他的文体已经完全是"古文辞"体了:"府公则语仆,毋也",即不必如此。"宪庙时若所拮据,皆国事也。"是说徂徕侍奉纲吉公,虽为陪臣,但也是为国家之事出力。"若惫矣,吾不欲再劳若。"相比之下,"其及若年之未艾,勉为名高哉"。吉保让徂徕在50岁之前出名,且不能离开幕府城,因为"城中豪杰士所止,养交所以养名也,若其毋离城中为也。"(《徂徕集》卷21《与滕东壁》)后来,徂徕向吉宗政府提交的亲笔写的履历书《由绪书》中,也说了与这些"古文辞"相同内容的话:"美浓守以特别之关切,让吾居于町中,故吾返回江户,以学术而弘之。"接下来的那句话,我读不出来,但下一句话是:"日本无双之名儒之名立焉。总之,吾亦以利于世间而为教也。"

徂徕听从吉保的建议,在城中找了一处房子。他在写给东野的信中写道:"吾坐困桂玉。"① 即作为突然失业的人,一边苦于爨桂

---

① 桂玉,喻昂贵的柴米。[宋]王禹偁《单州谢上表》:"身叨赴阙,颇更思乡……分俸则桂玉不完,聚族则京师难住。"

炊玉的高物价，一边"难免求田问舍"，即首先是要找房子。"两三人力，奔命东西而不得，皆甚疲。"徂徕让仆人们寻找房子，但他们只是精疲力竭地回来了，故而徂徕作为主人不得不亲自出马，"仆亦屑屑乎自大江东徒步而回"。自己几日前还坐着轿子，现在要步履艰难地去隅田川之东看房子。回来后正准备"削牍"①，即给你写回信，展开纸张时，觉得"头岑岑然"，即头一跳一跳地疼。最后这句话出自《汉书·外戚传》中被灌下毒药的许皇后所说的"我头岑岑也"。②徂徕借用这句"古文辞"来表达自己的体验。

徂徕似乎在某处借住了一段时间。上文第109页所提到的在芝的瑞圣寺与徂徕笔谈的中国僧人悦峰道章，他为吊唁纲吉薨去而再次进京。他在返回黄檗山后，徂徕给他寄去了一封书信。其中说："方今以宪庙即天"，即纲吉公薨去，"府公告老"，即吉保公隐居，"而不佞亦得养痾城外市楼中，闲散自适也"。所谓的城外，并未具体详述在何处。"日偃卧风榻上"，仰面而卧，"咏哦为娱"，只作诗，"而精神渐苏，稍稍乎复故吾矣"。徂徕为从幕府供职中解脱出来而感到高兴。文章开头所说的"亢旱涉岁"和结尾所说的"季秋非近"，表明这封书信写于宝永6年夏秋之间。（《徂徕集》卷29《与悦峰和尚》）

徂徕最终在日本桥茅场町的一处宅子里安顿下来，并给它取了

---

① 削牍，古时将竹、木削薄成片，用以书写。有误则刮去重写，谓之"削牍"。后用以泛称书写、撰述。《汉书·游侠传·原涉》："涉乃侧席而坐，削牍为疏，具记衣被棺木，下至饭含之物，分付诸客。"

② 岑岑，胀痛貌。《汉书·外戚传上·孝宣许皇后》："我头岑岑也，药中得无有毒？"颜师古注："岑岑，痹闷之意。"

个很唐风的名字"萱园"。那天下着雨,徂徕让东野派来的仆人帮忙搬家。收拾完毕后,徂徕"独卧厅上",即横卧房里时,有"数十竿竹,乍听作琮琤乎响"。过去在令人心神不宁的柳泽藩邸里,是很难获得这种悠然心情的。他在另一封写给东壁的信中描述了这种在野未仕的感觉:"十五年所未耳者,则喜欲狂矣。"此外,徂徕在另一封信中称赞东壁来信的"古文辞"说:"左、马、庄、韩,杂然具列。"即东野的书信中有着大量从《左传》《史记》《庄子》《韩非子》中摘引的语句。可见,师徒二人的"古文辞"运用已经臻于佳境。在另一封开头为"东壁足下,近况何似"的信中,徂徕写道:"予始则以谓古文辞或行世邪。"即认为自己的新文学或将成为文坛的一股势力,但"是殆不然",事实并非如此。原因在于,那些不学无术之人依然固守宋代欧阳修、苏东坡那种易于阅读和模仿的文学。"盖世之乐欧苏文者,不啻为其易构也,亦为其易读也"。尤其是"某先生",他"以文人自命",摆出一副大文豪的姿态。显然,徂徕指的是新井白石。徂徕指出,我们所作的"古文辞",他读不来,于是嫉妒我们、阻挠我们的新文学。你不这么认为吗?"故古文辞不行于世也,妒之殃也,足下以为何似。"(见《徂徕集》卷21《与滕东壁》)。

然而,"古文辞学"压倒了这种杂音,盛行于世。首先,正德1年(1711),在徂徕46岁时,其《译文筌蹄》的出版向世人再次展示了他的学识。底稿是他20年前在增上寺私塾的讲义记录,此后一直在修改。徂徕现在加入了新写的《题言》。在此之前,都是以抄本的形式流传的。一位来自京都的人说,连京都那边的学者都把徂徕此书当作学习宝典。据无名氏的《萱园杂话》记载,这个人好像是过去曾在仁斋私塾里学习过的山井鼎。徂徕说，既然如此，为了省去笔耕之劳，就付之印行吧。这反映了徂徕对东涯父子的反感。该书由东涯所在的京都的一家书店刊行，但从《徂徕集》卷26中收录的几封写给入江若水的信可知，摄津酒坊的诗人入江若水关照了该书的出版。

就在《筌蹄》出版的正德1年，朝鲜使者来到江户祝贺家宣上任幕府将军。使者一路东上抵达江户之前，想求取酬答诗的文人墨客纷纷涌入这些"韩客"的住处，引得世间轰动不已。徂徕对此嗤之以鼻，他在写给身处周防的爱徒山县周南的信中写道：自己看过朝鲜使者们的诗，都是陈腐至极的宋式文学，"其卑靡一沿袭宋元之旧，是自三韩土俗使然。"他不明白众人为何对此甚为兴奋。在江户，"有辇上君子，握文章之柄者"，即新井白石，这位贵人在为准备接待朝鲜使者而举行的会议上说："聘大礼也，三韩上国也。其人习文，又接壤中华，是不可以世琐琐者当之。"不让位卑者担当接待任务，故而，我们这些陪臣和市井儒生，甚至不能接近使者下榻的公馆。若是藩主柳泽公有令，倒也另当别论了。在我写给你的七言律诗中，我曾说过："傥逢西客遥相觅，日本晁卿以后篇。"你所在的周防国位于日本的西端，靠近中国。如果是"西客"即中国人来要日本的诗时，你就让对方明白，阿倍仲麻吕以后的日本人，首次写出优秀诗歌的是我们。我们的诗歌如同中国亦无的世界第一名山富士山的山巅白雪。除非这次的朝鲜使者如同仲麻吕之友李白和王维那般，否则其诗就无法与我们的诗歌相提并论。"是微李白王维辈，何以能斗夫芙蓉白雪之高也。"

徂徕虽然以中国乃出现"圣人"的国度而尊重之，但他认为其现在已失"先王之道","道"的继承者反而是日本之吾辈,故而徂徕总是把富士山作为日本文明能力的象征。在写这封信的四年前,当黄檗寺的住持悦峰道章行将返回宇治时,徂徕在送别的书信中写道:"秋色将尽,芙蓉峰上雪,寒色照人。不识中华有此好屠颜①否?"贵国有这么雄伟的山吗?它和泰山、华山相较将如何?"岱华想当相伯仲耳。"(《徂徕集》卷29)在甲州之旅中,从北麓看到的富士山给徂徕留下了深刻印象。他在《峡中纪行》中极力强调了这一点。此外,虽然徂徕当时在江户经常搬家,但从他的每个住所都能看到富士山。他每十首诗中就有一首提及富士山。在写给周南的信中,徂徕暗地里将自己比作"芙蓉白雪之高"。信中徂徕还讲述了自己站在路边拥挤的人潮中所看到的朝鲜使者登城时的队列:"衣冠仪从,尚仿佛乎明典章。鼓吹炮震,旗旆缤纷者状。"其作为礼物送给将军的"胡马"(蒙古马)和"海东青"(鹰)等极具中国特色,"诸瑰玮奇谲,可娱耳目",都颇为精彩。也因为这样,当他看完回来时已经筋疲力尽了。于是他"高枕偃卧"(伸腿伏卧),"烘足地炉中"(把脚放在暖炉上),心里嘲笑那些在城里陪同的人们现在一定是在费尽心思作诗,好献给使者。(《徂徕集》卷21《与县次公》)。另外,《徂徕集》卷1中的《丽奴戏马之歌》是一首七言古诗,讲述了他在江户城北门看到的随韩使而来的马戏团向幕府将军进献的表演。②

---

① 屠颜,指高峻的山岭。[唐]李绅《逾岭峤止荒陬抵高要》诗云:"周王止化惟荆蛮,汉武凿远通屠颜。"

② "高句丽北与胡邻,产马骁腾似其人。岁时国王修朝聘,乃贡良马随国臣。从行丽奴善戏马,轻便闲习莫若者。……何妨千秋又万载,持此长奉君王欢。"

后来他在《政谈》第3卷中对白石接待朝鲜使节的做法进行了谴责："新井等人乃文盲，于此等事却不知晓。"（《大系》，第350页）在《徂徕集拾遗》中有另一封写给安藤东野的信，我虽然没能完全读懂，但看起来徂徕似乎也参加了某一阶段的朝使接待准备会议："（余）以为，此事宜御史在后，执法在前，列卿大夫俨临在上，以传上命。"他坚持凡事都要堂堂正正不失体面，如果对方不听取，则"放之可矣"，即可逐之；"戮之可矣"，即可反击之。然而，有像张仪、苏秦这样的人，以及南梁陶弘景那样的"山中宰相"，也就是作为幕后智囊的文化人在操控一切。徂徕对自己的主张不被采纳而愤愤不平。"山中宰相"一词也出现在《徂徕集》卷21中所收录的他写给东野的信中，但所指是否白石，还有待考证。《徂徕集》卷22中有《与平子和》一文，这是徂徕写给平野金华的书信，其中再次提到了"辇上君子"。这位辇上君子认为王世贞、李攀龙只是才子，韩愈、柳宗元才是大家。徂徕指出，此人肯定是因为看到明人编撰的《唐宋八大家文》中包含了韩、柳，故而如此主张。这何其愚蠢，他真是一个不学无术的家伙。徂徕这里指的就是新井白石。

徂徕和弟弟荻生北溪[①]以及井伯明一起组织了一个名为"译社"的汉语讲习会，并在正德1年的10月5日举行了成立仪式。（其规章《译社约》见于《徂徕集》第18卷）讲习会的讲师由长崎通事冈岛冠山担任。不过由于冈岛刚成为林大学头的徒弟，一个月只能外出六七次，故而会期为每月逢五和十的日子。不过每月的

---

① 荻生北溪，1673—1754，江户时代中期儒者，德川纲吉侍医荻生方庵之子，荻生徂徕之弟。曾帮助徂徕完成《度量衡考》，后参与了山井昆仑《七经孟子考文》的补遗工作。

二十五日休会，因为这一天是徂徕到柳泽藩邸讲学的日子。三人的住所轮流作为会场。便装出席，随从必寡，房间庭院的洒扫随意。讲习会上午开始，日落后散会。饭菜为米饭和酱汤各一碗，咸菜一碟，点心和酒随意。不过，"若或佳肴美味，他人时偶有赠遗，而非己所办置者，何妨也"。即如果是他人所赠之美味，则亦可共享之。成员可以减少，但不能增加。如果是主人的相识之人且非一介俗夫者，可以临时出席。

徂徕在柳泽藩邸时曾经有练习"唐话""唐音"的便利，开设该讲习会可能是为了弥补离开后失去的这一便利。徂徕在写给帮助了《译文筌蹄》一书出版的入江若水的信中，有如下表述。若水曾告诉徂徕说，有人指出《筌蹄》的《题言》中存在"颠倒"处，即汉语语序上的错误。对此徂徕予以否认，表示绝无此事。他说，对于汉语的"语理"即韵律的秩序中"本有天生自然之则"这一点，自己深有体会。别人是以日语为媒介来理解汉语，所以才这么说，而自己是用汉语来理解汉语的。"吾党则异于此。其法亦只以汉语领会汉语，未曾将和语来推汉语。"不光自己写文章如此，就连日常生活中的闲聊也是用汉语按照其原本的语序和节奏来进行的。"故不但把笔始无误，平常与同人辈，胡讲乱说，语语皆汉语，莫有一字颠倒差误者。"如果身边的人把这些记录下来，马上就会变成大把的"灿然文章"。即使在睡梦中，自己也不可能像批评他的人那样犯下语序"颠倒"的错误。（《徂徕集》卷26）以抄本形式流传下来的《文罫》这本书，从这个角度解释了汉语的语序。后来它作为《文戒》的初稿，收录于《萱园随笔》的附录中。（见本书，第171页）

此外，在广岛大学馆藏本《徂徕集拾遗》中，收录了更多措辞犀利的文章。里面有一篇没有标题的文章，是徂徕给冈岛冠山某部作品所写的序言，其文字气势逼人。徂徕说，日本人与中国人"风土异方，言语殊宜"，因此除非我们首先创造出一种中国式的质地，否则就没有通往文明的道路。所谓"质且不立，文将何施"。只有按照冈岛君这样的方法，才能"而后其衣冠虽倭，其言语华，抵掌解颐①，声气态度，宛如大海以西人也"。虽然我们在着装上不得不为倭服，但在其他方面则可以变得同中国人一样。只有在此基础上，才能从事《诗经》和《尚书》的学问。（"夫然后可使受之典谟雅颂②之音。"）

也是从这个时候起，徂徕开始练习雅乐。认为中国古乐只传到了日本，这是徂徕的见解。他在写给入江若水的信中写道："周汉之音，存吾东方。"（《徂徕集》卷26）但在写给薮震庵的信中徂徕并未如此斩钉截铁，他指出：虽然难以辨别究竟是夏商周三代之古乐，还是秦汉、魏晋时期的音乐，但其中当有"俗"乐也有"雅"乐。（同上书，卷23）徂徕在写给入江的信中说自己把研究心得汇编成了一本《乐书》。其中一部分内容就是现存的《乐律考》等，但笔者还没有仔细阅读它们。徂徕在写给安藤东野的信中这样说道："三日不吹笙"，就会心烦意乱，"郁湮之气，殆乎弗洩"，你也

---

① 抵掌，击掌。指人在谈话中的高兴神情。亦因指快谈。《战国策·秦策一》："（苏秦）见说赵王于华屋之下，抵掌而谈。"解颐：谓开颜欢笑。语出《汉书·匡衡传》："无说《诗》，匡鼎来；匡说《诗》，解人颐。"
② 典谟，《尚书》中的《尧典》《舜典》《大禹谟》《皋陶谟》等篇的并称。雅颂：亦作"雅讼"。《诗经》内容和乐曲分类的名称。雅乐为朝廷的乐曲，颂为宗庙祭祀的乐曲。

是如此吧。(同上书，卷21)他在写给爽鸠子方①的信中写道，当自己吹笙时，"吾家猫儿怕此声为甚"。(同上书，卷22)在徂徕写给东野的书信中还出现了编纂于明清时期的乐理丛书《啸余谱》②。上文第112页提到徂徕厌恶谣曲，就是因为它是雅乐的对立面。奈良、平安王朝，因中华的"礼""乐"而熠熠生辉。在徂徕的历史观看来，自从后醍醐天皇南迁、足利尊氏开始统治之后，万事皆走向沦落。(《徂徕集》卷28《复安澹泊》等)

徂徕仕于柳泽藩邸时，除前引《译社约》提到的每月一次的讲义外，每个月只去三四次藩邸。在另一封写给黄檗僧人悦峰的信中，徂徕言及此事，称其余时间，则"日唯偃卧元龙百尺楼上，而不干世间应酬之务"。自从搬到茅场町的萱园以来，已一年有余，"稍暇则庭树重阴之下"，他同王维一样，"科头箕踞，白眼睥睨乎礼法之士。时或酒酣耳热，搦秦筝，弄洛笙，而伶工瞽师之与从"。

吉保隐居之后，藩邸的主人是其子吉里。徂徕称吉里为"刑部侯"，并为其诗集写了序言。(见《徂徕集拾遗》)然而，藩内重臣对自由自在生活的徂徕态度冷淡。徂徕应得的400石俸禄有时也不予发放。在《徂徕集拾遗》中收录的写给安藤东野的信中，徂徕说道："平头③之徒回来告曰，仓廪已无现粮可支给。"我派仆人去取

---

① 鹰见爽鸠，1690—1735，江户时代中期武士、儒者。在江户师从荻生徂徕。为三河(今爱知县)田原藩家老，尽力于藩政改革。常事诗文，亦精通经济、刑法。著有《学说》、《爽鸠诗稿》等。
② 明代程明善所编词曲声律著作，以歌之源出于啸，故名曰"啸余"。全书共十卷，辑录啸旨、声音数、律吕、乐府原题等。
③ 平头，代指奴仆。[宋]陆游《兀坐久散步野舍》诗："赤脚舂畲粟，平头拾涧柴。"

禄米，他却说米仓已经空了。"杳乎未有定期也。"到底什么时候能发放呢？"藩之待吾辈，不知其将如何。"你我都是柳泽藩臣，这究竟是怎么回事呢？

有时他也会因为一些琐事被叫去藩邸。在《徂徕集》卷21中收录的另一封他写给安藤东野的信中，徂徕写道："昨藩大夫折简召我，我始谓有何文事"，以为是文学上的事情，"则诸学士先生迁官之事也"。另外，在同一卷中收录的他写给周南的信中，徂徕表达了不事二君的志向。在上文第156页我们也提到了徂徕不仅对家宣-白石政府不满，而且对藩也持有不满。徂徕说，自己本来就是世上无用之人，"诚然世之弃物"。疯癫且多病，每个月有二十多天在呻吟，其余时间则在哈哈大笑。若"一日束带"，如果穿上武士的礼服，则"三日僵床"。但只要兴致一来，就会脱口而出成百上千个字。如你所知，从我居住在藩邸的时候起就一直如此。这次因为有两三个好友对我这一怪癖感到同情，成功地说服了幼主（吉里），于是用担架抬着我这副病躯离开了藩邸，现在我以领取俸禄的隐居（"禄隐"）身份住在茅场町。有人会说，这是藩内的优待，作为对我过去侍奉藩主的回报。然自己只是多余之人。"要之，一赘旒。"① 不久之后自己的结局将很悲惨。"不久终当溃决耳。"

将已故将军纲吉的传记编成《宪庙实录》，也是来自藩内的工作命令。编集的命令是由幕府下达给藩的，藩则将这一任务分派给

---

① 赘旒，赘，连缀；旒，旌旗上的飘带。比喻实权旁落、为大臣所挟持的君主。后亦指有职无权的官吏。

徂徕。在《徂徕集》卷20中，收录了许多他写给自己的最大资助人"猗兰侯"即本多伊予守忠统的信。其中有一封介绍自己的近况说："加之藩侯奉教，重修宪庙实纪。而谓不佞闲其事以见委焉。"由于被分派了这一任务，故而"歌声未阕"，即摒弃雅乐的训练，"刀笔作祟，簿领旁午，风雅悉废"。文件堆积如山，哪里谈得上写诗。在《徂徕集》卷24《答中文山》，卷26《与江若水》《复芳幼仙》中都能看到同样的牢骚。

编撰工作于正德4年10月结束，次月，旧主君吉保去世。徂徕充满感激地记录到，病危的吉保躺在病床上留下遗言说，将徂徕的俸禄增加100石，使之到500石。（《徂徕集》卷30《答卓上人》）在《萱园杂话》中，有这样一则轶事。对于似乎是在吉保建议下发布的生类怜悯令[1]，吉保说：这是将军的命令，我没有责任。对此，徂徕回答说：好事归于君主，坏事归于臣下。徂徕必然意识到了这正是《左氏春秋》《孝经》等所说的"进思尽忠，退思补过"。关于生类怜悯令，《峡中纪行》中有这样一段记载："近年来禁杀之令，如束湿[2]也。"即像使劲拧湿毛巾一般严酷。《宪庙实录》除了在《德川实纪》的《常宪院殿御实纪》中作为选用资料之一被引用外，原书也以抄本的形式流传。

此外，在上文提到的徂徕写给河内藩主本多忠统的信中，他

---

[1] 生类怜悯令，德川幕府第五代将军德川纲吉在位期间（1680—1709）颁布的保护动物法令的总称。其意图原本在于让社会培养仁爱精神，但被迎合幕府权威的官员极度放大，变成了严重困扰民众日常生活的恶政。最后甚至连杀鸡、弄伤老鼠都会被关进大牢。第六代将军宣时被废止。参看《日本大百科全书》，"生類憐みの令"。

[2] 束湿，捆扎湿物。形容旧时官吏驭下苛酷急切。《汉书・酷吏传・宁成》："好气，为少吏，必陵其长吏；为人上，操下急如束湿。"

写道：在您离开后，"敝藩有凶变"，因此一个月内无法"鸣弦吹笙"，无法表演雅乐。如果信中所说的是徂徕包庇在藩邸杀害同僚的密友田中省吾这一事件的话，那表明这封信是正德1年徂徕46岁时所写的。从这一点来看，他在茅场町的生活并不太平。

正德3年（1713）9月，48岁的徂徕迎娶了第二任妻子佐佐氏，并于这一时期从茅场町搬到了牛込①，即所谓的"牛门之居"。在《徂徕集》卷21中收录了他在正德3年（续弦的那一年）写给周南的信。信中写道："牛门居行将完成。"然而，在两年前的《译社约》中就已经出现了"牛门"的字眼，这是怎么回事呢？徂徕是看到自前年以来一直在施工的宅邸建好了，所以搬到那里的吗？

正德4年，49岁的徂徕出版了五卷本的《萱园随笔》，这是继《译文筌蹄》之后他的第二部作品。安藤东野在序言中自豪地写道：先生的"古文辞学"正风靡一世。他说，先生是中国也没有的伟人。王世贞赞美李攀龙的诗风为"峨眉天半雪中看"，②把其比作峨眉山上的雪。王世贞的《艺苑卮言》也特别提到了这句话。而可悲的是，他们只知峨眉山，却不知"芙蓉崔嵬"，即我国的富士山。先生真是富士山之白雪。自从"神祖"东照公从这座名山的一侧崛起，③平定战国祸乱几十年后，如今我们才看到这一伟大的存在。不论是以前在茅场町的宅邸还是现在在牛込的居所，"余未尝不朝

---

① 牛込，为现东京都新宿区东部的一个地区。江户时代即有该地名，因当时该地多牧牛而得名。

② 全诗为："野夫兴就不复删，大海回风生紫澜。欲问济南奇绝处，峨眉天半雪中看。"（《漫兴八首其七》）

③ 或指德川家康自幼年时期起在骏河（静冈县）大名今川氏处充当人质并逐步崛起之事。

夕相见"先生，"见则未尝不秉烛促席，谈笑而忘倦"。话题始终是"文章风月"，即文学艺术。除非特别请求，交谈"未尝论及仁义性命之说"，即不讨论伦理和哲学话题，"盖（徂徕）生平不喜以道德自处也。"然而，这并不意味着先生不是一个道德高尚之人。他对藩主，对已故的父亲，对朋友，对妻子的态度皆美好端正。李、王二人都只是文学家而已，他们的"文"是形而下的"器"，而不是形而上的"道"。然而，当一位同时具备"器"与"道"的伟人出现在这里时，其气势就无比壮阔。（河出版《全集》第1卷，第131—133页）徂徕本人也以"芙蓉白雪"自居。（见前引徂徕写给山县周南的信，第160页）

第二年，即正德5年（1715），为徂徕五十寿庆，他位于牛込的房子里挤满了宾客。他在写给流亡仙台的田中省吾信中写道："盖方今之时，吾党之士倾海内矣。每会，扬觯称诗。以至于酒酣，则吹竽鸣弦，箫笛递和，莫不以为娱矣。"（《徂徕集》卷22《与富春山人》）徂徕的居所，不论是搬到牛込，还是搬到赤城，抑或后来搬到市谷①，他一直以"萱园"为号。徂徕当是暗与宾客如云的李攀龙之白雪楼和王世贞的弇山园相比照。（见吉川幸次郎《元明诗概说》，岩波版第198、208页）聚集在徂徕那里的人，既有安藤东野、山县周南，又有服部南郭、平野金华、太宰春台等。在《徂徕集拾遗》中收录的他写给周南的信中有"双木半林"一语，指的当是林家和木下顺庵派。徂徕是说安藤东野等人即使有一个出现在他们那里，也会引起巨大轰动，但你们这些英才都"萃于吾

---

① 市谷，东京都新宿区东部地名，近世时期多武家宅邸和寺院。

党。岂是人之力，盖天意也"。此外，徂徕在《萱园随笔》卷1中写道："予恶佛法，不恶僧。"因为僧人都是优秀的实践者，事实上"皆吾儒中人也"。徂徕交往的很多都是僧人。（见河出版《全集》第1卷，第135页）但徂徕的第二任妻子在同年九月生下女儿后就去世了。（《徂徕集拾遗》）根据安藤祝贺他五十大寿的文章所记载，同年春天，徂徕奉藩命再次前往甲斐。（《东野遗稿》中卷）

徂徕这一时期的文学论完全脱离了宋代风格，主张以李、王为神，以欧、苏为敌。尽管如此，这一时期徂徕在儒学学说上仍然坚持宋代的程朱之学。近十年来，徂徕一直在诟病宋代文学的堕落。但对于宋代儒学，徂徕在这一时期仍然尊重并捍卫之。这体现在其《萱园随笔》五卷的著述中。当徂徕晚年开始反宋儒后，他对这本旧著很是不满。其在《徂徕先生答问书》下卷中写道："《萱园随笔》乃不佞尚未成熟时之书，切勿用之。"（美篶版徂徕《全集》第1卷，第471页）此外，他在答复安积澹泊的书信中说："如《萱园随笔》者，不佞昔年，消暑漫书，聊以自娱。本非以公诸大方君子。"这本书是无意中出版的，"且其时，旧习未祛，见识未定，客气未消，自今观之，懊悔殊甚"。（《徂徕集》卷28，收入《大系》，第537页）

该书旨在驳斥反宋儒学者伊藤仁斋的一些学说，并拥护宋儒。如上文第114—115页所述，徂徕著述该书的动机是出于对仁斋的反感，因为他写给仁斋的信没有收到答复。其详细内容亦可见于该书。徂徕在给安积澹泊的信中所说的"客气①未消"，可能指的就

---

① 客气，一时的意气，偏激的情绪。

是这件事。然而，这本书中对宋儒的拥护采取的往往是此种论述策略，即指出仁斋之说早已被宋儒提出过了。也就是说，徂徕并不是否定仁斋学说本身。事实上，这奠定了徂徕下一时期学说的基础。因为当他从对仁斋反感的情绪中清醒过来后，徂徕恢复了对仁斋的尊重之感，并开始阐述与仁斋相同指向的学说。另外，属于徂徕自己的主张，且构成下一时期徂徕学定论之前提者，也散见于该书中。现在，我们将举出其中的几个例子。

首先在这本书中，在既属于批判仁斋的素材，也属于徂徕下一阶段的学说内容当中，有一最重要的内容，这就是认为存在的本质在于运动。正如我们在《仁斋、东涯学案》，第37页以下所详述的那样，该观点乃是仁斋学说的核心。徂徕在《萱园随笔》中首先称赞说，仁斋学的"骨髓"在于主张"天地乃一大活物"，此"逾时流万万"。这一评语和前引写给仁斋的信中所用的措辞相同（本书，第114页）然而徂徕马上话锋一转，指出这观点在宋儒之说中已经出现。自己早在上总时代读到这句话时就已欢欣雀跃（如前文第96页所引），现在并不需要仁斋再重复此说。（《萱园随笔》卷1，收入河出版徂徕《全集》第1卷，第144—145页）于是以"天地人"为活物的主张，亦成为徂徕这本书的主题之一，且这一主张在徂徕下一时期的著述中被进一步地强调，特别是它频频见诸于《徂徕先生答问书》中。

另外，在这本书中，徂徕认为，由于人是"活物"，故而语言也"时有简，时有繁"。他反对仁斋以《论语》中孔子之语迥异于其他书中的孔子之语，而视《论语》为"最高至极宇宙第一书"的做法。（《萱园随笔》卷3，同上书，第161—162页）徂徕这种语言论未见于此后其著述。此外，仁斋还驳斥了宋儒的"静寂"主张，认为存在即运动，故静止并不存在。但徂徕却缺少这方面的见解。另外，"活物"说多被应用于被统治者和被教育者的自然成长。仁斋把人的可能性描述为"星星之火，可以燎原"（《仁斋、东涯学案》，第37页），但徂徕缺少这种活泼之语。这可能就是町人哲学与武士哲学之间的差异吧。

其次，作为徂徕自身的学说，在这一早期的著述中可以找到一些预示其后来重视政治的思想倾向。其中特别重要者，是徂徕主张认识应该着眼于大的范围。换句话说，认识不应该是对个别对象的探究，而应该把存在作为一个集合体来看待，并看到集合体所指示的方向。徂徕将其称为"大心""大体""大意""大知"等。徂徕用比喻的形式解释"大知"的例子：如果有人说夜晚的庭院里有妖怪出没，幼儿会害怕，但大人不会害怕；如果有人说老虎会从墙壁里跳出来，幼儿会相信，但大人不会相信；谁也不能保证夜晚的庭院里绝对不会有妖怪，墙壁里绝对不会有老虎，大人之所以不害怕，是因为他们知道，从大方向上看，这些事物是不可能存在的。也就是说，因为他们拥有"大知"。（《萱园随笔》卷1，收入河出版徂徕《全集》第1卷，第138页）另外，作为徂徕语言思想的体现，他还指出，被称为"无知"或"无信"的人，并不是丝毫没有知识和诚实，而是他们在大方向上是如此。（《萱园随笔》卷3，同书，第168页）这里所说的认识论，即认为应对作为集合体的人，必须运用政治而非道德，这构成了徂徕下一时期学说的重要前奏。于是，对于朱子注解《中庸》"修道之谓教"一句为"教，礼乐刑政之属"，徂徕很是赞赏，认为朱子点出了政治性现象。（《萱园随笔》卷2，同书，第56页）不久后诞生的徂徕的晚年学说，并非完全未受朱子这一注解的影响。"礼乐刑政"在《礼记·乐记》篇中被作为"先王"政治的四大要领，为朱子所用。而下一个时期的徂徕在《辩道》等著述中，在指称"先王之道"的内容时，既经常使用"诗书礼乐"，也经常使用"礼乐刑政"。

另外，他后来强调政治形态不应该是中央集权的郡县制，而应是地方分权的"封建"制，否则君臣间就不会有"心灵的沟通"。这一主张在该书中有一初步的简单表露。（《萱园随笔》卷4，同上，第191页）对于儒家和老庄佛教间的区别，仁斋说"圣人从天下国家起见，佛老从一身起见"，后来他也在《徂徕先生答问书》中说了同样的话。（本书，第184页）但在这里，徂徕虽然称赞说"此论亦佳"，但也进行了刁难。（《萱园随笔》卷3，同上，第169页）

仁斋认为古人言"在事之理"以"浑沦"即含蓄者为佳，而宋儒分析性的说明（"精微"）则不好。对此观点，徂徕反驳仁斋说，两者只是表达方式有差异。（《萱园随笔》卷1，同上，第142页）与此同时，徂徕还说，相较于程朱的"性理说"，古代"圣人"的"礼乐之教"弊端更少。（《萱园随笔》卷2，同上，第154页）这是《六经》皆"物"（即事实）这一思想的雏形。又说："顺天道之自然而全不用人力者，老氏之道也"，即是道家之说，而"圣人"则不然。并引用了《易·泰卦·象传》中的"后以裁成天地之道，辅相天地之宜"，这与徂徕后来主张的"道"由"圣人"所制作这一学说最为接近。（《萱园随笔》卷4，同书，第185页）同样的思想还有，徂徕认为人为的"礼乐"的效果，是人可胜"天"之物

（同上，第190页）还认为"天"是无心的（同上，第184页）从后来徂徕对"天"的无条件尊重来看，这些主张恐怕都会被撤回。徂徕关于"礼乐"为"圣人"之"术"的思考也有简单的显露（皆见于《蘐园随笔》卷4）。

在卷2和卷4中，提到"此方之士大夫"，即日本的武士，"自有一种风习"。其武士道尚勇气和信义，重名轻生。若武士被殴打、被骂、被说成卑怯，则旋即赴死。武士头脑机敏灵活，但缺乏"深远含蓄之思"，度量狭小，所好者乃规整、敏捷、简洁，厌恶烦琐的文明，缺乏"盛大从容之气象"。故而武士即便从事程朱之学，其学问仍会走样。（同书，第157、191—192页）徂徕这种观点当有暗指山崎暗斋等人之用意。这与后来《徂徕先生答问书》下中提到的"世上言武士道及习武士道者大抵"等语相关。（美篶书房版徂徕《全集》第1卷，第464页）

卷2中提到"予近来学华音，识彼方俗语"，可知这本书执笔于元禄、宝永时期。（河出版徂徕《全集》第1卷，第159页）卷3指出，汉语是用腹腔发声的，这与日语不同。这种身体条件的差异使《论语》和《礼记》中所见的庄重步态成为可能（同上，第174页），卷4中写道："中国乃人中人。"（同上，第185页）

这本书的第5卷是题为《文戒》的附录。徂徕指出了仁斋的《语孟字义》《童子问》《古学先生文集》等汉文著述中的语言错误，并论及了山崎暗斋等人的汉文。（同上，第193—211页）徂徕对于仁斋文章的指摘，少部分是正确的，但大部分很难让人首肯。徂徕对仁斋的反感在这本书中达到了高潮，后来逐渐缓和了。他在《辨道》的开头写道："近岁伊氏亦豪杰。"（《大系》，第

11页)在《辨名》中也提到"仁斋先生负英迈之资,抱特见之智"云云,只是可惜仁斋不知"古文辞"之方法。(同上,第97页)徂徕在《论语征》中也是同样的态度。另外,在《徂徕集》卷23中收录的写给薮震庵的信中,徂徕写道:"盖百年来儒者巨擘,人才则熊泽,学问则仁斋。余子碌碌未足数也。"对于东涯,《徂徕集》卷25《与佐生》记载,徂徕对一个来找他并说想跟从东涯学习的人说:我是一个没有党派意识的人,所以不必介意,去东涯那里学习吧。徂徕极力称赞东涯说:"况海内宁复有踰伊氏者哉。"对于东涯汉文之纯熟,徂徕在写给薮震庵的另一封信中指出:世上虽多有写汉文者,然"其能洗侏离鴃舌之习",即摆脱了日语的粗野,"而仿佛乎华人之言,海内唯伊原藏①二三辈已"。(《大系》,第504页)

四、第三个时期:50岁以后,作为哲学者

本解说开头所概述的,是徂徕50岁以后的学说。此前一时期他在文学学说上脱离了宋代样式,在明代李攀龙、王世贞的启发下形成的"古文辞"这种新文学,终于在最后的这一时期风靡一世。同时,徂徕在儒学学说上也彻底摆脱了他到《萱园随笔》时还坚守的宋儒之桎梏。他对其开始进行批判,树立起了独特的新学说。

正德6年(1716),即改元后的享保1年,年仅8岁的将军家继早逝,其辅佐者新井白石倒台,这解除了徂徕和政权之间的紧

---

① 伊原藏,即伊藤东涯,东涯字"原藏"。

张关系。在写给仙台的佐久间洞岩①的信中，他对政权的更迭表示欢迎，将吉宗在"国丧"后"物情汹汹"的时期成为第八代将军，称为"仰赖纪藩②入主继承大统，而后谧如安稳也。"（《徂徕集拾遗》，"复左子严书"）另外，在写给仙台的香国禅师的信中他也提到："方今朝廷，振纲饬纪，庶政一新。"（《徂徕集拾遗》）吉宗的新政被认为是对家宣-白石体制的中断以及对纲吉-吉保体制的复兴，因而备受徂徕期待。他在写给后者的书信中，称赞吉宗从藩邸时代就开始对"明律"即明代的刑法感兴趣。在享保1年这一年，徂徕51岁。

对新学说的研究，就是从这时开始的，一直到他于享保13年63岁逝世时为止。《学则》，《辨道》一卷，《辨名》两卷，《大学解》一卷，《中庸解》一卷，《论语征》十卷，这些均为汉文著作。用和文叙述学说的著作有《徂徕先生答问书》三卷，这是为了回答水野元朗③和匹田进修这两位庄内藩家老的问题而写的。只有《学则》和《答问书》是在他生前出版的，其他的著作似乎直到他去世都在不断地修订。《辨道》结尾所写的日期是"享保丁酉秋七月望"，即享保2年（1717），徂徕52岁，阴历7月15日。这可能是初稿停笔之日，而非是完成终稿之日。《徂徕集》卷20中有一

---

① 佐久间洞岩，1653—1736，江户中期儒者、书画家。字子岩，通称彦四郎，别号容轩、太白山人。曾跟从崎门学派游佐木斋学习神道、儒学。率先在仙台藩开讲程朱之学，负责国史纂修与校勘。与新井白石、室鸠巢、荻生徂徕等有书信往来。其与新井白石间的赠答书简被辑录成为《新佐手简》。

② 指德川吉宗，因其在继任将军前为纪州藩藩主。

③ 水野元朗，1692—1748，江户中期庄内藩（今山形县）藩士，始修朱子学，后倾倒于荻生徂徕的学问。他最先将徂徕学导入了庄内藩藩校致道馆。

封徂徕写给支持者猗兰侯（即本多伊予守忠统）的信。从信中提到了安藤东野的去世来看，当是享保4年（1719）即徂徕54岁以后所写的。这封信中说，自己最近对《辨道》的草稿做了进一步的修改，请对方过目。他在之后写给忠统的另一封信中则说，自己已经完成了《论语征》文稿的"丙"部分，请对方过目。另外，徂徕写给另一位支持者下馆侯（即黑田丰前守直邦）的信，也是在东野去世后，即徂徕54岁之后写的。信中提到，自己很高兴在佛典的注释中找到了《论语·里仁》篇中"无适无莫"这句话的解释。这些都体现出徂徕对作品的毕生推敲。

于是，作为"古文辞学"的一部分，工作开始展开了。正如我们反复说明的那样，"古文辞学"并非单纯阅读经典，而是要投身到经典之中，架设连接后世日本与古代中国之间的通道。但到此前为止，通道的另一端，即应该用自己的经验来投射的那一端，只停留在《左氏春秋》与《史记》那里。因为这是李攀龙、王世贞的方法。李、王二人是文学家，他们只需要涉猎到这里，就可以撰写自己的历史叙述。但是徂徕已经不满足于此，他准备将通道的另一端延伸至《六经》和《论语》。

他在刚开始这项工作时，给流亡在仙台的旧友田中省吾写了一封信，讲述了最近的情况："不佞好古文辞，足下所知也。近来闲居无事，辄取六经以读之。"由此来看，徂徕这项工作似乎是在一次偶然的机会下开始的。于是，"稍稍知古言不与今言同也"发现构成"古文辞"用语的古代语，与后世中国文章所用的词语是不同的。"乃遍采秦汉以上古言以求之"。从诸子及其他著作的用例中寻找《六经》的"古言"旁证，"而后悟宋儒之妄焉"。由此知晓了宋儒之注释何等荒唐。并且自己查明了其荒唐的原因，"宋儒皆以今言视古言。（吾）岂可没于其旧理之窟耶？"于是他就抛弃了沉迷于说理的宋儒。然后用"古文辞"的方法重新研究《六经》。徂徕说，教我"古文辞"方法的（李、王）二人，"李攀龙、王元美，仅为文章之士"，他们只不过是文学者。（"元美"是王世贞的字）虽然当时徂徕的古文辞研究才刚开始，但他豪迈地说："不佞乃以天之宠灵，而得明六经之道。"这里也使用了"天之宠灵"一词，而徂徕在刚刚接触李、王著述时就用了这个词语。他甚至踌躇满志地说："盖中华圣人之邦，孔子殁而垂两千年，犹且莫有乎尔。"徂徕认为，古代的"封建"政治体制崩溃后，中国的学问一直不振。这一观点，在下文将要引述的《论语征》之序言（本书，第178页）等著述中也经常出现。然而，自己"乃以东夷之人，而得圣人之道于遗经者。"在应晁玄州即朝日奈玄州①的请求所作孔子画像赞上，徂徕的署名为"日本夷人物茂卿拜手稽首敬题。"这一举动虽然受到了人们的非难，但其自称"夷人"时可能潜藏了一种自豪感。正如他在写给田中的这封信中所说，对于中国儒者已经无法理解的事物，因为自己是没有染上后世中国恶习的"东夷之人"，故反而能够理解。然而，此"亦李王二先生之赐也"，他在此表露出对方法启迪者的感激之情。徂徕在这封信的末尾写道："省吾，君乃吾党之领袖，故特以告知。"（《徂徕集》卷22《与富春山人》）

---

① 即朝比奈文渊，？—1734，号玄州，江户时代中期儒者。师从荻生徂徕，尾张藩（今爱知县名古屋市）武士。享保4年（1719）与同门木下兰皋一同与朝鲜通信使进行了笔谈。

他在晚年写给安积澹泊的信中也回顾了这一点。在信中，徂徕详细讲述了自己刚开始学习"古文辞"时所下的工夫。还指出"只李王心在良史"，即他们的目的在于成为好的历史叙述者。"而不遑及六经"，他们没有时间把研究的范围延伸到儒家经典。然而，"不佞乃用诸六经"。（《徂徕集》卷28，收入《大系》，第537页）

于是在徂徕面前出现了一章可以代入个人经验的"古文辞"。这就是《论语·为政》篇中的孔子自传："吾十有五而志于学，三十而立，四十而不惑，五十而知天命。"50岁时的孔子依然没有获得政治上的地位，他便知晓了"天命"。即上天之意并非让自己成为政治的实践者，而是作为著书立说之人将"先王之道"传之于后世。故而孔子编定了《六经》。（见《辨名》"天命"项，《大系》，第125页）徂徕此时也已经50岁，他认识到通过著书，自己也将经历孔子的体验。此外，徂徕身上还发生了让其感受到"天命"存在的事情，此即爱女的早逝。

他在写给薮震庵的信中写道："本月初七日，又值哭女之感。于是乎惧人寿之难永，天命之不远。约情节哀，乃取平生所讲论者著之篇。日矻矻乎"，自己全力以赴地"与二三子"（门生们）一起，"唔咿相儴"。"唔咿"是指读书的声音，是与门生们一起探讨，"庶以裨补圣道之万一，而答皇天之宠灵者，是不佞知命之急务也"。在这里，徂徕也提到了"皇天之宠灵"，而"知命"就是把自己比作孔子。（《徂徕集》卷23）他在这封信的开头提到，因江户城设置防火隔离带命令的发布，自己拖着病躯，从牛込搬到了西郊。这表明，这一年是享保5年，徂徕55岁。根据《徂徕集拾遗》中其亡妻三宅氏的墓志铭记载，去世的女儿名字叫增，当时年仅 17 岁。《徂徕集》卷五中出现的三首七言绝句，应是那个时候写的。一般来说，徂徕的诗风贴近盛唐，往往并不自由释放感情，但以下这首并非如此。

黄鸟哭花花泣露，	黄鳥(うぐいす)は花に哭き花は露に泣く
寻常草色似坟墓。	尋常の草の色の墳墓に似たる(なべて)
始讶掌珠光许多，	初めて訝(いぶか)る掌のなかの珠の光りは許(か)くも多きを
青春到处总成暮。	青の春の到る処　総(さかり)べて暮(ゆうべ)成る

而且徂徕自己也患上了病。他在写给佐久间洞岩的信中写道："去秋患咯血殆死。偶有幸获神医以愈，然怯酒不复饮。"（《徂徕集》卷25《与佐子严》）他与早逝的爱徒安藤东野一样患有肺病。在写给仙台香国禅师的信中徂徕说："疾而不愈，惧天命之不永也。闭户而修先王孔子之业焉，呻吟之与吾伊。"因病痛而发出的呻吟和读书声，"杂然有闻于户外"。此后，"经夏涉秋，及至冬月，疾稍稍愈，而所修之业亦成矣。"徂徕还写道："方其修之时，沉淫之思"不断延展，思绪"有出万古之上焉者，恍乎三月不醒"。（《徂徕集》卷29）疾病侵蚀着徂徕的身体，使其思考更加深刻。

他在写给支持者本田忠统的另一封信中抱怨说，自己因此而中断了诗歌创作。近来从"海西"（也就是九州）来的固执之人（大概指薮震庵），向自己提出了种种难题。自己不得已，"著《辨道》《辨名》及诸经解若干篇，经术为祟，风雅乍废"。（《徂徕集》卷20）

这样形成的学说，确实是前无古人的。在措辞更加直率的《徂徕集拾遗》中，有一封写给"县次公"即山县周南的信，应该是徂徕在刚开始拟定工作计划时所写的。徂徕早早就预想了自己的成果："呜呼，自孔子没而千有余年，道至今日始明焉。岂不佞之力哉？天之命也。不佞借于此，死亦不朽矣。"

这些著作中，最早执笔的可能是《学则》。正如《大系》中西田氏的解题所言，据《文会杂记》所载，其中关于中国音读与和文训读的关系之论的第一则，至少是在正德1年，即太宰春台拜时年46岁的徂徕为师时，就已经"写下，表于框"。《学则》第二则阐述了儒家以外书籍作为"古文辞学"材料的价值。第三则讲《六经》之内容乃"物"（事实）而非空话，但还没开始主张《六经》的内容是"诗书礼乐"。第四则论述了后世史书的价值。第五则和第六则讨论了政治和教育中"大"与"小"的关系，第七则阐述了感知"天命"的必要性，但没有出现《辨道》和《辨名》，以及《论语征》中最强调的"敬天"一词。而且通篇未指名道姓地批判宋儒。《学则》不仅在内容上是关于"古文辞"的，而且其文体也最具"古文辞"色彩，这也表明该文执笔于早期。徂徕本人在写给薮震庵的信中也写道："学则一篇，乃不佞昔年所著，亦学古文辞者。"而且，该文章与收录在《东野遗稿》中卷的其弟子安藤东野写给僧香洲的纯粹文学性文章《送香洲律师游崛序》相同，都是模仿李攀龙的文体。故而，该文章必定是其学说早期的一种表露。然徂徕曾对纯粹作为文学的"古文辞学"甚为热心，《学则》包含了徂徕进行这种文学实践的很多证据。给薮震庵的信是在享保5年（1720）写的，其中的"昔年所著"一语也在提示我们这一点。也正因为如此，《学则》是在徂徕生前于享保12年（1727）出版的，与其他在其死后才刊行的著作不同。要之，正德年间，当拥护宋儒的《萱园随笔》尚在出版的时候，《学则》这篇文章就已经预示了徂徕日后的路线。

在徂徕所写的所谓"二辩"中，《辨名》二卷对《六经》《论语》等书中出现的80多个抽象词，综合归纳了用例，严格界定了概念。徂徕对仁斋《语孟字义》一书的对抗、继承与纠正，屡屡见诸于该书，这暗示出徂徕写作《辨名》的动机。参照其序言和《萱园二笔》《萱园六笔》的内容，可发现这些抽象语词和日常用语不同，并非自然形式的。徂徕认为，它们是被先王"圣人"作为"道"的用语而人为专门设定的，故而可以被严格定义。（河出版徂徕《全集》第1卷，第240、330页）《辨道》则是对作为诸概念中最高者的"道"进行单独解释的书。这与仁斋的《语孟字义》第一则是"天道"不无关系。同时，它也有对唐韩愈在《原道》中的"道"说进行修正的用意。此外，《论语征》十卷中使用了《辨道》和《辨名》对"古言"的定义来解释《论语》的文章，此书恐怕是最晚写成的。与《辨道》和《辨名》相比，《论语征》中常有更深入的思考。而且，比起对《论语》的解释，徂徕更经常以《论语》文本为素材来阐述自己的学说。

不过，以上所有著述都是"古文辞学"的一部分，这一点我们不可忘记。徂徕在《论语征》序言中说："余学古文辞十年，稍稍知有古言。"宝永年间以来，自己投身于"古文辞"之海近十年，发现并研究了"古言"这一与后世汉语相异的古代语言之存在。于是，"古言明而后古义定"。所谓的"古义"之"义"，也就是徂徕对"道"的运用与定义,这里当是作为"道"之演绎的"义"。这是确定的。于是,"先王之道,得而可言已"。他在序言中接着说,这是中国亦未有的独特收获,"独悲夫中华乃圣人之邦,更千有余岁之久,儒者何限"。后世中国儒者无数,却"尚且哓哓然",徒劳地"事坚白之辨",即一味玩弄诡辩,"而不识孔子所传乃何道也"。中国尤如此,"况吾乃东方乎"。用训读法来读中国古代典籍的日本儒者,其无能是毋庸置疑的。

如此,徂徕晚年提出的学说可谓有两个要点。

(1)政治优先于道德

"孔子之道,先王之道也;先王之道,安天下之道也。"这是《辨道》开卷第一句话。(《大系》,第12页)即它是一种使人类安定的政治方法。"先王""圣人"所设定的"道"这一词语就是指它。其优先于其他一切事物。与此相对,所谓"德",若用同音词来解释的话,就是"得":"得也,谓人各有所得于道也。"(《大系》,第48页)每个人通过作为政治方法的"道"所获得之物,就是个人的道德。"仁""智""孝悌""忠信""恕""诚""中庸"等等,都是"德"的子类,它们都从属于"道"。

为什么作为政治方法的"道",优先于作为个人道德的"德"呢?因为仅靠个人道德的累加,是无法产生人类幸福的。在这个方向上的努力并不能获得完整的效果,这一点可以通过以下比喻得知。假设这里有一石米,"铢铢而称之,至石必差"。即使一铢一铢地进行精密称量,其累加的结果与一次称足一石并不一样,因为误差必然发生。同样,假设这里有一丈布,"寸寸而度之,至丈必过。"(《辨道》,收入《大系》,第22页)即是说,一石米从一开始就应该以一石为单位来计算，一丈的布从一开始就应该以一丈为单位来丈量。因此，从一开始就必须将集合体作为集合体来处理。人类本来就是作为集合体而存在的，即便盗贼也会形成团体（"虽为盗贼，亦必有党类。"《辨道》，收入《大系》，第17页）既然是集合体，就需要有应对集合体的大的方法。这就是政治，由先王"圣人"想出的政治方法，此即"道"。这是一种将人类作为一个集合体来发展的方法，是一种将"大"作为"大"来发展的方法。然而，这并不意味着忘却"小"，即个体。正如《学则》第7则所说："大者大生，小者小生。"（《大系》，第196页）又如《辨名》所言："所见者大，则小者不遗。"（《大系》，第151页）但着眼点必须首先放在"大者"身上。这就是《论语·子张》中所说的"大德不逾闲，小德出入可也。"即如果价值在大的范围内成立，那么有些小出入是不成问题的。又如子夏所说的"贤者识其大者，不贤者识其小者"。认识的对象应该着眼于大的范围，拘泥于小处的乃是愚者。（皆出于《论语征》"子张"篇）。

　　《六经》和《论语》中所讲的，都是关于这种政治的方法。故而，它们都是为了"道"的承担者——君子，即徂徕所认为的君主及其辅佐者而讲述的。而不是为了作为被统治者的"小人"所讲。至少这不是它们的主要着眼点。"小人"也有可能、也被期许成为"德"的实践者，如对父母的"孝"、对兄弟的"悌"、节制的品德"中庸"等。然而，人们所期待的"德"的实践者是"君子"。《徂徕先生答问书》下卷中，有人问"无治国政事之器，附于人之下过活者，何种之教可然哉？"徂徕回答说："关于此事，先王之教中以孝悌忠信为中庸之德行，此为民应务之事。"然而，这是"德"

能够影响的范围："在上之人应学之君子之道亦是以此为基础，而后学君子之大道。""君子"之"德"才是《六经》和《论语》的主要着眼点。（美篶版徂徕《全集》第1卷，第466页）

君子作为"道"的承担者，其践行政治之资格的获取，是通过"先王"设定的"诗""书""礼""乐"这四者。这些都不是"空言"即空洞的议论，而是"物"即事实。徂徕在《辨名》中对"物"进行了定义，即"教之条件也"。根据这一说法，构成教育标准的事实就是"物"。（《大系》，第179页）其中，汇集了百姓和宫廷歌谣的"诗"以及汇集了"先王"政治言论的"书"，因是紧贴事实原貌的修辞，故属于"辞"；根据王、诸侯、大夫、士等阶级的差别，以各不相同的形式实践的冠婚葬祭的仪式、外交礼仪、宴会、射箭比赛等的"礼"及演奏音乐的"乐"，都是事实本身，故而属于"事"。总之，它们都是"物"，即事实。

四种标准性事实，作为"先王之道"，见于汉代编纂的《礼记》中的"王制"篇，其讲述了周王朝对于"君子"的教育制度。徂徕曰，"乐正"作为国立大学教官，"崇四术，立四教，顺先王诗书礼乐以造士"，即培养人才。具体来说，"春、秋教以礼乐，冬、夏教以诗书"。学生乃将来的"君子"即为政者们，"王大子、王子、群后之大子、卿大夫元士之嫡子"，以及"国之俊选"的精英们，"皆造焉"——他们都来听讲。《礼记》中的这一记载，是说"诗书礼乐"乃构成"先王之道"的四要素。此篇称礼乐诗书为"四术"，因为它们是为了从政者"君子"们所设计的人为技术。后世儒者们厌恶技术，故而讨厌"术"字。然所谓"四术"就是四种"道"、四种方法。

此外,《左传·僖公二十七年》中晋国赵衰之语("《诗》《书》,义之府也。礼乐,德之则也")也可以作为旁证,证明此四者乃是作为服务政治的方法技术("道")的构成要素。其中,称《诗》《书》为"义之府",并不是说它们是空洞道理的储存库。"义"是与最高的概念"道"相关的概念,而非低阶的"德"。其证据是《尚书·仲虺之诰》中贤臣仲虺对作为"圣人先王"之一的殷王朝创立者汤说的话:"以义制事,以礼制心。""四术"之一的"礼",作为行动的原则去"制心"。而"义"是"礼"的运用,是指根据情况去"制事"。在记载"礼"之原则的《仪礼》诸篇中,有描述下级官吏"士"阶层之子元服仪式的"士冠礼",描述婚礼仪式的"士婚礼",描述村落宴会仪式的"乡饮酒礼",描述宫廷与村落射箭比赛的"大射仪""乡射礼"等。在成书于汉代的《礼记》中,也有"冠义""婚义""乡饮酒义""射义"等描述这些"礼"的运用和演绎的篇章。这都证明了"义"字作为"古言"的原义。自从孟子把"义"字与"德"之一的"仁"合而称为"仁义"以来,人们就误以为"义"不是与"道"这一上位概念有关的范畴,而是与"仁"同属"德"之一种。但这是孟子对"古言"的误用,此后的儒者也一直没有意识到这个错误。

"先王之道"由"诗""书""礼""乐"四者构成,它们皆是"物",故"先王之道"并非议论。因为议论必定会产生谬误,这正如上文第130页所述。而"物"并没有这种弊端。作为政治承担者的"君子",阅读《诗》《书》之"辞",表演《礼》《乐》之"事",通过对它们的熟练掌握来使自己的人格获得自然的成长,并让"小人"即民众获得多样的成长。成长之所以可能,是因为运动既是万物的普遍属性，也是人类的普遍属性。徂徕认可仁斋所说的"天地乃一大活物"，认为这实在是见识通达之语。他在《学则》的第3则中指出，"夫六经物也"，皆是事实。其中"道存于具焉"，故"施诸于行事，深切著明也"，即付诸于实际行动时"道"就会变得切实明了。正如《论语》中孔子所说的"不愤不启，不悱不发"一样，要耐心等待由"四术"激发的成长。"夫俟生也"，"非自外铄也"，即并不是靠外来的强制，"非袭而取也"，也不是靠接受者自身强行的努力。(《大系》，第192页) 于是"大者大生，小者小生。"(《学则》第7则，同上，第196页)

这种基于"诗""书""礼""乐"的政治方法"道"，其创造与设计者乃七位"先王"，即尧，舜，创立夏王朝的禹，创立殷王朝的汤，以及周王朝的三位创立者文王、武王、周公。《论语·宪问》中孔子所说的"作者七人矣"，指的就是这七人，以往的注释都是错误的。在"古注"之一、曹魏何晏的《论语集解》中，说"七人"是指《论语》中出现的七位隐士，即长沮、桀溺、楚狂接舆等。[①] 在朱子的"新注"中，也说"七人"是指七位隐士。但这些都是不知"古言"造成的误解。《礼记·乐记》中"作者之谓圣"这句话明确定义了"作者"这一"古言"是指制定人类生活方式的人，此外，称呼这种文化英雄的词语乃是"圣人"，故《乐记》定义说"(作者)之谓圣"。宋代张载虽然也同样把《论语》中的"作者"二字解读为七位"先王圣人"，但他是把伏羲、神农、黄帝、尧、舜、禹、汤合称为"七人"，这与徂徕之说不同。徂徕认

---

① 指长沮、桀溺、荷蓧丈人、石门晨门、荷蒉、仪封人、楚狂接舆。

为，伏羲、神农、黄帝等最早期的帝王，虽然像《易·系辞传》中所描述的那样，为人类设计和创造了卜筮，利用锄锹进行耕作的农业，用网捕鱼的渔业，利用市场进行的商业等方法，但这些"圣人先王"所"制作"的仅仅停留在物质性的"利用厚生"之方法；作为"正德"方法的"礼""乐"，到了《尚书》之《尧典》《舜典》才有相关记载。正因此，孔子编定的《尚书》百篇也是以此二者作为开头。《徂徕先生答问书》下卷中将尧舜称为"我道之元祖"，就是这个原因。（美篶版徂徕《全集》第1卷，第469页）另外，《徂徕集》卷27写给竹春庵的信中，徂徕说：如果仅以时代的久远性来论定价值的话，那么更古老的伏羲、神农不是比尧、舜更伟大吗？（《大系》，第527页）虽然徂徕在《学则》的第4则中指出"学必古"（同上书，第192页），但他并不是一个单纯的古代主义者。徂徕将"道"的制定限定在尧、舜以后，这是对宋儒"道统"说的驳斥。因为后者追溯到了比尧、舜更早的先王，比如朱子《大学章句》序等著述中所言"此伏羲、神农、黄帝、尧、舜，所以继天立极"。

尧、舜以后"先王圣人"所"制作"的"道"，都是人为设计"制作"出来的，非自然存在的，也非内在于人的。《辨道》中说："先王之道，先王所造也。非天地自然之道也。"宋儒主张圣人之道乃天地自然之道，甚至伊藤东涯也这样主张。（见《仁斋、东涯学案》，第62页）但事实并非如此："盖先王以聪明睿知之德，受天命，王天下。其心一以安天下为务，是以尽其心力。极其知行，作为是道，使天下后世之人由是而行之。岂天地自然有之哉。"（《大系》，第14页）

《徂徕先生答问书》上卷用和文重述了上述观点："尧舜禹汤文武曰古之圣人，皆古之人君也。"即这些人作为帝王，居于能够制作"道"的地位上。故"道者，为可平治天下国家，圣人所建立之道也。将此视为天地自然之道，原本乃起于老庄学之说，儒书中无之事也。"徂徕在此还说："圣人以广大甚深之智慧，使道不逆于人情物理，故丝毫无牵强之事。"这句话是徂徕对《中庸》篇"率性之谓道"的解释。但是，"若言（道乃）乃圣人未出以前自然具备于天地，今日之人返归我心求之则自然可见，则是谬见也。"（美篶版徂徕《全集》第1卷，第429页）宋儒认为，所有的存在都由一个"理"贯穿，而"理"赋予所有人的就是"性"。故而，宋儒教导人通过内省就可使"理"（道）"自然显现"，但这是"错误之见"。

徂徕还指出，宋儒认为万人皆具有发现这种道的可能性，结果犯了一个更大的错误。即他们期待每个人发现"理"，将个人的"德"优先于针对集体的政治方法"道"。这是老子、庄子等人的道家之说或佛教之论，而非儒家本来之说。"老庄之道乃隐居山村的一人之道"，而"释迦者，乃舍世离家之乞丐境界，原本乃苦心设计之道，故只关于我身心上之事，不言治理天下国家之道。"儒者中亦有人受其影响，以为"圣人之道亦专以治己之身心可得矣，若己之身心得治，则天下国家亦自然得治也。"就是说，他们误解了《论语·宪问》中所说的"修己安人"，认为只要"修己"，自然就能"安人"。然而，这是"佛老之绪余"，即道家和佛教的残羹剩饭，并不是正确的方法。不过，这并不是说只要有面向集体的政治之"道"，就不需要个人之"德"了："圣人之道中亦有修身之事，然此乃人上之人若其所行为恶，则在下之人轻侮之而不信服，此乃人情之常，故而为使在下之人信服故而修身也。"即信赖才是最重要的人际关系（见上文第130—131页），"总之，治理天下国家乃是圣人之道之主旨"。因此，"不论如何治心修身，即便修成如无瑕之玉那般，倘若无体谅天下疾苦之心，不知治国之道，则何益有之哉？"（美篶版徂徕《全集》第1卷，第430—431页）

另外，先王与孔子之"道"乃"诗书礼乐"，其不以质朴为佳，而贵复杂："古者道谓之文。"（《辨道》，《大系》，第26页）《答问书》下曰："圣人之教专礼乐，乃风雅文采之物也。"即具有优雅复杂之美的事物。宋儒所说的这种精神主义，"心法道理之议论乃未曾有之事"。然而，"宋儒以后舍弃技艺"，这里的"技艺"（わざ）应是对"诗书礼乐"这四种"术"的翻译。即宋儒对此置之不理，而"以义理为先，弃风雅文采，成野鄙之态"。这是极其不文雅的。此皆"忘却了天子之道，专事说理"，将空洞的精神主义强加于人，"以劝诫他人为第一之事"。（关于徂徕认为议论皆为无用之事的思想，参照本书，第129页以下）"由是，理非邪正之争盛矣。"宋儒用脱离事实的议论来管束人，"议论因偏定一端，故无论怎样学习之，知见亦无长进矣"。在这个方向上无论怎么学习都是无用的，"只可悲固执一方"，即成为一个固执的人。徂徕在此当是意识到了山崎暗斋，说："此皆因教法之违，与孔门之教乃天地云泥之别。"（美篶版徂徕《全集》第1卷，第469页）

既然此种"道"乃"制作"之物，要获得"道"，当然需要学问。然而，学问并不是像宋儒那样，空洞地讨论人"心"为何物或作为"理"之赋予的人性（性）是何物等问题。首先在《论语》中，孔子是用"心"来评点人物，只是在《雍也》篇中，孔子对颜回说"回也，其心三月不违仁"，就可知孔门之学问非宋儒那样。（见《论语征·雍也》）徂徕认为，学问原本就是模仿，这是"人之天性"。故而正如《论语》开卷首先说"学而时习之"，徂徕认为"学"是一种"悦"（よろこび，愉悦）。（见《论语征》对《公冶长》篇终章的解释）

他热衷于练习作为中国"乐"之遗存的日本雅乐，就是对上述主张的实践。（见本书，第163页）关于"礼"，徂徕似乎并不认为中国的"礼"可以原封不动地在日本实行。在他看来，"先王"之"礼乐"本来就是由各王朝的"开国之君"为"继世之君"所"制作"的，它仅适用于一个王朝。这是与"礼乐"的普遍性并存的"礼乐"之特殊性。例如，徂徕在《论语征》就"宪问篇"指出，为父母服丧的期限为"三年"，即两年多一点，这是周公制定的周王朝之"礼"，而非殷王朝的"礼"。徂徕在回答安积澹泊关于如何制作"神主"（即牌位）问题的信中写道："古之时，夏之礼，不得行诸殷。殷之礼，不得行诸周，周以后皆然。异代之礼，悖时王之制者，臣子所不得为也。"（《徂徕集》卷28，收入《大系》，第540页）因此，比起"先王"的"礼"本身，更需要的是"礼"之事实。在《政谈》第2卷中，他讲述了过去自己入侍纲吉讲筵时的印象："某被召去拜听（纲吉）将军讲释《易经》，当登城列于讲释之坐时，细观周围，发现老中、若老中、大名、旗本等人，不论有官、无官者，其衣服与某等无异。见此，某感怀落泪，忽觉茫然。"

(《大系》，第314页）徂徕之所以落泪，是因为在"先王之礼"中，根据天子、诸侯、卿、上大夫、下大夫、上士、中士、下士等不同身份，着装应各不相同，然眼前的此情此景却与"先王之礼"相差太大。徂徕曾两次遗憾地表示，由于"吾邦先王未制定丧祭之礼"，故而无所可遵守者。（见前引徂徕写给安积的信，以及《徂徕集》同卷的《答松子锦问神主制度》）

另外，这种"礼""乐"因时代而异的思想，也被他用于解释孔子的地位。孔子既不是"先王"，也不是"作者"，即"礼""乐"以及其他"道"的制定者。但自东汉班固的《汉书·古今人表》以来，孔子和尧、舜等其他"先王""作者"一样被视为"圣人"。徂徕给出了两个理由。第一，孔子将"诗""书""礼""乐"整理成书，并将《易传》《春秋》加入其中使之成为六经。这种将"先王之道"传于后世的功绩，可与作为"作者"的"先王"相并列。第二，孔子像"先王"一样，具有制作"礼""乐"的能力。只是因为时机不好，孔子未能获得这一地位。但如果获得了这一地位，孔子就能展现这个能力。（《辨名》，收入《大系》，第63—64页）徂徕在《论语征》中多次提到，孔子的时代距离周王朝对"礼""乐"的"制作"已经过了500年，正值"革命之秋"，是应该"制作"新"礼乐"的时代。如《论语征》就《卫灵公》篇指出，"颜渊问为邦"中孔子商谈的对象是颜回；[①]就《阳货》篇指出，宰我问为父母服"三年之丧"是否过长，

[①] "此章之言，孔子自言制作之意，当其时。俾孔子制作，则从周者独多也，亦如答颜子为邦之问焉。"参看荻生徂徕『論語徵』、関儀一郎編『日本名家四書註釈全書・論語部5』、東京：東洋図書刊行会、1926年、第58頁。

这是察觉到孔子有改革"制作""礼""乐"的意向后而问的；就"阳货"篇末章指出，曾皙也知晓其师孔子的志向。（参看本书《作为日本式思想家的徂徕》一文，第 274 页）这与清朝末年康有为等人祖述《春秋公羊传》时的观点相近。

在《辨道》中，除以"诗书礼乐"指称"道"以外，徂徕有时称之为"礼乐刑政"。徂徕认为，"仁"并非盲目的爱，排除应该排除之物的"刑"对"道"来说是必不可少的，而且这也是"仁"之"德"的一部分。这些思想多见于《辨道》《辨名》《答问书》。此外，徂徕用"礼乐刑政"一语，实际上很有可能是受到了朱子《中庸章句》的影响。（参见第 170 页）

上述徂徕这种重视政治的儒学学说，正如他本人在《答问书》中所言乃"数百年来儒者之误处"一样，是一种前所未有的学说。儒学本来就是关心政治的哲学，但与徂徕相反，不仅在宋儒那里，在整个中国和日本道德优先于政治都是很普遍的做法。虽然仁斋在《童子问》中嘲笑宋代朱子的迂腐，指出朱子在被宋孝宗问及为政之要时，说了一句迂腐的话："陛下，请先正心诚意。"（岩波文库本，第 106 页）但即便在仁斋这里，最高价值是"仁"这一道德，而非政治。故而可以说，徂徕树立了与包括仁斋在内所有先儒不同的主张。

然而，这一前所未有的学说与《六经》《论语》这些原典究竟有多大程度的契合，则是另一个问题。首先是资料上的缺陷。徂徕所引用的《尚书》之文句，往往出自被当今学界认为是 3 世纪魏晋伪作的伪篇中。如上文第 181 页所述，他强调"义"与"礼"是同属于"道"的概念，而非"德"。其依据是《仲虺之诰》篇中所说的"以义制事,以礼制心",但这一篇是伪篇。此外,被徂徕视为至高概念的"道"字,在《尚书》的真篇中,除了《洪范》篇中的"王道"这一用例外,几乎没有其他例子。而在伪篇中,出现了大量诸如《大禹谟》篇"道心惟微"这样的用例。《诗经》中所用的"道"字,并非抽象的"道",而是指道路。作为抽象词的"道"这个词,在《论语》和《易·系辞传》中随处可见,也频繁出现在《大学》篇和《中庸》篇等稍晚问世的二流古典中。如《大学》篇中的"大学之道",《中庸》篇中的"率性之谓道",后者可谓构成了徂徕思想的出发点之一。

另外,《辨名》严格地固定了每个词语的概念,这是对宋儒主张"仁"一语有"专言"(即广义)、"偏言"(即狭义)之别的反驳。但是,汉语词汇常常有多种含义,不可能像徂徕所说的那样,以固定的概念出现在各种经典中。《萱园随笔》中关于人之语言亦乃"活物"的思想(本书,第169页),似乎已经被徂徕遗忘了。《论语征》是一部力作,也是一本名著。然而,徂徕经常让《论语》的文章配合自己的哲学学说。突出的例子比如,他认为《宪问》篇中的"见危授命"一语,并非通常所说的为了君主牺牲生命,而是在国际政局的危机之际,外交使节认真传达使命之意;又如,他把被仁斋视为强调人类平等的《卫灵公》篇中的"有教无类",解读为刑法运用上的心得。他对每一章的解释,可以说多少都具有这样的一面。徂徕在《答问书》下卷中就宋儒的注释指出:"概言之,宋儒之学对古圣人之书非按字面解之,程子朱子皆聪明特达之人,其脱离古圣人之书而另有自己之见识,以其见识来裁断经书。"(美篤版徂徕《全集》第1卷,第482页)这一论断指出宋儒存在此类问题，但读者需要注意的是，徂徕本人也未必不是如此。他在《萱园二笔》中指出，仁斋把孔子的衣冠剥得一丝不挂，"此褫衣冠"，（河出版徂徕《全集》第1卷，第248页）但他又给孔子换上了别的装束。与其说徂徕是一个非政治性的人，不如说他原本就是一个很具有政治性的存在。他称自己是"弃物"（本书，第164页），这只不过是反话而已。在徂徕对纲吉和吉保的追忆中，除了感谢之外，似乎还有对自己被单纯当成学者对待的不满。其重视政治的学说与他的这种性格不无关系，许多对徂徕的解说指出了这一点，我也这样认为。

（2）敬天

"夫先王之道，以敬天为本。诗书礼乐，莫不皆然。"这句话出自《辨名》中的"敬"这一项。（《大系》，第98页）这种宗教性思想随着徂徕年龄的增长而加深。他在《论语征》中指出，《论语》中出现的"敬"字，都不是抽象的虔诚，而是对"天"的虔诚。对于《论语·学而》中所说的"敬事而信"，《论语征》中说："敬皆本于敬天敬鬼神。其无所敬而敬者，未有之也。"对于《八佾》篇中所说的"为礼不敬"，《论语征》中说："礼以敬为本。敬天与祖宗也。后儒或以主一无适为解者，皆不识古言也。""主一无适"是一个宋儒的术语，作为对自我的虔敬，以心之静寂构成"敬"的内容。①对于《宪问》中所说的"修己以敬"，《论语征》中写道："不言所敬，亦敬天也。"就是说，"敬"字总是以"天"和"鬼神"为

---

① 主一无适，专一，无杂念。《二程粹言》卷上："或问敬子曰：'主一之谓敬。何谓一？'子曰：'无适之谓一。'"朱熹集注《论语·学而》"敬事而信"云："敬者，主一无适之谓。"《朱子语类》卷一二〇："程子所谓主一无适，主一只是专一。"

隐形的宾语。它并不是像宋儒所说的那样，对自我的虔诚。

"天"、"鬼神"、祖先神，都是超自然的存在。尊敬这些超自然的存在，与重视政治的主张一起，是徂徕学说的重点。两者看似方向不同，实则都是徂徕面对现实的复杂性，诞生于其敏锐思维所产物。应对当前复杂性的"大"方法，就是政治。孕育、支撑并遮蔽现实复杂性的，则是"天"。

徂徕对宋儒关于万物皆由一"理"所贯穿这一观点表示怀疑，对此的否定构成了徂徕上述主张的出发点。宋儒的认识论首先认为，因为所有个体都被分与"理"，故而只要"格"尽（探求）每一个体事物之"理"，就能"致"（达到）"知"（真理）。然而，能靠这种"铢铢而称，寸寸而度"的方法，毫无误差地达到一石、一丈吗？此外，宋儒还认为，因为一切存在都统一于"理"，故而一切存在都可以由人来认识。本身也是"理"之一的人类，由于具备这种能力，故而"一物不知，儒者之耻"。但人类能知晓一切吗？首先，人类能预知未来吗？像我自己，现在意外地邂逅了李攀龙、王世贞二人，还失去了"掌上明珠"般的爱女。这些我都不曾预知。

此外，宋儒否认神秘的存在，而仁斋在这一点上也赞同宋儒的观点。但就在前不久，享保辛丑（6年）的7月21日，麹町六番町的一位时年44岁的木匠妻子，正在吃饭时，突然眼睛疼得趴在桌子上，然后一颗闪闪发光的舍利从她眼睛里掉了出来。次日清晨又掉了一颗，第二年，壬寅（7年）6月1日傍晚又掉了一颗，世人以之为奇瑞。这位女性隔壁的老婆婆刚好曾是我家的女仆。据老婆婆说，木匠的妻子是一个温顺的女人，她对前妻所生的孩子也很好，除了有一次因为有情夫而被她的丈夫责骂之外，从没被丈夫斥责过，而且据说她是一个笃信佛教的市井女子。对于眼睛里长出舍利一事，儒者们肯定会认为这与蛤蜊里长出珍珠一样，是一种疾病，简单地用"理"来论断。但事情并不这么简单。如果这位妻子因为获得舍利而更加虔诚信佛，就会成为宿世的善因；如果被坏和尚唆使，今后再找奸夫，就会成为佛教徒所说的魔缘。当灵兽麒麟出现在孔子的时代，孔子非常感动，写下了《春秋》，这是很好的结果。虽然，后来麒麟也出现在汉武帝时期，但从困扰国家的浪费问题来看，它可能是佛教徒所说的恶魔；从领土空前扩大的角度来看，又可能是祥瑞。从木匠妻子眼里掉出来的舍利，可能会导致她做出善行或淫乱之举。为什么蛤蜊会孕育珍珠，为什么麴町的女性会生出舍利？徂徕答道："天道冥冥，孰识其由。"在日本，珍珠只用于药用。但在中国，珍珠被珍视为珠宝。而在西洋，据说珍珠被三佛齐国[①]的人镶嵌在阳物上。人类的行为是如此分裂的。（见《徂徕集》卷13《舍利记》）另外，位于日本东北部的福岛辨才天[②]神社，总是在己巳祭之日出现吉兆，"辄有若灯者，不知所来。或沿川而上，或踰山而转。冉冉"，悠悠地"架空而行集于庙前巨石上者，久之乃去。其色赤于恒火。土人称为海龙王供灯"。这的确是"夫精诚所萃，有神斯应"，"岂常理之所能言哉"。（《徂徕

---

① 又称三弗齐、三佛国。7—14世纪的国家，都城在今印度尼西亚苏门答腊岛巨港。南宋周去非《岭外代答》卷2："三佛齐国在南海之中，诸蕃水道之要冲也。东自阇婆诸国，西自大食、故临诸国，无不由其境而入中国者。"

② 辨才天：为福德之神。或作美音天，妙音天。即干闼婆之类。后与吉祥天混而为一，被视为福德之神。

集》卷14《福岛妙音庙碑》)

此外,宋儒的伦理学说应该受到质疑。宋儒认为,"圣人之心,浑然天理也"。即"圣人"是像天一样完全善的人。但是,世上真的存在这种人吗?虽然他说得并不充分,但仁斋指出:"圣人亦人也。"宋儒还认为,即使是普通人,"人之性,其初皆与圣人一也",即刚出生的人皆与圣人同,都具有完全的善。"但为气质人欲所害,则有知愚贤不肖之差。"即后天的条件(用宋儒的术语来说,"气质之性"或"人欲"),造成了人的不一致。但这种不一致并非人性之本来状态,原来的"本然之性"是一致的。(上述徂徕对宋儒的解释,见《徂徕集》卷23,《与薮震庵》,收入《大系》,第508页)然而,宋儒的这些学说与现实相悖。正如《左氏春秋·襄公三十一年》中郑国子产所说的:"人心之不同,如其面焉。"正如面容各不相同一样,人心也各不相同,这是人间的现实。徂徕很喜欢这句话。在《答屈景山书》中,他反复说了四次"夫人心如面,好尚各殊",以说明景山之学说与他自己的学说未必一致。(见《徂徕集》卷27,《大系》第528、534页)此外,在《徂徕先生答问书》中卷,某位询问者感叹找不到符合要求的人才,徂徕回答道:"从一己心愿出发来找寻人物,乃是出于自己之所好,故而合乎心意之人即便找寻天下古今未来亦无之。因人心不同各如其面,与足下面容相同者无也。此乃灼然之证据。"(美篇版《全集》第1卷,第442—443页)

宋儒还认为,原本统一的"本然之性"的分裂是由于后天的"气质之性"造成的,因此,如果通过修养"变化""气质之性",就可以恢复"本然之性",人就可以向善,最终达到"圣人"境界。然而，这也是一种与人类现实相违背的主张。因为人的个性，就像面孔一样，从一出生就各不相同。《中庸》中的"天命之谓性"，并不是指宋儒所说的人性的统一，而是指原初就存在的不统一。（《学则》第7则，收入《大系》，第196页）这种与生俱来的不统一性会一直保持。由于人是"活物"，虽然会各自成长，但各自的个性不会"变化"。宋儒之说不仅是不现实的，而且在任何古典中都找不到。《徂徕先生答问书》中说："气质由天禀得，乃父母所生。宋儒所谓变化气质乃妄说，把不可能之事强加于人。气质是无论如何皆不可变。大米永远是大米，豆子永远是豆子"。这并不是否认修养的必要性，而是遵循各自的个性："只修其气质，成就天生所得之物，此为学问。"但是，"米不会成为豆，豆不会成为米"。（美篶版徂徕《全集》第1卷，第456—457页）在上引写给薮震庵的信中，徂徕写道：即使在圣人中也能看到人不同个性间的固有差异。"观书传所载"，即在阅读诸经典时，会发现"以大称尧，以知称舜，禹则恭俭不伐，汤则宽，文王则敬，周公则多才多艺，孔子则学"，"是各有所长也。"并且，"有所长，斯有所短"。此"皆气质之所使也"。在作为人类代表的"圣人"中，也可以看到先天的个性差异，包括缺点。（《徂徕集》卷23，收入《大系》，第508页）以往大多数的儒学者认为圣人是完美无缺的最纯粹之人，故而具有相互一致的人格，但徂徕连这一观点都打破了，指出这是不现实的、非历史的。他在《论语征》中多次论证"圣人"孔子也不是一位超然的人，"圣人亦人也"。在这一点上，其见解与我在《仁斋、东涯学案》第53页以下所提到的仁斋之观点相一致。

不仅人类中存在复杂的分裂，大自然也不例外。徂徕对最具恒常性的天体运行也持有怀疑。元代郭守敬等人的《授时历》①证实，人在同一季节、同一时间看到的天象是有缓慢移动的，大约1 000年后，它们会向右移动约30度，这一现象被命名为"岁差"。然而在徂徕看来，以精密性著称的《授时历》，实质上只是基于三四十年的观察，它怎么能保证几千年后天象不会向相反方向行进呢？因为天也是"活物"："自尧至今日，人见其盈而未见其缩。安知数千岁之后，必不缩乎。何则天地日月皆活物也。"（《徂徕集》卷24《复水神童答问》，收入《大系》，第514页）这是徂徕对《孟子》中"天之高也，星辰之远也，苟求其故，千岁之日至，可坐而致也"②的反驳。

要之，无论是人还是自然，都具有人类智慧无法完全了解的复杂性。因为自然与人，正如仁斋所说，都是"活物"。《徂徕先生答问书》下卷中说："天地亦活物，人亦活物。故天地与人相遇，人与人相遇时，必有无尽之变，不可预先推知也。"（美筐版徂徕《全集》第1卷，第462—463页）他在《学则》第6则中用以下之语表达了这种认识："凡天地万物之情，棼缊交结，以杂成文。"所谓"情"，正如徂徕在多处所说的那样，指的是"实情"。"棼缊"这一拟态词，形容碰撞和交融："阴阳相依，禅易不居。辟诸于纠绳。刚柔相苞，曾曾无尽。喻如剥蕉，得而不可穷诘矣。"

---

① 授时历，一种阴阳历。施行于元至元十八年（1281年）。由郭守敬和王恂、许衡等创制。因古语"敬授人时"得名。明《大统历》基本上就是《授时历》，把两种历法看成一种，即为中国历史上施行最久的历法，历时364年。

② 《孟子·离娄·下》。

（《大系》，第194—195页）需要注意的是，徂徕把现实的复杂性比作剥芭蕉叶，认为其是无限的。《答问书》中所说的"天地与人相遇"、"人与人相遇"正是这一思想的体现，即不仅个体间的接触存在复杂性，在个体内部也可以看到复杂性。《辨道》中的"物者，众理之聚所也"也当是这一思想的体现。（《大系》，第26页）这与本书第134页以下所讲的徂徕关于"古文辞"之含蓄，以及古代事实之含蓄的思想有关。《答问书》上卷还指出："非独风云雷雨，天地之妙用，乃人智所不及。草木开花结果，水之流动与山之耸立，鸟飞兽走，人之站立与坐卧，皆不知晓其出于何种机关。"（美篶版徂徕《全集》第1卷，第438页）

故而，由无法尽知一切的人来裁定人类是僭越的。这种僭越的认识，使宋儒产生了改变"气质"的无理教条。相比之下，只有把最高的权威放在超越人类的超自然身上，才能使人自由，使"道"有效。秉持这些思考，徂徕所追求的乃是"天"。什么是"天"？"望之苍苍然，冥冥乎不可得而测之。日月星辰系焉，风雨寒暑行焉。所受万物之命，百神之宗者也。"它是众神之神，使万物按其意志运动，"至尊无比，莫能踰而上之者"。（《辨名》，收入《大系》，第120页）

正如孔子在《易·复卦·象传》中所说的"天地之心"，"天"是有意志的。这就是"天命"或"命"。徂徕在《学则》最后的第7则中，引用《论语》最后一章中的"不知命，无以为君子"这句话，诉说觉悟到"命"的必要性：（自己少年时期）在乡下没有良师益友，穷得买不起书，都是"天"的旨意；这并不是说要甘心忍受，而是要真诚地祈求"上天"的护佑；自己无暇做学问的官僚，可以请人来做学问，但有些事情是人类无论如何都无法改变的。《六经》残缺，只能不完整地流传，就属于这一类。(《大系》，第196—197页)《学则》第1则开头说："东海不出圣人，西海不出圣人。"(《大系》，第188页)也就是说，"圣人"只出现在中国，大概这也是"命"吧。而徂徕自己也和孔子一样，"五十而知天命"，"命"也造就了他晚年的著作和学说。

这种"知天命"的思考逐渐深化，就形成了《论语征》中最为强调的"敬天"说。徂徕经常把《易·观卦·象传》中的"圣人以神道设教，而天下服矣"这句话作为依据。他认为，《象传》是《易》的《十翼》之一，与上文的《复卦》一起，都是孔子之语。又如《礼记·礼运》中孔子所说的"是故夫政必本于天，殽以降命"，人君必须基于天意下达政令。《礼记·礼运》接着指出：故而下达各种政令的场所，是祭祀土地神的社、祖庙、山川、五祀。另外，徂徕如此主张敬"天"，并不仅仅是对"天"本身的尊敬，而是对作为天意作用而存在的各种现实的尊敬。敬鬼神、敬君、敬上、敬父母、敬兄长、敬宾客，这些都是作为"天"意而存在的，故而要尊敬。百姓也是统治者尊敬的对象，因为百姓是"天"命令君主去治理的。另外，要尊敬我们自身，因为我们是需要尊敬的父母之延续。(以上内容见于《辨名》，《大系》，第96页)此外，徂徕认为日本古代的神道也与中国上古的神道一样。这一主张见于《徂徕集》卷8收录的享保4年所写的《旧事本纪解序》中。(《大系》，第489页)类似的主张也见于《萱园谈余》之卷首（该书是否为徂徕所写还有争议），本居宣长在京都堀景山私塾时的杂记本上，将徂徕的这一见解以"物部茂卿曰"的形式摘录了两次。（筑

196

摩版《本居宣长全集》第13卷，第93、96页）

此"敬天"说，不像先前提到的重视政治的学说那样牵强。然而，徂徕所用的依据中也包含了《尚书》的伪篇。此外，徂徕认为《论语》中的"敬"字全部以"天"为对象。这一说法未必能够获得所有人的首肯。

在徂徕50岁以后的时期，当其儒学学说取得上述飞跃之时，前一时期文学学说的辉煌成功以更加绚丽的方式继续延续。徂徕不仅是其直系门人崇拜的神，也是当时世间文学青年仰慕的存在。享保9年（1724），其门人服部南郭（1683—1759）复刻了由徂徕一派的"守护神"李攀龙编选的《唐诗选》。这不仅成了当时的畅销书，也是延续整个江户时代的热销作品。（参看《作为日本式思想家的徂徕》，第277页）甚至直到今天，日本人对中国诗歌的兴趣也为徂徕的偏好所牵引。作为当时汉诗文作者群之中心的大师，徂徕本人也编辑了好几种诗集。刊行于享保5年（1720）的《唐后诗》，是以李攀龙、王世贞为主的明人诗歌选集，书名之意是唐以后的诗歌可观者只有这些。其中最后一部分是"本邦"卷，收录了从大友皇子①到源顺②的14首诗，并附录了机先和尚③的一首诗。

---

① 大友皇子，648—672，天智天皇第一皇子。671年当天皇去世后，他成为近江朝廷的中心，但在翌年的壬申之乱中失败并自杀。1870年被追封为弘文天皇。

② 源顺，911—983，平安中期歌人、汉学者。三十六歌仙之一。著有《源顺集》，诗文收于《本朝文粹》《扶桑集》等处。

③ 机先和尚，生平不详。明人所编诗集《沧海遗珠》中收有日本僧机先的汉诗十八首。参看王宝平「明代雲南に残した日本人の漢詩（その2）『滄海遺珠』所収日本人の漢詩の研究」、『日本漢文学研究』6、2011年。

这是把"宁平之际"即奈良和平安初期日本人的汉诗，作为唐诗极盛时的一部分进行了收录。后来，在明和 8 年（1771），这部分诗作以《皇朝正声》为书名单独刊行。另外，在《唐后诗》所选的李攀龙、王世贞的诗中，徂徕只摘录其绝句并加以简单的解说，以此构成了《绝句解》和《绝句解拾遗》二书。在写给山县周南的一封信中徂徕指出，由于李攀龙的《唐诗选》中的诗作数量少，这让书生们很苦恼。于是自己想从李、王二人的近体定型诗中选出"合于盛唐者"，"略加笺释，行将问梓"，也就是刊行。（《徂徕集》卷 21 "与县次公"，收入《大系》，第 501 页）

另外，《四家隽》选取了唐代韩愈、柳宗元的百余篇散文和明代李、王二人的约一百五十篇散文。此书又称《汉后文》，是与《后唐诗》相对应。（《徂徕集》卷 25《与佐子严》）以上的文集皆是徂徕死后刊行的，但大都附有他标注的日文训点。这大概是考虑到直读"唐音"的"崎阳之学"对普通人来说很困难。从《徂徕集拾遗》中的《与德夫书》可知，《四家隽》中的《韩柳隽》这部分曾得到太宰春台的协助。从京都大学附属图书馆所藏写本可知，《李王隽》这部分是服部南郭所写的。而徂徕自己创作的汉诗文愈发显示其实力，与迄今为止的作品一起，满载于其死后出版的《徂徕集》中，其中没有标注任何训点。他完全实现了吉保对他的期待，成为"天下无双之名儒"。他钦佩的唯有京都的伊藤东涯。徂徕的著作也很畅销。（《徂徕集》卷 30《与香律师》）对于江户市民来说，徂徕大概也是神一般的存在吧。正如宝井其角[①]所写的俳

[①] 宝井其角，即榎本其角，1661—1707，江户前期俳句诗人，蕉门十哲之一。有俳句集《五元集》和《类柑子》。

句"遍寻梅香源何处,邻家萱园右卫门。"①徂徕因为过于出名,曾被"权贵"憎恶,也曾被"流言"困扰。(《徂徕集》卷22《与富春山人》)

徂徕为幕府将军吉宗翻译了《六谕衍义》,从而得到了吉宗的赏识。《六谕衍义》原是明太祖向百姓颁布的道德训诫,是以口语化的形式进行的演绎。该书从琉球传入日本,吉宗对其很感兴趣,于是先让朱子学者室鸠巢②翻译成和文。但由于室鸠巢并不精通中国的口语,他的翻译未能让吉宗满意。故而吉宗又命令徂徕重新进行翻译。据《有德院殿御实纪》中"享保6年9月15日"条记载:"当日,在户田山城守忠真③面前,松平吉里命令儒臣荻生惣右卫门茂卿翻译《六谕衍义》。"于是徂徕每天都去官厅,十分忙碌。回来时则疲惫不堪,"气息厌厌"。(《徂徕集》卷24《与墨君徽》)仅用一周的时间,他就把鸠巢未能读出的25 000字,如"从来邻里不和,多起于妇人女子""东家说长,西家道短""止因彼此婆舌,搬成一场炒闹"等,详细标注训点后递呈了上去。据《实纪》"9月22日"条记载:"荻生惣右卫门茂卿译《六谕衍义》上呈御览后甚合上意。此亦助于世上良风美俗之形成,故应刊行之。序则降旨让茂卿撰写。"(以上内容参看中村忠行《儒者的姿态:徂徕、鸠巢围绕〈六谕衍义〉的对立》,昭和47年[1972]3月,《天

---

① 原句为"梅が香や隣は荻生惣右衛門"。当荻生徂徕在日本桥茅场町开设萱园塾时,与宝井其角成为邻居。其角知晓徂徕之才,故以此作俳句。
② 室鸠巢,1658—1734,江户时代中期儒者。师从木下顺庵学习朱子学,后在新井白石推荐下成为幕府儒臣,担任将军吉宗的侍讲。著有《骏台杂话》《六谕衍义大意》《赤穗义人录》等。
③ 户田忠真,1651—1729,江户时代中期大名、老中。

理大学学报》第78辑）

根据《实纪》"享保7年2月29日"条记载："因奉上《六谕衍义》而被授予时服。此后，茂卿也经常受到询问，每月他都去将军近侍奏者兵库头有马氏伦①的家里拜访，上奏其见解。"作为政治性的存在，徂徕第一次实现了其夙愿。此书②收录的《政谈》和《太平策》都是他向吉宗的献言。另外，收于《日本儒林丛书》的论述学制改革的《学寮了简》也是如此。其识语所示的相当于正德4年的"甲午七月"，当是误记。因为认为"日本非明朝从属国"而把明代刑法《大明律》之"大"字删去，作《明律国字解》，这也显示出徂徕及其门人的眼界。

据《实纪》"享保12年4月朔"条记载："今日，松平甲斐守吉里家臣荻生惣右卫门茂卿，长于文学，因多年来担任顾问，赐其拜见。"徂徕时年62岁，他在城中拜见了吉宗及其世子长福（即后来成为第九任幕府将军的家重）。③他在写给薮震庵的信中说："乡承召见，伏谒殿上，鸿胪特奏名，盖破格之遇。"（《徂徕集》卷23）在写给宇野士朗④的信中也讲了同样的事。但也正因如此，"然亦惫甚"。（《徂徕集》卷22《复于士茹》）晚年徂徕在市谷大

---

① 有马氏伦，1668—1736，江户时代中期大名。曾仕于纪伊和歌山藩，享保1年（1716）藩主德川吉宗成为第8代将军后，其担任侧众，被授任为"从五位下兵库头"。
② "此书"似指日本思想大系36《荻生徂徕》。
③ 德川家重，1711—1761，江户幕府第九代将军。第八代将军吉宗的长子。幼名长福。自小身体羸弱，加之耽于与后宫嫔妃饮酒，导致语言能力发生障碍。唯侧用人大冈忠光能辨其语。
④ 宇野士朗，1701—1732，字"士茹"江户时代中期儒者，宇野明霞之弟。因其兄病弱，故替之就学于荻生徂徕。与其兄合称为平安二子先生。

住町中町的住所中满是前来祝贺的客人和信件。他在写给薮震庵的信中说:"远近贺者,人与书,狼藉乎环堵之室。"收录于《徂徕集》卷28的写给安积澹泊的信中也提到相同的事情。

徂徕在次年的享保13年1月19日去世,时值清世宗雍正六年。徂徕享年63岁。当时吉宗"下令于浜御殿有事垂问",但徂徕已无法前去,吉宗便赐给其荷兰的天花药。(以上内容出自《萱园杂话》)安中城主板仓胜明在《甘雨亭丛书》所附的《徂徕荻生先生传》中描述了徂徕临终时的情形:"是日,天大雪,时已属纩。"①徂徕的情况很危急,按照中国的"礼",该是把纩放在鼻子上检查他是否还有呼吸的时候了,徂徕却对守在床边的人说:"海内第一流人物茂卿,将终。天亦使此世界为银也。"后来的反徂徕学者经常将此豪言壮语作为嘲笑徂徕的素材。板仓在传记结尾说:"其豪迈自负如此。"

《萱园杂话》中记载的从徂徕门人松崎子允那里听来的临终之言则不同。其曰:"予下世之后,遗文行世,知予之人,日本则东涯一人矣。"明治时期的学者中以徂徕为出发点的是西周②。在森鸥外的《西周传》中,载有西周的私人记录,其中写道:"既得《徂徕集》,读未及半,十七年大梦,一旦觉醒。"又说:"于是乎,始知严毅窄迫不如平易宽大,空理无益于日用,礼乐可贵,人情不可舍也"。(岩波版《森鸥外全集》第3卷,第53页)西周在《百一新

---

① 属纩,用新绵置于临死的人鼻前,验其是否断气。《礼记·丧大记》:"疾病,男女改服,属纩以俟绝气。"郑玄注:"纩,今之新绵,易动摇,置鼻之上以为候。"

② 西周,1829—1897,幕末、明治时代思想家。曾留学于荷兰,学习法学、经济学。明治维新后在兵部省(后陆军省)负责军制的重整,起草了《军人勅谕》,还作为明六社同人致力于启蒙活动,创造了"哲学"等用语。著有《百一新论》,翻译了《万国公法》等。

论》中写道，孔子的主业是政治学者，副业是道德学者，但后世的儒者却看错了这一点，认为"己修则可治人，诚意正心则天下平"，结果"以禅宗坊主坐禅之事作为为政之本"。西周此说是对徂徕的祖述。夏目漱石在《浮想录》(『思ひ出す事など』)第6章中提到："小时候去圣堂图书馆，随手抄写了徂徕的《萱园十笔》。"（这可能与后来《草枕》第8章中描写的老人用徂徕的挂轴取代山阳之作这一情节有关。亦可参看《作为日本式思想家的徂徕》，本书第285页以下）内藤湖南的两篇演讲《谈史记》(「史記の話」)和《中国史的价值》，与本书第147页提到的徂徕的《史记》观非常相似。（筑摩版《全集》第6卷）内藤湖南还提到了徂徕对于满文的知识。（同书第8卷，《过去的满洲研究》[「昔の満洲研究」]）

　　昭和48年（1973）3月18日幸次郎69岁生日校毕。
（1973年即昭和48年，4月，
岩波版《日本思想大系》36《荻生徂徕》解说，
1975年即昭和50年，2月补订）

作为民族主义者的徂徕

前言

我从去年下半年到今年春天,相当辛苦地写了《徂徕学案》这篇论文,作为岩波版《日本思想大系·荻生徂徕》的解说。该文虽然模仿黄宗羲、全祖望的《明儒学案》、《宋元学案》取名为"学案",但主要目的和内容是想提供此儒者的传记与思考。因此虽然我的判断影响着事实的选择,但我尽量慎重于评论。写作该文的目的之一,在于让人注意到以往关于徂徕的著述中存在着若干事实性错误。

在进行这种事实追踪的过程中,对于儒者的此种思考方法与形态,我发现了一些与预期相左之事,让人感到困惑。如众人预想的那样,我在此之前并未怎么细读徂徕。像阅读本居宣长或阅读伊藤仁斋那样去阅读徂徕,这还是我们第一次。而让我感到不解的地方,正是以往研究者所忽略掉的一些事实。

现在我要把写作前稿时所注意到但未充分说明的事实,以及其后注意到的事实讲述出来。提供事实依然是我写这篇文章的主要目的。需要事先声明的是,我个人并不必然认同徂徕的看法。

上之一　讲述中国之优越的徂徕

明治时期，乃至大正、昭和初期，日本人对于徂徕的评价甚低。这应该是由于他将中国视为全部的价值标准，而将日本视为未文明化的地域。于是他似乎被人们打上了"卖国贼"的记号。

备受非难的资料，是徂徕为夸赞孔子肖像所写的文章。在这篇文章中，他落款自称为"日本国夷人物茂卿"。

这篇文章载于徂徕死后弟子服部南郭等刊行的其汉诗文集《徂徕集》30卷中的第14卷卷首，题为"题孔子之真"。所谓"真"乃肖像之意。现引其全文解说如下：

> 是谓克肖，　　是れを克く肖たりと謂うことを
> 吾岂敢。　　　吾れ豈に敢えてせんや
> 是谓不克肖，　是れを克く肖ずと謂うことを
> 吾岂敢。　　　吾れ豈に敢えてせんや

画像与孔子的本来之态相似还是不相似，我们先不贸然判定。但可以清楚确认的是，其中孔子的服装并非生前之物，而是帝王的装束。

> 亦惟唐帝之赠，　亦た惟れ唐帝の贈りものとして
> 衮冕十二章，　　衮冕十二章
> 俨然王者服。　　儼然たる王者の服なり

孔子被8世纪唐王朝的皇帝玄宗追赠"文宣王"这一王号。这幅肖像与此甚契合，绣有盘龙纹样等十二章纹的"王者之服"，被孔子"俨然"清晰地穿戴着。这幅肖像应该是从中国流入的舶来品，然如此将"圣人"孔子以人爵表象来装扮，是后世的一种张冠李戴，对此徂徕或许感到了滑稽。抑或徂徕认为，孔子作为"王者"具有制作"礼乐"的能力，故而与作为帝王的尧、舜、禹、汤、文王、武王等"先王"之"圣人"一样，不是"王者"的孔子亦被称为"圣人"。（《学案》，第80、187页）徂徕是否认为"俨然王者服"与孔子相符合？其意为何，我不太清楚。最后是徂徕对孔子的称赞之语。

万世之下，	万世の下
万里之外，	万里の外
伏惟圣德远矣。	伏して惟うに聖徳は遠き矣哉

"万世之下"是跨越永远的时间，"万里之外"是贯穿所有的空间。"圣人"的道德是普遍的。最后一行，则是引发争议的署名。

岁庚子夏五月日本国夷人物茂卿拜手稽首敬题

"茂卿"是徂徕的字，而其身份是"夷人"。"拜手稽首"原意是指跪倒以后久久将头贴在地面上，是最恭敬的行礼。"敬题"的"题"是写下记录。

这幅画像为徂徕门人晁玄洲即朝日奈玄洲所藏，徂徕应其请求而而书此文。（见于《徂徕集》卷之22写给朝日奈之书简）"岁庚子"为享保5年（1720），其时徂徕年岁为55，他刚生了一年的病，然已经逐渐痊愈。朝日奈还请求徂徕为明代仇英①之画题跋，此即见于《徂徕集》卷一的七言古诗《为晁玄洲题仇生父画后》。徂徕说，由于是"疾力塞命"，故而"字愈丑矣"，但写字本来就不是吾之擅长，汝亦不是为求吾字。

> 然求于不佞者，岂以字为哉？故无顾虑也。

"不佞"是徂徕经常使用的第一人称。他说不对写字的美丑负责，就是说会对文章负责。其文章署名为"日本国夷人物茂卿"。"夷人"二字，是针对非文明国中华之人，而是夷狄之地的人说的。

井上哲次郎在《日本古学派之哲学》（明治35年［1902］）中这样评价道：

> 若卑己以至于曰夷人，则可谓自侮之甚也。呈如此丑态，曾不知其丑态，盖出于过分崇外，可知其弊已达极度。（着重号亦为井上所加）

岩桥遵成在《徂徕研究》（昭和9年［1934］）中为徂徕辩护

---

① 仇英，明代画家。［清］徐沁《明画录》卷一记载："仇英字实夫，号十洲……摹唐宋人画，皆能夺真，尤工人物。"

称：所谓"夷人"并非夷狄之人的意思，而是基于《尚书·泰誓》篇的"亿兆夷人"，用以指无位无官的平民之意。（同书第242页）但这种辩护说不通，因为徂徕在别的地方也自称"东夷之人"。《徂徕集》卷22记载，徂徕在给富春山人（即田中省吾，是徂徕以前在柳泽藩邸的同僚，因斩杀他人而获罪，徂徕曾藏匿过他）的书信中，这样描述自己的功绩：

乃以东夷之人，而得圣人之道于遗经者……

在该书信中，徂徕提到"为法令所驱赶，抱病迁居"，是指他之前在牛込地区的居所被指定为防火带，因此他于享保5年迁居到赤城。这正好与写下孔子肖像赞是同一年。

除以上这些片言只语外，作为徂徕学问论的《学则》（有单行本，《徂徕集》卷17亦收）第一则规定的开头两句为如下：

东海不出圣人，西海不出圣人。

作为人类文明法则制定者的"圣人"，既不出现于"东海"（日本），也不出现于"西海"（西方），只出现于中国。日本原本就非"圣人"之地，而是夷狄之所。（岩波版《日本思想大系》36《荻生徂徕》，第188页）

在其和文著述《训译示蒙》中，这种思想表现得更加明显。该书虽然不见于服部南郭的《物夫子著述书目记》，但正如我在《学案》中所考证的那样，该书一定是早年徂徕在增上寺学塾的讲义录。(本书,第101—102页)对于日本人为何必须学习汉学的理由,徂徕在强调中国的"儒道"与日本"武士道"在本质上是一致的同时,指出仅靠"武士道"为何不足的理由。

> 儒道固然乃侍道,然中华有圣人出,日本不出圣人,故其侍道偏于武。

就是说日本的历史上由于没有"圣人",因此缺乏"诗书礼乐"这种高级的"道",而偏向于武士道。(美簾书房版《荻生徂徕全集》第2卷,第437页)

《训译示蒙》中,徂徕指出汉语为单音节,日本与其他非中国区域(即徂徕所谓的"夷"所在区域)的语言,则是多音节的。他这样论说汉语的优越性。

> 中国之词乃文,夷之词则为质。中国之词乃密,夷之词为疏。

对于汉语卓越性的由来,徂徕亦归因于地理上诞生了圣人这一特殊存在。

> 将唐土命名为文物之国,又因其文华之义理命名为中华,亦为此道理。又唐土出圣人者,盖其为细密之国之故也。(同上书,第438页)

如此在哲学、文学、语言中的中国优越性主张,正构成了徂徕学问与思考的底色。故而，徂徕以阐明和获取中国的"先王之道"作为其学问的中心；将作为文学者的精力倾注于汉诗文的创制；作为全部的出发点，他主张以中国的发音来朗读汉文，在甚不便利的锁国环境中，从汉语会话开始了学习。（关于这些的具体情形，可参看我所写的《学案》第81页之后的内容）徂徕在其他方面，也是主张中国对于日本具有优越性，或者说不仅仅是相对于日本，而是对于所有非中国之区域的优越性。

该论调在军事方面的体现，是其晚年对将军吉宗提出的意见书《政谈》卷4中的一条，有关丰臣秀吉出兵朝鲜时的情形。

> 加藤清正[①]的《故老物语》记载：出征高丽时，大明之兵法与朝鲜人不同，吾军有不及之处。其指挥大军格外自由，此未见于日本之会战。[②]

所谓"异于朝鲜人"，是指不仅相对于日本是优越的，对于朝鲜也是优越的。有一例可以说明此。

> （明军）停止进攻所围城池将撤出时，会作出前所未有之进攻姿态，其众却忽然不知去向，一人亦不可见。

---

① 加藤清正，1562—1611，安土桃山和江户时代初期的武将，尾张国（今爱知县）人。在丰臣秀吉麾下立下赫赫战功，成为肥后熊本城的城主。在日本入侵朝鲜的文禄·庆长之役中，他充当先锋。
② 《故老物语》又称《遗漏物语》、《遗老物语》，为日下部（朝仓）景衡编，汇集了日本近世初期与中期的见闻记、随笔与实录。

此外，加藤清正的家臣饭田觉兵卫所呈的听闻录记录道：

> 觉兵卫述曰：日本大军军阵之痕迹，人马粪便满满，无踏足之所也。大明军兵阵处，不见人马粪便。虽不知为何缘故，盖能自觉法令也。

这照例被徂徕归之于中国先王"礼乐刑政"的影响。我虽然尚未阅读徂徕的兵法之书《钤录》，但那里可能亦存在相同的评价。

此外，在《政谈》的同一条中，徂徕还附带指出中国佛教礼仪端正。

> 黄檗宗之法式化为日本之法事，仪式极为齐备，未有混乱之事。此亦异国礼法之影响，故如此。（《大系》，第397页）

对于禅宗，徂徕原则上是不持好感的，因为这是中国文明已经堕落的宋元时代的产物。但这里徂徕对于黄檗禅表示出好意，正如辻善之助在《柳泽吉保之一面》一文中所讲的那样，藩主柳泽吉保对于黄檗宗的皈依是让徂徕对黄檗宗持有好感的理由。此外，我在《学案》第109—110页也指出，徂徕进行汉语会话的对象是黄檗宗的中国僧侣，且黄檗宗是尚未日本化的、纯粹的中国宗教。这些要素也诱发了徂徕的好感。

另外，对于文学以外的艺术如音乐，徂徕尊重日本的雅乐，并亲自学习了。这是因为在中国先王的"诗书礼乐"中，"乐"已经在中国消失了，而存留于日本。（参看《学案》对此的略说，本书，第 163 页。那里引用了《徂徕集》卷 23 中的答薮震庵问的书信及卷 26 中的致入江若水的书信。当时没有引用徂徕献给本多伊予守[为徂徕资助人之一]的文章《乐乐堂记》。其中有一节写道[《徂徕集》卷 13]）

　　不佞茂卿，曾观我东方之乐，制氏畴人相守不废者，数百千岁。

所谓"制氏畴人"是指传承音乐技术之家。

　　要之，虽亦非毫无缘饰，而《韶》《武》《安世》之诸乐具在。

《韶》为舜时之乐，《武》为周王朝之乐，《安世》为汉王朝之音乐。虽然稍稍加以了简化，然基本是原样保存在日本。其传承方法，让人甚觉不可思议。

　　雅淡洋洋，众美咸备。呜呼！此胡以传也。

关于日本的琴曲也是一样。在他给薮震庵的又一封书信中有如下一节。

　　问：本邦亦有琴瑟乎？
　　答：按《源氏物语》等书，古亦有琴。五六百年来，废而不传矣。尝访狛迫宽,其宅有《猗兰》琴谱。① 予借而览之,乃隋人之作,桓武以前之笔迹。

"桓武"之上,原文空了一格,以表达对"王室"的敬意。

其谱与明朝琴谱大异。乃知古乐失之于中华,而我邦有之。

是中国古乐,却只遗存于日本,徂徕在给薮震庵一封书信中表明此亦可在文献中获得求证。

吾国弹筝之法是否为弹古瑟之法?《魏书》记载了继儒弹瑟之法,正与此相同。故知其如此也。

此处《魏书》应是指作为"正史"之一的北朝魏收所著之书。但"继儒云云"等语出处,我还未能找出。虽然我不熟悉音乐史,但我猜想徂徕此说的背后似乎存在一种观念。即中国的音阶在8世纪唐玄宗以后发生了变化,而日本却保持了以前的音阶。徂徕关于音乐史的专门著述有以写本形式流传下来的《乐律考·音制》篇,其中似乎有对此的详细论述。

---

① "猗兰"即古琴曲《猗兰操》,多抒生不逢时、怀才不遇之情。《乐府诗集·琴曲歌辞二·猗兰操》,[宋] 郭茂倩题解:"一曰《幽兰操》……《琴操》曰:'《猗兰操》,孔子所作。孔子历聘诸侯,诸侯莫能任。自卫反鲁,隐谷之中,见香兰独茂,喟然叹曰:"兰当为王者香,今乃独茂,与众草为伍。"乃止车,援琴鼓之,自伤不逢时,托辞于香兰云。'"参看《汉语大词典》"猗兰操"条。

对于书法与绘画，徂徕也是尊崇中国风，厌恶"和式"中的日本味。关于书法，徂徕说："字，原本为华之物。"即汉字原本是中国之物，日本的书法家争相想写出中华之态，却写不好。这是因为他们光看日本人的字。然而近来吾观孩童所写之字，却呈现出纯然中国风——那还是6岁的小童，却有很多人求其挥毫赐字，其父给予糖果，哄诱其写字，小童写完后，弃笔飞奔而出，去骑竹马、放风筝。要之，此小童尚未染日本书法之恶习。故而，"混沌未凿，与天籁游"，反能写出与中华之人相同的字。"天籁云云"者，是说中国人的字体现了自然的规律，自然具有自然美，而小童因其天真烂漫，反而与此相契合。（《徂徕集》卷18《为阿林之字题跋》）

徂徕对于绘画也是一样的态度。在《徂徕集》同一卷中的《为墨君徽所画岳阳楼题跋》中他写道：从住江沧浪①所得之画，我刚开始乍一瞥下，惊呼以为是中国人所绘，还以为中国有人与住江沧浪的"墨君徽"之名相同。徂徕称赞沧浪之诗清新，"悉已洗净倭人之习"，其画亦是如此。（徂徕对于绘画史的见解将在后文引述。本书，第218页）

此外，关于雕刻，在《徂徕集》卷15《峡中纪行》中，提到了如下之事：宝永3年，徂徕41岁，与前述的田中省吾一道前往藩主柳泽吉保封地甲斐，在归途中，于盐山的向岳寺以及天目山的栖云寺，徂徕见到了开山诸禅师的木刻雕像，称赞此是"名手之作也"。中国

---

① 住江沧浪，1691—1728，江户时代中期儒者。跟从荻生徂徕学习古文辞学，善于诗文与书画。其字为"君徽"，姓又写为"墨江"。

精于所有的工艺,唯独木雕非如此,徂徕思忖道,这是因为事物有擅长与不擅长之分,还是因为中国唐以前的优秀技术保存于吾国?

> 凡百工之巧,以中华为精。然独此非然者,岂物各有所长者耶?抑或唐代之遗,将次施之于吾东方耶?

徂徕的这种中国崇拜也涉及生活的细节。徂徕对于文房四宝等物也必须使用中国式的。《政谈》卷2有一条内容论及了日本国内的手工业。

> 若无唐纸、唐笔,则吾不能下笔,故到处访寻看日本之内有无漉唐纸、制唐笔者。此前在大阪有人制作唐纸,然因成本高、不划算,故后来终止。而弟子中虽有能制作唐笔者,然以此亦耗费工夫而不制作。(《大系》,第325—326页)

另外,在《徂徕集》卷25《复柳川内山生》写道,不佞尝在藤豫侯(即本多伊予守忠统)处见柳川纸"洁白如雪,颇似华笺"。因思此必是柳川风土之美,"物既若斯,其人可知"。果不其然柳川有如足下这般"羡华风之深"者。于是徂徕写了这封将学问方法教授给后辈的书信。在《徂徕集》卷30中,有《复玄海上人》这一书信。徂徕从在长崎的僧侣那里所得之香炉、笔、墨、纸"皆中华物",甚爱之,感谢对方说:"何以见爱之至此耶?"

对于雅乐,徂徕将其视为中国的"诗书礼乐"在日本的遗留,因而很尊重。与此相对,他蔑视的则是德川幕府的仪式音乐——

谣曲、能乐。(此可参看《学案》中对此的略说,第112页;以及《政谈》卷4,收入《大系》,第399页)但即便是他所轻蔑的能乐,其原型也存在于中国。故而,其和文随笔《南留别志》指出了为何日本人能进行模仿。

> 能,乃模仿元之杂剧而作。定为元僧来此国而教。即便是此等之物,亦不可能出自本国人之手。

就是说不论何种文明,如不依靠中国,则日本人不可能亲手创造出来。这条记载表明,徂徕阅读了与当时大部分儒者无缘的中国戏曲脚本,虽然他可能是匆匆扫了一眼,就如同新井白石在《折焚柴记》中提及了中国戏曲一样。所谓"元之杂剧",是指13世纪元代的戏曲,当时明臧晋叔所编订的脚本集《元人百种曲》被舶来了。(参看我所著岩波版《元杂剧研究》,或《吉川幸次郎全集》第14卷)

徂徕一生经常在江户市中迁徙,他从萱场町迁到牛込时曾有一传闻,说徂徕因为新住处与"圣人"之国又接近了几里而很高兴。此事记载于哪本书,我还没能查到确证。但作为能够产生此传闻的事实,徂徕曾称赞说九州因为靠近中国,其风景亦应与中国相似。(见于《徂徕集》卷23《丰公族大夫养拙君二亭记》)这篇文章是写给丰前小仓藩家老小笠原氏的某人的。文中首先说:

> 予曰,海西之九州,在大海中。声教所被,遂称吾为倭者,岂天地之本然哉?

九州在自然地理上，并不必然是日本式的。当地只是从文明的连续关系来看是日本。且作为日本风景论，据画家说，日本之东部风景与西部存在差异。

> 吾曾以此问之画者，其曰：吾倭之山川风土，东莽如焉，西秀如焉。

徂徕认为东日本粗狂、西日本秀丽，是在说越靠近中国风景越好。其有言可证此：

> 有人曰，航海登丰之岸，殆与吴越浙闽相类也。

有人说踏足九州北端，见其风景已与中国的江苏、浙江、福建相似。但吾只在关东活动，故只是如此想象。

> 其气质所殊之处非只凭遐想可得，予似飘系于东，亦井底之蛙哉。

徂徕在同一篇文章中，对于九州的地理曾这样指出：

> 以西可通往外中州，以东可通向内中州。

所谓"外中州"是指中国，"内中州"则是指以京都为中心的本州上方地区。① 正如接下来将要讲到的那样，这种提法表明徂徕在立场上并非全然倒向中国。

在徂徕汉文著述中最早公开刊行（正德4年）的《萱园随笔》卷4里，有如下一段可以作为其态度之结论与概括的话。

> 中国者人之人也。夷狄者，人之物也。物不能思，唯人能思。中国之为礼乐之邦，为其能思故也。（河出版《荻生徂徕全集》第1卷，第185页）

即是说，日本人不是中国那样的"人中之人"组成的群体，只能是"人之物"的夷狄中的一种。在该书卷3中，关于学习汉语口语时的经验，徂徕说：

> 予学华音时，字字句句皆自脐□，和语则否。②

观画像方知华人与此方之人，其形貌不同，故才有了如诸古典所记载那样的庄重举止（足容重，声容静，头容直，气容肃）。

> 凡中华此方之不同者，岂啻此焉。此乃其大者。（同书，第174—174页）

---

① 上方，明治维新以前，由于皇居在京都，因此京都及周边及至更广阔的畿内地区被称为上方。

② "字字句句皆自脐□"，"脐"字后有缺字，不明。参看荻生徂徕「蘐园随笔」卷三、関儀一郎编『続日本儒林叢書』第1冊、東京：東洋図書刊行会、1933年、第40页。

徂徕自身将祖先的姓"物部"减去一字变为"物",名为"茂卿"。而其弟子服部南郭称"部南郭",安藤东壁称"滕东壁",平野金华称"平金华"。诸如此类将姓名变成中国风,乃是仿效中国式生活的浅显例子。其汉诗文中出现的日本地名也有类似表现,如以东都代替江户,称京都为洛、中州,以长崎为崎阳,广岛为广陵,延冈为延陵等。

上之二　对于"王室"的态度

除了以上这种中华崇拜外,他的态度中还有"国体论"者所厌恶的。此即徂徕将江户的将军视为日本实际的君主,而非京都的天皇。

他对于历代德川氏都以中国皇帝式的称呼称之。如以家康为王朝创始者,称其为"神祖",因台德院之院号称秀忠为"台庙",因大猷院之院号称家光为"猷庙",因严有院之院号称家纲为"严庙",因常宪院之院号称纲吉为"宪庙"。徂徕不仅在称呼上对德川氏使用皇帝规格待遇,在措辞上也是如此。

宝永6年,纲吉去世后不久,徂徕在写给弟子县次公即山县周南的书信中(《徂徕集》卷20）[①],如此回忆了所受纲吉的宠遇。

> 不佞虽陪臣矣,亦尝叨辱恩泽。僭侧乎朝廷,侍从臣之后,时时咫尺天威,讲艺拜赉,沐浴乎日月之末光者,十四年

---

① 该书信收于《徂徕集》卷21,非卷20。

矣。一旦抱龙髯号者，是讵其他之遑问乎？①

"恩泽""朝廷""咫尺天威""日月之末光""抱龙髯"，都是只能用于天子身上的措辞。徂徕在悼念纲吉之死的七言绝句《正月十日之作》中，将纲吉比作汉武帝，把自己比作司马相如。（《学案》已引，本书，第154页）此外，在《徂徕集》卷27中，有写给入江若水的书信（推定写于正德2年［1712］），徂徕如此报告近况：

谅密中，啸歌皆废。

徂徕用为天子服丧的"谅密"之语来称呼家宣之死。

与这种对德川将军的无上敬意相对照，京都朝廷则被徂徕称为"王室"，称呼"共主"，表达了一定的敬意。然而，所谓"共主"是末期的周天子相对于当时的诸侯，为名义上的共同权威之意。京都的"王室"，俨然已经是这样了。如同在各式汉文称呼纲吉为"宪庙"以及其他与将军相关的词语上皆空了一字一样，徂徕在对桓武、后醍醐、"共主"等的称呼上也空了一字，但他对后者的敬意并没有超过德川将军。

这种态度显然与他对中国的崇拜有关。即在日本主导实行中国的"先王之道"的，曾是宁乐朝（奈良朝）、平安朝的"王室"，以徂徕的用语来说，是"宁平之际"的"王室"。然而自北条氏、足利氏以来，随着武士进入政治，武士道成为日本的风俗，由"王

---

① 译文参看《徂徕集》卷21《与县次公》。

室"主宰的中国式"先王之道"中断了。使其复活者，正是现在成为主宰者的德川氏。故而日本的真正君主已经不是京都的"共主"，而是江户的"兴王"。这构成了徂徕的日本历史观。

对于日本文明历史的这种见解，在《徂徕集》所收诸文的各处皆可见。首先，日本上古是信奉神道、"敬天"的祭政一致的政治，中国的"先王之道"也是如此，二者自然契合（《徂徕集》卷8"旧事本纪解之序"；《论语征·子罕》篇，"子欲居九夷章"），这表明徂徕的儒学学说部分从日本神道学说那里获得了启发。即是说，徂徕的儒学思想看似是以中国的基准来规范日本，实际上可能存在着反过来以日本去规范中国的部分。（我们将在下一篇《作为日本式思想家的徂徕》，第244页以下进行细说，此处不展开讨论。）

原本日本施行的政治就与中国的"先王之道"相契合，之后不久又导入了"律令格式"这种中国制度，使之成为日本的制度，日本文明将这一最初的盛况记录了下来。最能展现这一点的，莫过于"宁平之际"（奈良朝、平安朝时期）诗歌的盛况。《徂徕集》卷8有《叙江若水诗》一文，是为摄津的酿酒家入江若水的汉诗集所作之序。其中如此概括了日本汉诗的历史。

> 间尝窃扬榷诗所由隆降论其世，则宁平之际，于斯为盛。其名公巨卿，相与赓歌乎本朝之上。所为润色鸿业、辅弼王猷者，野篁、藤常嗣之伦，皆沨沨乎治世音哉。[1]

---

[1] 参看《徂徕集》卷8《叙江若水诗》。原诗为汉文。为方便理解，译文对原诗汉文略有改动。

该序文还指出，不仅有小野篁、藤原常嗣这些在朝人物，"山泽列仙之儒"亦作隐者之诗。但《徂徕集》卷9所收写给弟子服部南郭第一诗集的序文《南郭初稿序》中，徂徕叹息此类诗数量不多。

> 予尝读经国怀风诸篇，喟然叹曰：有是哉。（然）何其聊聊也。

徂徕以唐诗，确切说是唐代前半期的诗作为文学的最高标准。他所编著的《唐后诗》一书主要收录了被徂徕视为唐诗之复活的16世纪李攀龙、王世贞等的诗。其书十卷的最后一卷为"本邦"，将奈良、平安时期日本人的汉诗与唐诗一起进行了收录。然后徂徕这样评价晁衡即阿倍仲麻吕、藤万里、冬嗣、小野篁等的诗：

> 诸混之于唐人，亦难辨识。

《唐后诗》于享保5年（徂徕生前）刊行，服部南郭为之作序，但这一版本中缺少了"本邦"卷。徂徕死后，这部分题为"皇朝正声"，单独刊行。其中收录了大友皇子以下十五家的三十五首诗。

但这样的中国式文明，却由于北条氏的掌权而被中断。《徂徕集》卷十《赠对马书记雨伯阳叙》即写给对马藩儒雨森芳洲的文章中，提到：

> 盖自有相氏以马上定海内，而历代相承控弦成俗。事无大小，一切武断，不事文字矣。

所谓"有相氏"为北条氏,"控弦"出自《史记》《汉书》,乃代指军事之语。

更加具有决定性意味的,是后醍醐帝建武中兴的失败。《徂徕集》卷28所收写给安积澹泊的书简中说:

> 大抵建武之时,自王室南迁,凡百制度,由此而沦。 217

于是在此之后,越发变成了武人专制之世,所谓武士道开始横行。《徂徕集》卷27所收徂徕写给县云洞即山县周南之父的书简中这样说道:

> 盖尝以吾东方,由帝降而王,控弦成俗。

即好战成风,

> 士大夫之间,业自有一道,以世相沿承是传。

从家庭生活到政治方法,全部尊重素朴信义的实践,拒绝学问。饶有兴味的是,徂徕的文章还从女性与武士的关系视角来描述上述变化,《徂徕集》卷12《记松浦盐冶饫浦事》即有关于此。首先对于作为"王室"都城的京都,徂徕这样论述道:

> 大抵平安之地,山水秀丽,往往生尤物矣。

"尤物"指美人。山清水秀的平安京，是美人的产地。故而桓武定都以后，贵族们的第一乐趣就是女色。自延喜、天历以来，

> 平安丽人之盛，清紫赤染诸女，史所记载，可概见焉。

于是平安朝的政治尚"文柔"，"风流"成习，"微言佚行"，恋爱之言行"何所不有"，但是通过暴力来抢夺女性的行为是绝对没有的。即便是在当时京都执勤的武士，虽然他们一定也是爱好女色的，但作为朝廷和公卿宅邸的护卫，他们见到了美丽的女官纵使心动不已，也会自觉意识到对方是云端上的贵人，高不可攀，而自己只是听差的奴仆。他们能够亲近的女性，最多也只是市井里的妓女。像源义仲、源义经那样打破这种禁忌者，便会招致物议。

然而，自从北条氏废除后鸟羽院等三位天皇之后，武士开始横行。且加之元代"胡僧"的教唆，禁忌被打破了。此外，当后醍醐急于恢复王权，把宫廷中的女性赏赐给武士时，时代完全变了。于是，筑后的武士松浦五郎抢夺一宫[①]的女御，盐冶高贞[②]之妻本是宫廷中人，足利尊氏家臣高师直[③]却爱慕盐冶之妻，高师

[①] 一宫，即尊良亲王，后醍醐天皇的第二皇子。元弘之乱时被流放到土佐国（今高知县），建武政权成立后，曾作为东国管领和新田义贞一起对战足利尊氏，后败北。松浦五郎抢夺一宫女御之事，见于《太平记》卷18，"一宫御息所的事"。

[②] 盐冶高贞为南北朝时期的武将，在建武2年（1335）足利尊氏叛乱时，曾在新田义贞麾下参加箱根竹下之战，但败于尊氏。投降后成为出云、隐岐两国守护的候补。1341年突然出走京都，后在播磨国自尽。

[③] 高师直，南北朝时期武将，足利尊氏的执事。与尊氏一同反对建武政权，参加了幕府的创设。在与南朝军的作战中建立功勋。其后与尊氏之弟直义对立，曾逼退后者并一度掌握实权，但不久后被杀。

秋①试图强抢菊亭大纳言之妻，仅从《太平记》中所见到的这些记载，便可知这类事件经常发生。

关于绘画史上变化的象征事件，见于《徂徕集》卷27写给左沕真的书信。徂徕将这种变化分为三个阶段。首先，

> 大抵本邦之画以巨势氏②为最古。其所为之画趣，盖取诸和歌者流，唯婉丽而已。以供闺阁中之玩。惜哉，王风之衰也。

平安朝后半期，日本文明堕入"闺阁"即以女性为中心的趣味。和歌盛行时期的画被当作日本最古的画而流传。其虽然不是中国式"王风"最鼎盛时期之物，但依然还有"王风"的痕迹。进入武家之世后，足利时期的画如：

> 僧雪舟氏，尤有宋诗之遗乎？稜稜苍骨，冷然乎墨戏禅也。

其时的趣味非如徂徕所尊重的唐诗，而是同于他所厌恶的宋诗与禅。但即便如此，依然具有力道。品格最次者，为更后世的狩野派。③

---

① 高师秋为南北朝时期的武将。建武新政后，效力于足利直义。1338年成为伊势守护，经常与南朝作战。
② 巨势金冈，生卒年不详，平安初期的宫廷画家，巨势派的始祖。他在创作唐画的同时，也创作和式的风景画与风俗画。其画风被称为"新样"，是与大和绘的形成有关的最早画家。其作品今已不存。
③ 狩野派，以狩野正信为始祖的画家家系与画派。自室町后期到江户时代，为武家的御用画师，并因而昌盛。

> 追狩野氏之时，冠裳久失，短后急装，世人所用以为趣者，宗祇、利久辈三昧也。

所谓"冠裳"是指中国式的礼乐，此时已灭绝。"短后急装"是武士的装束。连歌的宗祇、①茶道的千利休，②皆是徂徕蔑视的对象。与他们趣味相合者，乃狩野派。

> 故其画为趣，莫有能超乘上焉者。

徂徕对于千利休等人茶道的评价，见于同书卷16《骤雨说》。柳泽藩家老柳子茝臣，得到了一个名为"骤雨"的茶壶。昔日自"东山主父"足利义政喜欢茶壶以来，③茶博士们相继而出，

> 愈益襃饰以博大之，传以奥幽。为之眇论，假其崇高之势，鼓动齐民，被之天下。

于是与其他书画歌诗曲艺者流并肩，狭窄方丈之室中的诸法则，成为世之典礼。

---

① 宗祇，1421—1502，室町末期的连歌诗人，为当时连歌的核心指导者。编有《竹林抄》《新撰菟玖波集》等作品。
② 千利休，1522—1591，安土桃山时代的茶人，日本茶道的集大成者，号"宗易"，又被称为"利久"。师从武野绍鸥，使重视素朴幽静的"侘茶"得以完成。曾效力于织田信长、丰臣秀吉，颇受优待。但后来因触怒丰臣秀吉，被命令自尽。
③ 足利义政，1436—1490，室町幕府第8代将军，收藏有所谓"东山御物"，其中包括茶壶。

王公大人，俯首受约束焉。其所称赞肩冲等诸物，亦得为天子之分器，与夏琱戈、商彝、吴干、赵璧等齐声比价焉。

堕落并不仅限于绘画。往昔京都"王室"主宰的所有文明，到了足利之世，都完全堕落了。《徂徕集》卷11《赠于季子序》，是一篇写给宇野士茹的文章。宇野士茹是徂徕首个来自京都的弟子。徂徕首先指出，予在关东提倡"古文辞"之学已有10年，

海内斐然向风。

日本国内皆听吾之所言，

豪杰之士往往裹粮以至者，西薄大海之滨。

弟子中甚至有来自九州者，唯独无人从京都来。

而京洛独寥寥无闻焉。

人或怪之，予曰岂无乎？"恰巧汝兄弟刚好从京都来。"徂徕笔锋由此转入"王室"论或者说京都论。

夫洛者，共主之所居也。王室更千岁，不绝如缕。

此种"王室"之衰，乃始于保元、平治年间（1156—1160）。

> 至保平之际，典章文物，盖变更殆尽。建武之后，霸主据之。

"霸主"足利氏虽然成了京都主人，但其法令却充满伪诈，对于文明的过去之主宰者"共主"毫无尊崇之意。

> 故饰弓马以为礼节，猿舞以为乐。

即徂徕厌恶的武士道与能乐。

> 一切武断，号令四海，岂复有意文哉？

为了掩盖伪诈之法，足利氏厚待禅僧，将他们作为政府的秘书。

> 于是禅道盛，圣人之道废。

禅宗原本就是中国业已堕落的宋元时期之产物。

> 而儒者之业，扫地者三百年。

相同旨趣的文章，还可以举出《徂徕集》卷27中的《与竹春庵》。在这封给福冈藩儒者竹田春庵的书信中，徂徕将春庵借给他的《大和律》两卷，称为"宁平之际"的法律书。

> 读之愈思盛世之文物，因之愈叹今日之衰哉。缘何变更殆尽，以至成真倭奴？岂不悲乎。

日本以前与中国一样施行"礼乐刑政"，但为何如今被中国人蔑视为"倭奴"？在同一书信中，徂徕写到他最近得到了应永18年（1411）的日历。他认为那与中国历书完全一样，"俨然中华之物"，而非如蚯蚓爬似的歪七扭八的近来之假名所写历书。这一切都怪足利氏，

> 则室町氏之祸，甚于秦火也。

就是说比秦始皇焚书更甚。

要之，曾经由"王室"主宰的"先王之道"因北条、足利而中断。当今京都的"王室"，如上引文章所示，已"不绝如缕"，无复兴日本文明的能力。只有往昔文明的形骸作为典章制度（徂徕的对立者新井白石十分热衷于此道）存留于王室。《徂徕集》卷22中《复于士新》，即给士茹①之兄宇野明霞②的书信中有这样一句话：

> 盖以九鼎不迁，苟虞谥如。

---

① 即宇野士朗。
② 宇野明霞，1698—1745，江户中期儒者，名鼎，通称三平，京都人。曾师从大潮、入江若水，信奉徂徕学，使古文辞学风在京都扎根。后来他提倡折衷，对徂徕之说提出异议。著有《春秋左氏传考》《明霞老师遗稿》等。

所谓"九鼎"是中国古代帝位的象征,这里当指三种神器。"筍虡"是悬挂雅乐乐器的木架。它们"谧然"沉寂,放置在京都的宫廷中。

> 凡百文物制度,宛若千岁之旧。

然而其能量已尽。以中国式的话来说,就是"王气"已消沉。徂徕指出,除足下兄弟以外,尚无其他京都人士登门拜师,这就是证据。在这番自卖自夸之后,徂徕改换语气说道:

> 岂神州清淑之气澌邪?王室不复兴邪?每为之潸然者久之。

此外,在《徂徕集》卷22给入江若水的一封书信中,对于若水提到关白近卫家熙①的好学与藏书,徂徕回答道:

> 盖相公者,吾邦第一贵人,无出其右者。此何以能如此耶?果如此,则王室其将兴乎?愿吾邦人人皆闻也。

其中带有对"王室"的期待。

然而,京都的"王室"毕竟还是不行。公卿们煞有介事的掌故

---

① 近卫家熙,1667—1736,江户时代前中期的公卿,宝永4年成为关白、氏长者,后升任太政大臣,精于礼典、诗歌、茶花道。

之学，只不过是故弄玄虚而已。上引《赠于季子序》中有这一见解。

且洛之所为重者共主耶？王臣执周礼于秦火之余，以欺海内。

徂徕之意应在表明，完全被欺骗之一人乃为新井白石。

相对于这种"王室"的衰微，日本文明的新主宰者是吾德川王朝。此新王朝才是"先王之道"在日本的践行者，"神祖"东照宫以来存之。前引赠给雨森芳洲的文章中，在上引部分之后，徂徕对于"神祖"家康以来的德川氏政教如此称赞道：

及至神祖如龙般兴起，崇尚坟素。凡百制度，鉴于二代，郁郁乎文也。海内靡然向风者，百年于兹。

家康所尊重的"坟素"是指中国的古典。"二代"云云，为《论语》中孔子称赞兴起于夏、殷二王朝之后的周王朝"周监于二代，郁郁乎文哉！"。此语适用于北条、足利二代之后的德川氏。

这种对于德川王朝的赞美，反复出现于《徂徕集》中的各处。比如《徂徕集》卷11《赠菅童子序》。该文为享保9年，幕府医官之子、被称为"神童"的山田麟屿游学京都时徂徕赠别的文章。其中写道：

惟吾神祖既定海内，偃武修文。

自此以后，

> 列圣相承，累洽重熙，百年之久。

徂徕将好文之历代将军称赞为"列圣"，即历代的天子。此外，前引入江若水的诗集序中写道，由于"神祖"的"深仁厚泽"，

> 吾榑桑文明之运，方今如日之在中也。

"榑桑"同扶桑。即日本之文明，正如太阳接近正南一样，在吾德川王朝得到再兴。

徂徕认为，现今的德川氏接受"王室"的让位亦可，但之所以不这样做，是因为正如周文王在殷王朝末期虽然"三分天下有其二"，但依然谦虚地只做诸侯之长即"西伯"。这一观点见于作为纲吉传记所写的《宪庙实录》的末尾。[①] 在现藏于明治大学的写本中，其记录如下：

> 建武以来，王化凌夷。海内钦武命，此天之所与，民之所归，诚近于改物。况神祖取天下于乱贼，尚法西伯之至德，守神道，为国家之定谟。或深察天命未改之精微，尊崇禁里，为世世所不及。每岁敕使奉答之日，必沐浴更衣，极尽精诚。

末尾写有"正德四年甲午正月十日源吉保入道保山谨录"。虽

---

① 《宪庙实录》，又名《常宪院赠大相国公实记》，柳泽吉保著。常宪院为纲吉的谥号。该书记述了从延宝8年（1680）到宝永6年（1709）德川纲吉之行状。开头有正德4年（1509）林凤冈所写的汉文序，附录一卷记录了纲吉童年时代的传略。

署名为柳泽吉保，但无疑是徂徕执笔。

此外，在《政谈》卷3中徂徕认为江户幕府就应该在江户制定勋位等级，像现在这样形式上是从京都获得官位的做法并不合适。

> 且天下诸大名虽皆为家臣，但因官位由上方降圣旨与位记①所定，故而有人会暗以禁里为真正之君。现今摄于（将军之）威势而成为家臣，然此心若不绝，至后世则恐有令人难安之事。（《大系》，第348页）

与此内容相关，徂徕还有文章褒扬幕府都城江户而贬斥"共主"的都城京都。后者之例，为前引写给宇野士茹的文章。在此文中，徂徕说现今的京都"王室不绝如缕"，其居民除了公卿外就是工商业者。故而其"纤啬之俗"，即吝啬小气之风俗，与《史记·货殖列传》《汉书·地理志》中描述的周王朝旧都洛阳之风俗一样。因此，那里的儒者亦因为生活困窘而开设了各种讲学之所，但皆是陈腐的宋学。徂徕这里的所指显然包括了其假想敌伊藤仁斋、伊藤东涯父子以及山崎暗斋。诚然，京都自平安朝以来"名姬靡曼"，美人遍地，是"百货纤巧所出之所"，西阵等地出产精致的工艺品。这些与"山川之韶秀、语言之都雅"一并使京都人自负不已。但他们因为对此习以为常，故而变得见识鄙陋，眼中已无他物。

与京都的这种衰落相比，位于吾德川王朝脚下的大江户的豪

---

① 位记，授予位阶时所赐的文书。

华程度如何呢？不论是汉唐之长安、洛阳，还是明清之南京、北京，都不值一提。江户可以包容各种恶事，其繁盛可谓世界第一的大都会。《徂徕集》卷11《送冈仲锡从常序》中的这些话，在《学案》中已经引述过（本书，第91页）《徂徕集》卷10《送野生之洛序》，乃汉语会话教师长崎人中野挢谦游览京都时徂徕所赠之文，其中比较了东、西二京的学问。他写道，京都为"共主"的居住地，"山川秀丽、土洁水冽"，其君子"闲暇以乐"，闲人很多。

故其学贵周密以详缓，其文章悠然有旷世之思。

与之相比，吾"关中"乃"兴王之地"，天地元气郁浡，其人民奢华，其君子"喜趋事功"。由于与实际的政治相接触，"故其学贵先立其大者，其文章飒飒乎有大国之音"。但即便是这两个中心也不及汝出生地长崎，因为长崎为与海外相接触的"万国大都会"，最受华风的影响。这种对中野挢谦的溢美之词，虽然也是徂徕崇拜中华的习惯使然，但在这篇文章中，他也嘲笑长崎海关的"通事"即翻译官们虽能讲一口流利的中文，却没有学问。

下　论说日本优越的徂徕

如上所示，徂徕大谈中国的优越。但另一方面，徂徕也是一个频频主张日本之优越的民族主义者。此一事实，在以往的徂徕研究中几乎未被提及。

大正末年到昭和初年，有一个叫有田音松①的国粹主义药商。他经常在报纸上打整版广告，宣扬其主张。其中有一回，他攻击徂徕为卖国贼。他依据的资料，恐怕还是"日本国夷人物茂卿"这一徂徕署名。汉学大家犬养木堂②给有田写信，批驳其观点有失偏颇。于是有田再登一版的广告，这次他攻击起了犬养。

五十年前的犬养在辩护中使用了何种资料，进行了怎样的说理，我现在记不得了。但实际上，徂徕著述中既有很多地方把中国当作先进国来进行崇拜，以日本为落后国进行蔑视，也存在着乍看与此相反，让讲求大义名分的国体论者甚是欢喜的言语。

首先要举出的例子，是徂徕晚年著作《明律国字解》的卷首部分。以往的研究者也注意到了此处。

该书是对中国明代刑法《大明律》的详细注解，是徂徕在成为德川吉宗政治顾问后的晚年时期所著。徂徕在注解原书标题"大明律"时，删去了"大"，使之变为"明律国字解"。个中理由，徂徕在《开卷第一》中叙述如下：

> 此乃明代刑书，故命名为"明律"。该书称"大明律"，盖加"大"字者，乃尊当代之辞也。比如汉代时曰"大汉"，后世仅称之为"汉"。唐代时自称"大唐"，然后世仅曰"唐"。日本自曰"大日本国"，然异国仅称此国为"日本国"。

---

① 有田音松，1867—1944，大阪药商，靠经营治疗性病药物发家。他积极活跃于言论界，高唱敬神崇祖及皇室中心主义论，并为在乡军人团无偿提供住宿场所。

② 即犬养毅，1855—1932，日本政治家，曾担任日本首相，后在"五·一五"事件中被杀。

似无加"大"字之前例也。

就是说,《大明律》原书之所以加了"大",是因为明代时该书是作为当朝之物所编定的。但是,

> 今日本非明朝之从属国,且异国现今已变为清代,其称当代虽曰"大清",但不称明朝为"大明",何况于吾日本更无称明朝为大明之缘由,故今刊行之书除去"大"字。

此外,由于该书是刑法典,如果日本人称其为"大明律",则违背了该法典自己的规定。

> 此道理,于刑书中需特别斟酌。末尾有"十恶",其第三云"谋反",乃背叛本国、从于异国。将其定为十恶大罪,为刑书之规定,故今去除其"大"字。(创文社版《明律国字解》,第3—4页)

所谓"谋反"之罪,见于第1卷"名例律"条。(同书,第18页)

对于异国不可以添加"大"以及其他美称,同时对于日本应该加上"大""皇"等美称——这一主张亦见于徂徕早年的著述《译文筌蹄初编》卷1"和"字条。徂徕认为,"和"字用于表示日本之意,原本乃是"磤驭卢(ヲノコノ)岛"的转音,并加上了"大"。

> 所谓大和,乃如大宋、大唐之"大"。

宋、元、明之人在各自的王朝名称前冠以与"大"字同义的"皇"字。因此日本人亦可仿照皇宋、皇元、皇明之称号，作为日本的美称自称"皇和"即盛大之和国。

> 仿照皇宋、皇元、皇明之例，吾国亦应称为皇和。然自古未闻此称谓，近年茂卿之文始有此写法。

事实上，徂徕的诗文中到处都在使用"皇和"一语。正如已故的冈井慎吾在《汉字的训解与校勘之学》（收于岩波版《日本近世的儒学》）一文中指出的那样，[①] 正德1年刚好为徂徕《译文筌蹄》的刊行之年，此年跟随朝鲜使节来日的杂技团，在将军家宣和市民面前表演杂技。徂徕也去观看了。其写的长诗《丽奴戏马歌》中有"皇和今逢仁明君，百年生平息战气"一句，便是此例。（《徂徕集》卷1）此外，京都人平元珪著有《皇和通历》[②]，徂徕为之作了序言。（《徂徕集》卷9）且凡"皇和"一词出现的地方，徂徕必定空一字，以示对自己国家的敬意。本居宣长将这一条作为"荻生氏译文筌蹄一曰"，抄录于其京都游学期间的杂记录《和歌之浦》卷四中。（筑摩版《本居宣长全集》第14卷，第616页）

《徂徕集》卷14中，与颇受非议的孔子画像赞相隔几页，有徂徕对汉高祖谋臣的肖像所题的"张良赞"。其中曰：

[①] 冈井慎吾「漢字の訓解と校勘の学」、『近世日本の儒学』、東京：岩波書店、1939年。

[②] 即天文历学家中根元圭（1662—1733），其著《皇和通历》成于1714年。

何况吾人今瞠兮,千载之后,万里之表。

这与孔子画像赞中的措辞相似,而随后的题署为"大日本享保癸卯腊月二十八日"。

需提及的是,徂徕还有更能显示其民族主义者面目的资料。此即他对于富士山的喜爱。徂徕将富士山视为天下第一名山,以之为日本国优秀的象征进行夸耀,这在《徂徕集》所收的诗文中屡屡出现。与他对"先王之道"的宣扬一道,频频成为《徂徕集》汉诗文的主题。徂徕以"芙蓉"或"芙蕖"来称呼富士山,且时而暗暗也将其作为自己的象征。

对此,我在《学案》中已有所提及。(本书,第160页)正德1年,为庆贺将军家宣继位,朝鲜大使一行来日,徂徕弟子山县周南担任了接待一职。《徂徕集》卷21收有徂徕写给山县周南的书信,其中写道:近来足下劳顿于与朝鲜使节的诗文唱和,然朝鲜人之诗文,只要不是比肩于李白、王维者,怎能与有"芙蓉白雪之高"的吾国诗歌相抗衡。此外,在此前的宝永4年,宇治黄檗宗的中国僧侣悦峰道章为谒见将军纲吉来到江户。徂徕在位于芝的瑞圣寺会见了道章,领略了其中文发音之优美。徂徕致信给谒见结束后即将返回宇治的道章(见《徂徕集》卷29),恳请道章在归途中一定好好欣赏芙蓉峰上之雪,并说:"不知中华是否有这样的山?若泰山、华山,则与其乃伯仲亦未可知。"

先前我们尚未引述,在后一封书信中,除了富士山,徂徕还摆出了琵琶湖:"琵琶与西湖相较,终将如何?"他请道章将琵琶湖与中国的西湖进行比较。徂徕说,虽然知道道章很忙,但希望他回到宇治寺院安顿下来后，能就富士山、琵琶湖两事给自己回信。

> 冗忙之中勿劳赐答，然待归山后，若能以此二事相报，则幸甚至哉。

除以上书信外，徂徕对于富士山的关心在《徂徕集》的诗歌部分还有更频繁的体现。10首诗中约有1首会出现富士山，《学案》中的这一说法虽然稍稍夸张了些，但《徂徕集》卷1到卷7的诗文部分中，出现"芙蓉""芙蕖"的诗超过了20首。

《徂徕集》的诗歌部分应该是首先根据格律进行分类后，再按照年代顺序来排列相同格律者。首先，卷五《七言绝句一百十六首》的卷头第一首《春日上楼》为：

落日高楼俯碧霄，	落日の高楼は碧の霄に俯す
关中春霁望逾遥。	関中の春は霁れ　望み逾いよ遥かなり
把杯意气千秋色，	盃を把れば意気は千秋の色
独看芙蓉白雪骄。	独り看る芙蓉の白雪の驕るを

哀悼纲吉之死的诗《正月十日作》位于该诗之后，由此可见，《春日上楼》作于柳泽吉保下台之前、徂徕仍在其藩邸之时。这是徂徕现存诗歌中最早的作品，而其主题已经是"芙蓉白雪"了。

另外，《徂徕集》卷3为七言律诗的第1卷，此卷收录的81首诗中，第二首就是《望岳》：

何物芙蓉落日寒，	何物の芙蓉ぞ落日寒き
关中霁过彩云端。	関中に霽れて遒かなり綵雲の端
青天一柱峥嵘出，	青天の一柱　峥嵘として出で
白雪千秋突兀看。	白雪千秋　突兀として看る
谁指仙衣悬缥缈，	誰か指さす仙衣の縹緲に懸かるを
自疑玉女剖琅玕。	自のずと疑う玉女の琅玕を剖くかと
于今石迹山阴地，	今に於いて石跡は山の陰なる地
唤取骊驹问大丹。	驪き駒を喚び取りて大丹を問わん

这首诗也是作于纲吉去世、吉保下台之前。和上面的绝句一样，这里的"富士"象征着"关中"，即德川王朝直辖地的关东八州。

同样收录于该卷、位置稍后的七言律诗《萱洲新岁》以"买屋养疴萱叶州，优游卒岁欲忘忧"一句开头。这诗写于柳泽藩邸迁居到萱场町的第二年、宝永7年（1710），为新春之作。诗中有"高枕西山来雪色"一句，其中的"西山"也一定是指富士。

此外在同一卷中有一首七言律诗，为徂徕饯别中野㧑谦所作，因㧑谦将送朝鲜大使一行到三河国。诗中有这样一联：

相逢傥及丸嵩游，	相い逢うて儻しくは丸嵩の遊びに及ばば
指点芙蓉雪色夸。	芙蓉の雪の色を指点して誇れ

所谓"丸嵩"，虽然不知是以唐风之名称呼东海道中的哪一

处，但由于一行人是向着富士山的方向前行，因此徂徕让中野拗谦把富士（"芙蓉"）的白雪指给朝鲜大使一行人看，无须自谦。在卷1的七言古诗中，收有僧侣玄海将返回长崎，徂徕饯别的长篇诗文结尾。

天竺高僧倘相逢，	天竺の高僧に倘(も)しくは相い逢わば
为问须弥优昙钵，	為めに問え須弥優曇鉢
其如日东芙蓉峰。	其れ日東の芙蓉峰に如かんぞやと

意指富士与印度的众山相比如何。若结合上述徂徕写给悦峰道章的书信，可知徂徕是想确认富士乃天下第一之名山。

若富士为天下第一之名山，则毫无疑问其乃日本国内最优秀的山。再说一首徂徕的此类七言绝句。冈崎侯水野忠之作为京都所司代即将赴任，医师东玄意将随行。在饯别的诗文中，徂徕让东玄意向京都的公卿尽情夸耀关东的名胜。

闻说长安多贵游，	聞く説(な)らく長安は貴遊多く
四时弦管帝王州。	四時の弦管は帝王の州なりと
相逢倘问东方胜，	相い逢うて倘(も)し東方の勝を問わば
海上芙蓉初日浮。	海上の芙蓉は初日(しょじつ)に浮かぶ

九州贝原益轩的弟子"镇西教授竹君"即竹田春庵来访时，徂徕所写的三首绝句中的一首是：

怪来大海西千里，　怪しみ来たる大海の西千里
能识芙蓉白雪秋。　能く識る芙蓉白雪の秋

对方虽然是遥远西鄙的九州人，却识得富士白雪之美妙。这里徂徕颇有将自己比拟为富士山的意思。

若再列举，还有好几例。徂徕的爱徒山县周南准备经由中仙道①回周防。卷1收录有徂徕赠别的五言古诗《古风五解》，在其第四章中，徂徕也是自比富士。

去矣策君马，　去れ矣　君の馬に策うち
北上岐嶒岭。　北のかた岐嶒嶺に上れ
回顾中原色，　中原の色を回顧すれば
芙蓉高烛天。　芙蓉は高く天を燭らす
是我送君意，　是れぞ我れの君を送る意
皎皎遥为悬。　皎皎として遙かに為めに懸かる

你从木曾（岐嶒）的山口回头可以看到的富士山，那就是我。

正如我在《学案》中也曾简略说明过的那样，徂徕印象最深的富士山，是宝永3年奉柳泽吉保之命去往甲府时，在筱笼峠附近所见的富士山。此事除见于当时的纪行《峡中纪行》（《徂徕集》卷15）之外，也见于后来徂徕写给左泅真的书信（《徂徕集》卷27）在这封信中，徂徕回忆道：

---

① 亦作"中山道"，为日本江户时代"五街道"之一。

一朵玉芙蓉，白雪与初日之相媚。清冷沁心脾，使人至今结碧痾。

卷4的五言绝句《题画三首》中的一首说：

马首玉芙蓉，　馬首の玉芙蓉
峡游日日从。　峡の遊びには日日に従いたり
除却十年梦，　十年の夢を除却しては
何思复一逢。　何んぞ思わん復た一たび逢わんとは

曾经在甲斐旅行的日子里，富士山始终相伴在我骑的马头的上方。这个场景十年来一直在我梦境中出现。除了在这种延续不断的梦中以外，今天在你给我看的画中，我又意外地与富士山重逢了。

以上列举的诗文并非徂徕提及富士山的所有诗文。为什么徂徕如此执着且赞赏此山？这里寄托着徂徕的自负。此即日本超越于诸外国，其象征乃富士山；生于此国的我，乃天下第一之学者，其象征也是富士山。

当然，自己即是富士山，富士山即是自己这一自负虽隐见于以上所引的诗文中，但徂徕自己并没有明言这一点。然而，这却见于徂徕弟子的话中。徂徕最喜欢的弟子安藤东野在正德4年徂徕的《萱园随笔》刊行之际，写了一篇序文。该序文在《学案》中已经略有所引（本书，第166—167页），这里再把当时没有引述的部分举出。安藤首先在文章开头一语道破：

> 徂徕先生，其芙蓉之白雪耶？

富士之秀绝，不仅日本人为之称道，外国来的航海者亦赞叹不已。

> 芙蓉与天相接，非独我东方。彼航海泛洋者皆言之。淼淼汗漫之中，埵堁见于天际者，唯芙蓉而已。故芙蓉天下之大，非仅为吾党之言。

客观上富士山为世界第一之山。不可思议的是，此世界第一之山，却不位于世界文明的中心中国，而存在于日本。

> 独怪名山大川、天下淑灵之气汇聚之所，非在中国，而在东方，抑何哉？

于是他继续分析原因。言中国，言边境，都是微观的说法。从宏观来看，在哪里都能够发现自然之力。且自然之力与文明之力密不可分，所谓"文章关乎元气"。吾国文运之开启迟缓，尤其是近古以来乃"唯武相竞"的战国之世，及吾"神祖"东照公于名山芙蓉之侧勃然兴起，所有暴力都消失了，实现了先前历史上未曾见过的太平。

> 历计青史，与今日之盛比肩者无矣。呜呼，其盛矣哉。

如此，在自然之情势上，中国乃至世界的众山皆从属于吾富士，这一情势已经显露。"如鸾举凤峙，虎踞龙盘者"，在吾富士"芙蓉一旦绽放，初日首次盛开"面前，皆如小儿那般伏地而跪，"送霭献翠，舒霞出雾"，衬托此世界第一之灵峰。

与这种自然之情势相对应，国家之文运也呈现出前所未有之盛况。"言仁义"的哲学家，"言文章"的文学家，不断辈出，但都犹有不足。及吾徂徕先生出，才有人真正与富士相匹配。先生之伟大，与富士同，冠绝世界。

> 即知先生乃天下伟人，非独为吾东方也。

他进而说，先生为富士山麓三河大给氏之后裔一事也绝非偶然。①此次刊行的《萱园随笔》，对于先生来说虽然不过是"碎锦片玉"，但富士山涌现的云朵并不只存续于上午，它将如天之降雨那般，惠泽世上众人。中国人以泰山为名山，尤其对于日观峰之日出骄傲不已。但此书一经出现，就显示出日本之学问超越中国。即便是泰山的日观峰，以富士来看亦逊色不已。

> 然则鸡鸣日观，亦安知非为芙蓉子孙耶？

先生所尊重的中国学者为明之王世贞与李攀龙，前者将后者的文学称赞为峨眉山之雪。可怜哉！彼等只知晓峨眉山，而不知晓吾

---

① 荻生徂徕的生平介绍一般都指出徂徕先祖为三河或伊势的武士，其是否为大给氏后裔不详。

芙蓉之白雪。不，或许他们故意不提及富士，以待吾徂徕先生这世界第一伟人之出现。

以上这些是安藤东野为《萱园随笔》所作的序文。其文辞气焰万丈，让人惊讶不已。但这可以说是代徂徕抒发了胸臆——日本文明由于徂徕的出现，甚至已经超越了作为"先王之道"诞生地的中国。

徂徕不断述说中国对于日本的优越，而其亲密的弟子却反过来主张日本对于中国的优越，二者看似矛盾。

然而这并不矛盾。因为在徂徕的认识里，中国之优越存在于古代"先王之道"的时代里。而秦始皇以后的中国，由于失去了"先王之道"，丧失了这种优越性。现在日本的德川王朝重新获得了"先王之道"，故而比中国更优越。

此即是说，人类的规范是由中国古代的尧舜等七位"圣人"，以"诗书礼乐"为构成要素来设定的。对徂徕而言，这是先验的，是不需要说明的信条。人只需要诚心诚意地去相信它就好。在写给庄内藩家老水野元朗和匹田进修[①]的书信《徂徕先生答问书》中，当被问到佛家的"轮回转生"之说时，徂徕是这样回答的：

> 愚老不信释迦而信圣人。若圣人之教中所无之事，即便于轮回，亦不关心矣。盖愚老深信圣人之教无所欠，故而如此。（美篶版《荻生徂徕全集》卷1，第452—453页）。

---

① 即匹田九皋（1700—1737），江户时代中期儒者，出羽鹤冈藩（今山形县）藩士，曾在江户跟从佐藤直方学习暗斋学，后师从荻生徂徕。与同藩家老水野元朗一道将徂徕学导入该藩。

然而，中国古代的七位"圣人"即尧、舜、禹、汤、文王、武王、周公，他们好不容易制定的"道"在孔子殁后，在中国并没有得到很好地理解并顺利传承下去。

不祥之兆的起始，是孔子去世数百年后所出现的孟子这位饶舌家。"先王之道"的方法乃通过"诗书礼乐"这种温和的教养方式，使人才在不知不觉间得到培养，但孟子早早地背离了这一方法，试图以理论性的说教来折服人。接着，秦始皇建立了强有力的中央集权国家，从体制上对"先王之道"进行了破坏。"先王之道"这一体制下，各地的世袭王侯与各自区域的民众保持着密切联系，即它是建立在汉语意义上的"封建"体制上的。但秦始皇将其改为郡县这一浅薄的体制，即由中央政府派遣的官吏担任地方官。自此以后中国一直延续着秦始皇开启的这一郡县体制，直至现今。由于这一点，中国从根本上并不妙。在《徂徕集》卷24中，徂徕回答"水神童"即水足博泉时这样指出：

> 盖古之学者，皆以礼乐成其德，均之君子人也。而其政事、文章，皆系史书出。不悖圣人之道也。

然而，

> 秦汉以下，以郡县代封建，以法律代礼乐。

即便他们表面上尊重先王之道，实际上也并非如此。

> 其言吏治者，亦孰不扰经术。而郡县之治，凡百制度不与古同。而先王之道不可用，故亦仅用以缘饰吏术云尔，岂能法先王哉。

相同的论说也见于《辨道》。(《大系》，第21—22页)

与这种政治体制的堕落相对应，秦以后中国在文学和哲学上也基本走入歧途。特别是以11世纪的程子、12世纪的朱子为中心，宋儒所谓的"理学"将哲学引入了奇怪的方向。虽然"理学"在林罗山以后成为日本的国教，但这是对"先王"之"道"最为歪曲的解释。这不单单是哲学的问题，与之相关的诸科学皆偏离了正道。《徂徕集》卷25《复谷大雅》一文指出：

> 大抵宋以后，不窬经术，文章经济及至医卜诸杂书，亦皆为程朱流风所浸淫。故所读愈博，理学之弊，益牢不复自觉矣。

这是一般论上的指摘。在《徂徕集》卷25所收的他写给赞助人本多忠统的一封书信中，徂徕的议论着眼到了更细微之处。他写道：偶读13世纪南宋理宗皇帝所写的诗，觉得"寒酸殊甚"，"理学之弊，竟至此耶？"

其中尤为重要的是，徂徕对于文学的堕落多有批判。首先对于诗，他认为，《诗经》三百篇的"温柔敦厚"才是诗歌永远的评判标准，此一准绳一直延续到8世纪唐代的李白、杜甫。但从11世纪宋代的苏东坡以后，就完全丧失了。《徂徕集》卷19《题唐后诗总论后》中这样指出：

> 诗自三百以至李杜，虽其调随世转，体每人殊，而一种色相，譬诸春风吹物，灿然可观者，乃为不异也。

然而宋代苏东坡以后，这种传统断绝了。诗之罪人，首以东坡，明代则有徐文长、袁中郎、钟伯敬。儒学之罪人，则有秦之李斯、宋之陆象山、明之王阳明。

> 天生此一种人物，以转盛趋衰，破醇就漓，可畏之甚也。

关于散文文学，徂徕认为其最初的变化出现在8世纪唐代的韩愈、柳宗元那里，但这一阶段的文风还是可以忍受的。然而到了11世纪宋代的欧阳修以后就完全走样了。

横跨将近千年的中国文学，陷入了可悲可怜的境地。但也出现了例外，此即16世纪明代的李攀龙、王世贞。此二人倡导的"古文辞"文学学说，不仅在文学上，也在儒学学说上启发了徂徕。正如《学案》中曾详细说明的那样，徂徕认为这是上天赐予自己的"天之灵宠"。（本书，第173页以下）李、王二人好不容易恢复的唐诗般的雄健之风，却似乎没有在其后17世纪的中国得到继承。徂徕在《题唐后诗总论后》中列举的17世纪的中国诗人有袁宏道与钟惺，即前述的袁中郎与钟伯敬。此外在《徂徕集》卷25《答崎阳田边生》中，徂徕认为袁宏道与钱谦益的诗重蹈了宋诗重意轻情这一陋习，他们写出的诗寡然无味。自己虽然没有"涉溟渤"、"踏华域"，即渡海去中国，但对于他们的诗却了如指掌。且彼时中国的政治，为清王朝所掌握。

"先王之道"，是为永远的规范。但现在的中国此道已经消亡，没有可以值得学习之处。虽然语言的声音、纸笔墨的制法，这些不自觉之物犹是"中华"样式，但自觉之行为，如文学、哲学乃至音乐，皆已经丧失正确的传统，不及吾德川王朝之优越。

这种认识在前引《徂徕集》卷25徂徕写给柳川内山生的书信中亦有显露。在这封书信中徂徕称赞柳川产的和纸与中国纸相似，但就在这同一封信中徂徕指出：

> 且三代而后，虽中华亦戎狄猾之，非古中华也。故徒慕中华之名者，亦非也，足下其思之。

所谓"三代"是指秦始皇以前的夏、商、周三王朝。中国丧失的"先王之道"的传统，乃由吾在日本这一优秀的风土中将其复苏——这是徂徕的自负。正是在其代表作《论语征》的自序中，徂徕表达了这一自负。他首先认为中国历代学者对于《论语》所做的注释皆不准确。

> 然学不师古，非孔子之心矣。乃傲然自取诸其心以为解者，自韩愈而下，数百千家。愈繁愈杂，愈精愈舛。

即是说，唐韩愈的《论语笔解》首开臆断之端，其后宋儒的注释更加离谱。徂徕认为自己的注释与此等人不同，继而叹曰：

> 独悲夫中华圣人之邦，更千有余岁之久，儒者何限。

虽然中国有过无数的儒者,但

> 尚且哓哓然事坚白之辨,而不识孔子所传为何道也。况吾东方乎?

所谓"坚白之辨",是指诡辩。

徂徕颇为自负,认为自己的学说不仅超越了"吾东方"所有的前辈,而且也超越了孟子及其以后中国的所有学者之学说。徂徕的这种自负也显露在细微之处。《甘雨亭丛书》中收录的未竟之作《孟子识》中,关于《梁惠王》下篇出现的"莒"字,徂徕指出这是陕西省的地名,并非宋代朱子等注释中所谓的军队之意。[①] 徂徕自豪地说:

> 中国人不知地理,日本人正之,异哉。[②]

从以上徂徕的叙述来看,其署名"日本国夷人"、自谓"东夷之人",也具有别的意味。"夷乃质","夷乃疏也"。然而,唯有未对文明做过无用的歪曲的这一夷地之人,方能把握正确的传统,"夷人"二字具有此意。而徂徕之所以可能这样理解夷的含义,是

---

① 《孟子·梁惠王下》:"《诗》云:'王赫斯怒,爰整其旅,以遏徂莒,以笃周祜,以对于天下。'此文王之勇也。文王一怒而安天下之民。"朱熹在《孟子集注》卷二"梁惠王章句下"中指出:"遏,诗作'按',止也。徂,往也。莒,诗作旅。徂旅,谓密人侵阮徂共之众也。"参看朱熹:《四书章句集注》,北京:中华书局,2011年,第200页。

② 徂徕之论参看荻生徂徕《孟子識》,《甘雨亭叢書》,第200页(内阁文库藏)。

因为存在这样的记载。《孟子·离娄》下篇曰：

> 舜生于诸冯，迁于负夏，卒于鸣条，东夷之人也。文王生于岐周，卒于毕郢，西夷之人也。

作为七圣之一的舜，与吾（徂徕）一样不是同为"东夷之人"吗？

正如本章开头所示，"东夷之人"一语出现在徂徕写给富春山人田中省吾的书信中。（本书，第205页）

在信中，他这样写道："不佞好（明李攀龙、王世贞所倡之）古文辞，足下所知也"（所谓"古文辞学"是何种方法，以往徂徕研究诸家之解释未必完备，可参看《学案》第140页以后的内容），"近来闲居无事"，吾离开了柳泽藩邸，成为市井儒者，遂利用闲暇，将李、王二氏在文学中使用过的方法转用到《六经》研究上，很快便知晓了作为世间权威的宋儒之注是何其妄矣。

> 盖中华圣人之邦，孔子殁而垂二千年，尤且莫有乎尔。

曾经的"圣人之邦"中国，已经完全堕落了。然而，

> （吾）以东夷之人，而得圣人之道于遗经者，亦李王二先生之赐也。

徂徕此处亦附言他对于李、王二氏的感谢，姑且从略。"以东

夷之人"的这种说法，是说"尽管是东夷之人（也得到了圣人之道）"，并具有"反倒因为是东夷之人（才得到了圣人之道）"的含义。

故而在孔子的肖像上，徂徕写下了：

日本国夷人物茂卿拜手稽首敬题。

此一措辞并不简单，他分明在说：日本国物茂卿因乃"夷人"，故直接继承了孔子的传统。"日本国"一语在徂徕的其他汉文中并不太使用，但在这里却出现了，这并非毫无意义。《徂徕集》卷9的"南郭初稿序"中有"日出之邦"的说法，[①] 卷3的五言律诗中有"东方君子国，伊凤所翱翔。"[②]

若进一步追问，难道徂徕没有把自己当作孔子以后之孔子的想法吗？以孔子作为传递者的"先王之道"，自孔子以后不论在中国还是日本均没有得到很好地传承，直到徂徕的时代才再次为人所获得。由此来看，"夷人物茂卿"定当是第二个孔子。徂徕《学则》中曾说"东海不出圣人"。但是徂徕在这里显然想说：看，如今"东海"不是存在"圣人"吗？

并非只有我这样揣测徂徕。反徂徕的巨头、大阪的五井兰州在其《非物篇》卷6中，引述了徂徕在《辨道》开头所论的著述动机：

---

① "千岁而上，唯晁衡、藤万里、野篁及吾家纳言能唐。亦惟仅仅晨星，是曷称日出之邦哉？"参看《徂徕集》卷9《南郭初稿序》。

② "东方君子国，伊凤所翱翔。朱鸟昭皇瑞，碧梧垂帝章。朝阳瀛海色，初日羽毛光。贺世今宜尔，一鸣聆激扬。"参看《徂徕集》卷2《同赋凤皇鸣朝阳》。

> 予五十之年既过焉。此焉不自力，宛共死矣，则天命其谓何？
> 故暇日辄有所论著，以答天之宠灵。

兰州批判说：徂徕这是自比于《论语》中讲述孔子一生经历的"五十而知天命"，何其不逊。

我写这篇论文，实际上是因为更想指出如下事实：徂徕在上述这种心情或抱负基础上所构建的儒学学说，在将其价值的标准置于中国古代的同时，事实上具有十分日本式儒学的一面；其"敬天"的主张，是从日本的神道获得的启示；其主张信赖方为万事的基本，是从日本佛教获得的启示；此外，其解释古典的方法，看似是归纳式、实证式的，实际上更多的是思辨式的、演绎式的，这与中国的一般情况不同，至少与清朝的"汉学"虽在外貌上相似，但并不一样；此外，徂徕以"西海不出圣人"，那他如何看待西方？这些都是本篇论文所无暇论述的问题。

1973 年 11 月。

（1974 年即昭和 49 年，1 月，《世界》）

作为日本式思想家的徂徕

一、前言

  我于前年即1973年春,为岩波版《日本思想大系》第36卷《荻生徂徕》写了一篇解说文《徂徕学案》(本文简称为《学案》)介绍其人物传记与学说。作为补充,我又于去年(1974)1月号的《世界》上发表了篇题为《作为民族主义者的徂徕》的论文。在该论文中我指出:围绕以中国古代先王之道为价值标准,主张中国对日本之优越的徂徕,另一方面却带有以富士为天下第一山的幼稚的自负,屡屡主张日本对中国的优越。眼前这篇论文就是对先前这两篇论文的进一步论述。正如我在前一篇论文的结尾所预告的那样,我希望指出,与其民族主义者的面孔相呼应,徂徕的学说、思想、思考方法,在自觉或不自觉中显露出非中国式的日本特征。

二、来自日本神道的启示

  首先需要指出,作为徂徕学说宗教性的"敬天"主张,其成立受到了日本神道的启发。

所谓"敬天"说，我在《学案》第189页之后进行了叙述。概括言之，这种说法源自人类对现实复杂性的敏感。人的个性，会无限分裂，并非如孟子和宋儒所说的那样都朝向善。而且各自的个性，并非像宋儒所说的那样可以通过修养来"变化气质"。它永远保持其本有之性。因为人和万物都是"活物"，所以会成长。米可以变成更好的米，豆可以变成更好的豆，但米不能变成豆，豆不能变成米。于是，由个性与个性的接触，人类的生活呈现出无限的变化。不仅是人类，就连自然也未必是有规律的，其会展现奇迹。要之，现实具有人类智慧无法追索的复杂性。宋儒提出"格物致知"说，认为万事可以用人类的智慧来查明，这是一种谬误。作为现实复杂性之源泉，必须考虑超越于人类之上的存在。此即是"天"，是在我们上方，苍苍然、冥冥乎的天体。所有的现实都是上天意志的行使。对人来说，"天"意是不可知的。因此，作为其意志行使的现实乃复杂的，人的智慧无法涵盖它。

"天"的意志的行使，称为"天命"。这并不是说人类的智慧和努力是不必要的。人必须认识到一切皆是"天"的意志之行使，即在认识"天命"的基础上去努力，必须"知天命"。因此，必须把对"天"的尊敬作为所有行动的基础。这是对用人类智慧无法推知的妙灵之尊敬。另外，"天"是所有神灵的中心。作为对"天"之尊敬的延展，人必须广泛地尊敬"鬼神"。"鬼神"也是不可知的。因此，需要尊敬它们。朱子和宋儒否定"鬼神"的存在，将见诸于古典中的"鬼神"一词，亦视为对物质活动的比喻，这是一种傲慢的谬误。京都的伊藤仁斋，在否定宋儒的"理"之哲学上，是值得尊敬的前辈，乃"日本首屈一指的大豪杰"；但在无神论这一点上，

他继承了宋儒的谬误。徂徕将仁斋称为"大豪杰",此为新出书信中之语。(参看美篶书房版《荻生徂徕全集》第1卷,第494页)

以上逻辑在《徂徕先生答问书》中用和文的形式进行了表述。《学案》第194页曾断断续续进行了引用。在此完整引文如下。

> 盖世间一切事,总有人智、人力难及处。天地乃活物,人亦乃活物,故天地与人相遇,人与人相遇时,会出现无尽变动。能先预知之事则不成物。愚笨之人,偶尔猜中一两事,便觉乃自己智慧所使成之,但并非如此。皆因天地鬼神之助而成就。至于人智、人力所不及处,君子知天命而不动心。勤勉于当行之道,自然能得天地鬼神之助。然愚蠢之人,因以一己之智不可见,故心生怀疑,不专心勤勉,疏于努力,故其事不成难遂心愿。

《答问书》还用比喻的方式进一步演绎了以上内容。航海原本是需要技术的事,但当船舶失事时,"智慧已尽,唯靠佛神之力,别无他途"。然因此而"弃楫橹,跪拜在船底",亦无济于事,"在恳求佛神之力后,尤努力于应奋力之事,则可克服九死一生之难,获得生路"。(参看美篶书房版《荻生徂徕全集》第1卷,第462—463页)

上述敬天、敬鬼神之说,即承认超自然存在,强调对之抱持虔诚的主张,虽然其形成契机是批判宋儒和仁斋的无神论,但不可忽视日本神道学说对这一主张的影响。因为徂徕指出:中国古代的"先王"圣人们,即尧、舜,夏王朝创始人禹,商王朝创始者汤,周王朝创始者文王、武王，以上共计七位天才君主，将"道"作为一种永远妥当的政治技术进行了制作。这背后是他们对于"天"的虔诚，其具体表现就是祭政一致。而这与神道家所说的日本古代的情形相吻合。

徂徕所说的"先王之道"，是将个性无限多样的人作为集团来进行统治的政治技术，它优先于作为个人道德的"德"。"道"是七位"先王"人为设定与制作的政治技术，它并非以往儒者所说的"天地自然之道""事物当行之理"这样的内在于自然的规律之显现。先王之道不是紧紧束缚多样化个性的抽象语言。作为构成当政者标准的具体事实，有歌谣集《诗》，有散文集《书》，有记录诸种仪式的《礼》，有演奏音乐的《乐》，对这些"风雅文采"的方法的掌握暗示着宽容。要之，"先王之道"与后世宋儒用"理"去束缚万事万物形成鲜明对比。孔子是理解这种"先王之道"的最后一人。此后的中国，以孟子为开端不断堕落，至朱熹等宋儒时已堕落到极点，完全丧失了"先王之道"。与此相呼应，中国的政治制度自秦始皇以后由"封建"变为郡县。为了摆脱这种中国的堕落，重获"先王之道"，必须熟习被称为"辞"的先王时代的特殊文体，在熟习的基础上阅读先王的文献。对"辞"的熟习是指使之与自己的语言生活相一致。这就需要不借助送假名与读音顺序符号来阅读汉文，根据原本的汉语发音直接阅读文献。中国堕落后的文体，特别是宋代的文体，与"先王"时代的"辞"性质不同。历来的儒者都把这种文体当作阅读的对象和汉文写作的模范。这对于熟习先王之辞和体悟道，是极大的阻碍。通过将自己浸润于古代的语言来重获古代。在中国的这种堕落历史中，16世纪明朝的李攀龙、王世贞二人是例外的觉醒者，他们在文学领域内实践了这一方法。吾徂徕从他们那里获得启发，把这种方法运用于"先王之道"的文献。之所以能够达到"先王之道"，是因为即便"辞"与后世的中文不同，汉语与日语不同，表达的语言不同，其表达的人间样态也具有超时空的同质性。确认这种同质关系对语言异质性的超越，正是"吾古文辞学"之所在。（以上所有内容的详细论述，参看《学案》）

日本的神道与中国的"先王之道"都是祭政一致，两者是连续关系。徂徕在收录于其汉诗文集《徂徕集》卷8的《旧事本纪解序》中表达了这一观点。作为徂徕资助人之一的上州沼田藩主、黑田丰前守直邦对《旧事本纪》进行了注释。该序文即徂徕为此注释而作，全文约500字。开头首先关于日本写道：

> 盖我东方世世皆奉神道云。

这里的"神道"一语是指由神进行的政治，并非狭义地仅指日本的神道。原汉文是"盖我东方"云云，"东方"前面空了一字，是徂徕对祖国表达的敬意。然而，如此"奉神道"者，并非仅日本。根据《六经》的记载，中国"先王之道"亦是如此。

> 恭稽古昔，六经所载。虞夏商周圣人所为道，岂啻我已哉。

中国的先王之道也是祭政一致。敬"天"，敬"鬼神"，爵禄刑赏，皆依神意，这与日本古代相同。孔子在《礼记·礼运》篇中说：

"政必本于天,殷以降命。"同样,《中庸》篇有孔子之语:"明乎郊社之礼,禘尝之义,治国其如示诸掌乎!""郊社之礼"即对于神社的礼仪,"禘尝之义"即对于祖先神的祭祀。明于对祭祀的运用,则政治将如同触碰掌中之物那般明晰。另外《周易·观卦》有"圣人以神道设教"。徂徕以这些话作为证据进行了论说。因此,徂徕甚至断言,中国自从宋儒倡导无神论以来,"先王之道"就已经灭亡,如果中国再出现"圣人"的话,则一定会采用吾日本的方法。

> 后世有圣人兴于中国,则必取诸斯已。

该篇文章的上述部分已经表明徂徕的敬天、敬鬼神之说与日本的神道有关。但更饶有趣味的是文章的后半部分。徂徕认为,现存关于"先王"的文献,都只是与孔子门人所传承的周王朝之"道"有关。在这些文献中,对"天"和"鬼神"的敬意还没有充分体现出来,人们也许会怀疑其是否与日本的神道相同。然而更早的关于尧、舜、夏、商王朝之道的证述,其文献虽已不存,但可能更具有宗教性。

> 孔氏之徒,独传周礼。而儒者乃谓先王之道是而矣,亦不深思也。

此处可谓展现了徂徕作为历史学家的眼光。其中至少对商王朝的猜想,徂徕与现代历史学者的见解一致。(参看贝塚茂树编《古代殷帝国》)《礼记·表记》篇说:"殷人尊神。率民以事神,先鬼后礼。"汉刘向《说苑》之《修文》篇、班固《白虎通》之《三教》篇提及殷王朝文明的特点乃"敬"，其弊害乃"鬼"等。这些都与徂徕的猜想相关。

上述说法不仅见于《旧事本纪解序》，《论语征·子罕》篇中也有同样的内容。针对"子欲居九夷"这一常见章节，即孔子对中国失望、想移居东方的"夷"国，徂徕对"九夷"二字的解释首先就非同一般（此非我们当前要讨论的主要问题，故姑且不深究）。仁斋的《论语古义》基于"子欲居九夷"章指出，孔子之所以希望居于东方，是因为吾日本，自太祖神武帝于周惠王十七年（前659）开国以来，"君臣相承，连绵不断。尊之如天，敬之如神"，乃中国之所不及。对此，徂徕反驳说：日本虽卓越之国，但其卓越处非如仁斋所言，而在于祭政一致。徂徕断言，这正是夏、商王朝之"道"。因为儒者们只读周王朝的文献，故以为日本的做法与中华圣人之"道"不合。这是十分出乎他们意外之事。

徂徕的敬天、敬鬼神说，并不仅是如此。但通过以上两篇文章，我们可以清楚地看到，日本的神道对徂徕起到了很大的启发作用。我对神道史所知甚少，不知道什么流派的神道与他关系密切。但在《徂徕先生答问书》下，有一条提及徂徕对于武士道的厌恶时记述到，针对所谓"或恐武道即神道"的观点，徂徕以武士道历史尚浅而否认之。（参看美篇书房版《荻生徂徕全集》第1卷，第465页）

此外，因资助人之故徂徕曾为之写过文章的《旧事本纪》，其性质虽然可疑，但徂徕对该书的看法却可以体现其博学。在门人三浦竹溪依据徂徕口述所整理的笔记《经子史要览》中说："《古事记》，其文古雅，诚可称为古书。然如《旧事记》者，其文新于《古事记》，且有冗长之处，此无疑乃后人所伪作。"（参看美篤书房版《荻生徂徕全集》第1卷，第528页）

在据称为徂徕所写（亦传闻非其所著）的和文著述《萱园谈余》卷1开头，也有一条记载了"神道"之事："我国之神道，乃中华之神道也。昔云天照大神之御灵在大殿，神宫皇房无差别。祭祀之礼乃辅臣之所司，朝政皆以神德行之。唐虞三代之礼，载于尚书三礼，大政皆行于宗庙。宗庙之制作，大体与后世朝堂相同。治祭祀之礼，承神灵之命而行，故异国、本朝神灵之道其揆一也。"

井上哲次郎在《日本古学派之哲学》中以《萱园谈余》一书在内容上与门人山县周南的《为学初问》完全相同，故判定《萱园谈余》非徂徕所写。岩桥遵成的《徂徕研究》也为这一说法提供了佐证。二者的考证过程未必周全。然即使此书不是徂徕之语而是周南之论，从其主旨与上述两篇汉文相吻合来看，也可以确定它反映的是徂徕的思想。此外，本居宣长在京都游学期间的笔记中（最近得到了印刷出版），这条内容被作为"《萱园谈余》物部茂卿曰"两次抄录。（参看筑摩书房版《本居宣长全集》第13卷，第94、96页）这构成了连接徂徕和宣长的新线索。

不管神道学说对徂徕的影响如何，徂徕如此强调对超自然的虔诚，都表明他是日本式的思想家，而不是中国式的思想家。中国的传统，并非只有被他视为中国之病态的宋儒无神论。客观地说，《论语》已经出现了这个倾向。（参看我的《全集》第2卷，《中国人与宗教》）当然，徂徕的《论语征》中也把"未能事人焉能事鬼""敬鬼神而远之"等章节引入他的学说并进行了解释。

此外，如前所述，他使用"神道"一词，是基于《易经》的"圣人以神道设教"，泛指包括对超自然之尊敬在内的政治技术，并非狭义地专指日本神道。《徂徕集》卷17中有《对问》一文。享保11年，幕府在相模的酒匂川建造了用于祭祀作为"先王"之一的治水英雄大禹的神社。徂徕奉幕府阁僚要人的命令，对碑文进行了润色，并提出让僧侣来看守神社。《对问》一文即写于此时。徂徕认为，虽是供奉大禹的神社，其侍奉者不以神道之神主，而可用佛僧来看守："且今世之奉神者有五：曰巫，曰祝，曰阴阳，曰僧，曰修验。其所奉之道二：曰神道，曰佛道。"这是狭义的。"然均之，皆神道。"这是广义的。"五者何择也。"

三、来自日本佛教的启示

接下来要指出的是徂徕的信赖哲学与日本佛教的关系。

这里所说的信赖哲学，我在《学案》原书第129—131页进行了叙述。这与徂徕对超自然的尊敬有着因果关系。对天的虔诚是对天的信赖，对鬼神的虔诚是对鬼神的信赖。作为这种延伸，徂徕认为，好的人际关系只能建立在相互信赖的基础上。师徒之间尤其如此，孔子与七十弟子的关系更是如此。另外，"先王"的"道"之所以不是刻板教条下的强制，而是通过"诗书礼乐"来进行的温和启示，也是因为在"封建"制度中，世袭的领主以及家老与领民之间存在着代代的信赖关系。

"好辩"的孟子使这种美好风气消失，将中国引向堕落的开端。

《中庸》的作者子思，《大学》的作者曾参，或许也要承担一部分责任。他们虽然意识到要祖述"先王之道"和孔子学说，但由于存在与他们对立的学派，所以他们采用了通过辩论来说服对方的方法。辩论本来就是一种强行说服不信赖自己的对方的语言。它必然会产生偏向和谬误，这就像法庭的辩论一样。此后，辩论之弊端在宋代走向了极端。因此，宋儒的哲学最充满谬误，宋代的文章把用于辩论的分析当作工作，与古代之"辞"性质迥异。应该恢复信赖的美好风尚。

上述这种信赖哲学的形成，可以看到佛教特别是日本佛教的作用。正如我在《学案》相应条目中简单提及的那样，徂徕在《论语征》中直接表明了这一点。《论语征》中有两处提及了这一哲学。其一是《为政》篇的孔子之语：

> 人而无信，不知其可也。

其二是《子张》篇子夏语：

> 君子信而后劳其民，未信则以为厉己也；信而后谏，未信则以为谤己也。

在后一条的"征"即解释部分，徂徕认为，和往常一样，孟子喜欢辩论是因为他忘记了《论语》这一章的告诫，并指出：

> 后世唯浮屠尚能窥此意。其言曰，佛教大海，唯信能入。

孟子以后的儒者，已经忘却了信赖哲学的意义。理解信赖哲学的，反而只有"浮屠"即佛教者。于是徂徕引用佛家之语："佛教大海，信为能入。"徂徕在《论语》的注释中引用佛典已属特例了，这让人即刻联想到是源自佛教的启示。"佛教大海"二句，正如我在《学案》中所说，依据诸友人的指点，我发现其乃出于《大智度论》之语。至于其存在于何种语境中，虽然我对佛教不了解，不宜妄自揣测，但无论如何，就该语本身而言，它是中国佛教之语，而不在日本佛教范围内。

我试图从此语与日本佛教的关系来观察它，是因为在徂徕的话语中发现了与亲鸾[①]的《叹异钞》极为相似之物。毋庸置疑，徂徕最信赖的对象是作为"先王"的"圣人"。在《徂徕先生答问书》下，徂徕述其怀曰：

> 愚老之心，只深信圣人。即使吾心认为属不应有之事，但只要乃圣人之道，则其必定非恶事，于是便践行之。（美篶书房版《荻生徂徕全集》第1卷，第478页）

如果把"圣人"换成弥陀或法然上人，这不就是《叹异钞》中有名的那一条吗？

[①] 亲鸾，1173—1262，镰仓初期僧侣，净土真宗鼻祖。别称范宴、绰空、善信。谥号"见真大师"。相传是日野有范之子。初在比叡山学习天台宗，后入法然专修念佛门。他进一步强化了法然的思想，主张依靠绝对他力往生极乐世界，并提出了"恶人正机"说。其主要著作《教行信证》从他力立场出发，对净土教教理进行了纯化与体系化。其徒唯圆所编亲鸾法语集《叹异抄》极其有名。亲鸾之妻为惠信尼。

于亲鸾而言，除相信法然上人之言以外别无他法，即一心念佛可得弥陀拯救。念佛真能往生于净土还是坠入地狱？盖亲鸾亦不知晓。即使被法然上人所骗，念佛而坠入地狱，他也绝不后悔。

《叹异钞》中还写道：

> 且有证文以争论乃生出诸烦恼之根源，智者应远离。故圣人曰：有信此法之众生，亦有诽谤此法之众生。此为佛所说之事。吾亲见有人信此法，亦有人诽谤此法，故可知佛说乃真。

徂徕否定辩论的逻辑不完全是那样，但也很接近。徂徕只要站在儒者的立场上，就不会喜欢佛教。

佛说与老庄同属异端的理由，徂徕归之于其非政治性。他在《答问书》卷上写道："虽曰释迦，其亦弃世离家，乃乞丐境界。其道本出于百般思量，故为我身心上之安排，而不谈治理天下国家之道。"（美篇书房版《荻生徂徕全集》第1卷，第430页）于是在《答问书》卷中，对于有人提出的轮回转世的问题，徂徕首先声明："愚老仕于儒学，然不仕于佛学。"接着说："愚老不信释迦而信圣人。若圣人之教中所无之事，即便于轮回，亦不关心矣。盖愚老深信圣人之教无所欠，故而如此。"（同上，第452—453页）徂徕指出自己不信释迦，同时他对"圣人"的信仰态度却完全是《叹异钞》式的。

不过据专家所言，《叹异钞》由明治时期的清泽满之[①]推广后才为大众所知，其在江户时代则未必普及。[②]因此该书也许并非亲鸾本人直接的口述。但是，徂徕的信赖哲学是在日本佛教的影响下成立的，这一点不容置疑。因为这不是中国式的思维。除以下这一例以外，我还从未在中国人那里听到相同的说法。

这特别的一例，见于李攀龙写给同为"古文辞派"的同伴宗子相（本名宗臣）[③]的一篇名为《送宗子相序》的送别文章。其中有一节大意说，将诗读给一个不懂诗的人勉强其听是没用的，最好只向信任自己的人读诗。该文也被选入了徂徕所编的《四家隽》卷3。刻本《四家隽》中这一部分，由京都大学附属图书馆所藏抄本可知，它被服部南郭附上了训读。依照此训读，其意为：

> 不言而信，是委喻于同心。其有不反三隅，则屏息辟之耳。至以强之于人，则人愈厌；至以使人信之，则人愈疑。

[①] 清泽满之，1863—1903，明治时期真宗大谷派学僧。毕业于东京大学哲学专业，1901年成为真宗大学（现大谷大学）第一任校长。其宗教思想以内观主义、他力主义为特色，试图克服近代式的理性主义。其人在推动日本佛教的近代化上贡献很大。

[②] 自净土真宗的中兴之祖、本愿寺第八代住持莲如（1415—1499）为避他见藏匿以来，很长一段时期内除真宗学者外，《叹异钞》并不为一般信徒和普通人所知晓。明治时期的清泽满之在教团的革新运动中"重新发现"了《叹异钞》，试图从中读出亲鸾的"真意"，再兴近代式的净土真宗。

[③] 宗臣，1525—1560，明代文学家。字子相，号方城山人。兴化（今属江苏）人。南宋末年著名抗金名将宗泽后人。嘉靖二十九年（1550）进士，由刑部主事调吏部，以病归，筑室百花洲上，读书其中。诗文主张复古，与李攀龙等齐名，为"嘉靖七子"（后七子）之一，有散文《报刘一丈书》，著有《宗子相集》。

明人的"古文辞"具有独特的难解性，从这段往下，即便借助服部南郭标注的训点也不太容易读懂。但总之，其与徂徕的信赖哲学宗旨相同。这篇文章似乎深受蘐园门徒的重视。在徂徕的《绝句解》（对王世贞、李攀龙绝句的注释）中，附有服部南郭所作的序，该序也引用了这一段来立论。

若认为信赖哲学是从李氏这篇文章中推导出来的，那就不符合事实顺序了。徂徕读了李氏的文章，惊喜其意与吾相同，也因此对李氏更加钦佩。但即便如此，它并非徂徕思考的最初素材。

徂徕之博学也涵盖佛典，这是因为他小时候读过这类书。《论语征》中对此有自述。《论语·里仁》篇有孔子之语：

> 君子之于天下也，无适也，无莫也，义之与比。

其中"适"与"莫"二字，以往诸注皆不得要领。而徂徕凭幼时的记忆，翻阅《华严经》与《无量寿经》，找到此二字的用例，并根据附于《华严经》的慧苑之《音义》、澄观之《疏》，以及附于《无量寿经》中的慧远之《义疏》、璟兴之《连义述文赞》，指出"适莫"二字是亲疏之意。而《论语》中的"无适无莫"，要之，是无偏无党之意。当今学者不读佛经，而六朝隋唐诸僧对佛经所加的训诂，乃基于儒书古注之知识，非其后朱子等人所能及。

按之，"幼读佛经"以及《论语征》中所语，是指徂徕从延宝7年，即虚岁14时开始，到元禄3年25岁为止，跟随父亲荻生方庵流放到上总国长柄郡二宫本能村的一段不幸的青少年时期。该地现在是千叶县茂原市的一部分，但当时还是杂草丛生的乡下。读书能力超常的少年，在读完父亲带去的一些汉籍后，把乡下寺庙里常见的佛书当作对知识的渴求对象来阅读。以写本形式流传的《徂徕集拾遗》中，有一段文字记录了村里胜觉寺住持法印觉眼对徂徕一家不幸遭遇所表达的怜悯，以及徂徕对其热心关照的感谢之情。正如《学案》原书第96页中也曾指出的那样，觉眼的这种关照十分可能包含了对经藏的开放。

如同徂徕在《萱园随笔》卷1中所写的那样："予恶佛教而不恶僧"（河出版《全集》第1卷，第135页），在徂徕成为当世大家后，他仍与众多僧侣交游。《徂徕集》中有大量展现此一主题的诗文。在《徂徕集》卷12《赠慧寂序》中[①]，徂徕认为，僧侣与政治无关，故于"先王之道"无碍。然世之儒者之所以憎恨他们，是因为彼此都作为游民，"不耕而食，不蚕而衣"，故而这就像种类相近的工匠们一样，是相互争夺饭碗。（在上一章引用的《徂徕集》卷17的《对问》一文中，也有同样的论述[②]）卷十《送香洲师序》乃写给其姑夫之子（即徂徕之表弟）这位僧侣。其中写道："（释迦）草衣木食，岩栖不三宿……在中国亦庶乎逸民之徒也"，不为"道"之害。不过，徂徕讽刺说，如今的出家仅仅是不食肉娶妻，然有僧位，有宗派，有师徒谱系，饰以锦襕，伽蓝雄伟，"或糅油蜜象肉，变童以当内"等等，这一切都与俗人相同，所以儒者不必视之为眼中钉。卷9《贺香国禅师六十叙》一文赞赏了对方的唐音和文学，称赞佛经中的《楞严》和《维摩》是"艺苑之杰作"。写

[①] 当为《徂徕集》卷11。
[②] "道者，古帝王治天下之道也……如佛氏者，未尝言治天下国家之道。岂与圣人抗乎？而儒者疾视佛氏以为仇者，乃以圣人之道为佛氏类也。岂不亦小圣人之道乎？"写

给该僧侣的十多封书信，连同给宇治万福寺中国僧人悦峰的几封书信，占据了《徂徕集》卷29的全部内容。或许因为此二者同为中国僧人之缘故，徂徕特别尊敬他们。此外，对于其他僧侣，徂徕或称赞其文学，或称赞其品格高尚，胜过儒者。作为曾在徂徕门下学习过"古文辞"的僧侣，玄海慨叹对佛典的汉译是在文章之道衰弱的魏晋六朝时期进行的，提出要用《左传》《史记》的文体来改译。在《徂徕集》卷十的《送释玄海归崎阳序》以及同一时期的七言古诗《送海上人还崎阳歌》中，徂徕称赞此一意见甚妙。这和后来太宰春台的《修删阿弥陀经》应是相关联的（《甘雨亭丛书》）。（关于徂徕与当时学僧之间的关系，可参看神田喜一郎的《凤潭·阁斋·徂徕》，岩波《图书》，1969年6月）

四、尊重基于日本式传统的虚构

以上所述徂徕与神道、日本佛教的关系，由于所涉及的对象不在我的研究领域之内，尽管我相信结论应该是这样的，但其过程却难免隔靴搔痒。关于徂徕的思考或学说与日本传统相关而与中国传统不同的第三个特征，则属于我熟悉的分野，此即对于虚构的文学的尊重。

至20世纪初期的"文学革命"为止，作为虚构之文学的小说和戏剧，其在中国如何不受优待，是我最近成书的《中国文学史》（岩波，昭和49年［1974］10月）中的一个论述重点，在此不再赘述。人们或许会举出16世纪的特异思想家李贽，他与徂徕所喜爱的王世贞全然同一时代的人。李贽赞赏《水浒传》和《西厢记》是体现"童心"之文学。但李贽是极其特别的例子,而且他是在20世纪的"文学革命"以后才被追认为近代思想的先驱。距李贽一个世纪后的17世纪,清朝学术的始祖顾炎武在其《日知录》中批判道,李贽乃古来小人中最不忌惮者。与顾炎武并称为清朝学术之祖的黄宗羲,其幼时沉溺于小说,也只是一个小小的例外。18世纪清朝历史学的巅峰人物钱大昕,认为小说演义之书乃专门诱人作恶之物。(参看我收入《全集》第1卷的《中国小说之地位》)在中国文明的悠久传统中,只把实在的经验视为价值,尊重历史叙述,而把空想的产物视为无价值甚至反价值之物。

与上述中国的传统相反,日本很早就有孕育和尊重虚构文学的传统。徂徕依据日本的传统,在其文章中主张虚构文学的价值,更具体来说,将虚构文学作为研究人的方法来主张其价值。徂徕晚年所写的汉文随笔《萱园十笔》之《二笔》部分的一节即是此。(河出版徂徕《全集》第1卷,第238页)但河出版的训读多少含有错误,今重新训读之。该节开头为:

本邦人聪慧,绝非外国可及矣。

这句话完全暴露了徂徕作为民族主义者的面目。日本人比任何外国人都聪明。其后的文脉表明,"外国"中也包括中国。作为日本人无比"聪慧"的例子,首先被举出的是《伊势物语》对在原业平之和歌的解释方法。作为每首和歌发生背景所讲述的故事,未必都是历史事实,而是掺杂了虚构。它们通过虚构的设定,让人切实地理解和歌的内容。

如《伊势传》在中将和歌，则作序以发明其意。讵问其事之有无？

着重号为我所加。所谓"作序"，即作为和歌形成背景所讲述的故事。在原业平有一首和歌："月非昔时月，春非昔时春，唯有此身昔时身。"（月やあらぬ春や昔の春ならぬわが身ひとつはもとの身にして）。这首和歌的序，叙述了其与二条后的情感故事。[①]此事本身作为历史事实是否存在，并不构成问题。即使是虚构的设定——或者正因为是虚构，才具有解释和歌的效果。这真是"聪慧"的方法。

徂徕于是回顾中国的情况。在中国，当"先王"之"道"的传统还存在时，其古典解释方法与《伊势物语》是一样的。这就是冠于《诗经》三百零五篇、每首诗前面的短篇散文，亦即被称作《诗序》者。或曰其为孔子之作，或曰其为孔子弟子子夏所作，或曰系东汉学者卫宏所作。然其并未对诗中每句训诂，只是对每首诗的产生背景配以了序文。

例如庆贺婚礼之歌《桃夭》，以"桃之夭夭，灼灼其华，之子于归，宜室宜家"为全诗三章的开头。《诗序》认为，这首美好的结婚赞歌之诞生，源于当时周王朝君主后妃的贤良淑德："《桃夭》，后妃之所致也。"后妃"不嫉妒，则男女以正，婚姻以时，国无鳏民也。"

[①] 二条后，即藤原高子（842—910），平安时代前期清和天皇中宫，藤原长良之女。生有阳成天皇、贞保亲王、敦子内亲王。阳成即位后，成为皇太夫人、皇太后，但因宽平8年（896）的私通事件被废后。又称为"二条后"。

再举一例，卫国之歌《新台》讲述一位女性迎来让她失望的夫君，悲叹自己不幸婚姻。"新台有泚，河水弥弥。燕婉之求，蘧篨不鲜"云云，全诗三章。《诗序》曰，卫国君主卫宣公在为公子伋迎亲途中，在黄河边建造新的楼台，强娶儿媳，遭到领内人民的诟骂。

这些《诗序》所说的，未必是历史事实，而是有虚构中的夸大。但是，把诗放在这些具体的事件中，诗的感情就鲜活起来。日本人之"聪慧"所产生的《伊势物语》的方法，与这种《诗经》"序"的方法一致。

　　可谓得《诗序》之意。

《萱园二笔》的原文，虽然只有这么一句，但如果展开，徂徕想表达之意即是以上内容。

徂徕之所以这么主张，实际上另有其想终结之论。此即宋代朱熹对《诗经》的解释。

　　（本邦人窥诗序之意）胜朱子远甚。[1]

朱子认为《诗经》的《诗序》不足为信，将其废弃，并亲自撰写了新的注释，取名为《诗集传》。另外，他还写了《诗序辨》来说明废除《诗序》的理由。废除的理由之一，朱熹指出《桃夭》之

---

[1] 荻生徂徕『蘐園十筆』、『日本儒林叢書』続編随筆部第一、第25頁。

"序"曰"后妃之所致也"等，这是对政治过于关心。贺婚之歌就应当作贺婚之歌，恋歌就应当作恋歌来读。这一点作为朱子的进步一面，受到现代学者的认可。但朱子要废弃《诗序》的理由还有其他。《诗序》中作为诗歌背景所讲述的故事，例如《新台》之"序"，往往与其他文献不符，不能视为历史事实。即朱子认为，因为非实际存在的经验，所以没有价值。

但是如果让徂徕来说，那《诗序》就和《伊势物语》一样，"讵问其事之有无"。虚构又有什么关系呢？或者正因为是虚构，其作为诗的解释才有价值。11世纪"聪慧"的日本人，悄无声息地运用了与《诗序》相同的方法，写出了《伊势物语》。这比不知《诗序》价值的12世纪中国道学先生朱子，不知高明多少。

以上的《伊势物语》论，在日文随笔《南留别志》中亦可见到："《伊势物语》乃诉说和歌之心之物，不可论事之有无。如同注解典籍般来讲述和歌之心，乃不知和歌也。"另外，关于《诗序》，同样在《萱园二笔》前面部分的一条中也说："三百篇有序，犹如后世诗有题。诗若无题则终不可晓。故三百篇亦不可无序也。"（河出版徂徕《全集》第1卷，第236页）

以上所见，徂徕把从日本的虚构文学中获得的智慧，尝试用于对"先王"诗歌的解释中。但《萱园二笔》从日本虚构文学中寻找日本人的"聪慧"，并不仅仅面向《伊势物语》。接下来徂徕还赞扬了《源氏物语》，赞扬其作为小说的价值，赞扬其出现比中国的小说早得多。

紫式部作《源语》，模仿《势语》而广之。不为和歌而设焉。而数百人，人人殊态。态尽情，文尽变。在《水浒传》数百年之前也。

正如我在《中国文学史》中指出的那样，中国对虚构文学的轻视，本来就会延迟小说的产生。在三千年的中国文学史上，直到后三分之一的时期，小说才出现。最早具备小说的质与量的，如徂徕所言，乃《水浒传》。关于《水浒传》的形成过程，即便在对过去虚构文学之研究甚为兴盛的今天，也未见定论。不过，可以肯定的是，现存版本的《水浒传》，其最早也就出现于14世纪的明初。《源氏物语》则写于比这早300年的11世纪。我早就认为，这是最能使日本人的爱国心无害地发挥作用的地方，而徂徕却先于我明白了此意。徂徕用"人人殊态，态尽情"来评判《源氏物语》，其强调个性不可变的学说似乎也在这里获得了共鸣。在文学的各种体裁中，对人的个性最敏感者，当属小说。

《萱园二笔》的文章并未结束，徂徕以如下一句话完成了这一部分的论说。

藤（原）定家开和歌门庭，亦先于王李，而得王李之奥矣。

所谓"王李"，指的是明朝的王世贞和李攀龙。徂徕此一论断是否得当，对日本歌学史颇为生疏的我无法回答，期待将来研究者的分析。

作为本章内容的补充，我再谈几点。徂徕认为，如果《论语》也像《诗经》一样有"序"，有对每段话发生背景的说明，那么每一章就不是单纯的抽象表述，而是在具体事件或情景的映照下生动起来。但事实上并非如此，徂徕深感遗憾。其《论语征》中可见徂徕这一说法。

> 《诗》有序而《论语》无序，依何物可知孔子之言？

正如本文在后面第274页①中也谈到的那样，《论语·先进》篇末章以如诗如画般的手法描绘了孔子师徒间问答的场景。这是一种例外，值得称道。然而，这并非常则。徂徕认为，这是编者的疏忽。据徂徕对《子罕》篇的"征"所言，疏忽的原因源于《论语》这本书原本就是孔门的笔记。这是对伊藤仁斋以《论语》为"最上至极宇宙第一书"的反驳。

《伊势物语》因包含虚构性而具有价值。从契冲的《势语臆断》中可知，契冲先于徂徕强调这一点。契冲的著述在徂徕那个年代还没有被广泛传播，二人的关系有待专家的探讨。

徂徕的博学甚至涵盖了日本文学领域，这从徂徕的其他著述中也可看出。这些知识也应是他闲居上总期间所积累的吧。据说，他17岁左右时手抄的《古今和歌集》现被其后人收藏。另外，南川维迁②的《金溪杂话》（京都大学藏写本）中显示，本居宣长的汉学老师堀景山曾拜访徂徕，谈论了《源氏物语》，其惊叹："（徂徕作

---

① 此为原书页码。——编者
② 南川维迁，即南川金溪，1732—1781，江户时代中期儒者、医生。伊势（今三重县）人。曾跟从伊势菰野藩的龙崎致斋学习儒学，又在京都跟从堀元厚学习医学，出仕菰野藩。与诸家交游，著有记录有关大儒及其流派之见闻的《闲散余录》。

为）古今大家之人，何来这么多闲暇，涉猎此等之书？"

作为这一章的结尾，再说一点题外话。在稍晚于徂徕的时代，于大海彼岸，清朝的考据学盛极一时。他们和徂徕一样站在反朱子的立场上，故对于《诗序》的问题，也觉得朱子的废弃理由不可取，于是重新进行了探讨。他们的讨论也围绕《诗序》所说是否为历史事实。但至少到目前为止，我还没有看到类似于徂徕那样积极允许虚构的主张。这证实了徂徕的此一思考是日本式的，而非中国式的。

五、日本式的条理

徂徕自身虽然也应意识到了以上三点与日本传统有明显的关联，但他却未必意识到自己的思想或者是思考方式中存在以下几处日本式的要素——这几处要素至少可以说更偏日本式而非中国式的。

其一是其学说所具有的整然体系。徂徕关于"先王"之"道"的学说合理与否，我们暂且不论，其至少是有条不紊和井然有序的。这表现在徂徕的主要著作《辨道》《辨名》在叙述上很有体系，而这在中国毋宁说是罕见的现象。正如徂徕所说，作为先王之道的文献《易》《书》《诗》，都是宽容的暗示，它们是片断性的语言集成。至于《论语》更是如此。不仅仅古代典籍如此，被徂徕指责为耽于议论的宋儒，除周敦颐的《通书》等作品外，二程、朱子基本都是通过对诸古典进行逐条注释，以及与弟子的对话集"语录"中的片断性言语来展现他们学说的演绎的。在其中很难找到像《辩道》《辩名》这样条理井然的表述。徂徕的这种条理性，显示了日本人的组织能力，是一种非中国式的特征。

这不仅仅限于徂徕。以仁斋、徂徕、东涯、真渊、宣长为代表的日本"古学"系列，与同一时间在海对岸发展起来的清朝考证学，二者虽然学风相似，但徂徕的《辨道》《辨名》，仁斋的《语孟字义》，真渊的《国意考》，东涯的《训幼字义》《邹鲁大旨》，以及宣长的《初山踏》，都是浓缩了各自学说之要旨的著述，而清朝的考证学中，唯独戴震一人的《孟子字义疏证》与徂徕的《辨名》体裁相同，其他清朝学者无之。在我先前写过的文章《学问的形式》《全集》第17卷①中，我认为上述日本学者，例如仁斋把《论语古义》和《孟子古义》这种对古典本身进行逐条解释的作品作为自己的主要著述，并希望人们更重视它们，而非此二者的附录《语孟字义》；比起《初山踏》，宣长则显然更希望《古事记传》能首先被人阅读；与此类似，相较于《辨道》《辨名》，徂徕也倾向于把逐条解释《论语》的《论语征》当成其学说的精髓。现在看来，我先前文章中的这些看法，就伊藤仁斋和本居宣长而言，没有必要收回，但对于徂徕，论断有失草率。因为《辨道》《辨名》才是充分显示徂徕学说体系的主要著作，《论语征》是其套用学说体系的一种运用。

与此同时，对秩序整然的追求，常常使他的学说产生牵强之处。也就是说，徂徕为追求条理，甘愿冒牺牲其学说圆融性的风险。这一点在构成其学说中心，最具体系性的主要著作《辨名》中已有体现。该书对儒家经典中出现的约80多个术语进行了严密的概念界定。比如徂徕认为是最高概念的"道"，作为"道"构成内

---

① 吉川幸次郎『吉川幸次郎全集』17卷、東京：筑摩書房、1969年、第207—215頁。

容的"礼"和"义",因属个人道德性范畴而被作为"道"之下位概念的"德",作为"德"之条目的"仁""孝""悌"等等。但《辨名》却建立在一个不合理的前提之上。即徂徕认为,书中所辨的这些词语与山、河、草、木等自然产生的词语不同,是作为"先王"的"圣人"严格选定的词语,故能够进行严格的概念界定。(《大系》,第40页)该说法亦见于《萱园二笔》和《萱园六笔》中。(河出版徂徕《全集》第1卷,第240、330页)

但是,这个前提是非常勉强的。因为一字多义是古今汉语中的普遍现象。具体来说,中文的常用字数意外的少,《论语》二十篇所使用的字数为1 512字,也就是比现在日本的常用汉字还少。在中国,古往今来都是通过3 000左右的常用字去表达各种各样的意义。徂徕当然知道这种现象。比如《诗经》中"于缉熙敬止"这句话中的"止"字,在《诗经》中本来是表感叹的助词。但在《大学》篇的引用中,"止"被用作动词。这作为汉字意义不固定、可以自由变换的例子而被徂徕指出。[①](参看《徂徕集》卷25,写给谷口元淡[②]的书信《复谷大雅》,以及《大学解》)

然而,其主要著作《辨名》是建立在无视或轻视这一普遍现象的前提之上。对此,徂徕只能给出勉强的说明:这些在"先王圣人"

---

① 《复谷大雅》:"书无定义,各从其人所见。故如引诗书,其义处处皆殊,请举一二。如'于缉熙敬止',在《诗》'止'为语助辞,《大学》则'止于至善'之至也。……可见其无定义也。"

② 谷口大雅,1677—1742,名元淡,江户时代前中期儒者。近江(今滋贺县)人。曾跟从北村季吟学习国学、歌学,跟从荻生徂徕学习古文辞学。在大和(今奈良县)郡山藩担任儒官。其门下有柳泽淇园。著有《徂徕学则问答》《百人一首拾穗抄补注》等。

的书中所见到的话，作为不变的概念，是由"先王"所界定的。但如果这个前提不成立，那么《辨名》这本书的全部内容就变得很不可靠。或者说，徂徕学说的整然体系甚至可能从根本上崩溃。

徂徕对每一词语的定义，都采取综合、归纳文例的形式。其中虽有很多值得关注之处，但也常常存在错误，或者是根据零星的证据即孤证来立论的。我曾在《学案》第188页中举过一例，即徂徕主张"义"并不是孟子以后等人所说的是与"仁义"相并列的"德"，而是作为上位概念"道"的内容，与"礼"并列。对此徂徕最主要的论据是《尚书·仲虺之诰》中"以义制事，以礼制心"这句话。徂徕又将其与《左传》"僖公二十七年"中的"诗书义之府，礼乐德之则"相结合，认为"礼"是行为的本则，"义"是其运用，两者构成了"道"的内容。然而这恐怕是徂徕基于两个孤证做的独断。且其中作为孤证之一的《尚书·仲虺之诰》，乃是伪作。自清代阎若璩以来，它就被论定为乃3世纪魏晋时人之伪作，现在已失去了作为资料的价值。（关于《尚书》的伪篇，参看我的《全集》第8卷，《尚书正义》）

此外，我曾在上述《学案》同一页中指出，徂徕以之为最高概念的"道"字，在第一等文献《五经》中，基本只以物理性的道路之义出现，很少作为抽象概念来使用。直到第二等文献《论语》和其他典籍时才频繁被使用。作为《五经》中的例子，如果《尚书·大禹谟》"人心惟危，道心惟微"也被徂徕算入"道"乃抽象概念的例证，那这又是对伪作素材的使用（讽刺的是徂徕所抨击的宋儒也将此作为他们"天理人欲"说的根据）。

但是，徂徕对自己所下的定义贯彻到底。例如，他认为《论语》中出现的"敬"字都有一个隐藏的宾语"天",也就是对天的虔诚,而非宋儒所说的对自己的虔诚。①徂徕在《论语征》里多次重复了《辩名》中给出的这种定义。(《学案》原书,第189—190页)

此外,徂徕学说重点之一在于主张"道"不是自然产生的,而是源于"先王圣人"的作为。徂徕将如下三句话相并用来支撑其观点。《礼记·乐记》篇说:"知礼乐之情者能作,作者之谓圣。"同样是《礼记·表记》篇中,有孔子语:"后世虽有作者,虞帝弗可及也已矣。"以及《论语·宪问》篇孔子语:"作者七人矣。"其中《论语》中的"作者七人",旧说认为大概是孔子赞美七位隐士。但徂徕摈弃此说,将其与《乐记》中的"作者之谓圣"相联系,把制作"道"的"圣人"限定为"尧、舜、禹、汤、文王、武王、周公"这七人。他并在《论语征》中指出,孔子认为在此以前的伏羲、神农、黄帝等即便是物质生活方法的设定者,也不是"道"的制作者。另外,徂徕在《萱园五笔》中认为,"作者七人矣"句末有表强调的助词"矣",这是强调"道"的制作者仅限定于这七人。(河出版徂徕《全集》第1卷,第318页)徂徕条理上的这种巧妙,反而让人觉得牵强。

这种失之牵强亦为之的条理性,我认为是富有日本式特点的做法。中国式的思维方式,往往让矛盾并存,显示出思考上的从容。原本"先王"的文献只罗列了"物"与"事",体裁稳重。这正如

---

① 指荻生徂徕批判宋儒的"主一无适"说。《二程粹言》卷上:"或问敬子曰:'主一之谓敬。何谓一?'子曰:'无适之谓一。'"朱熹《集注》云:"敬者,主一无适之谓。"《朱子语类》卷一二〇:"程子所谓主一无适,主一只是专一。"

徂徕所指出的那样，是以不失从容为均衡。

这种对整然条理的追求，也影响到了徂徕的汉文文体。不容置疑，徂徕的汉文在江户时代是一流的。惺窝、罗山等早期儒者的汉文还充满了"和臭"，而逐步接近更纯粹汉文，乃始于仁斋和徂徕。就连为批判《论语征》而写下《非征》一书的大阪儒者中井竹山，也坦率承认这一点。事实上，徂徕的汉文在词汇、措辞、语法上都近乎完美。但是他太注重力陈己见，毫不保留。如果用中国式的观点来评判徂徕，那就是有言必尽。虽然在主张上他推崇"先王"之"辞"中的大量含蓄，但是他自己却缺乏含蓄。而且，其措辞常常过于夸张，有时甚至让人感到滑稽。他喜欢王世贞、李攀龙的文学，也是因为这二人的文章和诗也很夸张。

从一词一句来看，徂徕的文章丝毫没有"和臭"。但从整体上看，徂徕所写的汉文还是基于日本人的思维方式和气质。这虽然类似于强人所难，但正如上等肉菜的肉汁比肉本身更美味，清冷透亮的玻璃器皿能散出清新的气息，此种在中国人的文章中所能体会到的醍醐味与气韵，在徂徕这里却是看不到的。

徂徕的假想敌伊藤东涯一辈子都没对徂徕说过一句类似批评的话，唯独有一次例外。徂徕门下的神童山田麟屿（俗称大佐）[①]曾前往京都游学。他把启程时徂徕所赠的汉文给东涯看。东涯说："似蒙鬼脸以恐吓小儿。"（参看南川维迁的《闲散余录》卷2，《日

[①] 山田麟屿，1712—1735，江户时代中期儒者。江户人，名正朝、弘嗣。字大佐，别号尚古堂。在荻生徂徕门下学习过古文辞学与唐音，被称为神童。他在室鸠巢的推荐下，13岁就成为幕府儒官。后入京都伊藤东涯门。因患天花早逝，24岁。著有诗集《尚古堂文集》。

本随笔大成第二期》，吉川弘文馆。徂徕这篇题为"赠菅童子序"的文章收录于《徂徕集》卷11。）

性格温厚的东涯对徂徕的批评，说出口的也许只限于这一次。但他在所写的其父仁斋之传记《先府君古学先生行状》中指出，父亲的汉文专以唐宋八大家为宗，不取"文选浮靡之习"的六朝美文，以及"明代钩棘之辞"这种奇怪的文体。其中后者是说以王世贞、李攀龙为代表的"古文辞"很奇怪。东涯言其父虽然知晓它的存在但没有采用，这暗含着对专以"古文辞"为宗的徂徕的批判。

六、日本式的极端

徂徕未意识到的第二点日本式特征是其在追求整然之条理时相伴而生的极端性。从他祖述先王之道这一点来看，徂徕是一位中国式的思想家。但其祖述往往会走向极端，陷入过当。这时，反而会产生非中国式的特征。

这一点在其学说的中心（重视政治）上已经显现。即徂徕把对集体性的人所施展的政治手段"道"放在第一位，优先于作为个人善意的"德"。诚然，不仅限于儒家，中国式的思考始终不脱离政治，只不过以儒家为甚罢了。《徂徕先生问答书》中提到"庄子之自然观，申韩之刑名，原本乃治国之道"，就很好地指出了这一点。（美篶书房版《荻生徂徕全集》第1卷，第464页）他对政治的重视，与日本传统不同，故乃非日本式的，而是中国式的。但是，像他这种政治优先于个人善性的思想，在中国，至少在过去的中国，是否存在过呢？这一问题需要请这方面的专家进行探讨。

"先王"之"道"是否果真如徂徕所言的那样，我们暂且不论，讲求"修己"与"治人"之间的平衡，这在中国，至少在过去的中国是普遍情况。

另外，强调尊重个性的宽容主义，其外表与其说是日本式的，不如说是中国式的。因为一般说来，日本儒学的传统以山崎暗斋为最显著的代表，它以严肃为基调。与此相对，中国的儒学传统，包括徂徕视为中国之病态的宋儒，则显得更宽容。至少朱子本人的著述不会给人一种像山崎暗斋的朱子学那般的严肃印象。我一直认为产生差异的原因源于，儒学在中国是普遍性的修养，而在日本则是一种应被强调的思想。徂徕以反抗山崎暗斋为动机，摆脱了日本的基准，而极大靠近了中国儒学的主流，包括其视之为中国之病态的宋儒。

但我们一读徂徕的书，就会发现他始终反复在强调宽容主义。这不得不让人感到这是一种严肃地阐述宽容价值的严肃主义。其论说虽然显得整然有序，但很是极端。

徂徕以"先王"的"诗"和"乐"为根据，主张"风雅文采"的生活。对以往的日本儒学来说，这无疑是一场巨大的变革。他主张同时尊重理性与感性，诗与哲学互补。徂徕从李、王的"古文辞"文学出发到达"先王"之"道"，就是这一主张的出色实践。此后一直到明治维新时期，日本儒者以不懂汉诗汉文为耻辱，徂徕乃开此风气之端。虽然仁斋、东涯父子，新井白石，室鸠巢，祇园南海也促成了这一风气的形成，但最大的驱动力还是出于获生徂徕。

而这也是极具中国式特点的。中国并非仅有"先王"们在从事

"诗书礼乐"。从中国哲学史来看,即便在被徂徕视为极端病态的宋代也很难找出像山崎暗斋那样不事诗文的学者。视朱子为眼中钉的徂徕,在《徂徕先生答问书》卷下中严厉抨击道:"自宋儒以来,弃技艺,以理为先,尽弃风雅文采,成野鄙之态。"(美篶书房版徂徕《全集》第1卷,第469页)但根据《宋诗钞》的小传记载,即便是朱子,他最初也是作为诗人被举荐给朝廷的。与朱子一起被徂徕排斥的明代王阳明,最初也是"古文辞"派的作家。稍早于徂徕的清初三大家顾炎武、黄宗羲、王夫之,皆著有诗集文集,王夫之甚至著有《诗话》。[1] 直到稍晚于徂徕的清朝中期的戴震,才是一位没有诗集的思想家。清末康有为的《孔子改制考》将孔子视为革命家,这一点与徂徕的孔子观很接近。然康有为也著有大量诗集。即使到了现代,作为诗人的毛泽东,其成就也是众所周知的。

从这个意义上说,徂徕所做的转变,至少在日本儒学史上,是非常接近中国之传统的。正如其《和歌世语》[2] 所展示的那样,日本诗歌的历史是唯美的文学至上的形态,而徂徕是这一传统的深刻理解者,或者说他自诩深刻理解了这一传统。这对于上述转变一定产生了很大影响。因此,这也是来自日本文明的启示。但徂徕并不以对美的感性作为唯一的价值,而是主张与理性进行互补,同时尊重两者。从这一点来看,这种观念又是中国式的。关于这个问题,我想交给那些熟知日本文学史与日本思想史的研究者,以待他们的成熟的意见。因此我在此就不深入探讨。我之所

---

[1] 指《江斋诗话》。
[2] 当为《和歌世话》。

以认为徂徕的"风雅文采"存在极端过头的地方,是因为他热衷于学习作为"先王"之"乐"遗存的雅乐。这在徂徕所厌恶的以朱子等中国第一流人物那里,至少在后世,是极其罕见的事情。当然,要让徂徕自己来说,那就是陷入"病态"后的中国是不兴雅乐的,他跳过"病态"的中国,直接继承了孔子喜好音乐的传统。徂徕的这种极端性,也见于他对朱子的批判性话语中。比如《大学解》开篇曰:

> 朱熹不修乎辞,昧乎古,乃以其所创性理之说解之,主人人为圣人言之。割裂补缀,紊乱古文以成其说。不可从矣。

当时在海的另一边,以戴震为中心的清朝的考据学,虽然对朱子的批判不断高涨,甚至在皇家敕撰的《四库全书总目提要》中也有明显的批判,但也不像徂徕那样指名道姓地针对朱熹发表激烈言辞。在中国,除了因为康熙帝是朱子的笃信者这部分压力外,朱子的著作在元、明、清一直是"科举"考试的指定书,这一历史性、社会性的无声压力,也使得清朝的考据学不能像徂徕那样在语言上毫无忌惮。与此相比,江户幕府虽然尊奉朱子学,但态度还是比较宽慢。但即便考虑这一情况,徂徕对朱子的恶骂也是在日本极其少见的。

极端的恶骂之语,并非仅频频针对朱子而发。《论语征》中有如下内容,兹转述如下。

"公冶长"篇有"宰予昼寝"。孔子斥责睡午觉,但那并非单纯的午觉。大白天就在卧室里,"盖有不可言者焉",也就是说,拉了女人进来。①此说本身如何姑且不论，这之后徂徕添加的话却是多余的。徂徕认为，此前的注释者之所以没有注意到"盖有不可言者焉"这一点，是因为他们的工作是在寺子屋讲书，最在意的是学生打瞌睡。所以他们只知道把这一章也理解为训斥睡午觉而已。徂徕这是讥讽山崎暗斋、伊藤仁斋的讲课。

"里仁"篇，孔子对曾参说："参乎！吾道以一贯之。"曾参回答："唯。"徂徕指出，宋儒之所以将此理解为"豁然贯通"，是因为他们盗用了佛说的"顿悟"，并把曾参的回答错误比作迦叶的微笑。徂徕进而指出宋儒的学说剽窃了佛说。比如所谓"道统"是"四七二三"②，"天理人欲"是"真如无明"，"理气"是"空假"，"天道人心"是"法身应身"，"圣与贤"是如来与菩萨，"十二元会"是"成住坏空"，"持敬"是坐禅，"知行"是"解行"，等等。徂徕的指摘大体正确，这也显示出徂徕对佛典的精通。如果徂徕的指摘仅是这些，那无可厚非。但徂徕指出，宋儒之所以要窃取佛说，是因为在宋代禅僧受到优待，连儒生都羡慕不已，于是纷纷效仿。徂徕本不应该做如此评论，但他还继续讥讽说宋代禅僧受到王公贵人的优待也是前所未有的。正如《学案》原书第11页所述，护持院的大僧正隆光和徂徕于柳泽藩邸中，被要求就"三密具欠之问答"在将军纲吉及其生母桂昌院面前展开讨论。这些将军身边的

---

① 荻生徂徕《论语征》（丙）中有对于"宰予昼寝"的评述："昼处于寝，盖有不可言者焉。"但徂徕此句是否意为所谓"拉了女人进来"，吉川幸次郎的解说似乎有待斟酌。荻生徂徕该文参看関儀一郎编『日本名家四書註釈全書』論語部5、東京：東洋図書刊行会、1926年、第94頁。

② 释重显（980—1052，又称明觉大师）所作《颂一百则其八二》诗中有"四七二三诸祖师，宝器持来成过咎。"

僧侣受到了比儒者还要优厚的待遇，徂徕对此表示愤慨。这种对有权势僧侣的愤慨，在前引《送香洲师序》中也可以看到。（本书，第256页）

总之，上述这样极端的辱骂性语言，如果是中国的名人大家，可能会碍于身份不敢说出。但生在日本的荻生徂徕，却毫无忌惮。

七、实证的局限

作为日本实证古典研究的鼻祖，徂徕与仁斋、契冲、真渊、宣长一同被后人追忆。作为实证前提的博学，也是脱离以往守旧的日本儒学的转变表现。早于徂徕的罗山、仁斋，以及同时代的白石、东涯，虽然他们都很博学，但徂徕的博学尤为出众。他说："学问只是广泛汲取诸说，以扩充一己见识。"（《徂徕先生答问书》，收入美篶书房版《全集》第1卷，第436页）

这也接近中国的传统。在"先王"的书中，例如《易经》说"君子以多识前言往行，以其德畜"等，表明了传统的开启，以后的学术史也都是以广泛阅读为出发点的。被徂徕视为眼中钉的朱子，只要稍微翻开他与弟子们的对话集《朱子语类》，就足以让人惊叹其博学多识。日本的祖述者，也并非如徂徕所说的是喜好"朱子式的论理"。此外，最注重以博学作为方法出发点的，是清朝的实证学。比徂徕更早的顾炎武、黄宗羲，及比徂徕晚的钱大昕是这一代表。徂徕的博学，不仅与海对岸的学者同步，而且还触及了同一时期中国学者未触及的方面，即对诸子的研究。它们是徂徕用于探索"古文辞"的资料，也体现了徂徕作为思想家的追求。《徂徕集》卷18

的《跋管子》，是他花了五天的日薪买下《管子》一书后所写的文章。这成为以后日本汉学先于中国将《韩非子》等书列入必读书目的开端。当时中国正处于雍正时代，诸子尚未成为中国古典学的研究对象。即便在这一点上，徂徕的工作也有领先于中国之研究的一面。(详细内容请参看我的《全集》第2卷，《日中诸子学释疑》)

而且徂徕的博学并非单纯的杂学，而是以此作为归纳的前提，这也与中国学术史中最符合这一方向的清儒之方法相类似。徂徕在自序中说，其《论语》注之所以以《论语征》命名，是因为他从诸子的书中搜集到的古代之"辞"的使用例子。此书作为"征"即证人的成果，通过"古言"得到了"古义"。此外，他早年所著的汉和辞典《译文筌蹄》，显示了其作为归纳家的实力。

但是他的归纳之法没有一以贯之地坚持下去。如前所述，在学说的关键部分，徂徕反而倾向于武断，或者是根据孤证来进行判断。归纳被否定，取而代之的是急遽的演绎。这与中国的一般情况不同。至少与坚持冷峻的归纳的清儒不同。(关于清儒的方法，请参看小野和子译梁启超的《清代学术概论》，平凡社《东洋文库》)不只是清儒，宋儒所说的"格物致知"也意味着通过归纳来追求真理。

徂徕的方法之所以如此与中国的一般情况相异，倾向于演绎而非归纳，是因贯穿其哲学根底的，是以对"天"和"鬼神"之虔诚为中心的不可知论，与之有连锁关系的信赖哲学也发挥了很大的作用。面对不可知的、信赖的对象，归纳之道是堵死的，只有其后的演绎才是有可能的。《徂徕先生答问书》中的一条，回答了别人询问"鬼神"有无的问题："古今间此论甚烦，皆为论理。理随人殊，不可信也。"它不是通过归纳来进行论证的对象，"圣人经书之趣，以鬼神为存有之物。"又说："透视冥冥之中，而曰鬼神为何物，此非人之所可知也。"认识鬼神是人能力之外的事。（同上书，第453页）《徂徕集》卷17中有几篇鬼神论，虽然其汉文对我来说颇为难解，但大概也和以上的和文有相同旨趣吧。

与以上情况联系起来考虑的话，本该作为实证家的徂徕，之所以疏忽或怠惰于古文献的辨析，或许是因为其拒绝归纳的信赖哲学过度发挥了作用吧。《尚书》的伪篇作于3世纪魏晋时代，朱子对此早有怀疑，但到了清代的阎若璩才有定论。在日本，仁斋先于阎氏给出定论。（参看《仁斋、东涯学案》，第49页）排斥朱子和仁斋，或许也是导致徂徕这一疏忽的原因之一，但如先前第265页所述，徂徕把"仲虺之诰"篇的"以义制事、以礼制心"作为其学说的重要论据。

对于很早就有人怀疑同为3世纪出现之伪书的《孔子家语》，徂徕也是一样将它作为学说的重要论据来利用。在《论语·先进》的末章，即孔子与弟子四人的问答，孔子让每个人说出各自的抱负。子路、公西华、冉有都说了成为诸侯重臣的抱负。只有曾皙一人默不作声地弹琴。在老师的催促下，他的回答是："暮春者，春服既成，冠者五六人，童子六七人，浴乎沂，风乎舞雩，咏而归。"孔子对此赞赏不已。但徂徕在《论语征》中的解释却出乎寻常。徂徕认为，孔子作为革命家，希望制作新的"礼乐"。最初三人的回答都未体察孔子之意，唯独曾皙了解老师的心理，故意岔开了话题，但得到了孔子的赞赏。虽然徂徕夸耀说这是"微言"，不懂诗的人不会明白。但他的依据乃源于《孔子家语》中关于曾皙的传记:"疾时礼教不行,欲修之,孔子善焉。"

此外,正如我在《元明诗概说》第6章第6节中所言,很不巧的是明代李攀龙、王世贞的"古文辞"文学,在其后的17世纪的中国,被批判为无内容的、伪古典主义的、假古董、"优孟衣冠",是演员装扮的古人,这些恶评一直保持到今天。徂徕对其如此倾心,这也是他对信赖哲学的滥用。

八、感性的局限

徂徕对于文献的辨别很马虎,这让人想起徂徕学说的另一特点。此即对于感性的尊重,这是其学说的重要部分。但是徂徕自身的感性方向,至少在追求中国式的感受性方面,是存在局限性的。

如果把仁斋作为比较的对象,仁斋在《大学非孔氏遗书辨》一文中说,其他才能吾姑且不论,在辨别是否为孔孟"血脉"之语言方面,自己十分具有自信。事实上,仁斋的判断,暂且不论《大学》和《中庸》,其对《尚书》中伪篇的辨认,以及以《易》中的《十翼》非孔子之作等观点,在今天的学术界也依然通用。(《仁斋、东涯学案》,第49、56页)徂徕则不是这样。

徂徕的再传弟子汤浅常山著有《文会杂记》一文,记录了徂徕一干人的逸事。其中卷1下写道:"徂徕并不灵巧,不擅长节拍,其殚精竭虑以学乐。"就是说徂徕缺乏乐感。

这让人再次想起徂徕的汉文。如前所述,徂徕的汉文在江户时代是一流的,但其韵律未必那么好。再拿仁斋来说,仁斋的汉文更具有中国原本的韵律,徂徕在这一点上不及仁斋。即使考虑到他是以李攀龙、王世贞之文体为模仿对象（此二者的文体堪称中国古今文章中最奇怪者），也可以说他是不如仁斋的。即便一字一句中没有"和臭"，但整篇文章却有"和臭"之感。从我个人的经验来看，一般说来，日本人的汉文比中国人的汉文更难背诵，徂徕的情况尤其如此。

在《徂徕先生答问书》中，徂徕比较了日本和中国的诗歌："此国之和歌虽与之同趣，然风俗总阴柔，此乃无圣人之国之缘故。"（美篇书房版《全集》第1卷，第461页）比起日本式的感性，徂徕更尊崇中国式的感受性。但即使徂徕以追求中国式的感受性为务，他也是存在局限性的。当然，日本人写的汉诗、汉文基本也是如此，并非只是徂徕一人这样。然而，徂徕作为最中国式的思想家和实践者，仍难以避免这种感性模仿上的局限性。

九、对武的态度

徂徕以"风雅文采"为价值，且如前一篇论文的"上之一"、"上之二"两节所指出的，他认为"先王"的"礼乐"过去在日本亦曾存在于京都的"王室"，但后来却因北条氏、足利氏的武力政治而衰亡。持有这种日本文明史观的徂徕就所谓的"武士道"指出："大抵尚勇而不惧死，知耻而重信，卑怯之事男子不轻率为之。"这一"武士道"乃源平以来之传统，历史尚浅。另外，"文武二道"这一词语也是"吾国之俗说"。（《徂徕先生答问书》下，美篇书房版《全集》第1卷，第464—465页）徂徕这些观点在当时是相当具有勇气的。而且，这也接近了过去中国文明史中重文轻武这一基本情况。

但这并不是对武的完全否定。徂徕在《答问书》中的该条中指出，"武士道"固然不如"圣人之道"，但所有的技术在达到极致时都有其可取之处。"文武二道"的说法之所以被徂徕视为"俗语"，是因为它将文武分为两部分。在"圣人之道"中，"治时用文，乱时用武"，"只一个道"。另外，徂徕在这里也运用了个性不一的理论，"因人天生有气质之偏"，故而存在有武德之人与有文德之人。"物头""侍大将"[①]等武官乃是前者，家老奉行职等文官乃是后者。这些内容皆见于回答庄内藩家老提问的《答问书》中。（美篶书房版徂徕《全集》第1卷，第464页以下）另外，徂徕在《答问书》中主张武备是必需的。（同上书，446页以下）

正如《学案》原书第99—101页中所指出的那样，徂徕在其早年著述《训译示蒙》的例言中以并不十分成熟的形式阐释了这一哲学：（中国与日本）用以表达的语言虽然不同，但所表现的人间事态却有着超越时空的相同性。徂徕既言"儒道"与"侍道"并无差异，他又说："日本乃无圣人之国，故其侍道偏于武一方。"（美篶书房版徂徕《全集》第2卷，第437页）从徂徕早年的文章可以看出，他一方面认为偏于武乃是日本的弱点，同时他也认为，即便在更优秀的"圣人"之国，武也与文具有同等的存在价值。

仁斋在《童子问》中被问及"治道之要"时回答说："文其胜武则国祚修，武其胜文则国脉蹙。"（《仁斋、东涯学案》，第4页）

[①] 物头，日本战国、江户时代武家官阶名称的一种。一般是指由步兵"足轻""同心"等组成的枪组、弓组、火枪组等的队长（足轻大将），地位次于作为骑兵队长的"侍大将"（在大将军之下指挥一支队伍者，又称"侍大将军""番头"）。

这样的话在徂徕书中则很难找到。这就是身为町人的仁斋与俸禄500石的武士间的区别吧。作为兵法家的徂徕，他还著有《孙子国字解》《钤录》等书。

徂徕对李攀龙、王世贞的文学产生共鸣，或许也与上述事实有关。就中国历史的一般情况而言，明朝可谓是一个尚武的时代。其哲学的代表——王阳明是征讨宁王朱宸濠的指挥官。王世贞的父亲王忬，也有做武官的经历。李攀龙、王世贞虽都不是武人，但其展现的文学气象，却并不排斥武，反而崇尚武人那般的果断。

李攀龙的《唐诗选》从这样的批评标准出发，有偏向地只选择了唐诗中雄壮刚健的诗。而白居易的诗则被认为缺乏张力，一首也没有收录。徂徕非常尊重这本书。于是，其门人服部南郭加注和点的复刻本，成为整个江户时代的畅销书。南川维迁的《闲散余录》中写道："四十年来刊行之书籍中，未有盛如《唐诗选》者。原版享保九年甲辰正月，再版宽保三年癸亥正月，三版延享二年乙丑五月，四版宝历三年癸酉九月，五版宝历十一年辛巳五月，六版明和二年乙酉三月"。（前引《日本随笔大成》）之后这本书也继续改刻，在使日本人熟悉唐诗的同时，也给人一种唯有《唐诗选》式的诗才是中国之诗的错觉，这种错觉一直延续到现在。此书是适应以武士为中心的社会的中国诗歌教科书。除这一重要原因外，它也表明徂徕作为最初的选择者，其感性存在局限性和偏向性。

十、结语

在以"先王之道"为价值标准方面，徂徕首先可谓是中国式的思想家。比起日语和用日语创作的文学，他认为汉语和用汉语创作的文学更加优秀。由于徂徕亲身进行创作实践，又可以说他是中国式的文学家和文学批评家。他还认为，中国的音乐、书法、绘画、法律、军事、佛教都比日本的优越，雕刻也应是如此。其对中国的爱好还涉及笔、纸、杂器等。这些内容我都在前一篇论文《作为民族主义者的徂徕》的前半部分进行了叙述。

我在《徂徕学案》最后提到，在《萱园杂话》中记载了享保13年正月十九日徂徕的临终遗言。徂徕说死后自己的书会被人读到，但理解自己书的人"在日本乃东涯一人"。（本书，第200页）徂徕说在日本其书的理解者乃其假想敌伊藤东涯，由此可以读出徂徕期望在中国有更多的知己。故而，这也展示了徂徕作为中国式思想家的一面。

但是，正如《作为民族主义者的徂徕》的后半部分所述，在展现民族主义者这一面时，徂徕主张日本对于中国的优越。至少与丧失了"先王"之"道"而陷入"病态"之后的中国相比，日本更优越。与此相呼应，正如这篇文章所列举的那样，徂徕自觉地、积极地接受了来自日本式传统的影响。或者说比起中国的传统，徂徕不自觉地更多与日本的传统相呼应。当然，他未必会承认这些要素是非中国的。尽管他与陷入"病态"之后的中国无关，但他大概会认为自己与"先王"的中国相连接。实际上，正如前两篇论文所述的那样，关于政治与神道的关系，徂徕就是如此主张的。

其尊重"先王之道"并不仅仅因为那是中国之物。"圣人"既不出于东海，也不出于"西海"，而只出于中国。这只不过因为作为"天命"的最大之物的"道"发源于彼。"道"乃超越时空的普遍妥当之存在。《徂徕先生答问书》卷下曰："教无古今，道亦无古今。因圣人之道，今日之国与天下得以安治。别无他法。因圣人之教，今日之人得以成就才德。此亦别无他法。若非古今通贯，则不可谓古圣人之道与教。"（美篯书房版徂徕《全集》第1卷，第472页）此外，"古圣人之智，贯透古今，明察今日种种流弊。"（同上书，第475页）又曰："然圣人以甚为深广之智，应人之天性相应而制作，由此人间之世得以立焉。"（同上书，第478页）

"先王之道"已经不是中国之物了，也不是日本之物，而是作为日本思想家的徂徕所构筑的思想体系。其论据专取自于中国的古文献，这也不过是作为徂徕的"天命"而已，资料就在那里。

而这恐怕使徂徕在日本思想史上地位的重要性，超出了以往的预想。但与此同时，作为古代中国的解释学，徂徕学说的不妥之处也远多于以往的预想。正如这篇论文指出的那样，应该被祖述之物，特别是根据直观应祖述之物，很多都被徂徕隐匿了。另一方面，徂徕条理性的学问体系，在其各个关键之处，往往是独断的，经常建立在难以信赖的资料之上。

作为实证家的徂徕，常常被认为先于在18世纪后半期达到顶峰的清朝考据学。这也需要再进行探讨。不可否认的是，《论语征》传到中国，在刘宝楠的《论语正义》等书中，以"日本物茂卿曰"的形式被引用。（藤塚邻《物徂徕著〈论语征〉对清朝经师的影响》，《论语从说》，弘文堂。本论文第7节也提到了两者学风的异同。）

作为此种影响关系的一些印证，构成清朝实证学之一部分的校勘学（即文本批评），受到了徂徕弟子山井鼎根据足利学校的

资料所作的《七经孟子考文》的刺激。此书在将军吉宗的安排下 280
被出口到清朝，被清代学者作为重要资料，在此书写成80年后
的19世纪初，诞生了阮元的《十三经注疏校勘记》，这是清代
学术史上显著的事实。（参看我的《全集》第19卷中的《日本
人的智慧：山井鼎和国文学》）而且，根据其同门宇佐美灊水所
述，山井鼎的工作是在徂徕的提议下进行的。（狩野直喜《山井
鼎与七经孟子考文补遗》，美篶书房版《支那学文丛》对此有所
关注。）

然而，阅读徂徕给山井鼎之书所写的序文让人感觉到，徂徕虽
然夸张地形容弟子的"好古之癖"乃继承孔子的态度，但对其工作
本身却似乎并未给予肯定。徂徕对《论语·里仁》篇"无适无莫"
章所做的"征"，如前面本论文第3节所提到的那样，赞扬了隋唐
僧人之书。与此相反，对于唐代孔颖达的《五经正义》，即山井鼎
作为校勘工作主要对象的巨著，徂徕觉得是无聊的注释。徂徕原本
就倾向于把一切注释书看作对原文的歪曲而加以拒斥。（参看《学
案》原书，第94、124页）

我这几年读徂徕著作的感受是，这是日本思想史研究者的必读
之书。与此同时，对于现在的中国学研究者来说则未必如此。这也
许是因为我是日本朱子学势力衰退之后的研究者，和曾勇敢与之战
斗的徂徕处于不同的时代状况中。我对徂徕的感谢反而是在别的地
方。如果没有徂徕，日本人对中国文明的关心或爱好，在江户时代
不会那么高涨，其影响也不会延续到今天。《唐诗选》是一本带有
徂徕偏好的中国诗集。但它是让广大日本人接近中国诗歌的第一本
书，直到今天依然如此。

我还有一个感受。日本思想史中的徂徕被追认为近代之先驱，这是重要的事实。徂徕不仅仅是作为实证古典学的先驱者而被追忆。正如丸山真男的《日本政治思想史研究》所指出的，朱子学，至少日本的朱子学，将"天"与"人"自然地结合了起来。而徂徕将此二者分开，即把"自然"和"人"分离开来，这是徂徕的一大功绩。我十分赞赏徂徕先于本居宣长所道破的事实，即纯然善性的社会，即便在尧舜之世亦不存在。(《学案》原书，第136页) 从仁斋开始的对欲望的肯定，到了徂徕这里，欲望的地位快速上升。徂徕对感性的尊重，为宣长打开了大门。

但我更深切地感到，徂徕亦是封建之世的巨人。他称赞自己的时代和"先王"的时代一样属于"封建"。"日本虽古为郡县，然现今变为封建。故唐宋诸儒之说难以为用。"(《徂徕先生答问书》上，收入美篶书房版《全集》第1卷，第434页) 他认为，中国陷入郡县之"病态"后的各种学说不适合德川氏的幕藩体制，只有产生于"封建"之世的"先王之道"才适合。

然徂徕所说的"先王之道"，即便可以向领主和作为其辅佐者的"君子"们提示政治的方法，"小人"即人民却仍被置于受教范围之外。至少他们不是"先王之道"的直接对象。因为"民乃愚蠢之物"。另外，关于那个时代的阶级的固定，徂徕认为："将世界全体分为士农工商四民，亦乃古代圣人所立之事。四民非天地自然有之也。"(《徂徕先生答问书》卷上，同上，第430页) 徂徕认为阶级的固定并非天地自然之事。对此人们不禁要问：作为非自然存在，其中不存在一些需要否定的不足吗？然而这种疑虑恐怕是多余的。"四民""士农工商"之语，在儒家书中并不常见。《尚书·周官》篇，又是"伪篇"。①

对于他的"天命"之说，人们可以怀疑这是为了阶级的世袭固定进行辩护而推出的理论。关于《论语》全书最后一章"不知命，无以为君子也"，徂徕在其《论语征》中解释为"命者，道之本也。承天命，为天子，为公卿，为大夫士"，并以此来展开讨论。在徂徕看来，生而作为世袭性的一家之主，这是由超自然的意志所决定的命运。其本人要意识到这一点，忠实于作为统治阶层的义务。同时，这也不是人应该讨论的问题。

现在构成我们现代人观念一些要素，在徂徕学问中已经具备，我对此表示尊敬。同时，难以否认的是，一些我们想摆脱的事物，徂徕也参与了其建构。被认为乃严格儒学之一的"水户学"，发源于徂徕，这并非偶然。

附论一、徂徕和西方

这篇论文到此就结束了，但还是添个附论吧。因为以后，除非有人对我的观点提出反对或批评，并且有必要对此做出回答外，我恐怕不会再有机会亲自对这位日本思想史上的巨人进行研究了。

附论之一将说说徂徕对西方的关心。如果先说结论的话，即徂徕对于西方的关心很淡薄。这或许是对其对立者新井白石嗜好兰学的反感。《徂徕先生学则》第1条就说："东海不出圣人，西海不出圣人。"就是说，"西海"（西方）与"东海"（日本）一样，都比不

---

① 此篇出现"四民"一语。

上中国，因为中国诞生了制作了"道"的"圣人"。（《大系》，第188页）

徂徕在《译文筌蹄》"题言"中说，该地域之人性质异常，推想其语言相应地也应奇怪低俗："如其荷兰等诸国性禀之异常，正如鸟鸣兽叫之语令人难解，当有不近于人情者。"（美篶书房版徂徕《全集》第2卷，第6页）并且徂徕将之与日本相对比，认为日本则不然，其"情态"（生活情感）与中华相接近。

在《徂徕集》卷8《国思靖遗稿序》中，徂徕嘲笑练习此等"鸟鸣兽叫般"之语言的长崎海关荷兰语通事的样子，说他们只是"夷焉弹舌是习，沸唇是效"，毫无任何的学问教养。在这一点上，长崎的汉语通事也一样，"华焉明审喀喳唽喉齿腭"。这些当是当时学习汉语的术语，然汉语通事只是"明审"此等技能，故而还是毫无学问教养。而且他们只是依靠口舌之技艺，就过上奢华的生活。徂徕认为唯独冈岛冠山的老师国思靖例外，即是在这个语境中说的。

《徂徕集》卷十《送释玄海归崎阳序》中，徂徕把来到长崎的外国船只说为"欧骆南交佛齐佛狼瓜哇渤泥之诸夷"，在卷16《赠善暹罗语人》中，记作"交趾林邑三佛齐真腊身毒，及筇冲卧兰的亚之贾胡"。这些文字指代什么地方，我无暇考证，但可知徂徕似乎不具有新井白石在《采览异言》①中所展示的那种精细知识。其中，徂徕在卷13《舍利记》中记载："三佛齐人亦贵珠，以嵌其阳物。"

---

① 《采览异言》，江户中期的世界地志，5卷，新井白石著。正德3年（1713）著成，享保10年（1725）改订完成。参考了利玛窦的《坤舆万国全图》等资料，介绍了世界的地理、历史、政治、风俗，具有洋学先驱的意义。

对天主教的提及，见《徂徕集》卷14《崎阳大音寺传誉上人之碑》。禁教以前，长崎天主教徒泛滥。为应对这种情况，初期的幕府设立了大音寺。此碑乃该寺开山上人的颂德碑。这位勇气可嘉、能言善辩的僧侣，冒着被暗杀的危险，致力于使天主教徒改宗。大音寺为长崎最初的佛寺，檀家只有二三十人，但通过踏绘皈依者慢慢越来越多。徂徕说："夫西洋之夷，虽琐乎微。包藏祸心，密谋窃国。巧言如饴，以饵愚民。愚民罔知觉，沦胥相溺。以陷刑戮。是其畜，甚于洪水猛兽。"地方官和"朝廷"（幕府），在庆长、元和之时也束手无策。而对民众进行善导拯救者，正是这位上人。徂徕对于天主教的简单提及，还见于《萱园随笔》卷1，其中有"大西""西学""西儒"之语。（河出版徂徕《全集》第1卷，第135页）

《政谈》卷4中提到："天主教徒者，今当不存于日本国中。"同时指出："此外，由于无人阅看天主教宗门之书籍，故而无人知晓其教如何。儒道、佛道、神道若解说不当，亦与天主教相似，难以知晓。故官库中所存天主教之书，应见示于儒者，让其审议邪宗。"（《大系》，第434—435页）《徂徕集拾遗》中收录的《畸人十篇之跋》，是徂徕读了尾张藩津田大夫所藏的利玛窦之书后的感想。他认为，天主教被禁后，其教义也许还会变相隐藏于其他教派之中。不读天主教之书，则难以讨论其教。禁止阅读，乃"有司之过也"。徂徕此论之主旨与《政谈》相同。该文章所记写作日期为享保11年七月初九。

徂徕散文中谈及西方的内容，应限于以上内容。同时代的伊藤东涯在《训幼字义》说："听闻今时西夷南蛮洋偏远海外之人，年年前来聚于吾国。"在人之伦理上，彼等亦与吾同。(《仁斋、东涯学案》，第62页)后来的本居宣长在其《玉胜间》卷7中，有一条是讲"荷兰国之学问"。① 东涯与宣长的这种态度，并不见于徂徕。

只是在《徂徕集》中的诗文，其卷5的七言绝句中，徂徕以僧侣义空将去京都时临别赠留之物咏诗二首，题为"留惠阿刺吉酒，所盛亦西洋玉壶"。这表明徂徕与逐渐兴起的"荷癖"(荷兰趣味)并非毫无关系。"阿刺吉酒"，乃荷兰运来的酒。松尾芭蕉俳谐中也有"狂风吹花，烈酒珍陀烫一壶"② 的说法。(岩波版《古语辞典》)。"玉壶"乃玻璃瓶。其中第一首没有直接提到酒，现摘录其第二首如下。

红毛酒贮碧琉璃，　　紅毛の酒は貯う碧琉璃
留我一壶琥珀疑。　　我れに一壺を留め琥珀かと疑う
欲绾春风歌离别，　　春風に縮(つが)ねて離別を歌わんと欲すれば
君家甘露洒杨枝。　　君が家の甘露は楊枝に灑(そそ)ぐ

---

① 然在此条中，本居宣长并非赞赏荷兰之学。他指出兰学者在看到汉学者囿于中国之时，若不晓得日本优越于万国，则又陷入相对主义的误区。本居宣长意在赞美日本殊胜于万国。参看大野晋、大久保正编集校订『本居宣長全集』第1卷、東京：筑摩書房、1968年、第212—213页。

② 原文为"花に嵐アラキチンタを暖めて"。"チンタ"为葡萄牙语 vinho tinto，在现代日语词典如《大辞泉》中，被认为是从葡萄牙传来的红葡萄酒。亦表记为"珍陀"。

附论二、漱石和徂徕

附论之二,是为最后的附论。我在《学案》的末尾,对于明治以后人们对徂徕的提及,只是简单谈到了西周、夏目漱石、内藤湖南。其中关于夏目漱石对徂徕的喜好,我将列举一些资料,以供徂徕研究者和夏目漱石研究者参考。

介绍《伊势物语》、《源氏物语》论的资料《萱园十笔》,在昭和初年关仪一郎《续日本儒林丛书》将其活字印刷之前,只有抄本,因此没有被人注意到。夏目漱石在其少年时期,不停地前往汤岛圣堂图书馆(国会图书馆的前身),"一个劲地抄写",漱石在修善寺的病床上这样回忆道。(《回忆中的往事等》第6章)

漱石对徂徕的喜爱,贯穿于一生。他说:"汉文方面,我喜欢享保时代徂徕一派的文章,因为其简洁紧凑。……宽政三博士[①]以后的汉文则不喜欢。赖山阳[②]、筱崎小竹[③]的文章则乏味令人不快,我不喜欢。"(《对我写文章产生裨益的书籍》,明治39年[1906]发表在《文章世界》上的谈话)此外,同年发表在《中央公论》上的谈话《我爱读的书》中,漱石说:"我喜欢汉文。……所谓的和文,我不怎么喜欢。此外,即使是汉文,赖山阳写的我也不太喜

[①] 江户时代宽政年间在昌平黉担任教官的三位朱子学者(冈田寒泉、尾藤二洲、柴野栗山)。
[②] 赖山阳,1780—1832,江户时代后期的儒者、历史学家、汉诗家、书法家。其著《日本外史》对幕末时期日本人的历史观产生了很大影响。
[③] 筱崎小竹,1781—1851,江户后期儒者,学于古贺精里。不好仕官,爱广交京阪之文人,尤擅长诗文。著有《小竹斋文稿》《小竹斋诗钞》等。

欢。同样是日本人写的汉文,享保时代的文章反而有趣。一说到仿古文,人们都很是轻蔑,但我觉得很有意思。"

漱石小说《枕草子》中的老人,为炫耀所收藏的赖山阳之砚,邀请了观海寺的和尚。在他们的对话中也把徂徕和赖山阳作了比较。

"老法师,因为您讨厌山阳,所以今天把山阳的挂轴换了下来。"

"是徂徕的吧?"

"虽然徂徕您也未必喜欢,但我觉得还是比山阳的好。"

"那还是徂徕好很多。享保年间的学者,字即便不好,但总归还是有些品位。"

"'若以广泽①为日本的书法家,则我仅拙于汉人。'说此话的是徂徕吧?"

"我不知道。但也没有厉害到那个程度。"

1974年立冬日稿毕。

(1975年即昭和50年,1月,《世界》,次年2月补订)

---

① 细井广泽,1658—1735,江户中期儒学者、书法家。仕于柳泽吉保,曾建言对历代天皇陵进行修复,并作为复兴唐式的书法家而闻名。

本居宣长的思想

关于本居宣长(享保15年[1730]—享和1年[1801])的思想,我的理解如下。

现实是无限复杂、神秘、不可思议的,无法用人类的智慧来解释的,因为人的智慧是有限的。

只要稍加反思,就能发现现实的不可思议。例如,"此大地是挂在天上,还是附在物上?无论何种,都很神奇。"(《葛花》上篇,筑摩书房版《本居宣长全集》第8卷,第129页)又如:"亦可思量人之一身。目见物,耳听物,口言物,用足走路,用手做出万种动作,此等之类皆很神奇。或鸟虫越于空,草木开花结果,皆很神奇。"(同上)这一切都能用人类的智慧来解释吗?

如果试图用人类的智慧来总结复杂的现实,用类似法则的东西来解释或限制现实,那么结果一定是陷入谬误。因为相对于现实的无限复杂性,人类的智慧是有限的。看起来像是法则的东西,实际上并不适合现实的各个方面,因此基于法则的限制,就变成强制性的框定。儒学、佛教,这些外国人的学说都陷入了这种谬误。

我们必须承认神的存在,必须相信高于人的超越者的存在。

现实之所以不可思议,是因为世界是由神创造的。所有的现

288 实都是神的旨意。"凡此世间之事，春秋变化，下雨吹风之类，或国之兴衰，人之吉凶等万事，皆神之所为。"（《直毗灵》，收入《全集》第9卷，第54页）无论是自然还是人事，都是神的旨意。

最准确记载了神灵创造世界之情形者，乃产生于日本的古典——《古事记》和《日本书纪》。特别是前者《古事记》的叙述方式尤为正确。这不是以人的智慧，至少不是以个人智慧写出来的。因为它如实记录了自众神时代以来的传说，"毫无自作聪明之处"，所以最具可信度。（同上书，第50页）

那里并没有讲述什么法则，它只记录了众神的"事迹"。（《初山踏》注ホ，收入《全集》第1卷，第9—11页）但这些"事迹"是以后所有现实的原型，因此可以说明所有现实。"世间万事万物，探之神迹皆可知。"（《玉鉾百首》，收入《全集》第18卷，第324页）虽然它没有提示法则性的东西，但不可轻视之。"虽然看似肤浅，但无违于事实，包含人智无法窥测之深切妙理。"（《直毗灵》，收入《全集》第9卷，第58页）

世上并非只有善与幸福，也必然存在恶和不幸。这是神之旨意，因为神的中间有善神，也有恶神。于是在吉善（即幸福与善）之中，必然存在着凶恶（即不幸与恶）的要素。反过来，在凶恶之中，也必然存在吉善之要素，所以吉善与凶恶会相互变化。《古事记》中众神间的关系也是其现实原型。男神伊邪那歧、女神伊邪那美二神交合（美斗能麻具波比）之后，生出了国土，这是吉善的表现；后因生下火神而招来了女神之死，这是凶恶的表现；但之后男神去黄泉国寻找伊邪那美，在与女神诀别归来途中，伊邪那歧在橘小门①进行了祓除仪式,由此天照大御神,即宣长所说的现在依然挂在天上的太阳等姐弟三贵神诞生了,这又是吉善的表现。这就是善与恶、幸福与不幸的交错永远继起地发生这一事态的原型。(《古事记传》7,收入《全集》第9卷,第295页)

伊邪那美说一天要杀1000个人,而伊邪那歧说一天要生1500人。《古事记》中的这一记载,就是凶恶终究敌不过吉善的原型。(同上书)

而且,在吉善与凶恶的继起交错中,人们厌恶凶恶而欲行善。这也是神意使然,并非出于教训的强制。伊邪那歧在橘小门进行的祓除仪式作为原型,也不是被强制的,而是自发的。"世人亦如此,因产巢日神②之灵,生而厌凶恶而欲行善。故虽无人教导,但自然具此辨别力。"(同上书,收入《全集》第9卷,第296页)

非仅有人天生就知道自己的生存方式,动物也是如此。因为每个存在的存在方式,都有神的意志内在于其中。"世间所有生物,甚至鸟虫,对于其各自所必定应有之行,皆依产巢日神之灵,自然知晓。"何况人作为万物之灵长,尤其具备这种能力。如果不通过强制教育就不明白自己应有之行的话,那人就不如动物了。(《直毗灵》,收入《全集》第9卷,第59页)

因此,在古代日本,并没有伦理、道德等表示借由法则来强制的词汇。虽然确实有"美知"(みち)这个词,但那不过是指地上的路。(同上书,收入《全集》第9卷,第50页)

---

① 《古事记》记载为"筑紫日向之橘小门之阿波岐原"。
② 指高皇产灵神与神皇产灵神,为日本神话中在天地开辟之际于高天原出现的神,是具有生成灵力的神。为兄神所谋杀的大国主命也是因此神之力而重生的。

因神灵意志，诞生了人类和万物。既然我们现在以"道"来称呼这一原理，那么人必须自觉到自己生存于其中，并据此来生活。"身为人，不论何者，皆须知晓人之道。"做学问之人更是如此。"不论如何，做学问、读书之人，不可不寄心于道，不可不知神灵恩惠之贵。"（《初山踏》注ヤ，收入《全集》第1卷，第29页）也就是说，在本质上必须是哲学性的人。

于是，人必须将自觉到的哲学付诸实践，去努力扩充"道"。诚然，这一切都是神的旨意。但正因为如此，人不应该懈怠努力。"有人认为，无论何事都交由神来决定，不管好坏都任其变化，人丝毫不应干涉。此为大谬。"即把一切都交给神是谬误的。"只要是人当行之事，人皆行之，此是人之道。"但因存在善神和恶神的意志交错，故所行之事能否顺利进行，并非人力之所及。应避免强行为之。但是，"只是听任其变化，则是有违人之道"。（《玉栉笥》，收入《全集》第8卷，第320页）

能够让人如此自觉并实践"道"的教科书是《古事记》和《日本书纪》。尤其是《古事记》，与用汉文进行记载的《日本书纪》相比，它在"语言的形态"上更忠实地记载了众神的"事迹"。

但是，作为方法和实际情况，这里有值得特别注意的事情。若为了知晓"道"而轻率地首先阅读此二典，则必定失败。

因为此二典只记载了"事迹"（事实）。其中虽然暗示了"道"，但并不像外国哲学（儒学和佛教）的著作那样提示人类的法则（自然，儒、佛提示的法则充满缺陷与虚伪）。"道虽记录于此二典，存在于神代诸事迹之中，但并不像儒、佛等书籍那样这般那般地教说其道。"故而，如果只读此二典，则理解不了此二典所提示的"道"。(《初山踏》注ホ,收入《全集》第1卷,第9页)"初学之辈,不论如何用力,若光看此二典正文,则难以领会道之旨趣。"(《初山踏》注ヘ,同上书,第11页)

不仅难以理解,而且一定会陷入无意识的误解和有意识的曲解。习惯了儒学或佛教式的方法,即通过阅读提示某种法则的书籍来了解人类的人,对于记、纪二典,也会用同样的方法来读。也就是说,这些人会把原型之书当作法则之书来读。且人们试图在原型之书中强行导入的法则,就是儒学、佛教之说。实际上,从《释日本纪》①、《日本纪私记》②开始,以往的解释都堕入了这个陷阱。近来所谓的"神道家",除了宣长私淑的契冲和其师贺茂真渊之外,都是如此。宣长认为,对记、纪二典的误解与曲解的历史,刚开始是因为佛教,最近一百五六十年来则是因为儒学。宣长这一主张当是很明显地影射山崎暗斋的"垂加神道"③。(《初山踏》注ホ,同上书,第19页)

总而言之,想成为哲学性存在的人,当其直接追求哲学时,一

---

① 《释日本纪》,《日本书纪》的注释书。二十八卷,卜部怀贤(兼方)编著。成书于文永11年至正安3年(1274—1301)。集奈良时代以后《日本书纪》研究和卜部家家说之大成。以"训"和此书以前的《日本书纪》研究史而广为人知。通过书中引文可以窥见现在已失传的日本古籍。

② 《日本纪私记》,亦称《日本书纪私记》,奈良至平安前期在宫廷进行的《日本书纪》讲读记录。《日本书纪》讲筵自其完成后的养老5年(721)开始举行以来,共举行过7次,每次都由博士作私人记录。今天《日本纪私记》仅存4种残卷,以及《释日本纪》等文献中注记的逸文。其内容大都是对《日本书纪》正文的训读。

③ 垂加神道,江户初期山崎暗斋提出的神道学说,融合了日本儒教(特别是朱子学)和吉田神道、伊势神道等。崇拜天照大神和猿田彦神,重视《日本书纪》,提倡将儒教的"敬德"与"天人"相融合,并把神道核心视为对皇统的护持。又称山崎神道、垂加流。

定会陷入谬误。为了不陷入这个谬误，宣长提出了其方法。此即通过情感上的感动来触碰事物的本质，这是进入哲学的必要前提。用宣长的话说，就是"知物哀"。他认为，修炼此法，首先要阅读作为感情语言的诗和小说，而且自己也要创作和歌。这就是宣长所说的"知雅趣"。在这一不可或缺的基础上，再去读关于"道"之书，才能把握"道"。另外，在以上的主张中，同时并存着这样一种观念：语言表达的形态，特别是情感性语言的形态，是人类精神的直接反映，是重要的人类现实。

作为这些认识的前提，本居宣长把感情视为人类心理中最重要的东西，或者说他认为所谓人类心理归根到底就是情感本身。在宣长的歌论书中，经常指出即使是动物也普遍存在感情，即为此证。"盖世间所有生物皆有情。"（《石上私淑言》卷1，收入《全集》第2卷，第99页）

只要有情感，就会有对现实的反应，此即感动。"有情，则接触事物时必有所思。"动物的鸣叫是其感动的表现，这与人类感动时表现为咏唱诗歌相同。（同上书）

尤其人因为是万物之灵长，故其情感的感动也是高级且复杂的。"其中人比万物尤为殊秀，心亦明澈，故其所思之事亦深切。"且人所接触的现实是复杂的，这使得感动的形式也多种多样。"人之言语比禽兽更繁复，所遇之事众多，故所思之事亦多。"于是，人"时而欢喜时而悲伤，有时愤怒，有时愉悦，或快乐，或有趣，或恐惧担忧，或可爱或可恶，或依恋或厌烦，种种所思之事"不断产生。（同上书）

为什么人类会拥有如此多样的情感感动呢？因为是经由情感的

直觉与认识的对象（现实）发生本质接触的。这就是所谓的"知物哀"。"比方说，遇到应高兴之事感到高兴，是因为辨知了应高兴之事的心，故而高兴。遇到应悲伤之事而感到悲伤，是因为辨知了悲伤之事的心，故而悲伤。接触一事，能辨知其高兴或悲伤的事之心，此谓之知物哀。"（同上书，第100页）其中"心"可以译为事情的本质，"辨知"是指对事情的接触或认识。

作为应"知物哀"的现实，首先是存在于我们周围的月亮、花朵等美丽的自然物。"关于知物哀与不知物哀之区别，例如，见到动容之花，面对皎洁之月，情宛然动之，此即知物哀也。"触碰到可使我们产生感动的外在自然本质时，我们所萌发的感动，这就是知物哀。"因心辨知了此月亮花朵之趣，故而有感也。"没有这种接触，就不会产生感动。"心不能辨知其物哀之趣，则无论看到多么动容之花，面对多么皎洁之月，也无所感。此即不知物哀也。"（同上书，第106页）

不仅仅是自然，对所有的现实也是如此。"非只是月亮花朵，与世间所有事接触时，要辨知其旨趣与风情"，即对现实的一切都要通过情感来触碰其本质，应高兴之事则高兴，应感觉有趣之事则感觉有趣，应悲伤之事则悲伤，应依恋之事则依恋，"情各有所感"。即根据现实的不同，以不同的形式让感情获得感动。这就是所谓"知物哀也"。

以"知物哀"的态度去生存，这是人之为人的基本要求。"故知物哀者，乃谓有心之人。不知者，则谓无心之人也。"（同上书，第107页）

知物哀的下一阶段，就是想把感动传达给他人，这是人的本性，因为人不会满足于自言自语。"盖心有所深感之事时，不言之于人，则心难以平静。"（同上书）传达这种心情的，即是诗歌。不能以诗歌来传达心情者，就不是一个完整的人，甚至劣于动物。"即便鸟虫，在不同时节会发不同曲调之音，以此为各自之歌谣。生为人却丝毫不能咏唱诗歌，岂非羞耻至极哉？认为不咏唱诗歌亦可者，何其无趣。"（《排芦小船》，收入《全集》第3卷[①]，第27页）

要之，人必须是文学性的人，是诗人般的表现者。这就是"知雅趣"。"盖人，必须知雅趣。不知此者，则是不知物哀。"就是说，无法通过感动与现实本质相接触者，就是"无心之人"。（《初山踏》注ヤ，收入《全集》第1卷，第29页）

像这样"知物哀""知雅趣"，才构成"有心之人"。即成为文学性的存在——当具备这一人的基本条件后，人才有可能接近"道"（哲学）。宣长指出，这个方法是由其老师贺茂真渊所开创的。其引真渊之语如下："欲识古之道，必先学古歌。读古风之歌，而后学古之文，创作古体文，通晓古言后，熟读《古事记》《日本纪》。"又说："不知古言，则不知古意；不知古意，则难知古道。"（《初山踏》注ラ，收入《全集》第1卷，第17页）

为什么真渊将乍看起来与"道"关系甚远的《万叶集》视为"识道之阶梯"而十分重视呢？宣长首先这样说明了其理由：和歌文学的内容具有柔软的感情，这种柔软与道之柔软相一致。"盖神之道，毫无儒佛等道那种大论是非善恶之说理，只是从容优雅。和歌旨趣，恰与此相同。"（《初山踏》注ラ，收入《全集》第1卷，第18页）

---

① 当为《本居宣长全集》第2卷，此处恐为误植。

宣长把这种柔软视为和歌文学的本质，尤其重视其中温柔的恋爱诗歌。他认为恋爱情感是情感中的最深刻者。"恋爱比万种物哀更深深地渗入人心，让人难以抑制。故表现物哀真切之情节，多存在于恋歌中。"(《石上私淑言》2，收入《全集》第2卷，第156页）

在宣长看来，最迫切的感情或许存在于不伦之恋的歌中。即便不被教导，人人也知道不伦之行为何物。但正因如此，其感情才如此迫切。"所有人情，此为好，此为恶，此不可为，基本人人皆知。特别是侵犯他人妻室之事，骑竹马之孩童亦知其恶也。虽然深知此种色欲乃不应有之事，然因情欲之深无法忍受，有人尤为深深痴迷此种不伦之行。"(《排芦小船》，收入《全集》第2卷，第3页）

而且，和歌原本就是与政治和伦理无关的独立存在。"和歌之本体并非为政治、为修身，只是言心中所思之事，其中定有辅助政治之和歌，有为修身之和歌。有不利国家之和歌，有导致一身灾难之和歌。皆因和歌源于人心之所作。"(同上书）

本居宣长认为，人的情感本来就是浅薄无常的。作为这一思考的延伸，他提出诗歌作为情感文学，其本质崇尚柔软。"大体说来，不论多么贤明之人，若究其心底，则亦无异于女子孩童，皆多有无常浅薄之处。"若其表现的不是如此，则是虚伪。(《石上私淑言》2，收入《全集》第2卷，第151页）这种例证在日常生活中很多。比如对于爱子之死，表现得更悲痛的是母亲，而父亲则会因顾忌外界看法而隐藏眼泪。这种情况下父亲是虚伪的，母亲则是真实的。(同书，第153页）盖男子"即使心有十分悲伤哀怜之事，因顾忌别人看法，于是压制内心，掩饰外形，极力隐藏掩饰本情。"这是

"近世武士之气象，唐人议论之风习"，并不是人的真实感情。"比如武士上战场，为君为国，毫不惜命，毅然赴死，此乃义士之常也。"但是当其去往战场之时，想到妻子和年迈双亲，他真的不悲伤吗？（《排芦小船》，收入《全集》第2卷，第36页）对于人来说，最悲伤的事莫过于死亡。"世上未有比死更悲伤者。"正因为如此，在作为人类生活原型的《古事记》中，就连"生成国土万物，开启世间之道的伊邪那岐大神"，对于伊邪那美之死，"也像小儿一样悲泣。"（《玉栉笥》，收入《全集》第8卷，第316页）假装对此不感到悲伤，乃是儒、佛之书中的邪说。

与此相关联，对感情自由的肯定也成为对欲望自由的肯定。而且，本居宣长对以往否定欲望的思想，特别是儒家的这类主张，常嗤之以鼻。因为欲望也是神的旨意，是人之常情。"想吃美味食物，想穿华丽衣服，想住好房子，想要宝物，想受人尊敬，想长命百岁，皆人之真心。"物欲、名誉欲，都是人类之真实与自然。对此类欲望的否定，则是不自然的，是虚伪的。"然世间很多人以此类欲望为不佳之事，以无所欲求为高尚，于是作出一副清心寡欲之态，这都是虚伪至极。"在色欲方面也是如此，被称为先生、上人者，"见到月色、花容感动不已，然见到绝色女子却佯装视而不见，其果真如此耶？"既然爱好美丽的自然，那么必然也爱好美丽的异性。无此倾向者，则"非为人之心"。（《玉胜间》卷4，收入《全集》第1卷，第144页）还有儒者们，明明想要书，却摆出一副不想要钱的样子。不是有钱才能买书吗？（《玉胜间》卷12，同上书，第371页）对于住宅，"僻远幽静之山林"，即缺乏物欲刺激的地区，也非宣长自身之所爱。（《玉胜间》卷13，同上书，第398页）

宣长将这种柔软性视为情感的本质与价值，对于诗歌，他也没有采取独尊《万叶集》式"古风"诗歌的态度。宣长认为，为了"知雅趣"，应该同时重视"后世风"的和歌，特别是《古今集》和《新古今集》。《万叶集》因是古代的和歌，故而常常过于朴素，素材亦简单。而《古今集》《新古今集》的和歌由于素材复杂，故包含的感情复杂。甚至可以说，和歌历史的黄金期就在于此二书。"纵观上代到当今之世，和歌之盛，少有缺憾者，可谓《古今集》。然与此《新古今集》相比，《古今集》亦有不足之处，故可谓《新古今集》乃为真盛也。"（《初山踏》注才，收入《全集》第1卷，第25页）

打个比方来说，"古风如白妙衣"，"后世风则如染成红、紫等色之衣裳"。白衣有白衣的优点，着色的和服也因其色彩而甚好，问题只在于色彩是否得当。（《初山踏》注ノ，同上书，第24页）

宣长又指出，如果说染过色的衣服因是人为，故而虚伪的话；那么和歌这一存在，本来就是人为的。"和歌虽是抒发所思之心，然与寻常之语不同，需修饰其词，使韵律优美。自神代始即如此也。"（《初山踏》注ム、注ノ，收入《全集》第1卷，第19页）正是这种人为性，才使和歌能成为深刻的传达手段，让人或鬼神感动。

这从日常经验中也能得到证明。极度悲伤下的哭泣，自然带有节奏。"譬如人之哭声，轻声哭泣时，只是抽抽搭搭，悲伤也淡；悲伤深切高声哭泣时，其声自然有韵律，听者亦觉悲痛。"和歌也是如此，"此非为伪。实情之表达，因修饰之故，使真实得以展现，听者亦觉感动"。（《排芦小船》，收入《全集》第2卷，第48页）

以上这些对"后世"和歌的讨论，与宣长哲学的另一个要素，即人的作为亦神之意志这一思考有关。当时常常有人批评说，虽然宣长一直批判中国的儒学，但其学说却与中国的老庄之说相近。（《玉胜间》卷7，收入《全集》第1卷，第228页）对此他说，老子之徒厌恶一切人为，这反而违背了自然，非真正的自然。自己所说的真正之"道"并非如此。"若以任自然为佳，则对于狡智之世，亦随其狡智之态方是真正之自然。若厌恶其狡智，则反倒是违背自然的一种强迫。"（《葛花》下，收入《全集》第8卷，第163页）

对"后世风"和歌的尊重，以及宣长对更广泛的人之作为的尊重，也表明了宣长哲学的另一个要素——进步史观。作为尊重"后世风"和歌的论据，他说："在诸事之中，后世优于前世者亦有之，故不可一味以后世为恶。"（《初山踏》注ノ，收入《全集》第1卷，第23页）又曰"后世胜于过去者，于万事万物中亦多矣，今举其一例言之"，比如在古代备受珍爱的橘，其美味当远不如现在的蜜柑，他得出结论说："很多事物古时无而现今有，古时鄙陋而现今甚佳。由此可知，后世当有许多事物胜于今日。"（《玉胜间》卷14，收入《全集》第1卷，第436页）如后文所述，宣长认为学问尤其是如此。（本书，第303页）

宣长指出，对于这种"古风"与"后世风"的和歌，不能仅仅充当被动的读者，自己也要亲身吟唱与之相仿的和歌，这才是"知雅趣"。如前所示，这一主张既源于宣长的人必须是诗人般的表达者这一思想，也源于其以亲身体验方为最真切的现实这一思考。"盖万事作为他人之事来想时，与作为自身之事来想时，其深浅存在差异。他人之事，无论怎样深切思量，终不如作为自身之事来感受者深切。"把对象作为对象来看待时，是无法充分理解的。只有对象成为自己体验时，对象才能被理解。"和歌亦然。对于古歌，无论怎样深思熟考，毕竟还是他人之事，故依然无法深入其中。若自己亲身吟唱，则变为自我之事，能格外用心，可知其深味也。"（《初山踏》注ム，收入《全集》第1卷，第18页）

和歌文学作为"知雅趣"的资料受到宣长的重视。与此同时他还很看重《源氏物语》等小说。

对于其理由，宣长是这样解释的。物语，一般是"描述世间所有好事、坏事、稀奇之事、有趣之事、美妙之事、物哀之事等各种各样之事"。换言之，物语通过描写人生的种种样态，以供人们娱乐之用；同时，它还把遭遇这些事件时人物的心理或行动展示给人们看。（《源氏物语玉小栉》，收入《全集》第4卷，第174页）并告诉读者："见闻到这般这般之事物时，会有这样的所思。遇到这般这般之事时，内心会变成这样。善行之心是这般，恶行之心是那般。"也就是说，把作品人物的体验作为读者的体验。（同上书，第34页）

不过，物语最大的作用还是使人"知物哀"，即作为了解情感的感动价值和作用的资料。男女之事之所以容易成为物语的中心，正因为这个原因，"人之情深处，莫过于恋情"。其中，《源氏物语》中所见的几处不伦之恋所表现出的"物哀"尤为深刻。就像宣长之前屡次提出的那样，如果把《源氏物语》看作是劝善惩恶的教训之书，那就好比把原是为了赏花而存在的樱花树作为柴火一样。这并不是说生活不需要柴火。但如果是为了劝善惩恶，还有其他更合适的书。（同上书，第225页）

而且，关于"知物哀"的价值，在宣长的论说中还附带了这样的见解:"若加以推之,则亦与修身、齐家、治国之道相通。"(同上书,第225页)另外,关于史书上讲到的虚构性物语反映人生百态的可能性,宣长引用了《源氏物语》"萤之卷"①中源氏和玉鬘②的对话进行了说明。物语应该写"所有之事",为什么《源氏物语》的素材仅限于贵族的生活,而不涉及庶民的生活呢?宣长指出,这是因为时代的局限。(同上书,第239页)

真渊主张以"知晓道"为前提,在此基础上要进行和歌的咏唱、创作和物语的阅读。不过,上述内容并非宣长对真渊这一理论的全部演绎。他还有更重要的思考,此即认为语言的表达方式是心理波动的最直接反映,作为人类研究的资料应该得到重视。这也是对真渊主张的通过知"古言"来把握"古意"与"古道"这一理论的证明与运用。

宣长这一思想的提出非常重要。一般常识认为,语言表达是为传达事情而存在的手段,重要的是语言传达出的事情。宣长并不这么认为。这不是说所传达的事情不重要。作为传达事情内容的某一语言形态,直接反映了人这一传达主体,即说话者的心理。它和被传达的客体一道,都是同等重要的存在。宣长认为,如何说和说什么都很重要。在对事情状况已经不再直观、明确的时代进行研究时,根据语言形态来分析是明智之举。

宣长首先这样给出了概述性的见解:"盖人之言、之事、之心,三者大体相匹配与相似,譬如内心聪明之人,其所言和所行之事亦

---

① 《源氏物语》第25卷的卷名,其中描写了源氏的物语论。
② 《源氏物语》中的人物。其父为头中将,其母为夕颜。初由乳母在筑紫所养,后成为光源氏养女。

相应聪明；内心愚钝者，其所言和所行之事亦愚钝。又如男子，其所思之心、所言之语、所为之事皆是男人样态；女子则其所思之心、所言之语、所为之事皆是女人样态。"

正如贤者、愚者、男性、女性，依于各自之"心"，做出各自之"事"，说出各自之"话"那样，人类的语言、行动、精神三者必定是相似关系。

宣长还主张把这一原理运用于对古代精神的理解上。即根据各个时代的差异，其"心""言""事"皆相应发生改变。"故而各时代之差别，亦是此等变化。于心、言、事，上代人有上代人之态，中古人有中古人之态，后世人有后世之态，各自所言、所为、所思，皆相似相合。"

因此，为了了解古代之"道"，必须要认识到古代的"心""言""事"三者乃关系紧密之物。

那么，在古代之"言"中什么最重要？这就是和歌，即"其所言，传之于歌"。具体来说，就是《古事记》、《日本书纪》以及《万叶集》中的和歌。宣长将"和歌"作为古代之"言"来举出，体现了他对关乎表达形态的语言的重视，同时也显示出宣长在观念上已经认为表达形态是与"心"或"事"相关联的。宣长认为，《万叶集》的和歌数量众多，它与用纯粹汉文书写的《日本书纪》相比自不待言，即便和未完全脱离汉文的《古事记》相比，它也是更丰富的"能知晓古言"的资料。就是说，在宣长看来，《万叶集》蕴含了最多的了解古代语言表达形态的资料。

关于"事"，宣长说："所行之事，传之于史。"即"事"记载于作为历史的《古事记》和《日本书纪》中。"其史亦以言记之，故非在言之外。"语言传达了作为客体的事情，历史事实归根结底也是"言"。宣长的这一说法表明在"心""言""事"三者中，或至少在"言""事"两者中，他更尊重"言"。

关于"心"，宣长说："心之样态，亦由歌可知。"如前所述，宣长认为构成和歌内容的柔软感情与"道"之"心"的柔软是一致的。可知宣长这一说法当是源于这一主张。他进一步得出结论说："言、事、心三者其样态相互契合，故后世若欲知古人之心、古人所为之事，以及古时世间样态，则必求于古言、古歌也。"至此，我们可以清楚看出，宣长最看重的是"言"，而在"言"中最看重的是其表达形态。（以上参看《初山踏》注ラ，收入《全集》第1卷，第18—19页）

同样的理论在其他地方也屡屡出现。"盖意与事皆以言来传达，故书籍之要在其所记之言辞。"（《古事记传》1《古记典等总论》，收入《全集》第9卷，第6页）书籍归根结底就是言语。"盖人之样态与心绪，由言语样态可推知。故上代诸事，唯究明当时之言语，才可知晓。"（《古事记传》1《训法之事》，同上书，第33页）宣长在这里使用了"言语样态"这一表达，清楚表明了他把对语言表达样态的考察作为探索历史和人类的基础。

宣长以尊重现实作为思想基础，把语言表达作为人类最切实的现实。这种学问方法，对于只关注语言所传达的事物状态的历史学家和哲学家来说，可以让他们反省其方法的不足。另外，当时日本的学问以注释古人著作为业。宣长的这种方法论也赋予了这一学问存在的理由。对于现代的读者来说，宣长的主张亦有方法上的启示意义。事实上，宣长基于对这一理论的信仰，写下了《古事记传》

等解释古人之"言"的书。这些著述都是通过解析"言"来分析"心"或探究"事",取得了无与伦比的成功。

如上,本居宣长提出在经历"知物哀"、"知雅趣"的修炼后,人才能接近"道"。作为其方法正确性的证明,宣长还指出了不采用此方法的学者的失败。"然纵观世间做学问之人,皆主学道之辈",即在他看来,哲学家们"多数只囿于汉式的议论讲理,以阅读和歌为无用之事而弃之,不读歌集。因毫不知晓古人雅情,故对于其所主攻之古道亦不可能知晓"。(《初山踏》注ヤ,收入《全集》第1卷,第29页)

反之,如果一个人对作为世界原理的"道"不感兴趣,而只沉溺于古代的"雅",那他也只不过是一个门外汉罢了。"若欲尊古,则首先当用心于究明道,若舍此根本而务于末,则非真正好古也。即使吟诵和歌,亦不过是徒劳之事。"(同上书)

当然,以上宣长所说的"知晓道"并非"施行道"。因为前者是学问的任务,后者则是政治的任务。在他看来,因"君臣"关系而存在的统治者与被治者这一现实,也是神的旨意。如果说将"道"作为政治来施行乃是统治者的任务,那么包括做学问之人在内的被治者只需要采取顺从的态度就可以。"盖道者,乃君王所行,施之于天下。故在下者若以当今所为不合于道而欲改之,则属私己之行,非道之心也。"即被统治者听从统治者的领导就好了。"在上者命令时好时坏,在下者遵之即可。"宣长将此作为自己实践的方针,"此是吾之觉悟,故自己不践行道,而是探查道"。(《玉胜间》卷2,收入《全集》第1卷,第70页)

最高的统治者是天皇家，其是天照大御神即现今仍在天上的太阳的子孙。(《直毗灵》，收入《全集》第9卷，第56页）而当今，尊天皇家并行辅佐之职的，乃是东照神御祖命，即德川家康一族。(《驭戎慨言》下，收入《全集》第8卷，第117页）这种状态不可变革。(《玉栉笥》，收入《全集》第8卷，第319页）

在上的统治者，"身居高位，掌管一国一郡，统帅众人，为世人所尊崇，万事皆从容愉悦"；在下的被统治者，"衣食住无忧"，这些当然是"君之恩惠，先祖之恩惠，父母之恩惠"，但从根本上来说还是"神之恩惠"。不可因为习惯了神的恩惠而忘记对神的尊敬。即便神没有实现我们的祈愿，我们的大部分生活依然在仰仗"神之恩惠"，只是小部分无法实现而已。如果因此而怨恨神，这就好比去借百两黄金，因神只借给九十九两，就因为那少借的一两而怨恨神。(《玉胜间》卷14，收入《全集》第1卷，第447页）

但是，正如文章开篇处所讲的那样，宣长并非要将所有的事都"交由神之裁决"。（本书，第289页）如果要为政治担当者建言献策，那就是改革不能太快。"世间久已有之的惯常之事，即便其不合于道，突然使其停止并不佳。"因为，"盖万事，其生灭兴衰，皆神之旨意，非人力可以改变。"(《玉胜间》卷2，收入《全集》第1卷，第69页）基于这样的认识，宣长在答复纪州侯[①]的《秘本玉栉笥》一文中，提出了几项改革建议。但他一再补充说，改革需慎重。（宣长《全集》第8卷）

---

① 即德川治贞，1728—1789，江户时代中期大名。宝历3年（1753）成为伊予（今爱媛县）西条藩主松平纪伊家第五代藩主。安永4年（1775）成为和歌山藩主德川家第九代藩主。通过录用人才、奖励俭约、设置诉讼箱等方式推行藩政改革。

但对于学问，宣长的态度则不同。"不问好坏，一味守古，于学问之道无益也。"因此，宣长对于其师真渊的学说，只要有不妥当之处，他都会毫不客气地加以改正。对于自己的弟子，宣长也叮嘱他们若发现师说有误，即可改之。重要的不是作为师长的自己，而是"道"（真理）本身。（《玉胜间》卷2，收入《全集》第1卷，第88页）

然而宣长又指出，关于"道"的正确论著，目前唯有他自己的书。特别是其《古事记传》。其他学者的著述，多有歪曲之说。在歌论方面，他只推崇契冲的著作，但契冲并没有论说"道"。宣长之师真渊对"道"的解释也不充分。"若想快速把握道之大意，除了宣长所著之书外，世上并无其他可供推荐者。"（《初山踏》注へ，收入《全集》第1卷，第11页）此外，宣长认为自己所能想到的一切都写在书上了，未有任何遗漏。"吾考古代之书，但凡有所思，皆写于书中，丝毫未有遗漏之处。"（《玉胜间》卷7，收入《全集》第1卷，第228页）

自德川初期以来到宣长所处的时代，儒学一直占据压倒性的势力，宣长自己最初也学习过儒学。以上这些宣长的思想以及基于其思想的学问方法，经常是以反抗儒学，尤其是以反抗幕府官学朱子学作为出发点来展开论述的。

宣长首先反对的儒学观念是认为"圣人"之世是一个只充满善与幸福的社会。"然儒道之教，如同要把世间各个角落打扫干净一样，来使世间只存善事。乃无法实现之勉强。"（《玉栉笥》，收入《全集》第8卷，第319页）但这样的世界实际上并不存在。这是对错误可能性的主张，是一种强迫人类去实践不可能的伦理。"圣人之道好比是教人跳过一丈之沟，然千万人中，无一个人能像所教那样跳过一丈之沟，众人只能跳过三四尺之沟。"就像卖药的功效说明书一样，并没有其吹嘘的效果。（《葛花》下篇，收入《全集》第8卷，第164页）宣长认为，作为这种无理的伦理根据，儒学还提出了天命、天道、阴阳、五行等法则，试图以此来说明一切现实，但它却常常陷入矛盾之中。这是因为人类想用自己有限的智慧来判定现实中的一切。例如，"天道"曰善人得福、恶人遭殃，但至善之人孔子的一生以及其子孙并不幸福。话说回来，除了孔子，其他所谓的"圣人"，如殷汤王、周武王等，都是前朝的篡位者，他们提出的理论只不过是为了美化自己对王位的篡夺。（《直毗灵》，收入《全集》第9卷，第54—55页；《葛花》下篇，收入《全集》第8卷，第164页）儒学虽然在道理上很高明，但正因为如此，它反而更加远离真实。特别是宋代以后的儒学，把欲望当成"人欲"加以否定，忘记了"人欲"亦是"天理"。（《直毗灵》，收入《全集》第9卷，第60页）

当年轻的宣长游学于京都堀景山的私塾，用功于儒学的学习时，就已经萌发了对儒学的反叛。在那个时期所写的歌论《排芦小船》中，宣长以汉诗为比较媒介来主张日本和歌的优秀性。（《全集》第2卷，第54—55页等）另外，他还主张，相对于没有"てにをは"等助词的汉语而言，拥有"てにをは"这一优势的日语构成了和歌优秀性的基础。（同书，第50—52页）但是，这一时期宣长经常利用中国古典作为论证的根据。此外，宣长这一时期的批判语调还比较柔和，比如他认为汉诗对于中国人来说或具有真实性，但对于作为外国人的日本人来说则不然。（同书，第35页等）

宣长在28岁时回到了松阪。此后，他将儿科医生作为自己的终生职业，并同时专注于国学。从这时起，宣长对儒学的批判情绪不断高涨，态度变得决绝。42岁时，他写了《古事记传》的总论《直毘灵》。接着为了反驳儒者市河多门①对《直毗灵》的批判，他写了《葛花》等作品。在这些著述中，宣长对上述的整个中国文明进行了非难。并认为这些谬误的产生，都是由于日本以外的国家的人不知晓《古事记》中所展现的神之"道"而产生的。

以反抗儒学为起点所形成的宣长思想，在某些方面是对此前的儒学，特别是反朱子学派思想的进一步发展。这种反朱子学派的思想认为，以朱子为中心的宋儒理论将极端严格主义强加于人，是一种独断性的私见，故对其抱有排斥态度。相对的，他们主张要更多地尊重情感和欲望。这一思想始于17世纪的伊藤仁斋，至18世纪初的荻生徂徕进一步增强。在徂徕学那里，早已主张在人成为哲学性的存在以前，必须成为文学性的存在，故而要把语言表达的形态作为认识人类的资料。另外，徂徕学中早已出现了对超越者的需求，即对"圣人"作为超越者的信仰以及对鬼神存在的容忍。（本书《徂徕学案》，第189页以下，以及我的《全集》第17卷《容受的历史》）

宣长对《古事记》的尊重，是其下一个阶段的思想飞跃。宣长在《古事记》的众神里找到了他的"超越者必须存在"哲学必不可少的超越者。宣长自己似乎也很关切这一点，故面对市河多

---

① 即市川鹤鸣，1740—1795，江户时代中期儒者。名"匡"，通称"多门"，号"鹤鸣"。曾就学于荻生徂徕门下的大内熊耳，属于萱园派。其所写《末贺能比连》为儒者对宣长古道论的最早批判。

门提出的质疑，宣长指出："（市河多门以为）吾内心以神为不存在之物，但为了树立日本之传说，特意说得神好像存在。若（市河多门）如此解读（我的观点），则吾需要细细辩说一番。"宣长这段话当与上述超越者的问题有关。（《葛花》，收入《全集》第8卷，第141页）

从著书方法来看，《古事记传》作为宣长一生的主要著作，他在对古书的注释中阐发着自己的思想。这和仁斋的《论语古义》以及徂徕的《论语征》通过注释来阐发思想的做法是一致的。这种将读书与思考相统一的方法，在很大意义上来说是儒学式的。但宣长却否认自己承袭了仁斋和徂徕的传统。（《玉胜间》卷8，收入《全集》第1卷，第257页）

在森严的士农工商身份体制中，宣长是町人出身的医生。宣长家曾是富裕的商贾之家，但在宣长那一代，和江户幕府一样，它已经过了鼎盛期，处于应被敏锐察觉到"物哀"的状态。这些因素都和本居宣长的思想形成存在关系。

我对宣长思想的上述概括，就概括这一形式来看，恐怕并不符合宣长之意。宣长在对其思想与方法进行了最高度概括的《直毗灵》一文末尾写道："故如此论说，非道之意也。"（宣长《全集》第9卷，第62页）在注重"言辞形态"的宣长看来，其片言只语中蕴含着波动，更进一步说，其声音的波动中也存在着思想。或者说，宣长希望后人能从其《古事记传》等著述对古人只言片语所做的细腻分析中，进行更细致的追踪。

不愿以思想的形式来主张思想的思想家，不愿以哲学的形式来主张哲学的哲学家,这就是本居宣长。

昭和43年(1968)12月—44年(1969)1月
(1969年即昭和44年,3月,
筑摩版《日本的思想》15《本居宣长集》解说)

本居宣长
——世界性的日本人

我所从事的学问以中国为研究对象,并非专攻国学。故而,我没有通读宣长的著作,也没有闲暇阅读。我无法具体说明《古事记传》等宣长的业绩究竟有多么伟大。但我之所以认为宣长很伟大,是因为我十分钦佩其学问方法。

我对宣长方法的钦佩,源于我自己的体验。

我开始读宣长,绝不是很久以前的事。昭和13年(1938)的夏天,关西发生了大水灾。我挂念住在夙川①的母亲的安危,于是带着粮食前去探望。家里虽被浑水浸泡,但母亲平安无事。我决定第二天回京都,在阪急夙川车站前的小书店里买了一本书《初山踏》(岩波文库本),以此作为遭逢水灾的纪念。

然而,这本多半出于好奇心所购买的小书,却在回程的车上使我为之着迷。宣长的国学方法,就是我研究中国的方法。这本书把我认为是自己的方法理论,讲得一清二楚。由此我知道自己的方法

---

① 流经兵库县东南部的河流,亦为西宫市的地名。

没有错误，我在感到获得百万援军的同时，竟也产生了一种被人抢先一步的懊恼感。

自此以后，我就成了宣长的信徒。承蒙汇文堂的伙计卫湖原的好意，《本居宣长全集》七册被添置到了我的书桌上。我得以读到了《玉胜间》和《古事记传》。不谙国学的我，无法批判宣长对我国事物的解释。我所惊叹者，乃是宣长对于中国事物也给出了极其恰当的解释。之所以宣长的汉文训读很准确，所写的诗文也很出色，自然与他最初在京都乃跟从堀景山学习汉学有关，而堀景山与徂徕有着往来。但原因并不单单如此。宣长对中国事物所持见解的正确性，在有些方面甚至超越了当时的群儒。他对中国事物也能给出如此准确的解释，这正说明其学问方法的优秀。既然其方法在对中国事物的研究上也取得了成功，那么对于以其他事物为对象的学问来说，宣长的方法也肯定有用。我之所以把宣长称为世界性的日本人，原因就在于此。

宣长的学问是实证学。根据《初山踏》的定义，就是"万事皆依古书，考其本源，详细究明上代之事的学问"，也就是原原本本地重新认识历史事实的学问。为此，必须排除一切任意性的解释。作为认识的基础，必须寻求最可靠的东西。那么，宣长所寻求的可靠基础究竟是什么呢？其实那就是古人的语言。因为，人类的各种行为都是人类精神的反映，而在过去的人们的行为中，最能被准确进行把握的唯有语言活动。对过去的语言活动的把握，应该是所有历史认识的基础。

作为这种主张的前提，宣长首先指出了语言活动是如何反映其主体（人类）的精神的："盖人之言、之事、之心，三者大体相匹配与相似，譬如内心聪明之人，其所言和所行之事亦相应聪明；内心愚钝者，其所言和所行之事亦愚钝。又如男子，其所思之心、所言之语、所为之事皆是男人样态；女子则其所思之心、所言之语、所为之事皆是女人样态。故而各时代之差别，亦是此等变化。于心、言、事，上代人有上代人之态，中古人有中古之态，后世人有后世之态，各自所言、所为、所思，皆相似相合。"

所谓学问，是指"在当今之世，考究上代人之言、之事、之心"。上代人之"心"，当然处在直接认识之外。而"事"，作为"所行之事"确实流传于史。但"史亦以言记述，故其不在言之外"。宣长这句话是说，"事"乃直接通过"言"来得到记载的，因此"言"是认识"事"的必要前提。如果我们追究其内在的含义的话，他是说所谓"事"，只有通过"言"才能得到认识。亦即"事"已经处于直接认识的对象之外，它与感官经验隔了一层膜。

那么与感官经验不存在隔膜者是什么呢？那就是"言"。"其所言，传之于歌。"而且如前所述，"言"与"心"，"其样态大抵相似相合"。故而，"心之样态，亦由歌可知。知'言'就是知'心'"。不仅如此，既然"事"和"言"一样，都是"心"的反映、与"心"相符合，那么要想完全了解"事"，就必须首先了解"心"。而了解"心"的最直接的线索就在于"言"。也就是说，如果不了解"言"，就无法完全理解"事"。这种主张的意图不在于指出"事"是通过"言"来记载的，而在于指出"事"和"言"是以"心"为媒介"相合"的。既然"言、事、心三者其样态相合"，那么"事"和"言"可以通过"心"，或者"心"和"言"可以通过"事"得到明确。但是，最可靠的线索还是在于"言"。

"后世若欲知古人之心、古人所为之事，以及古时世间样态，则必求于古言、古歌也。"

于是，在宣长的学问中，文学占据了非常重要的地位。因为文学正是"言"之渊薮，即人类精神最丰富的反映。"古学"的目的在于知晓"古道"，因此最重要的资料是记载了"道"的《古事记》和《日本书纪》二典。但在"二典之后，应细读《万叶集》"，因"其虽是歌集，然于知晓'道'，乃甚紧要之书，尤应细细品读"。"又《伊势》《源氏》及其他物语书，也应常看。"因为，"盖人皆应知晓雅趣，不知雅趣，则不知物哀，亦乃无心之人也。欲知其雅趣，应常咏和歌、常读物语。由此可知古人之雅情。深知古昔雅世之情状，乃知晓古道之阶梯"。

此外，如果要真正深入古人的"言"，并由之深入"心"和"事"，仅仅靠阅读古人之"言"是不行的。自己也必须使用古人之言来作和歌。这才是接近古人之"心"的道。"盖万事作为他人之事来想时，与作为自身之事来想时，其深浅存在差异。他人之事，无论怎样深切思量，终不如作为自身之事来感受者深切。"也就是说，咏唱和歌并不仅是为了满足创作欲望而存在，而是完成自己的历史认识时所不可或缺的修炼。

我认为上述宣长的方法是极其卓越的。因为历史既然以过去为研究对象，那么把握过去的最确切线索就是语言，用宣长的话来说就是"言之样态"。这是不可动摇的事实。

同时，对语言形态的重视可以说是东方学问的传统精神。正因如此，日本的学问也好，中国的学问也好，都以读古人之书为业，一直在践行训诂注释之道。因为古人的话，即是古人精神的反映。朱子说，就连"都"、"俞"、"吁"这种《尚书》的感叹词也无不是圣人"至理"的反映。这反映的正是这种认识。日本和中国虽然在很多方面存在差异，但在这一点上是一致的。或者说唯在这一点上是一致的。

不过，我不知道还有谁比宣长更清楚地阐述了这种学问的意义。不仅不知道，而且在一般的认识中，"言"因为记载了"事"所以才尊贵；用于记载的"言"并不尊贵；尊贵的是被记载的"事"；"言"只是认识"事"的过程和手段。宣长也没有忽视"言"作为手段的这一性质。他说："所行之事，传之于史。然其史亦以言记之，故非在言之外。"此一主张反映的就是这种态度。但宣长尊崇"言"，并不是因为"言"记载了"史"，至少不仅仅是因为这个。而是因为"言"本身就是"史"。语言并非因为记载事实而变得尊贵，而是语言本身就是事实。不得不说，宣长的这种思想给以阅读古书为业的东方学问提供了明确的理论根据。所谓提供了理论根据，换言之，就是其作为世界的学问方法赋予了东方学问以可以存在的理由。宣长的功绩是世界性的。

只是，宣长好不容易为东方学问提供了存在理由的这一方法，是否为现代日本人所正确传承呢？史家只急于求"事"，似乎忘却了"言"也是"事"。至少他们对文学极其冷淡。结果，就连最应重视"言"的文学史家，也忙于讨论作品中的"事"，而很少讨论"言"。他们很积极地论说作品中所描写的人生，对作品的文字却很冷淡。人们忘记了"言"才是作家之"心"最直接的反映。

还有，哲学家们太过于一味求"心"，也忘记了"言"是

"心"的反映。相反，只忙于调查"言"的语言学家也是如此。"然纵观世间做学问之人，皆主学道之辈。多数只囿于汉式的议论讲理，以阅读和歌为无用之事而弃之，不读歌集。因毫不知晓古人雅情，故对于其所主攻之古道亦不可能知晓。如此，则其只是名义上为神道，内容确实外国之意，实非学道也。"

为了知古人之"言"，自己也要咏唱和歌。宣长的这一主张，难道可以完全无视吗？有人为了满足创作欲望而作和歌。但没有人为了完成自己对历史的认识而创作和歌。我认为，如果有人想要研究镰仓时代，不妨尝试咏唱新古今体的和歌。但是，我还未听说有人这样做。侍奉文学之神，使创作欲得到满足，也是使人生得以完成的道路。但完成自己的历史认识，也是一条人生之路。为彻底践行这一道路，即便冒渎文学又有什么关系呢？英文学者、法文学者，日语应该写得很好。但他们中有多少人能把英语、法语写得让英国、法国人看也不丢人的呢？研究中国的学者亦然。这是因为无论对英语、法语还是汉语，他们其实没有充分地阅读。换言之，对于英国人的心、法国人的心、中国人的心，他们都没有充分地了解。亦即他们不懂人类之心。没有把握人类之心的学问，又有什么用呢？

人们争相谈论宣长是个伟大的人物。但人们并没有真正懂得其伟大之处。而且现代日本人正在行走的方向，未必与宣长所倡导的方向一致。

既然认为宣长很伟大，那就必须真正了解其伟大之处。为此，我认为现今的日本人必须变得更加伟大。

（1941年即昭和16年，10月，《新风土》）

附录一
西园寺公望致伊藤犢斋书简以及伊藤兰嵎之事

正如在本书第19页《仁斋、东涯学案》第1章"仁斋的传记"末尾所提到的,曾是"古义堂"学生的西园寺公望,给老师伊藤犢斋(即仁斋之玄孙,幕末、明治初年"古义堂"的主人)写过一封书信。西园寺公望在信中写道,听说伊藤兰嵎的《〈老子〉伪书说》遗稿仍以抄本形式保存在"古义堂",希望伊藤犢斋能对之进行调查并寄送一套副本。伊藤兰嵎(元禄7年[1694]—安永7年[1778])乃伊藤仁斋最小的儿子,名长坚,字才藏。其兄弟五人皆才华出众,然唯他与长兄东涯(字原藏)一道因精于学问而被世人称为"堀川的首尾藏"。①

昭和2年(1927),兰嵎一百五十年忌时,当时"古义堂"的掌门人伊藤顾也嘱托内藤虎次郎②、青木晦藏二人从兰嵎的汉诗文

---

① 伊藤东涯字原藏,伊藤兰嵎字才藏,二人在兄弟五人中一首一尾,故称"首尾藏"。

② 内藤湖南,1866—1934,历史学家,出生于日本秋田县,本名虎次郎。曾任大阪朝日新闻等的新闻记者,后成为京都大学教授,负责东洋史学,为中国史学的发展做出了贡献。著有《日本文化史研究》《中国史学史》等。

集《绍衣稿》的抄本六卷中各自选取若干篇结集出版。西园寺公望的这封书信即以照片的形式置于该书卷首。

拜启

近来无恙乎？久不通函，恳请见谅。突然致信，有失唐突。

听闻《老子是正》一书，为兰嵎先生为之作序。小生甚想知晓序文全文。若您能检得此文，可否抄录一份？序文旨趣，乃言《老子》为战国人所作。汤浅元祯所著文章曾提及此。小生素信崔东壁所写《考信录》，疑《老子》为伪书之时，读到《老子是正》序"平安京伊藤长坚"云云，甚为欣喜，此可谓先获我心。故不顾唐突，特相拜托。书不尽言，要事而已，如此件。

近日寒气殊甚，务望尚自珍为盼。草草顿首。

十二月廿四日　公望

伊藤先生　在上

信封上写着：

京都堀川下立壳上

伊藤重光大人

亲启

书信背面盖有方形的印章：

东京荏原郡入新井村

第千四百七拾五番地
大森停车场侧字根岸
侯爵西园寺公望

书信日期被标注为明治26年（1893），这依据的应该是邮戳。当时西园寺正担任贵族院副议长、法典调查会副总裁之职。

从书信内容可知，西园寺最初是从清朝中期学者崔述（字东壁，乾隆五年［1740］—嘉庆二十一年［1816］）的《考信录》那里看到"《老子》伪书说"的。崔述被认为是疑古派或者说辨伪派的先驱，他以辨别古代文献中后人之添加为其学说的中心。其《洙泗考信录》卷1提出：《史记》"孔子世家""老庄申韩列传"中所谓孔子适周王都、老子为其前辈、二者问答之说，皆非历史事实；此外，所传《老子道德经》一书，从其思想内容与文体来看，乃后世杨朱学派之伪托。崔氏之学说在当时的中国并不为人所接受，在日本则更少有人知道其存在。后来他引起了东京高等师范学校教授那珂通世[①]的注意，明治36年（1903），《崔东壁遗书》在东京获得出版，成为疑古派学者的圭臬。但西园寺早于此前便阅读了从中国传入的原书，且"相信"了当时汉学者所难以接受的崔氏之说（"疑《老子》为伪书"），其头脑之明敏让人惊叹。

不久之后他认识到兰嵎也持有与崔氏旨趣相同的学说，甚为惊喜。西园寺所谓通过汤浅元祯的引用获知，是说他读到了《文会杂

---

① 那珂通世，1851—1908，历史学家，"东洋史"的命名者。生于日本岩手县。东京高等师范学校教授、东京帝国大学讲师。在史学杂志上发表《上世年纪考》，指出日本古代纪年所受中国谶纬说的影响。著有《中国通史》《成吉思汗实录》等。

记》的如下一条。

一、《老子是正》一卷新刊（宽延辛未、仲夏朔旦），日东张静撰，注甚粗略。以《老子》为兵法之书来注。卷首有平安京伊藤长坚序。其序旨趣，乃以老子者古无此人，出于庄子之寓言。《论语》称引古人亦无老子之名。又《老子》之文平易。又言仁义始于孟子，孔子以前无也。将军之号古亦无也。《老子》中虽言"三公"，然古昔称"三事"不称"三公"。该序长论《老子》为战国间所作。

汤浅元祯（号常山，宝永5年［1708］—天明1年［1781］），服部南郭门人，即《常山纪谈》的著者。《文会杂记》乃以徂徕门众人为中心的逸闻集，亦旁及仁斋学派之人。上述这条，见于其书卷之二下。

西园寺说想阅读的兰嵎之论老子，即前述昭和时期活版刊行的《绍衣稿》中收录的《题老子首》《老子是正跋》《老子是正后序》三篇文章。其中汤浅所说的"长论"，见于第一篇《题老子卷首》。其首句曰："兰嵎子曰：'老聃，古者实无其人。盖庄周所创寓名。'"[①]它将汤浅所归纳的论证进行了详细的展开。并且，这比崔述嘉庆十五年（1810）自序的《洙泗考信录》早了半个世纪。活版印刷本的卷末为内藤虎次郎所写的跋：质疑老子这一人物的

[①] 此序为汉文，参看張静（撰）『老子是正』，千鍾堂、1751年、第1頁。（早稲田大学図書館"古典籍総合データベース"）

存在和其著述者，在中国为崔东壁，日本则有帆足万里[①]、斋藤拙堂[②]，然最先且最雄辩者，则是兰嵎先生（"其言亦凿凿有据，非好立异说也。"）兰嵎作序的《老子是正》的作者，汤浅将其标记为张静。这是中国风之修饰，其原本姓氏为小泽。

另外，内藤在跋文中说他早先是通过"大阪商人"山片蟠桃[③]知晓兰嵎的老子论的。山片蟠桃在《梦之代》以"伊藤兰嵎氏曰"的形式详细引述了其学说。（见岩波版《日本思想大系》43《富永仲基·山片蟠桃》，第439—441页）

如众所知，把《老子》五千言看作晚出之书，早已成为以武内义雄为代表的现代研究者的常识。兰嵎是这一观点的最早先驱，武内义雄的《老子研究》（昭和2年［1927］，改造社）第407页以后的内容对兰嵎的观点进行了细致介绍。

正如"学案"中"仁斋的思想与学说"章第23条所指出的那样，兰嵎之父仁斋在辨别古文献的真伪方面极为敏锐。仁斋敏锐辨别力的最佳继承者可以说并不是性格忠厚的伊藤东涯，而是兰嵎。即便是对于仁斋的学说，兰嵎也不盲从。"学案"这一章第21

---

① 帆足万里，1778—1852，江户末期的儒者、兰学家。字鹏卿，通称里吉。丰后国（今大分县）人。万里立志于穷理（物理）学，以三浦梅园的条理学为基础，研究荷兰的科学书籍。著有《穷理通》。

② 斋藤拙堂，1897—1865，江户后期的儒者。津藩（今三重县津市）藩士之子，生于江户藩邸，名正谦，字有终。在昌平黉师从古贺精里。是著名的文章家，同时也鼓励武术，致力于西洋学、兵法、炮术等实学，具有经世家的眼光。著有《拙堂文集》《拙堂文话》《海外异传》《海防策》等，刊行了《资治通鉴》。

③ 山片蟠桃，1748—1821，江户后期的商人、学者。播磨国（今兵库县）人。本名长谷川有躬。曾在怀德堂学习儒学，后又修习天文学、兰学。主张彻底的无神论和基于合理主义的农本主义经济论。著有《代之梦》等。

条提到：《中庸》的"喜怒哀乐"云云47字，仁斋断定是混入了《古乐经》的错页。但兰嵎将其父之说和宋儒的解释一道予以驳斥，认为其父观点太过火（"喜怒哀乐未发章之说"）。此外，"学案"这一章第20条中说到，兰嵎对于被仁斋断定为"非孔氏之遗书"的《大学》，认为是荀子之作。他指出，如果有人非难他这是不守父说，那么这是不知晓父之志。与弟子们反复讨论，值得尊敬之说即便出于弟子亦采用，这是父亲著述的方针。父亲对于真理的态度，本来就是《论语》中所谓的"当仁不让于师"。现在"孝子不谀其亲"，父亲定会容许，确切说会十分欢喜。（《大学是正序》）

作为纪州德川氏的藩儒及其长兄东涯逝世后"古义堂"的掌门人，兰嵎活到了85岁的高龄。其侄子伊藤东所[①]在《绍衣稿》中所加之序以及奥田三角[②]的《绍明先生碣铭》均指出，兰嵎所作《诗古言》《书反正》《易宪章》《春秋圣旨》《读礼记》，皆富于前人未发之创见。这些都是尚未刊行的稿本，现在与其父仁斋、兄东涯等伊藤一族历代文献一同保存在天理图书馆。（《古义堂文库目录》，昭和31年［1958］，天理大学出版部）

[①] 伊藤东所，1730—1804，字忠藏，江户中后期的儒者，伊藤东涯第三子，跟从叔叔伊藤兰嵎学习，后继承祖父仁斋开设的家塾"古义堂"。东所校订、出版了《绍述先生诗文集》等东涯遗著，著有《古义抄翼》等。他努力使古义学说平易易懂，但缺乏学问上的新说。

[②] 奥田三角，1703—1783，伊势（今三重县）人，江户中期的儒者。享保6年（1721）于京都师从伊藤东涯，后在五十余年间侍奉了津藩的四代藩主。著有《三角亭集》等。

唯有他在藤江熊阳[①]、香川秀庵[②]的协助下所编写的《明诗大观》一书，有享保2年的刊印本。当时徂徕在诗作出版上也专以李攀龙、王世贞为典型。然兰嵎此书以当时传入日本的别集、总集为资料，以更宽松的标准选择了从明初刘基、高启到明末的陈子龙等四百余家之诗。受徂徕抨击的钱谦益所编著《列朝诗集》也成为资料之一。但兰嵎并非像钱谦益那样反对"古文辞"。该书在例言中以李梦阳、李攀龙为明诗前后的两大家，这与徂徕观点是一致的。二李一派的诗，也选录了非常多。但全八卷中，只有五言古诗到五言律诗这前半部分四卷得以刊印。

1974，即昭和49年，12月1日

---

① 藤江熊阳，1683—1751，江户中期的儒者。于京都师从伊藤仁斋、东涯父子，后成为播磨（今兵库县）龙野藩的儒官。他奠定了藩内文教发展的基础。著有《赤穗郡志》等。

② "秀"恐为"修"之误植。香川修庵，1683—1755，江户中期的儒医，播磨国（兵库县）姬路人，字太冲，号修庵、一本堂。18岁时游学京都，跟从古医方大家后藤艮山学医，并听从其师建议，同时跟从伊藤仁斋修习儒学。他在5年间遍览古今医书，大力推广古医方之说。主张儒医一本说，认为圣道与医术其本为一；排斥五运六气说，推崇基于实验的医方。著有《一本堂药选》《一本堂行余医言》等。其门人多达四百余人。

附录二
伊藤仁斋[①]

一、生涯

伊藤仁斋（1627—1705）是 17 世纪日本的儒者。由于是儒者，其学说和思想是以演绎中国古代儒家思想，特别是孔子的思想来展开的。他并没有将儒学思想看作是特定的外国或者说中国的思想体系。对其而言不言自明的是，孔子的思想对全人类都是普遍有效的。

仁斋演绎思想的方法是独特的，异于其他儒者。他明确批判了宋儒对儒学教义的解释。由朱熹（1130—1200）完成且被称为宋学的这一解释体系，在中国被认为是正统思想。其传入日本后，比仁斋年长 44 岁的林罗山在德川家康的授意下将其定为幕府的官学。仁斋直到 35 岁左右，也一直是朱子学解释体系的信奉者。在其思想探索过程中，仁斋经历了一次精神上的巨大变化。此后，他猛烈批判朱子学，认为其歪曲了孔子和孔子思想的最佳演绎者（孟子）此二

[①] 本文原为英文，系《仁斋、东涯学案》的英译版，曾发表于《亚洲学刊》（Yoshikawa Kōjirō, "Itō Jinsai", *Acta Asiatica*, Vol.25, 1973）。——编者

人学说的原意。仁斋反对宋儒的理由在于，宋儒在解读孔孟时，引入了佛教和老庄的道家思想。他认为，通过摒弃这些解释而以自己的解释代之，就可以恢复被遗忘了数千年的古代圣人之教的原意。

仁斋的著述包括：《论语古义》十卷，这是对《论语》的注释；《孟子古义》七卷，这是对《孟子》的注释；《语孟字义》二卷，该书包含对《论语》、《孟子》和其他儒家经典中约20个重要术语的解释，旨在纠正宋儒的错误解释；《童子问》三卷，这是一部以师徒对话体的形式阐述仁斋思想的著述。所有这些作品都是用汉文写成的。此外，仁斋还著有《古学先生文集》，这是一本短篇汉文集，共六卷；汉诗集《古学先生诗集》，共两卷；以及和文诗集《古学先生和歌集》。除了《语孟字义》在当时出现了未经仁斋许可的私刻版以外，其他著作在仁斋生前都没有刊行，但死后由其子伊藤东涯整理出版。

仁斋的学识与见解皆未经师授。他是一位不需要老师的天才。其最初热衷于朱子学，也不是因为有老师指导。即使在他早年沉浸于宋学和随后沉迷于佛教的这段时期，他显然也没有任何老师。仁斋之所以能够摆脱佛教和宋学、到达"古义"，是因为他的创造力和摆脱传统束缚的渴望。

对于宋学占统治地位之前由汉、唐及宋初中国学者提出的早期注释和解释流派，仁斋给予一定的尊重，但拒绝受其中任何注释与学派的束缚。当被问及其学问源于什么家法脉络时，仁斋回答说："吾无家法。就《论语》《孟子》理会，唯此乃吾家法。"（《童子问》卷下第48章）他幽默地说，如果在某个遥远的地方，只存在《论语》和《孟子》的文本，而不附加任何解释或注释，那么学问会取得更大的进步。这种自由和独立的态度在当时的学者、诗人和艺术家中一定是独一无二的,因为他们都强调师徒之间的学说或艺术知识的传承。

仁斋出生于京都的一个町人家庭。30多岁时,他摆脱了佛教和宋学,创立了自己的诠释流派。仁斋将自己位于京都西部堀川东岸出水路南的住宅命名为"古义堂",在此募徒讲学。他的讲课方式在当时也是独一无二的。仁斋并非单方面地讲课,而是让学生提出自己的意见,共同讨论。

仁斋的门徒据说有3 000人。听讲者中包括武士如小野寺十内和大石主税(此二人后来加入了著名的赤穗四十七士),以及京都和大阪的町人。据说只有飞弹、佐渡和壹岐三地没有他的学生。此外,京都朝廷的公卿也偶尔邀请他讲学。他们甚至在选择新年号时征求过仁斋的意见,而这在当时是皇室才有的特权。1684年至1687年间的年号"贞享"实际上就是由仁斋提议的,这两个字的意思是"正直昌盛"。此外,熊本藩的细川氏曾邀请他担当藩地教师,但仁斋以母亲年迈为由拒绝了,而以市民之身终其一生。尽管如此,某公卿认为仁斋的人格堪比大纳言。

仁斋的学说对朱子学提出了大胆的挑战。朱子学不仅是幕府官方支持的学说,也是当时日本最大、最具影响力的儒家学派。因此,在仁斋去世后的下一世纪里,幕府政治家松平定信将其定为"异学"之一加以禁止,也就不足为奇了。另外,仁斋将仁爱视为人类的最高价值,这自然导致了对武的否定。在被问及善政的要义时,仁斋回答说:"文胜武则国祚修,武胜文则国脉蹙。"(《童子问》卷中,第31章)他还质疑贸然为国捐躯是否为忠诚的最高表现。在被问到何为真正的忠诚时,他回答说:"称古今忠臣者,其品非一。有感激而杀身者。知有其君,不知有其身者亦有也。不避艰险,以济其君者有之。至诚爱君,以善劝之,以道辅之者有之。奚感激杀身者多而以道事君者寡焉?盖感激杀身者,乃出于一旦之义,故似难实易。以道事君者,躬有其德,非始终不失其道者,故不能。故似易而实难。"(《童子问》卷中,第39章)在一个由武士阶级统治的时代,这样的思想是很难被采纳的。

仁斋的劲敌是山崎暗斋,他比仁斋大9岁。暗斋学堂在堀川西岸,刚好与仁斋的私塾相对。暗斋对朱子学的演绎比中国原本的朱子学还要严格。暗斋极有可能反对过仁斋,因为后者否认学问传承上"家法"的重要性,且采取与学生共同讨论的教学方法。这在暗斋看来有失师道尊严。

其子东涯撰写的仁斋传记《先府君古学先生行状》显示,仁斋一生"生活贫寒",年中、年末时节甚是窘迫。然而,"先生泰然处之"。传记中还有如下意味深长的话:"非不求仕也,而不为求仕之计也。非不避祸也,而不为避祸之谋也。"仁斋在堀川学塾里悠然讲授着他的学说,"不为求仕之计","不为避祸之谋",直到宝永2年(1705)3月12日下午2点去世时为止。这是牛顿写下《光学》的第二年。当时,仁斋学问的继承者东涯时年36岁,次子梅宇23岁,三子介亭21岁,四子竹里14岁,五子兰嵎11岁,皆才华横溢之人。

在元禄6年正月初二的诗中,67岁的仁斋这样吟唱道:

家本十余口,　　My family numbers ten or more mouths;

既无寸土田。	we never had so much as a foot of farm land,
幸逢太平日，	but luckily happened on a time of great peace,
自免米盐蠲。	were spared from taxes on rice and salt.
道以唐虞准，	In matters of the truth, I follow Yao and Shun,
学从邹鲁传。①	in my teachings, the traditions of Tsou and Lu.
眼前儿女侍，	Before my eyes, boys and girls to serve me—— 5
万事醉陶然。	I enjoy the wine, contented with everything!②

仁斋一生的足迹，基本未离开过京都。但他在64岁时访问了大阪，第一次见到了大海。在《古学先生和歌集》中，有这样一首和歌，大意是说："在我晚年，见到了浪速湾之春。多亏自己这么长寿。"

> In my old days
>
> I saw the spring
>
> of Naniwa Bay
>
> Thanks
>
> to my long-lived life.

在这次旅行中用汉文撰写的游记《游摄州记》中，仁斋感叹天

---

① 尧舜是古代的圣君，是儒家理想的化身；邹和鲁分别是孟子和孔子的故乡。——英译者

② 吉川幸次郎原论文中对仁斋汉诗所做英译。从中可以窥见同一词语、概念在不同语言之间的流变。下同，不一一标注。——编者

王寺非常雄伟，而供奉着仁爱之君仁德天皇的高津神社却荒废了。他还离开过一次京都，是拜访近江的水口藩藩主鸟居忠救。

人们常常指出，与其学说相一致，仁斋个性宽容、温和、真诚、高尚，这是他消除各种批评、在同时代人中享有盛誉的首要原因。同时不可忽视的是，支撑起仁斋学说和其声望者，乃是他的博识和汉文能力。这种博识和语言能力使他超越了江户时代的所有前辈。

仁斋是一个兴趣广泛、富有洞察力的人。他写过一篇题为《送浮屠道香师序》的文章，根据东涯所记录的其父传记。朝鲜学者安慎徽对仁斋称赞道："日本未闻有如此文采者。"在这篇文章中，仁斋讲述了他如何学习并利用日常经历作为学问的素材。他说，"凡饮食谈笑"，"出入应接"，"野游郊行"，"望山瞰水"，"及聆里巷歌谣"，"市上剧场观戏"，"触机随事，皆是吾进学之地"。

正是这种性格造就了其渊博的学识。仁斋似乎想把当时传到日本的所有中国书籍全部读完，其阅读范围甚至涵盖小说。就对于中国历史和各类事物的博闻与正确知识而言，在其子东涯以及既是仁斋祖述者又是批判者的荻生徂徕取代其声望之前，仁斋一直是日本首屈一指的存在。

在阅读汉语的能力方面，直到后面东涯和徂徕成名之前，仁斋也是当时的第一人。在仁斋之前，林罗山因身为幕府儒臣之故，需要阅读所有的进口书籍。他能够解读中国的文言文体，但对于口语文献则似乎存在困难。比如就汉语口语中最基础的复数第一人称"我们"，林罗山曾试探性地询问一位朝鲜友人："此是我等之意否？"（《罗山林先生文集》卷60《韩客笔语》）仁斋则不一样。他不仅能准确阅读文言文体的汉语，而且从十多岁开始就已经阅读了朱子及其门人的口语对话录《朱子语类》,并能自如准确地进行引用。仁斋一定是通过直观和类推的自学方法来掌握的。这再次显示出仁斋在语言学习上是不需要老师的天才。

仁斋不仅是阅读汉语的天才,而且也是写作汉语的天才。江户时代早期的儒者也用汉语写诗和散文,但他们很少关注汉语的审美特质,尤其是韵律,而韵律在阐明意义和赋予文体美感方面起着至关重要的作用。由于这个重要原因,他们的作品往往带有"和臭"味(Japanized)。然而,仁斋是江户时代第一位用正确韵律书写汉语的儒者,他的散文风格可能是整个江户时代最优秀的。虽然他不太可能知道现代汉语的发音,但他的作品即使按汉语原音来朗读也是非常出色的。另外,日本一般儒者的汉文往往急于追求论理,这也是导致"和臭"的另一个原因。但仁斋的汉文却能自如地使用比喻并夹杂幽默。反对仁斋学说的中井积善(1730—1804),在其《非征》卷1中也毫不吝啬地承认,仁斋汉文的水平是此前日本儒者未能企及的。

不可忽视的是,仁斋语言上的这种天才能力,这种对于语言的敏感,是其学说形成的重要因素。他的"古义学",旨在恢复孔孟思想的原意。正如《语孟字义》所展现的那样,追求《论语》、《孟子》和其他儒家经典中每个用词的确切含义是仁斋理论的出发点。我们现在以《孟子》"四端"章中"端"字的解释,作为重要例子来说明。

在《孟子》中有一个著名的例子——即将掉入井中的孩子。孟子说,任何人看到这样的孩子,都会感到惊慌和不安。这是因为每个人都有一种恻隐之心,而不是因为他想博得孩子父母的欢心,也不是因为他在乎自己在村民中的名声。孟子说，这种恻隐之心是仁之"端"。

这里的"端"究竟是什么意思？恻隐之心怎么会是仁之"端"呢？宋儒尤其是朱熹认为，仁是人心中固有的善之原理。由于它作为世界原理的"理"赋予了人，因此它的效用在于人的内心深处，也就是宋儒所说的"性"或人的本性。当它作为内在原理的"尾端"表现于外部时，就会成为一种恻隐之心。因此，朱熹在对《孟子》的注解中将"端"字解释为"绪"，意思是线的末端。他解释其含义如下："因其情之发，而性之本然可得而见，犹有物在中而绪见于外也。"

但仁斋不认可宋儒所谓的"理"是世界的原理，也不认为赋予每个人的"理"构成了人的"性"。他认为，"仁"和其他作为正确生活指南的道德价值体现在人的实际日常生活中。孟子说："恻隐之心，仁之端也。"仁斋认为，这是说一个人看到一个孩子要掉进井里时感到惊慌，这就是"仁"的起源。因此，"端"字应被解释为"本"。

以上是仁斋在《孟子古义》中对《孟子》原文进行的解释。此外，仁斋在《语孟字义》中试图证实他的解释，并指出朱熹观点的错误。例如，他指出自己的观点与朱熹之前的注释一致（即在宋初孙奭的《孟子正义》中，"端"实际上被解释为"本"）。

接着仁斋对《字书》进行了探讨。仁斋之时，《康熙字典》尚未问世，因此他不可能见到此书。仁斋所指的字典大概是明代梅膺祚的《字汇》。该书将"端"字解释为"始也"（the beginning）、"绪也"（the tip of a thread）。仁斋认为，这两个词的意思都与

"本"相对应。当然，"始"与"本"同义。从某种意义上说，线的一端也是起点，它从茧中抽出，延伸，织成长长的织物。因此在意义上与本或起源有关。仁斋说，朱熹忽略了这一点，把本应理解为起源或源头的东西当成了尾端或尖端。

在《语孟字义》中，仁斋继续他的讨论。他试图通过考察"端"字在其他典籍中的用法来证明自己的论断。他指出："《中庸》曰，君子之道，造端乎夫妇。"虽然《中庸》并没有得到仁斋的充分肯定，但它仍然是古典之一，仁斋认为它支持了他的论点。他还指出，《左传·文公元年》用"端"表示"历之始"，即每年的正月。除了这些古典中的例子，他还引用了日常用语中"端"字的用法，如"衅端"（冲突的起因）、"祸端"（灾难的征兆）、"开端"和"发端"（此二词都表示事物的开始）。

仁斋的上述论述有些牵强。此外，他所利用的资料也不够充分。他似乎无法查考早期的权威辞书，至少无法查考其中最古老的《说文解字》。而比仁斋晚了约百年的中国清代的"汉学"派在从事文献研究时总是引用《说文解字》。即便是作为仁斋讨论开端的孙奭所著《孟子正义》，现在多被认为并不可靠。但是，这足以让我们看到仁斋在解释古典时重视"字义"的态度。

事实上，是字义上的问题首先导致仁斋质疑宋儒对经典解释的正确性。尤其令他感到不安的是，宋儒用来指代宇宙基本原理的"理"一词，在《论语》、《孟子》和其他早期著作中几乎从未出现过。即使在少数的出现例中，其含义也与宋儒所赋予的含义大相径庭。此外，他还抨击宋儒借用佛教和道教的用语，如"静"（stillness）、"忘"（forgetfulness）、"无欲"（desirelessness）、"无情"（emotionlessness）等。因为这些用语带有悲观主义和虚无主义的色彩，而《论语》和《孟子》本身并无此等用语。后来，荻生徂徕断言，仁斋对此问题的见解并不总是恰当。不过，徂徕的批评也不全对。

仁斋是一个非常自信的人，他在否定宋儒学说时，甚至大胆地将自己与孟子相提并论，而孟子曾谴责杨朱和墨翟的哲学是异端邪说。在《童子问》卷中的第65章，仁斋痛斥宋儒因执着于"理"而招致残忍刻薄之弊害。最后他说："孟子曰：'杨墨之道不息，孔子之道不著。'予哓哓然如其所以不已者，实恐孔子之道不著也。非好辩也。诸君子谅。"

在《童子问》卷下第42章中的另一段话中，仁斋论述了当时缺少真正的学者。他将不同种类的学者比作鹰，鹰因其敏捷性和能力捕食不同种类的猎物。学识和能力浅薄的学者只适合捕食麻雀和鹌鹑。罕见的是更大的鹰，仁斋将其比作伊洛学者，他们追逐更大的"猎物"。最罕见的是出生在中国东北平原上的最伟大的鹰①，它寻找最大的猎物，也就是试图发现孔孟著述的真谛的学者。虽然仁斋的话是为了鼓励学生们要更努力，但很明显，他把自己描绘成了这种最伟大的鹰。

在《童子问》卷下第45章中，有门人向仁斋提出了以下问题："先生常欲使孔孟之旨复明于天下。建言著书。犯千辛万苦而敢为。而今信之者有矣，不信者有矣，或有甚讥摘之者矣。奈何不能使其尽信？"所谓讥摘者（吹毛求疵之人）应该指的是山崎暗斋学派。仁斋回答说：我的学说之所以还不能让人马上信服，首先是因为我

---

① 此处"最伟大的鹰"即《仁斋、东涯学案》中的"海东青"。

不够诚恳。另外，虽然我的学说立志于演绎孔孟，但包括我在内的所有人，都很难做到完美的演绎。"苟有阐明孔孟之直指，明以告我者，是吾之所大欲闻也。"他指出，即使孔子在《论语》中也说："丘也幸，苟有过，人必知之。"（参看本文下一节第26条）

从仁斋对《论语》的注释中可以看出，他解释《论语》的一个关键点是认为即便孔子这样的圣人亦有过失。在这一点上，他与坚持认为圣人无谬的宋儒截然不同。仁斋继续对他的门人说："予虽门人小子之说，苟有可取者，皆从之。解论语孟子，皆然。乃与门人商榷，众议定，而后命之于书。若有不合于理者，却之。是子之所识也。"

在文章的末尾，仁斋的语调慢慢变得激越。他说："若夫以私心攻之，持私说难之，是吾之所不欲闻也。"他最后指出："后世有有道之人出，必于吾言若合符节。是吾之所自恃也。子其谅焉。"

正如他所预言的那样，后世出现了仁斋的共鸣者。在日本，第一个继承其方法的是比仁斋小39岁的徂徕，在他之后是在仁斋去世25年后出生的本居宣长。在仁斋晚年，徂徕从江户给他写了一封信，表达了他阅读仁斋作品后的钦佩之情，同时也提出了一些问题。信中用略带激情的语言赞叹道："茫茫海内，豪杰几何！一无当于心，而独向于先生。"仁斋至死也没有给他回信，这可能促使敏感的徂徕开始增多对仁斋的批评。但他对"仁斋先生"的敬意仍然是显而易见的。

古学（对日本古代语言和文学的研究）的伟大学者本居宣长的情况则更为复杂。在《玉胜间》卷8中，宣长强调自己的学问流派与仁斋、徂徕无关。其曰："吾古学契冲首开其端，虽彼儒之古学创始者伊藤氏等与契冲大体同时，然契冲稍早，伊藤氏更晚。"在我看来，宣长之所以对"古学"的鼻祖如此执着，是因为他对仁斋的方法与自己的学派如此接近感到不安。

仁斋、徂徕、宣长的学说和方法至少在两个重要方面有相似之处。首先，他们都摒弃了宋儒在哲学上的固执，即试图用一些模糊的形而上教义来解释现实中的复杂事实。其次，他们都强调以文献学作为阐释经典的出发点。尤其是宣长，他抨击中国思想，致力于注解《古事记》、《万叶集》和其他日本经典，但他的方法仍明显源于仁斋。

此外，当我们把日本和中国的儒家思想发展史放在一起看时，仁斋成就的重要性就更加明显了。他曾预言，后世的"有识之士"会认同他的主张，这一预言在他去世约100年后的中国得到了实现。

从中国的纪年来看，仁斋生于明末的天启七年，卒于清康熙四十四年。此时，朱子学在中国仍被视为官方学说，批判宋儒的思潮尚未兴起。直到18世纪后半期的乾隆年间，才出现了与仁斋一样的从批判宋儒出发，通过研究古语来探寻古典原意的学者。他们的学问被称为"汉学"，并逐渐成为中国学界的主流。这一运动的创始人和最杰出的学者是戴震（1723—1777），其出生时仁斋已逝世18年。戴震的思想在很多方面与仁斋不谋而合。戴震的主要著作《孟子字义疏证》不仅书名与仁斋的《语孟字义》惊人地相似，而且其目次中列出的"理"、"天道"、"性"、"才"、"道"等条目，也表明戴震在论述的问题与仁斋相同。甚至仁斋和戴震在著作中批判宋儒说"理"的各种错误观点时，他们所使用的表述也很相似。

在文献批判方面，同样有趣的是，仁斋与阎若璩（1636—1704）生活在几乎同一时代。阎若璩写了一本名为《尚书古文疏证》的书，证明了通行本《尚书》中几乎一半的文本都是伪造的。正如我稍后要说明的那样，在日本完全独立钻研的仁斋实际上也提出了同样的观点。

在我们即将结束仁斋传记之时，需要思考一个问题：为什么仁斋拒绝了细川氏的邀请，而以处士町人的身份终其一生呢？这种行为在某种程度上违背了他的教义。仁斋常说，学习的最终目标是经世济民。他还重申了孟子的主张，即实践王道（kingly way）是学者的责任。他猛烈抨击佛老之徒只追求个人的救赎和心灵的安宁，而忽视世界的其他方面。后来的徂徕也以同样的理由攻击他们的独善主义。仁斋还批评宋儒只着意于个人道德修养，而忘记了"君子修己以安百姓"这一孔子的教诲。

但实际上，仁斋过着隐居的生活。他在堀川宅邸的花园里种了一棵江户樱。有一次，他请一位中国僧侣看这棵樱花树。这位僧侣可能是宇治黄檗寺僧（当时唯一被允许在日本内陆居住的中国人）该僧侣称这棵樱花树为"海棠"。因此，仁斋自号为"棠隐居士"或"樱隐"。他在收录于《仁斋先生和歌集》的一首和歌中写道：

非是厌恶此世间，	Not that I've
	grown weary of the world,
樱树本吾隐居所。	only that my hut
	is hidden
	by the cherry tree

第一句让人想起东涯在其父传记中所说的"非不求仕也"，但终

究没有"为求仕而谋"。顺便一提的是,仁斋的五个儿子中,除了东涯像仁斋一样一生未仕外,次子梅宇在福山藩做官,三子介亭在高槻藩做官,四子竹里在久留米藩做官,五子兰嵎在纪州藩做官。

仁斋可能担心在领主封地上担任官方教职会被仅仅当作熟练的技术工对待,也许他还想到了《孟子》中的一段话:"古之人未尝不欲仕也,又恶不由其道。"然而,撇开这些负面原因不谈,仁斋大概对自己作为一个没有公职的普通市民感到自豪。但是,除了这些消极理由外,仁斋似乎对自己作为在野市民的身份感到相当自豪。在《孟子古义》"滕文公"下中,仁斋自我安慰道:"此为仁义者有益于国家明矣。君子在草莽,非只是继往圣开来学,以维持世道足矣,以检束人心足矣。虽赫赫无验,然冥冥有功。何得谓无事而食哉?"("This [i.e., staying out of office] shows that a man of benevolence and righteousness can benefit the nation. A superior man, remaining in obscurity, not only inherits and develops the teachings of the sages of the past, but also contributes greatly in maintaining public morals and restraining the hearts of the people. Although he may not render distinguished service, he will be contributing to the country in a modest way. How can one say that he lives in idleness?")

在《古学先生和歌集》的跋文中,仁斋曰:"元禄癸未年二月中旬,洛下老布衣维桢题。"癸未指的是元禄16年(1703),当时仁斋77岁,离他去世还有2年。"维桢"是其正式的名字,但仁斋在町内的名字是"源佐"或"鹤屋七右卫门",而他自称为"老布衣"。

东涯可能是与仁斋门人商议后,为其父取了"古学先生"这一谥号,并将其葬于京都西郊小仓山的二尊院。仁斋曾到此瞻仰过

12世纪末13世纪初日本著名诗人藤原定家的墓地,并用和文写了如下这首诗:

不朽之名久不衰,	His deathless name, may it still endure!
小仓山有古冢迹。	Even today at Ogurayama one can see his ancient grave

仁斋的墓地就在穴家墓附近,其墓碑是中国式的,那里还有他的儿子东涯及其后代的墓地。

位于京都市上京区堀川东岸的"古义堂",至今仍由仁斋后人居住。直到明治初期,其后代一直在此讲学,代代相传。年轻时曾为"古义堂"最后一批学生之一的已故日本首相西园寺公望,从东京给当时的伊藤家家主伊藤牷斋写了一封信,请求他寻找仁斋之子伊藤兰嵎的手稿。兰嵎在该手稿中断言《老子》是伪作。兰嵎的主张与中国学者崔述的观点不谋而合。崔述的著作最近传入日本,给西园寺公望留下了深刻印象。

二、仁斋的思想与学说

1. "仁"(benevolence)乃世间最高价值

仁斋的学说体系并非始于说"仁"。《语孟字义》没有把"仁"

放在第一条。但仁斋在情感上一直倾向于"仁"。什么是"仁"？在《童子问》卷上第43章中，描述了其最完整的形态："慈爱之心。浑沦通彻。从内及外。无所不至。无所不达。而无一毫残忍刻薄之心。正谓之仁。"正如仁斋在同一章中所解释的那样，仁是人类的最高价值："故德莫大于爱人，莫不善于忮物。""仁"就是爱本身，它是一切善的根本。仁斋在该书的第45章中说，仁始于爱，亦终于爱："故学以至仁，便为实德也。种种善行，皆其推也。"正如我们将在下文第25条中看到的，仁斋认为孔子是有史以来最伟大的人，因为他把爱的理想看得最重。出于同样的理由，仁斋认为孟子是孔子思想最伟大的阐释者。孔子和孟子的所有言论和主张最终都归结于一个"仁"字。

2. "仁"与其他诸道德之关系，尤其是与"义"的互补关系

仁斋经常强调，"仁"与"义"相关联，二者相辅相成。两者的关系类似于水与火，都是人类不可或缺的。"仁"只有在"义"的支撑下才能成为"仁"，反之亦然。"仁"趋向于无限延伸，而"义"则由理性进行调节。在"仁"和"义"之外，仁斋还补充了另外两种道德价值，即"礼"和"智"。前者代表完美的等级秩序，后者代表普遍的理性。仁斋的观点源于《孟子》中的一段话，其中一段已在上文讨论过。孟子在这段话中谈到了仁、义、礼、智四端。仁斋批评宋儒认为仁实际上包括其他三种美德。他本人对这四种美德同等重视，并特别强调仁和义的互补性。让我们从他的注释中举一个例子来说明。《论语》中记载"子钓而不纲，弋不

射宿"。仁斋认为，为了获得祭祀祖先的供品而进行的狩猎，是"为其所当为"的"义"，然而不以残忍的方法乃是"仁"。古代的邪恶暴君为了获得猎物而放火焚烧森林、涸泽而渔，这当然不是"仁"的行为。另一方面，佛教徒呼吁人们完全戒杀，则是要求他们放弃义的原则，由于义是仁的必要补充，因此这种行为也有悖于仁。作为普遍的生活准则，完全禁止杀生并不比暴君为贪婪而在狩猎时肆意破坏更合适。

3. 仁爱价值的优先

仁斋虽然强调"仁"与其他道德价值间的互补性，但他最终还是将"仁"置于其他道德之上。例如，元禄9年（1696），在东山宿阿弥举行的70岁生日宴会上，仁斋讲解《论语》第一章时，他首先提到了"仁"和"义"的重要性，但后来却说："而仁为德之最大矣。故孔门虽以仁义并言，然专以仁为学问宗旨。"他认为孟子和其追随者们也是如此。事实上，他之所以把"仁斋"作为自己的别号，是因为他把"仁"（仁爱之德）视为首要价值。

4. "性"（先天本性）、"道"（真理）、"教"（圣人之教）间的关系

仁斋最强调"仁"，这是他思想中的基调（undercurrent of his thought）。不过，在阐述他的理论时，他使用了三个关键概念："性"（人的先天本性）、"道"（真理）和"教"（圣人之教）。这三个用语出自据称乃孔子之孙子思所著的短文《中庸》当中。仁斋对《中庸》的评价不如对《论语》和《孟子》的评价高，他认为虽

然《中庸》大体上是真实的，但也错误混入了其他资料，正如下文第 21 条对此进行的说明。然而他毫不犹豫地借用了《中庸》开篇的三个概念："天命之谓性，率性之谓道，修道之谓教。"仁斋通过解释这三个概念之间的关系来阐述他的理论。虽然宋儒也以这三个概念为基础建立自己的理论，但仁斋否定了他们的解释，提出了自己的理论。其理论与宋儒最大的不同在于：（1）宋儒将先天之性视为静止的概念，认为它是人所固有的善的原型，而仁斋则更积极地认为它是人的活动的先天原型；（2）宋儒认为人性与真理之间的关系是连续的，而仁斋则拒绝把两者无条件地联系起来。因此，仁斋与宋儒在解释《中庸》中的这三个概念的方式上不可避免地存在差异。下面让我们逐一考察仁斋对它们的理解。

5. 人性，人与生俱来的统一性

关于《中庸》开篇第一句"天命之谓性"，朱子的注释广为当时的日本和中国学者所接受。其说："性"（人的本性 [the nature of man]）是"理"或"天理"（universal principle of Heaven），它是天赋予的，并成为人的准则。朱熹和其他宋儒认为，"性"由于是"理"之赋予，故而静止于人心深处。因其是静止的，故而纯粹。且因其是静止的，故而以万人皆同的方式存在。于是，"性"是全善的，不包含恶的要素。

仁斋认为宋儒这一说法乃是虚妄。正如下文第 14、15 节所述，在仁斋看来，只有运动是存在的。宋儒以静止作为"性"的属性是错误的，因为他们把静止视为存在。仁斋认为，"性"是以运动为属性的概念。因此，《中庸》开篇第一句"天命之谓性"，是指心固有的运动统一趋向善。人的本性中最重要的属性是向善倾向，这种倾向被外在的刺激所激发，并在这种刺激的作用下本能地向善发展。因此，它与孟子所谓的"四端"（four origins）相同，即看到将要掉入井里的孩子感到惊慌的"恻隐之心"（the feeling of commiseration），以及"羞恶之心"（the feeling of shame）、"辞让之心"（the feeling of modesty）、"是非之心"（the sense of right and wrong），这些都是日常生活中对外界刺激的条件反射和本能反应。它们分别是仁、义、礼、智四德的"始"（beginnings）或"源"（origins）。

仁斋认为，《中庸》的开篇意在指出作为真理基础的心之活动是人人与生俱来的。他同意宋儒的观点，即人都有一种向善倾向，这种倾向源于人的先天本性，并与宋儒一样将这种本性与"天"的概念联系起来。不过，宋儒认为人的本性是静止不动的，并把它与"理"（宇宙的形而上学原理）联系在一起，而仁斋则将"性"（人的本性）与现实世界中人的生命运动联系在一起。

6. 人性的多样性

以上只是仁斋关于"性"（人的本性）的部分观点。他在《语孟字义》专门论述"性"的一节中强调，从某种意义上说，人的本性是统一的；但从另一种意义上说，人的本性又是多样的。这种变化取决于个人的特殊个性和气质，即"质"（makeup）。借助类比，仁斋指出，虽然都是水果，但李子的"性"（nature）是酸的，而柿子的"性"是甜的。此外，有的药"性"（propercy）温，有的药"性"凉，但它们都是药。仁斋这里阐述的观点是，人的本性是多种多样的，然他们最终在趋向善的意义上是一致的。为了强调这一点，仁斋指出即使是强盗也不例外。"虽若盗贼之至不仁。然誉之则悦，毁之则怒。"因此，仁斋在强调人的本性统一于善的倾向时，也充分考虑到了它的多面性和多样性。因为这是连圣人和自然力量都无法控制的。他认为孟子的"性善"说和孔子的"性相近"说都是基于上述对人性多样性和统一性的认识而得出的结论。

在这里，仁斋再次与宋儒产生了分歧。宋儒认为"性"是人心深处的原理，它是万人皆同的，故而人人皆为善。然而，仁斋认为，并不存在完全相同的人，人人皆有其个性，有其气质，也有各自的局限。正如下文所述，仁斋认为存在即运动，唯运动乃存在。如果存在即是运动，那么它不可能在时空上保持同一。然而，宋儒认为"性"是同一的静止，并试图限制存在之运动的多样性。其结果是导致了形式主义、严格主义和教条主义。在仁斋看来，正是因为这个原因，宋儒的历史观才变得"残忍刻薄"，与"仁"相疏远。例如，《童子问》卷中第 65 章中说，他在阅读基于宋儒学说所写的史书《通鉴纂要》时，发现其人物评论"善善恶恶，不一毫假借"，结果导致了一种"残忍刻薄"的态度，让人好似在读申不害、韩非子等法家之书。这种态度与孔子在《论语》中所说的"成人之美，不成人之恶"的做法正好相反。而且，即便在古典的刑法中也是把仁慈放在首位，并倾向于宽恕罪犯。宋儒之做法也与此相悖。如前所述，仁斋的思想与后来的中国思想家戴震在《孟子字义疏证》中提出的观点极为相似。戴震批判宋儒的这种评价人物时的冷酷时说："人死于法，犹有怜之者；死于理，其谁怜之！"

此外，仁斋在"古义堂"进行的教育活动，特别关注每个学生的个性、气质和局限性。仁斋认为这也是孔子的教学方法，并引出《论语》中的许多段落来支持他的观点。仁斋指出，强迫和恐吓（intimidation）不是真正的教育。

7. 无向善可能的精神不健全者

仁斋认为每个人都有自己的个性，因此人性是多样的。但同时他还进一步提出了一种观点，这种观点至少在儒家思想中是独一无二的。此即仁斋指出，存在没有"恻隐"等"四端之心"的人，他们对外在刺激没有心理反应。这种精神上的不健全者如同肢体不健全者一样，都是存在的。《孟子》中说，当人看到将要掉入井里的孩子时，"皆有怵惕恻隐之心。"这与人皆具有四肢是一样的。他接着指出："由是观之，无恻隐之心，非人也；无羞恶之心，非人也；无辞让之心，非人也；无是非之心，非人也。"

对于孟子所说的"非人也"（is not a man），宋儒以及一般观点认为孟子之意是说人人天生就有恻隐之心、羞耻之心等，无一例外。然而，仁斋在《孟子古义》做出了不同的解读。他认为，孟子意识到了世间存在着不具备"四端之心"的人，所以才说"非人也"（is not a [real] man）。仁斋说："然生而无耳目口鼻者，世或有之。人之或有无四端之心者，亦如此。故曰，无恻隐羞恶辞让是非之心者，非人也。"

仁斋继续指出："其以孟子为言天下之性。皆善而一无恶者。亦不深考焉耳。"这也是对宋儒的驳斥。仁斋认为，《论语·阳货》篇中的"唯上知与下愚不移"一句的"下愚"（the lowest among the stupid），相当于孟子所说的"非人也"。

这种认为世间存在全然不可救药之人的思想，在宋儒那里是很难发现的。正如朱熹在《中庸章句》的序言中提到《论语》上述段落时所说："虽下愚不能无道心。"不仅是宋儒，历来的中国思想家一般也无法接受仁斋的这种观点。（参看笔者《全集》卷十《尚书正义》译本的作者跋）仁斋也意识到了自己的这一见解是超越传统的创见。在《童子问》卷下第1章中，他指出上述精神不健全者存在的可能是"亿万人中一二"，并补充道："此是先儒未了之公案。"仁斋坦言唯独自己发现了这一点。

8. "道"或真理

如上文第4条所述，"道"（tao）或真理（truth）是仁斋思想中三个关键概念中的第二个。他是从上文提及的《中庸》开篇处借用了这些概念。《中庸》开篇提到："天命之谓性，率性之谓道。"在仁斋的思想中，"道"相当于我们所说的"真理"。仁斋认为，"道"（真理）就是符合人的天性，特别是人的向善倾向，这是所有人天性所共有的特征。更具体地说，"道"（真理）包括仁、义、礼、智四种美德。他进一步强调，只有当"道"（真理）与人的先天本性没有任何冲突时，它才能被视为"道"（真理）。

以上是仁斋关于《中庸》开头这段话中所讲的"道"之本质展开的解读。撇开这段话不谈，仁斋在思想上是强调真理不能脱离人性而存在。这一论断的依据是《中庸》中的另一段话："道也者，不可须臾而离也；可离，非道也。"《中庸》中孔子的一句话更清楚地说明了这一点："道不远人，人之为道而远人，不可以为道。"仁斋把这句话作为自己的口号："人外无道。"（There is no truth apart from man.）

就"道"(真理)与人的密切联系而论,仁斋认为《中庸》中的"率性之谓道"是说"道"(真理)与"性"二者没有矛盾,也不应有矛盾。《中庸发挥》中说,只要人存在,就会受到人与人之间关系的制约,如父子、君臣、夫妇、兄弟、朋友之间的关系。每一种人际关系都应遵循特定的道(真理)——父子有"亲"(affection),君臣有"义"(righteousness),夫妇有"别"(separation of functions),兄弟有"序"(proper order),朋友有"信"(fidelity)。这些规范各种关系的真理都符合人类向善的先天本性,绝不是试图强迫或扭曲人类本性的自然方向。仁斋补充说,《中庸》强调"道"(真理)合乎人性,意在告诫人们不要将它解释为与"性"(人性)相分离或相背离的东西。在这里,仁斋所批判的是道家将"道"解释为"无"(non-being),以及佛教将"道"解释为"空"(emptiness),仁斋认为它们都是错误的。

9. 关于"道"(真理)的普遍有效性

不过,上述《中庸发挥》中的说法,虽然讨论了"道"与"性"的关系,但并非仁斋对于"道"的全部见解。为了正确把握其关于"道"的思想,我们有必要回到他在《语孟字义》中关于"道"的论述。首先,仁斋指出:"道犹路也,人之所以往来通行也。"(Truth [tao] is like a road because people pass back and forth by means of it.)他强调,由于存在即是运动,故而真理也必须通过运动才能成为真理。此外,由于"人外无道",因此道(真理)必然对所有人都是普遍有效的,就像通往全国各地的道路一样。"唯王公大人得行,而匹夫匹妇不得行,则非道。贤知者得行,而愚不肖者不得行，则非道。"有人能行走而有人不能行走的道路，这不是真正的"道"（真理）。正因如此，孟子说："道若大路然。"(Tao is like a great highway.)"道"在空间上是普遍有效的："四方八隅，遐陬之陋，蛮貊之蠢。莫不自有君臣父子夫妇昆弟朋友之伦，亦莫不有亲义别叙信之道。"其中，"蛮貊"云云者是仁斋对西方之存在的一种模糊认识。

"道"在时间上也是普遍有效的："万世之上若此，万世之下亦若此。"此外，"道"不仅适用于人类，对于动物（animals）也是如此。"凡父子之相亲，夫妇之相爱，侪辈之相随。非惟人有之，物（creatures）亦有之。"仁斋最后指出："非惟有情之物（sentient beings）有之，虽竹木无智之物（things without intellect），亦有雌雄牝牡子母之别。"如果"道"对于此等之物都是普遍适用的，那么对人类来说其普适性自不必待言。"况于四端之心。良知良能固有于己者乎。"

10. "道"（真理）和"性"并非无条件相关联

仁斋关于"道"（真理）的思想中另一个重要观点是，"道"（真理）虽然具有普遍有效性，但并不是无条件地与"性"相关联的。正如上文所述，"四端"作为向善的倾向存在于人天生的本性中，但"四端"与这种倾向本身并非"道"（真理）。从更大的方面来说，由于"性"是个体之性，故而它并非像"道"那样是共通的。诚然正如《中庸》所说："率性之谓道"，"人之为道而远人，不可以为道"(When man tries to pursue a course which is far from his nature, that course cannot be the truth.)，两者是相互关联的。然而，"性"对善的倾向性并非无条件地通向"道"（真理）。两者之间虽然没有鸿沟，但具有一定差别。仁斋的这一思想在《童子问》中表达得最为清楚，特别是其卷上第14章中说："盖性者，以有于己而言。"然而，"道者，以达于天下而言"。由此，仁斋提出了更大胆的主张：唯有人存在，"性"（人性）才存在；若人不存在，则"性"（人性）不存在。23 然而，"道"则是不同的。"（道者）不待有人与无人，本来自有之物。满于天地，彻于人伦。无时不然，无处不在。"

即便人不存在，"道"也是存在的。这一观点似乎和他平生主张的"人外无道"相矛盾。然而，仁斋之所以提出如此的观点，可能是为了在这一问题上与宋儒相区别。宋儒认为，"性"是人内心深处的善之原型，其自然的延伸就构成"道"。朱子在注解《中庸》"率性之谓道"一句时说："人物各循其性之自然，则其日用事物之间，莫不各有当行之路（the procedure proper），是则所谓道也。"就是说，"性"与"道"总是无条件地联系在一起。仁斋在《童子问》与《中庸发挥》中抨击朱子之说乃谬误。此外，仁斋还在《孟子古义》中指出朱子之说浸润了老庄佛教思想，将会误人。但是，如果像仁斋主张的那样即便没有人，"道"亦存在，那么"道"是如何形成的？对此，仁斋并没有给出回答。或许，仁斋是有意保持沉默。在《语孟字义》"天道"一节末尾仁斋说："存而不论为妙。"

11. 圣人之教

仁斋在提出"性"中的向善倾向与"道"（真理）之间存在距离的同时，提示了可以超越这种距离的途径。为此，他论述了第三个关键概念"教"（instruction），即圣人的教诲。通过学习圣人的教诲,"性"才能接近"道"(真理)。这个概念,正如我们所见,与仁斋思想中的其他两个关键概念一样,也是源自《中庸》的开篇("天命之谓性,率性之谓道,修道之谓教")。仁斋指出,"教"出现在最后一句中,出现在了说"性"与"道"二句的后面。在仁斋看来,这表明"教"可以解决前两个概念提出的问题,即可以克服人的先天本性与"道"(真理)之间存在的距离。虽然"道"(真理)的确是至高无上的,但其存在本身并不能使人类进步。"然不能使人为圣、为贤,不能成其才德。"只有"教",即最有智慧、最具美德的人——圣人所想出和确立的教义和准则才能实现这一点。

仁斋只有在引用《中庸》中的段落或特别使用从该段落中借用的术语时,才使用"教"来表示弥合"性"与"道"间距离的方法。在其他地方,他用"学"来表示弥合这种差距的媒介(learning to designate the agent by which this bridging of the gap may be accomplished)。他所说的"学"不是"教"本身,而是指人对"教"的学习。正是对"教"的学习,使人能够发展其天生的向善倾向,直至达到对"道"(真理)的理解和实现。"学"是一个成长和进步的过程,这是仁斋整个思想体系的关键点之一。事实上,这也是仁斋所有思想的基础。

12. 通过学习克服"性"与"道"间的距离

为什么我们必须要通过学问来克服"性"与"道"间的距离?仁斋认为"性"受到个体气质的限制。《语孟字义》"学"这一条指出:"盖人之性有限,而天下之德无穷。欲以有限之性,而尽无穷之德,苟不由学问,则虽以天下之聪明,不能。"

在这里，仁斋强调了这样一个事实，即虽然"性"在向善的倾向上是一致的，但它受到个体的限制。在其他地方，仁斋给"德"（virtue）下的定义与"道"意思相近，因此我们可以认为，在上面这段话中，他所说的追求"天下之德"（the virtues of the world），是指追求"道"（真理）。因此，"学"（study）意味着从有限的"性"出发，追求无限的"道"（真理）。因为"道"（真理）是无限的，所以学习也是无限的。仁斋经常重复这一点，并为此援引孔子对学习的热爱和勤奋。这种学习即追求无限的思想，在其他儒者中并不多见。

13. 学问是"性"（人性）朝着"道"（真理）方向的成长

学问的正确步骤是什么？仁斋认为，正确的步骤是培养人与生俱来的向善倾向，并引导其朝着"道"（真理）方向发展。这一论断是仁斋整个理论的基础和核心。其思想渊源还是《孟子》。正如我们所看到的，孟子指出，正如人有四肢一样，人也有"四端"，即通向仁、义、礼、智这四种美德（virtue）或真理（truth）的情感或本能情绪反应。（然而，如上文第 7 条所述，仁斋将某些精神或心理不健全者排除在这一规则 [generaliziation] 之外）。孟子认为，如果人们意识到自己内心的这些美德之"端"并学会如何发展它们，那么它们就会开始扩充，"若火之始然，泉之始达"；如果这个成长过程得以持续，那么这个人最终就有可能成为一个"足以保四海"的帝王；但如果没有完成这个成长过程，那么其将"不足以事父母"。

仁斋强调，这种成长和扩充的过程取决于一个人是否意识到成长的可能性和必要性。人的发展是通过有意识的努力实现的，但一且意识到这种努力的必要性，人就会自动地迅速成长。虽然它需要自觉努力的鞭策，但它是依靠人的能量来自主成长的。既然真理是无限的，那么学习和发展的可能性也是无限的、无止境的。仁斋将学问（study）和学习（learning）视为向外成长和扩展的过程，这与宋儒的立场截然不同。

同样，宋儒也非常重视面对即将落井的孩童时所产生的"恻隐之心"，以及其他通向四种美德的本能情感。不过，他们所用的方法与仁斋的主张截然相反。根据宋儒的观点，"性"（人性）是"理"之分与，而"理"作为在人心深处的善的原型，以静态纯粹的方式存在。在他们看来，"四端"只是内在本性的外在表现。因此，学问的正确方法是使内心平静，抑制欲望和情感，达到所谓"明镜止水""虚灵不昧"的心境，回归内心深处安静而纯粹的"性"。

因此，宋儒追求的是回归内在的静止，而仁斋主张的则是基于"四端"的、向外扩充的运动。仁斋将学问视为一个运动和成长的过程，这与他将运动视为唯一的存在形式以及静止是不存在的这一更普遍的观点有关。但与其说前者源于后者，倒不如说后者似乎只是前者的延伸，是逻辑结论。现在，让我们来分析一下仁斋的这一更大的视野。

14. 存在即运动

仁斋认为，存在必然涉及运动，只有运动的东西才能被称为存在。他在《语孟字义》卷首"天道"（the way of heaven）这一节中阐述了这种观点。他写道："盖天地之间，一元气（primal energy）而已。"就是说，世界是一个巨大的能量运动。作为证明，仁斋建议人们可以用六块木板拼成一个密封的木箱。虽然木箱是密封的，但它仍然充满了"气"（能量［energy］）。一旦充满了"气"，木箱内部就会生长白色霉菌，这反过来又会滋生蛀木虫。宇宙就是这样巨大的木箱，身处其间的物体会运动，具有生命，会生长。同样，在《童子问》卷中第69章中，仁斋说："天地一大活物。"为证明这一点，他指出人只要活着，就不会停止运动："其生也昼动而夜静，然虽熟睡之中，不能无梦。及鼻息之呼吸，无昼夜之别。手足头面，不觉自动摇。"为进一步佐证自己的观点，仁斋还谈到了天地："日月星辰，东升西没。昼夜旋转，无一息停机。日月相推，而明生焉。寒暑相推，而岁成焉。天地日月。皆莫不乘斯气而行。"它们宛如"走马灯"上的兵卒、车辆、马，"随火气而往来驱逐，旋而不已也"。水也不分昼夜地流淌，树木和植物在夏天和冬天都开花。故而，所有存在都是运动、成长和生命。构成学问的"四端"之扩充也是一种人类活动。当仁斋讲"手足头面，不觉自动摇"这句话时，他可能是在批判一些宋儒受禅影响而提倡静坐。在他看来，严格意义上的静坐是不可能实现的。

这种存在即运动、运动才是存在的世界观，主宰着仁斋的整个学说和思想。他把仁爱视为人类至高价值的态度也反映了这种世界观。因为仁爱（benevolence and love）只有伴随活动和成长，才能称得上是仁爱。

15. 静止不是存在

仁斋认为，只有运动才是存在，静止不是存在。在《语孟字义》的同一条中，他引用《易经》中的"天地之大德曰生"这句话来解释这一点。仁斋指出："故天地之道，有生而无死，有聚而无散。死即生之终，散即聚之尽。天地之道一于生故也。"若言"生者必死，聚者必散"，这种说法是可以接受的；然若言"有生必有死，有聚必有散"，则这种说法是不可接受的。生和聚是运动的形式，因此可以说是存在的，但死和散是运动的停止，因此不能说是存在的。同样，由于善是"四端之心"的扩充（成长），因此是存在的；但恶是这种成长的停止，所以不是存在的。在《童子问》第69章的开头，仁斋写道："凡天地间，皆一理耳。有动而无静，有善而无恶。盖静者动之止，恶者善之变。"

16. 宋儒之"理"概念的虚妄

对于认为静止不可能存在的仁斋来说，宋儒言"理"并将其作为存在的根本原理，是最大的谬误。宋儒认为，在世界开始运动之前"理"就已经存在，而且它现在仍然是所有存在的原理。然而，在仁斋看来，这种思想并未出现在《论语》等古典中。此外，如果分析"理"这个字的字形，就会发现右边的"里"表示音，左边的"玉"是表示意义。这个字的本义是指玉石等的纹理。因此，它是一个指代非生命体内部关系的"死字"（static word），是静态的字。这与仁斋用以表示真理的"道"字很不同。"道"字本义是指人来往的空间，乃是一个"活字"（a "living" word），而"理"则是"死字"（a "dead" word）。

故而，在孔子撰写或编撰的经典中，虽然使用了指代自然运动方向的"天道"（the movements of heaven），以及指代人类运动方向的"人道"（the movements of man），但没有使用宋学意义上的"理"

这个字。仁斋指出，虽然"理"字可以形容无生命、不动之物的肌理，却"不足以形容天地生生化化之妙也"。("although li can express the texture of immovable and lifeless things", it is "not worthy to express the wonder of the living and changing things of heaven and earth".)

仁斋认为，孔子很清楚宇宙的本质是运动，老子则错误地将静止视为宇宙的原理，而宋儒被老子引入了歧途。宋儒所讲授的"理"或"天理"，最初是老子和庄子所使用的术语。宋儒引用汉人所编《礼记》中关于音乐的《乐记》篇之"天理"一词，来支撑他们的论点。但仁斋并不相信《礼记》作为术语资料是可靠的，因为其形成的时期和来源让人生疑。此外，在他看来《乐记》篇明显受到了老子思想的影响，不能被认为是孔子思想的真实反映。

既然作为宋儒学说根基的"理"是虚妄的，那么宋儒对"性"的解释，即"性"是人对"理"的分有、"性"作为善之原型为人所固有这一说法自然是不可靠的。此外，既然静止本来不存在，那么主张"性"静止地存在于人心深处，则是无意义之论。故而仁斋说，要求复归于"性"的宋儒之学，就是一种谬误和误导。仁斋在年轻时曾专注于宋儒之学，当时他采用了"敬斋"这个名字，因为"敬"（respect）是宋儒思想中的一个重要概念。然而，在仁斋三十多岁时，他把自己的名字改为"仁斋"（a man of the Benevolence Hall），这表明他已经放弃了理学。

17. 人是学问的对象

正如我们所看到的，对仁斋而言，学问意味着人的"性"（本性）向"道"（真理）的成长。换句话说，它是人的本性为理解真理而做出的努力。那么，学问的主题应该是什么？仁斋认为，非别有他物，正是人本身。这是因为，正如《中庸》所说，"率性之谓道"。性与道二者同源，虽有差别，但形似。我们在《中庸》中已经看到，离开人之物不是"道"（真理）。因此，只有仔细观察人，研究人的动作，才能感知"道"（真理）。另一方面，如果说"道"（真理）无一例外地体现在人的运动中，这就意味着人必然与"道"（真理）存在关联。人不能脱离"道"（真理）而存在。

仁斋认为，做学问者应该牢记上述这些关系。仁斋说："人外无道，道外无人。"（There is no truth apart from man, and no man apart from truth.）在《童子问》卷上第9章中，对这一口号的解释如下："问：何谓人外无道？曰：人者何，君臣也，父子也，夫妇也，昆弟也，朋友也。夫道者一而已。（There is only one truth for all of them.）在君臣谓之义，父子谓之亲，夫妇谓之别，昆弟谓之叙，朋友谓之信。"这些"皆由人而显（All these are manifested in man himself），无人则无以见道。故曰：人外无道。"仁斋接着指出："何谓道外无人？曰：道者何，仁也，义也，礼也，智也。人囿于其中，而不得须臾离焉。离焉则非人也。故曰：道外无人。"

18. 人类的真实存在于日常当中

在仁斋看来，认识"道"（真理）的素材是人本身，用他的话来说就是人类的运动本身。他认为，在人类的活动当中，与日常生活有关的活动是最重要的。用仁斋的话说，越是"卑近"（humble and familiar）的活动，其重要性就越大；相反，越是"高远"（ideal）者，就越是虚妄和危险。在这一论断的背后，仁斋似乎有一种感觉,即人类的日常活动,由于其非常明显和频繁,是最可靠的;而那些非日常的活动则正好相反。宋儒忽视卑近而求高远。这就是他们陷入以静止为存在之原理这一谬误的原因。同样,老庄说"无",佛教说"空",也是因排斥卑近所致的虚妄。这些非卑近之说或许看起来刺激有趣,但恰恰是这种刺激之处才是危险的。正如仁斋在《童子问》卷上第24章中说:"或有人以至贵、至高、光明闪烁、可惊可乐之理说与汝者。若非野狐山鬼魅汝,必是邪说之魁(the heterodox teachings)也。"他有时用"俗"字来替代"卑近",用以指代流行于民者。仁斋提醒说,如果一个人蔑视或忽视"俗"(popular),而去其他地方寻求"道",那么其"实异端(false doctrines)之流,而非圣人之道也。"。仁斋所说的"俗",就是我们所说的常识(common sense)。他在评判文学时也采用了同样的标准,称赞唐代诗人白居易的诗歌具有通俗和易于基于常识理解的特质。(参看《古学先生文集》中的《题白氏文集后》)

19. 关于情感和欲望

仁斋将人的活动视为学问的素材,情感和欲望作为人类活动的重要部分受到仁斋的重视。在《语孟字义》中关于"情"(emotions)的这一条,仁斋阐述了自己的观点。他首先指出了"情"和"欲"(desire)的关系。在"性"(人性)的活动中,由"欲"驱动的活动被称为"情"。那么"欲"是如何产生的呢?仁斋认为,"欲"是对外在刺激的反应。朱子在《孟子集注》中说"情者,性之动也。"但在仁斋看来,这种解释是不充分的。他认为,"情"必然与"欲"有关。眼观其形,耳听其声,口尝其味,手足有运动的自由，这就是人的"性"或者说与生俱来的本性。但是，除了人的身体各部分所具有的这种简单功能之外，眼睛还希望看到美丽的形体，耳朵希望听到优美的声音，嘴巴希望品尝美味的食物，手足希望更加自由地活动，这些欲望就形成了所谓的"情"。正如我们所看到的，父子之间的亲情是人类与生俱来的"性"。但是，由于"父必欲其子之善，子必欲其父之寿考"，这些"欲"导致了"情"。"情"的一个重要特征是它是一种无意识的活动。当这种运动上升为意识时，它就不再是"情"，而是"心"（heart or mind）。我不能完全肯定我是否正确理解了仁斋的解释，但至少可以肯定的是，他认为"情"和"欲"是人所不可避免的。在描述父子情感时，他强调"父必欲其子之善，子必欲其父之寿考"。同样，眼睛、耳朵、嘴巴和四肢之"欲"，也是不可避免的。在《童子问》卷中第十章中，他更积极地论述了这种"情"和"欲"的重要性："苟有礼义以裁之，则情即是道，欲即是义，何恶之有？"如果一个人试图断爱灭欲，"则是矫枉过直。蔼然至情一齐绝灭，将亡形骸塞耳目而后止。此非人人之所能为，而非通天下之道。故圣人不为也"。

20. 关于宋儒对情感欲望之否定的不合理性，以及宋儒所据《大学》篇的不可靠性

仁斋强调情感和欲望是人不可避免的活动，其动机是为了驳斥宋儒对此二者重要性的轻视乃至否定。然而，仁斋的评判并不局限于宋儒对情感和欲望的看法，他的批判还延伸到了宋儒的理论依据，他尖锐地抨击了《大学》的可靠性。《大学》这篇短文最初是

《礼记》四十九篇之一，为宋儒所推崇。朱熹将其与《论语》、《孟子》和《中庸》合称为《四书》。

宋儒之所以如此推崇《大学》，是因为其中有一段关于"格物致知"（the investigation of things and the extension of knowledge）的论述，而这段论述在宋儒的哲学中发挥着重要作用。此外还因为其中有一段关于"正心"（rectification of the mind）的论述，宋代学者将这段论述视为自我修养的基础。根据宋儒对"正心"的解释，道德修养的第一步是使自己的心灵处于一种安宁和平衡的状态，不受愤怒、恐惧、喜悦和悲伤等情绪的影响。这也从根本上促使他们认为"性"（人性）是人心深处善的原型。（Hsing or human nature as the prototype of goodness which lies in stillness within the inner being of man.）

然而，仁斋质疑这段话的可靠性，认为它不符合人类的现实。仁斋在为《大学》所写的注释书《大学定本》中写道，"凡人有此形时，则有此心"，"有心时，则不能无忿懥、恐惧、好乐、忧患"。然而，《大学》却要人们摒弃这些情绪。仁斋认为，这不仅是在强求不可能之事，而且是一种无视人类必然情感的虚妄理论。此外，这种观点显然与仁斋视为儒家学说基础的《论语》不符。正如他所指出的，《论语》中虽有"道""德"之语，但未见"正心"二字。此外，《论语》中还描述了孔子为最喜爱的弟子颜回之死而悲痛欲绝的情景。对此，仁斋在《古义》中写道："宜哀而哀，宜乐而乐，皆人情之所不能已。而虽圣人，无以异于人。故人情者，圣人之所不废也。"如果按照《大学》所说，那么孔子已经失去了"正心"的状态。在《论语》中孔子还称赞颜回，说他"不迁怒"。宋儒以《大学》为依据，提出"圣人之心，本无怒"。但仁斋认为这是伪说，因为不仅是颜回，连"圣人"孔子也会有愤怒之情。且正因为爱人深切，故而其憎恶他人亦格外深切。作为结论，仁斋认为不仅否认情感的"正心"章是有问题的，而且许多其他段落也存在疑点。为表明自己的论点，仁斋写了一篇题为《大学非孔氏遗书辨》的文章，其中列举了10条证据来证明《大学》文本的不可靠性。

作为朱子前辈的北宋儒者程颢提出过"大学乃孔氏遗书也"。仁斋在其文章标题中就开始否认这一说法，他还指出了朱子对《大学》注解的诸多问题。对于《大学》开头的"在明明德"（to make bright illustrious virtue），宋儒认为"明德"（illustrious virtue）是"性"处于"虚灵不昧"（great and unclouded intelligence）的静止状态。仁斋认为这是武断之说，并指出在其他经典文本中，"明德"一词总是特指作为个性的统治者的美德（the virtue of the ruler as an individual），而不是像朱熹所说的那样指一般人的美德（the virtue of men in general）。

对一部被当时儒者推崇为《四书》之首的文献进行这种批判，仁斋之言可谓相当具有勇气。这也标志着仁斋个人思想和发展的一种革命。根据先前提到的其子东涯所撰仁斋传记之记载，仁斋在童年（可能是在一个被称为寺子屋的小学）学习的第一部中国典籍是《大学》。据说，当仁斋看到"治国平天下"这一章时，感动道："今世亦有知如许事者邪？"此后，他决心潜心研习儒学。然而，在后来的著述中，仁斋将这一章作为认定该书为伪书的十个理由之一，称其遣词造句、重复排比就如"登九层之台"一样令人厌烦，并断言任何真正的古代儒家的作品都不可能如此沉闷。

21. 作为宋儒理论依据的《中庸》存在文本上的错页

宋儒否定情感和欲望的另一个依据是《中庸》中的47个字："喜怒哀乐之未发，谓之中；发而皆中节（measure and degree），谓之和（harmony）。中也者，天下之大本也；和也者，天下之达道（the far-reaching truth）也。致中和，天地位焉，万物育焉。"如上所述，《中庸》原本是《礼记》中的一篇，与《大学》一样，被朱熹选为《四书》之一。根据朱熹对《中庸》的注释，"未发"指喜、怒、哀、乐尚未发动时"性"处于静止（quiescence）的状态。它被称为"中"（平衡［equilibrium］），因为它代表了完美的善的原型。宋儒把这种情感未活动的静止状态称为"未发"，把情感发动之后的状态称为"已发"，并将前者视为"天下之大本"（the "great root" or basic principle of the world）。因此，他们提出了"主静"（abiding by stillness）、"持敬"（holding fast to reverence）、"主一无适"（abiding in oneness without motion）、"求放心"（restriction of floating mind）等口号，并倡导一种被称为"静坐"（quiet sitting）的冥想方式。这一切都是因为宋儒认为，恢复到感情被唤醒之前的平衡状态才是正确的学习方法。

这与仁斋主张的"扩充"（向外成长［"expand" and "grow"］）的方法是截然相反的。仁斋对《中庸》的大部分内容深信不疑，甚至从《中庸》中"道不远人"（The truth is not far apart from man.）和"道须臾不可离"（Man should not deviate from the truth.）这两句话引申出他的座右铭"人外无道"（There is no truth aside from man.）。尽管如此，仁斋并不认可上述47字段落的真实性。他指出，这段话中的关键概念，如"未发"和"已发"，不仅未出现在《论语》、《孟子》和其他经典中，而且与《中庸》本身的其他部分也不一致。他列举了10条理由来说明自己的观点，认为这段话原本应该是《古乐经》的一部分。该书是早期所谓的《六经》之一，后来失传了，被错误地插入了《中庸》的文本中。

仁斋的论说在其《中庸发挥》中有详细的解释，其著述动机显然是仁斋对情感的重视。而这种对情感的尊重，亦与开头我们提到的仁斋对仁爱的重视相关。我们暂且不论他的观点是否合理，但不得不说在理学因受德川幕府支持而占据主导地位的时代，仁斋提出这样的观点无疑是相当有勇气的。

22. 关于"中"

仁斋还讨论了"中"。正如我们所看到的，"中"出现在了上面引述的《中庸》段落中。他认为，"中"的含义之所以混乱，是因为在这一特定段落中，"中"与"未发"联系在了一起。"中"的概念绝非《中庸》所独有，在包括《论语》在内的许多早期文本中都出现了。但在《论语》和其他经典中，"中"并不是指心的静止（quiescence）状态，而是指对待事物的态度无过度和不及（moderation）。然而，要做到真正的"中"，一个人必须根据他所处理的特定事物来调整（change）自己的方法和态度，因此"中"的概念不可能是静止与平和。因此，当孟子在《尽心》篇中被问及如何看待"执中"时，孟子回答说："执中无权（a proper measure），犹执一（only one thing alone）也。"也就是说，尽管一个人可能会努力"执中"，但除非他有一个适当的标准来判断什么是"中"，否则他最终只会固执于一物。仁斋认为，这就是孟子谴责这种做法的原因。孟子说："所恶执一者，为其贼道也，举一而废百也。"在仁斋看来，宋儒将"中"解释为静止，并将其说成是静止的"理"和静止的"性"，同样是"举一废百"。若言"中"，就需要孟子所说的"权"，即判断标准。

为了解释这一点，仁斋在《童子问》卷下第 8 章中作了如下比喻。他说，假设这里有根一丈长的棍子，如果按照宋儒"中"的概念来对待它，人们可能会认为必须在距离两端刚好各五尺的地方抓住它。任何对这一距离的偏差，哪怕一寸，也不是"中"。然而，这种精确的做法并不是真正的"中"。要想真正以"中"的态度对待棍子，就是握在它中段附近任何方便的地方。同样，仁斋认为，孔子在《论语》中所说的"中庸"（middle way），并不是指恪守正中之道（a way that abides by the exact center），而是指"平常可行之道"（the Way that serves for daily activities）。

23. 关于其他不可靠的文本，特别是《书经》中的伪造部分

仁斋认为，宋儒经常将"理"称为"天理"（the principle of Heaven），并将其与"人欲"（human desire）对立起来，这是宋儒对欲望缺乏同情的谬论。宋儒有两个理论依据。第一个来源是《乐记》，这篇关于音乐的文章构成了《礼记》的一个章节，尤其是其中的一段话："感于物而动，性之欲也。……好恶无节于内，知诱于外，不能反躬，天理灭矣。"（In response to external things, man becomes active, activity being the expression of the desires of his nature ... If these likes and dislikes are not controlled within him and his understanding is beguiled by the external world, then he cannot return to his true self and the principle of Heaven within him will be destroyed.）第二个来源是《尚书》中《大禹谟》一章中的一段话："人心惟危，道心惟微。"（The mind of man is dangerous, the mind of the Way is fragile.）朱熹在《中庸章句》中引用了这段话，解释说"人心"指的是人欲，而"道心"指的是天理。仁斋对这两个文献都持怀疑态度。对于前者《乐记》，正如《童子问》卷下第6章中所论述的那样，仁斋认为《礼记》中包含了战国时期及之后从儒家以外哲学流派借用的术语和概念，是一部二流作品，因此并不无条件地相信《礼记》的全部内容。如上所述，这也是他认为《大学》也是《礼记》的一部分，而非儒家作品的理由之一。他在《语孟字义》中关于"理"这一条中讨论了上引《礼记》这段话，认为它反映的是老庄的思想，而不是孔孟的思想，并引用了宋代学者陆九渊的类似观点作为佐证。至于《大禹谟》，仁斋指出这是《尚书》中的一章，只有古文版本，没有今文版本。正如仁斋在《语孟字义》的《书经》条和《中庸发挥》中所解释的那样，《尚书》中约有20章只存在"古文"版本，仁斋认为它们都是六朝时期的伪作。

　　仁斋认为目前通行本《尚书》58篇中约半数乃"伪篇"。不过，这未必是他的创见。甚至宋代朱子也曾暗示过这一观点，后来元代吴澄与明代梅鷟也有同样的见解。此外，在仁斋进行展开著述的时候，比仁斋小9岁的阎若璩写下了《尚书古文疏证》，证明了这些篇目为伪作。自阎若璩之书问世后，这一观点现今已成为学界的共识。

仁斋和阎若璩隔着大海几乎在同一时间分头从事同一项工作，并得出了相同的结论，其结论现已被普遍接受。不过，他们的研究方法有所不同。阎若璩的研究主要是目录学的方法，而仁斋则是从思想史的角度考辨这个问题。仁斋在《大学非孔氏之遗书辩》中说，自己虽然在德行、学问和文才方面不及朱子的万分之一，但在辨别孔孟之言的真伪方面，有着特殊的感觉。这种特殊的感觉使仁斋能够辨别出《尚书》中的"伪篇"。当时中国的大学者黄宗羲在给上述阎若璩之书撰写的序文中，与仁斋一样，认为《大禹谟》篇中的"人心""道心"之语证明了《古文尚书》诸篇为伪。在这里，我们再次发现日本和中国的两位大师不约而同地达成了一致。今天，研究者们普遍记得阎若璩，以其明确发现了《尚书》伪篇。但令人遗憾的是，即使在日本，也很少有人在这方面提及伊藤仁斋的名字。而在中国，他的名字更是无人知晓。

24.《论语》是学问的最高标准

综上所述，对于仁斋来说，学问就是朝着符合人本性的"道"（真理），通过研究人自身来使人成长。然而，必须有某种标准来指导自己的探索。这个标准在哪里呢？根据上文他对《中庸》中的那段话的讨论可知，这个标准可以在圣人之"教"中找到，或者更具体地说，在儒家的经典中找到。在这些经典中，仁斋认为最值得推崇的是《论语》，因为它是孔子言行的真实记录。仁斋断言它是"最上至极宇宙第一书"。因为它涉及的都是卑近的事物，它的内容从未脱离日常生活的关注。这是一本平实而通俗的书，而正因为它平实而通俗，所以它是世界上最伟大的书。仁斋在《论语古义》

中称赞《论语》之文完美无缺,"增一字则有余,减一字则不足","道至此尽,学至此极"。在《童子问》卷上第3章中,仁斋将《论语》比作人们日常饮食中的米饭和其他谷物。他说:"八珍之美膳,醍醐之至味。"因为美味有刺激性,所以不能常吃;一直吃的话,会损害身体;而《论语》乃五谷,是"天下之至味"。

孔子对先王的著述进行了整理和编辑,形成了《易经》《尚书》《诗经》《礼记》《春秋》这《五经》,有时会再加上散佚的《乐经》,则成《六经》。但仁斋在《童子问》卷上第4章中指出,它们都不及《论语》,因为《论语》"其语平淡,意味深长"。另外,关于《论语》与《五经》或《六经》的关系,仁斋在《语孟字义》"总论四经"条中指出,由孔子所整理的《六经》当然应该被阅读,但它们好比是画,《论语》和对其的最佳演绎《孟子》则是画法。一个人首先要阅读《论语》《孟子》,掌握画法,然后才能看懂画本身,即《六经》。

《童子问》卷上第3章中提出:"《论语》的真正价值是否得到了充分的认识?"在仁斋看来,这并没有实现。他指出,汉代学者以《五经》贵于《论语》,乃因时代之早造成的认识不足。宋儒将《论语》列入《四书》,以之为儒学的基本典籍,这表明他们对《论语》的评价高于《五经》。但他们不仅用错误的哲学体系来解释《论语》,而且很可能没有认识到其真正价值。在所有典籍中,《论语》之所以是最伟大的著作,是因为孔子超越了此前所有的圣人。就像孔子思想的最佳演绎者孟子所说的那样,"自生民以来,未有盛于孔子也"(Since the beginning of mankind, there has never been anyone as great as Confucius)。

25. 要认识孔子是圣人中最伟大者，就必须了解孔子的历史地位

上述"未有盛于孔子也"的说法出现在《孟子》的"公孙丑"篇中。仁斋认为，只有孔子才配得上这样的赞美，只有孟子才能这样评价孔子。然而，以往的学者并没有真正理解为什么孔子是圣人中的圣人，以及孟子为何会如此评价孔子。在孔子之前，确实还有尧、舜、禹、汤、文王、武王等圣人。但是，这些孔子以前的圣人在使用"教"来彻底说服异端方面并没有做出足够的努力。只有在孔子把先王之"教"整理好之后，"教"才臻于完善，所有的异端失去了存在的根基。

为了揭示自孟子以来一直被忽视的这一事实，仁斋写了一篇题为《论尧舜既没邪说暴行又作》的文章，将其附录在《语孟字义》中。仁斋首先提到《孟子·滕文公》下篇，该篇说孔子之前的时代"世衰道微，邪说暴行又作"，为了树立价值标准，孔子编纂了《春秋》。他提请人们注意其中的"又"字，指出这表明"邪说暴行"在孔子之前的时代并非第一次出现，而是在此前的历史上曾反复产生。"五典"据称是尧舜等五帝时代的书籍，"典"意为"常"（constant），其记载了五帝时代的"常道"（constant moral principles）。然而，传说在比五帝更早的时代，存在着名为"三坟"的书籍，尽管真正的文本早已失传。"坟"字意为"大"（vast）。仁斋认为，"三坟"一定是关于"虚无、恬淡、无为、自化之说"（teachings pertaining to nothingness, tranquility, non-being, and spontaneous transformation）的书。

以往人们普遍认为诸子百家的异端邪说，是在战国时期以后才首次出现的。仁斋认为事实并非如此，早在尧舜之前这些异端学说就已经存在，但孔子之前的圣人无法有效地驳斥并瓦解这些异端学说，只有孔子做到了这一点。

仁斋的这一观点出现在他的《中庸发挥》中，完全是一种创见。尽管人们可能对其妥当性抱有怀疑，但它对宋儒及在中、日大多数学者中盛行的两种相当空想性的观点构成了挑战。第一种是圣人同质论，即认为尧、舜、禹、汤、文、武以及孔子都是道德上完美无缺者，因此都获得了相同的道德境界，在品格上也是相同的。

仁斋在《童子问》卷下第49章中征引了明代王阳明《传习录》之主张，对这种观点进行了批判。《传习录》认为，"圣人"都是同质的纯金，只是存在量的区别，尧、舜有万镒重，孔子有九千镒重。仁斋反对王阳明的这一观点，借《孟子》之语指出："夫子，贤于尧舜远矣。"在仁斋看来，存在就是运动，因此他认为任何两个人即使是圣人，在性格或成就上不可能完全相同。

仁斋批判的第二种观点是古代圣人无谬说。中国的儒者，包括宋儒，以及他们在日本的追随者，都将尧舜时代视为道德和社会秩序完美的时代。如果他们回顾这些圣人以前的上古时代，会认为那也是一个原始素朴、道德完善的时代。这些时代由于是圣人统治，故而其必然意味着道德和社会的完美。正如我们所看到的，仁斋否定了这一理论，他以历史学家的眼光看待遥远的过去。既然一切存在都是运动的，那么就不可能有任何时代在道德上完全稳定，也不可能完全没有错误。他在《童子问》卷中第21章中引用朱子写给友人的如下一段话："三代以前尽出天理，三代以后总是人欲。"仁斋认为，这不是"仁人之言"。仁斋断言，正是宋儒采用的这种历史观进一步强化了他们学说中原本固有的严格主义倾向。

26. 孔子并非无谬

仁斋认为，孔子之所以是伟人，就在于他是一个真正的人。正如上文第 20 条所述，仁斋指出，孔子和其他人一样，也有喜怒。他说："皆人情之所不能已。而虽圣人，无以异于人。"在阐述这一点时，仁斋断言孔子有时也会存在过失。据《论语·述而》篇记载，孔子会见陈国的一位大臣之后，这位大臣告诉孔子的一个弟子说，孔子对他讲的话有不当之处。孔子在得知这一消息后说："丘也幸，苟有过，人必知之。"关于孔子此语，包括宋儒在内，以往的注释者由于认为孔子是无谬的，因此将这句话解释为孔子并非承认错误，而是礼貌地避免与他人观点相悖。但仁斋认为，若孔子在没有犯错的情况下承认犯错，那么孔子就是在说谎。仁斋指出，孔子确实犯了错误，他说"丘也幸"是在表达他真诚的感激之情。

仁斋说，孔子之所以伟大，是因为他在自己的缺点被指出后，立即努力改正。《论语》中说："君子之过也，如日月之食焉。"仁斋的结论是，孔子虽然是圣人，但仍然是一个和其他人一样的人。如果说大自然会犯错，如日食、月食、五星逆行、四时失序、干旱、洪水等，人类更加会犯错，圣人也不例外。仁斋总结说，"若如木石器物，固定不变"，则其等便是"死物"，不可能成为"圣人"。他就这样质疑了我们已经看到的在中国和日本都盛行的圣人无误论以及圣人同一性的观点。

正如我们在上文第 20 条中所看到的，仁斋强调学习的无限性和无止境，这无疑与他对孔子人格的融通性主张有关。孔子并不是完美无缺的，他也会像其他事物一样发生运动和变化。仁斋把《论语》当作"最上至极之书"来研读，并不是把孔子当作完美的典型，而是要和孔子一起追寻"道"，开启无限的真理求索之路。

27.《孟子》是继《论语》之后的经典

仁斋一直主张《孟子》与《论语》一起是关于"道"的基础文本，《孟子》仅次于《论语》。在他看来，正是孟子认识到了孔子乃人类有史以来的伟人，甚至超过了尧、舜两位圣人。因此，仁斋认为孟子是孔子思想最可靠的阐释者。仁斋在《孟子古义》开头指出，《论语》中的孔子之语"平正明白"，"似浅实深，似易实难"，故而只有通过《孟子》中的谆谆解说才能被理解。由于在《论语》的时代，人们还能理解构成"道"的仁、义、礼、智等概念，所以孔子没有给这些概念下定义，而只是讨论了如何实践这些概念的问题。然而，《孟子》论述的是概念本身。这是因为在孟子的时代，这些概念受到误解和异端学说的危害。

因此，孔子和孟子的学说是互为补充的。由于仁斋重视《孟子》，因此其许多学说都是以《孟子》为出发点，如扩充（成长）说。

值得一提的是，仁斋指出，《论语》的前十章即从《学而》到《乡党》，与后十章即从《先进》到《尧曰》的风格不同。例如，后十章中的句子比前十章中的句子要长得多，并包含各种数字类范畴，如"六言"（six sayings）或"六蔽"（six becloudings），这也是前十章中所没有的。根据这些具体的差异，仁斋得出结论说，前十章是原文，后十章是后来续写的。这一观点现已被学术界普遍接受。

对于《孟子》，仁斋也将其七篇分为两组。第1组包括前三篇，即《梁惠王》《公孙丑》和《滕文公》，这三篇主要涉及孟子的行动。第2组包括其余四篇，即《离娄》《万章》《告子》和《尽心》，内容是孟子与当时其他各种人物之间的讨论。根据文体和内容，仁斋将整部作品分为三组：(1)《梁惠王》和《滕文公》；(2)《离娄》和《尽心》；(3)《公孙丑》、《万章》和《告子》。然而，现代学者似乎忽略了仁斋的这一分类。

28. 鼓励博学

如上文所述，仁斋在汉学方面的博识超越了同时代的日本人。这是因为仁斋践行了他自己的主张：借由《论语》和《孟子》奠定基础后，应博览群书。仁斋认为，在掌握了《论语》和《孟子》之后，就应该学习《五经》。《童子问》卷下第4章指出，《五经》几乎是自然产生的，描绘了"天地万物人情世变"的壮丽全景。《五经》之所以珍贵，是因为它们不同于包括《论语》和《孟子》在内的其他阐述道理的著述。正如我们在上文第24条中看到的，仁斋认为《论语》和《孟子》提出的是绘画理论，而《五经》则是绘画本身。

在《五经》中，仁斋似乎最喜欢《诗经》。因为《诗经》基本是一部民间歌谣，在所有经典中与人类情感联系最紧密，故而最符合仁斋的口味。他其次看重《尚书》。当然，是除去仁斋认为属伪作的章节外。由于《易经》原本是占卜之书，故而仁斋并不怎么重视它。他在《语孟字义》中指出，作为《易》之附录的《十翼》并非如一般认为的那样是孔子所作。仁斋这一观点与现代学者相一致。在构成《礼经》的三部礼书中，正如我们在上文第20条和23条中看到的，仁斋对《礼记》的评价并不高，他认为它是汉代的杂文集。至于其他两部典籍，即《仪礼》和《周礼》，他则很少提及。他的儿子东涯在《古今学变》中就《周礼》指出："谓周公所作，固不可信。"在其《制度通》中则说："传言周公之书，其事不实。"不难想象，仁斋当与其子持有类似的观点。

在朱熹和其他宋儒所推崇的《四书》中，正如我们在第20条中所看到的，仁斋并不认为《大学》是儒家学派的真正著述。而对于《中庸》，正如第21条中所述，仁斋认为它混入了其他资料。对仁斋来说，《四书》已经不复存在，他只关心《论语》和《孟子》二部。

仁斋指出，在掌握了《论语》和《孟子》中的"画法"，进而欣赏了《五经》之"画"后，人还应该进行更广泛的多领域阅读。首先应读史学著作，因为在仁斋看来，不读史之人是学问上的乡巴佬。在诗人中，仁斋认为杜甫为第一。在其《童子问》卷下第39章及其后的章节中，仁斋主张说，一个人可以根据自己的意愿决定作不作汉诗，但无论如何都应该写汉文文章，即像收录在《古学先生文集》中的汉文随想或议论那样的文章，因为它们能"以之明道"。仁斋在《童子问》卷下第2章中说："天下无全是书，又无全非书。"

在同书第5章中，仁斋嘲笑道学先生的狭隘说："野史禅说，皆有至理。词曲杂剧，亦通妙道。学者唯知说道理之有道理，而不知不说道理亦有道理。鄙哉！"他还说，人应该获得"一而之万"的博学，而不是"万而又万"的杂学。仁斋提出精辟的比喻说：博学如同有根之树，杂学好比无生命的假花。

仁斋由于重视博学，故而他在《童子问》卷上第20章中对禅家的不立文字和王阳明的不重读书进行了批判。在《童子问》卷中第62章，仁斋否定了禅家的"顿悟说"和部分宋儒的"一旦豁然论"。事实上，仁斋所推荐的众多书中没有一本佛书。他对佛教一直持批判态度。在上文第25条中提到的《论尧舜既没邪说暴行又作》结尾处，仁斋说："夫道德盛，则议论卑。道德衰，则议论高。"他总结说："故议论之高，衰世之极也。而其最高者，至禅而极。故离乎人伦，远于日用，无益乎天下国家之治焉者，亦莫禅为甚。"这里所说的"禅"，是泛指佛教。然而，仁斋认为以口舌之争去对抗佛教是愚蠢的，应该"使吾道德盛焉"，从而去折服佛教徒。

至于"律历"（天文学）和"医药"，仁斋指出应该交由专家来掌握。他对医学的态度，大概与年轻时拒绝了亲戚让他当医生的建议有关。

29. 关于鬼神和占卜

在《论语》中，孔子通常不太关注鬼神。这是因为他认为这些超自然的存在本质上是不可知的，故而不是人们需要立即关心的问题。至于《孟子》则根本没有涉及鬼神。在《礼记》等二流经典中，我们可以找到孔子谈论鬼神的段落。但仁斋认为，这些段落是后世的人附加上去的，并不代表孔子的真实观点。仁斋指出，不仅是对超自然存在的关注，占卜的做法也有损于"道"（真理）。他认为，人的判断应该只以真理为基础，这也是《论语》和《孟子》未提及占卜的原因。此外，历史证明，通过占卜做出的决定往往是错误的。诚然，孔子之前的经典经常涉及神灵和占卜，但这是因为孔子之前的圣人与普通民众有着相同的情感，对他们的习俗持宽容态度，"民崇鬼神，则崇之。民信卜筮，则信之"。然而，这种宽容的态度却导致了弊端，所以孔子对此采取了严厉的反对态度。仁斋说，孔子的这种态度，又一次证明了他是有史以来最伟大的人，甚至超过了尧舜。

30. 人不应该成为远离政治的隐士

我们已经从仁斋的传记中看到，他在实际生活中并没有践行这一主张。

虽然我不是研究日本思想的专家，但我喜欢阅读仁斋的作品，故而我在上文介绍了我所理解的仁斋思想。我只介绍了《语孟字义》中大约一半的章节，而我特别感兴趣的某些章节，如关于"天命"的章节，我还没有时间深入思考。关于仁斋思想的现代性问题，我将留给其他研究者去讨论。不过，在我看来，仁斋思想和学术的许多方面确实值得当今学者关注。例如，我在上文第25节中指出仁斋是如何挑战在中日两国都很普遍的观点（即中国上古代表了一个道德和社会秩序完美的时代）的。仁斋有充分理由为之自豪的这一质疑值得我们关注，因为它代表了本世纪学者对古代中国进行客观、公正研究的早期实践。

同样，正如我在有关仁斋传记这一章节中所指出的，在理论和方法上与他最为相似的思想家是清代学者戴震。但是，大多数日本人并不重视仁斋的存在，而戴震却被尊为所谓清代"汉学"的创始人，是中国思想史上公认的重要人物。特别是由于仁斋用汉文所写的文章应该能够直接为中国人所读懂，所以我希望今后能在中日学者的合作下，对伊藤仁斋和戴震的思想与方法进行比较研究。徂徕的《论语征》时而为清代学者所引用或使用，但据我所知，仁斋的作品还从未被介绍到中国。

图书在版编目（CIP）数据

仁斋·徂徕·宣长 /（日）吉川幸次郎著；高伟译. —
北京：商务印书馆，2025. --（大地译丛）. -- ISBN
978-7-100-24143-4

Ⅰ. B313.3

中国国家版本馆 CIP 数据核字第 2024VL5005 号

权利保留，侵权必究。

大地译丛

仁斋·徂徕·宣长

〔日〕吉川幸次郎　著

高　伟　译

商　务　印　书　馆　出　版
（北京王府井大街36号　邮政编码100710）
商　务　印　书　馆　发　行
北京虎彩文化传播有限公司印刷
ISBN　978-7-100-24143-4

2025年8月第1版　　　开本 880×1240　1/32
2025年8月第1次印刷　　印张 14

定价：98.00元